영화작품 분석의 전개

(1934-2019)

L'analyse des films
by Jacques AUMONT and Michel MARIE
© Armand Colin, 2020 for the fourth edition, Malakoff
ARMAND COLIN is a trademark of DUNOD Éditeur - 11, rue Paul Bert, 92240 MALAKOFF.
This Korean edition was published by Acanet in 2020 by arrangement with DUNOD Éditeur
through KCC(Korea Copyright Center Inc.), Seoul.
이 책은 (주)한국저작권센터(KCC)를 통한 저작권자와의 독점계약으로 아카넷에서 출간되었습니다. 저작
권법에 의해 한국 내에서 보호를 받는 저작물이므로 무단전재와 복제를 금합니다.

영화작품
분석의
전개

(1934-2019)

자크 오몽 · 미셸 마리 지음 | **이윤영** 옮김

아카넷

일러두기

1. 이 책에 나오는 영화작품에는 제목 다음에 괄호를 넣어 감독 이름과 제작년도를 표기한다. 영화 제목은, 특별한 경우를 제외하고 한국에서 일반적으로 통용되는 제목으로 표기한다. 원제는 '영화작품 색인'에 제시한다.

2. 특별한 표기 없이 나오는 각주는 저자들의 것이다. 옮긴이가 추가한 각주는 [옮긴이주]라고 표기한다.

3. 문장 끝에 나오는 괄호는 참고문헌을 제시하는 것으로서, 괄호 안에 저자의 성(姓)과 저작의 출간 연도만 표기한다. 예컨대 (Leutrat, 2009)는 Jean-Louis Leutrat, *Un autre visible. Le Fantastique du cinéma*. De l'incidence, 2009를 가리킨다. 해당 저작의 완전한 서지사항은 '참고문헌'에서 찾을 수 있다. 같은 해에 출간된 저작이 두 권 이상 있을 때는 (Bellour, 2009a)와 같이 연도 다음에 a, b, c …를 붙여서 구분한다.

4. 본문 중에 나오는 괄호 안의 말들은 저자들의 것으로서 한 문장 안에서 괄호를 많이 사용하는 것은 이 저자들의 문체에 속한다. 반면에, 본문 중에 바로 삽입된 꺾쇠 표기([ ])는 옮긴이가 문장의 이해를 돕기 위해서 추가한 말들이다. 다만 괄호 속에 나오는 꺾쇠 표기는 이중 괄호 상황에서 혼동을 피하기 위해 괄호 안의 괄호 표시를 꺾쇠 표시로 바꾼 것이다. ((…))→([…])

차례

CHAPTER 6 영화작품 분석과 영화사 | 297

이 번역본은 *L'Analyse des films*(Jacques Aumont & Michel Marie, Paris: Armand Colin, 2020)을 옮긴 것으로서, 2016년 아카넷에서 출간된 『영화작품 분석 (1934~1988)』(자크 오몽·미셸 마리 지음, 이윤영 옮김)의 연장선상에 있다. 출간을 맞아 원본의 역사에 대해 간략하게 언급할 필요가 있을 것 같다. 이 책의 프랑스어 초판은 1988년에 나탕(Nathan) 출판사에서 나왔고, 2004년에 아르망 콜랭(Armand Colin) 출판사에서 2판이 간행되었지만, 새로운 참고문헌 목록이 첨가되었을 뿐 내용 자체는 전혀 바뀌지 않았다. 2016년에 출간된 한국어판은 바로 이 2판의 번역본이다. 그런데, 2015년에 저자들은 책표지에 '완전개정 3판'(3e édition entièrement refondue)이란 말을 내걸고 내용을 전면적으로 수정한 새 판본을 출간한다. 그리고 2020년에 다시 새로운 내용을 덧붙여 4판을 출간한다. 이 책은 바로 4판의 번역본이다.

　4판을 초판과 비교해보면, 같은 도판이 적지 않아서 겹치는 내용이 많아 보이지만, 순전히 글의 내용만 놓고 보면 같은 부분은 책 전체의 20~30% 정도다. 따라서 다음의 질문이 자연스럽게 떠오르게 된다. 만약 저자들이 같고 제목도 같지만, 새로운 판본을 찍으면서 내용의 70~80% 정도 수정한 책을 우리는 같은 책이라고 할 수 있을까?

이 질문은 정체성(identité/identity)에 관해 물을 수 있는 좋은 계기가 된다. 예컨대 어떤 사람을 30년가량 전혀 만나지 않다가 갑자기 그 사람을 만나면 자연스럽게 많은 생각이 스치게 된다. 크든 작든 변형된 외모가 우선 놀랍고, 태도나 사고방식처럼 눈에 보이지 않은 것의 변화도 충격을 준다. 나 역시 상대의 눈에 그렇게 보일 거라는 생각도 당연히 감수해야 한다. 그리스 철학자 헤라클레이토스는 '우리는 같은 강물에 두 번 몸을 담글 수 없다'고 했지만, 매 순간 바뀌는 시간의 무게는 축적되면 될수록 우리에게 분명 지워지지 않는 흔적을 남긴다. 따라서 30년 후에 만난 사람이 완전히 다른 사람으로 보여서 그 사람을 전혀 알아보지 못하는 일도 벌어진다. 놀라운 것은 변화된 것뿐만이 아니다. 꽤 많은 시간이 지났지만, 변하지 않고 그대로 남아 있는 것도 충격을 준다. 우리가 그 사람의 것이라고 기억하고 있는 특징적인 외모나 말투, 표정, 동작 등이 우선 그렇고, 사고방식이나 세계관처럼 정신적인 어떤 것도 그대로 남아 있을 수 있다. 전반적으로 어떤 사람에 속한다고 생각되는 것—이른바 속성—의 동일성은 생각보다 크다. 이런 의미에서 사람은 생각보다 많이 바뀌지 않고 심지어 (어떤 측면은) 절대로 바뀌지 않는다는 말도 일리가 있다. 따라서 우리는 정체성의 표현인 이름—정체성은 무엇보다 불변형의 고유명사로 표현된다— 위에 시간의 진행으로 생긴 변화를 함께 새겨간다고 말할 수 있을 것 같다. identité(identity)란 단어를 다른 말로 옮기면 '동일성'이란 뜻이지만, 정체성에 대한 고민은 동일한 것에 다른 것을 어떻게 포섭시킬 것인가라는 문제를 둘러싸고 벌어진다.

이 정체성에 대한 질문은 판본이 바뀌면서 내용이 완전히 바뀐 책에도 그대로 적용할 수 있다. 초판과 4판 사이에는 32년이란 적지 않은 시간이 있다. 따라서 4판의 한국어 번역본을 출간하면서 초판과 4판의 다른 측면들과 다르지 않은 측면들을 간략하게 짚어보는 것도 유익할 것이다.

일단 법적으로는 이 두 권의 책은 완전히 다른 것이다. 번역권 계약을 완전히 다시 해야 했기 때문이다. (2016년에 출간된 책과 구별하기 위해 본 번역서의 제목은 『영화작품 분석의 전개(1934~2019)』로 한다.) 초판과 4판 사이에서 32년이란 시간이 흘러가는 동안 사실상 적지 않은 일들이 벌어졌다. 그것은 수많은 다른 영화가 세상에 나온 시간이고, 일정한 파장을 가진 또 다른 영화작품 분석들이 등장한 시간이며, 영화작품 분석을 주도한 세대가 바뀐 시간이기도 하고, 영화 작품 분석의 개념이나 상(像) 자체가 변화된 시간이기도 하다. 저자들은 이러한 변화를 반영해서 영화작품 분석에 대한 저서를 다시 쓰기로 한다.

초판과 4판을 비교해보면, 새로운 경향의 분석들이 대폭 추가되면서 초판의 내용을 전면적으로 삭제하거나 대폭 줄인 것이 눈에 띈다. 예컨대 더들리 앤드 루의 〈네 멋대로 해라〉(장-뤽 고다르, 1960)의 분석, 〈품행 제로〉(장 비고, 1933) 에 대한 장-파트릭 르벨의 분석, 미셸 부비에와 장-루이 뢰트라의 〈노스페라 투〉(프리드리히 빌헬름 무르나우, 1922)의 분석 등은 전면적으로 삭제되었다. 또한 〈10월〉(세르게이 에이젠슈테인, 1927)의 프롤로그에 나타난 몽타주의 논리를 해명 한 마리-클레르 로파르의 분석(1976)이나 〈역마차〉(존 포드, 1939)에 대한 닉 브 라운의 분석(1982)도 내용을 줄였다. (이런 점에서 2016년에 출간된 『영화작품 분석 (1934~1988)』은 본 번역본을 보완하는 성격이 있다.) 분석의 내용 자체가 수정된 경 우도 있다. 예컨대 〈카메라를 든 사나이〉(지가 베르토프, 1929)에 대한 자크 오몽 자신의 분석은 내용 자체가 대폭 줄었을 뿐만 아니라 자기비판이 첨가되었다. 새로운 판본을 펴내면서 기존의 내용을 (이 책에서 나타나듯이 때로는 전면적으로) 수정하는 지적인 성실성, 그리고 기존의 작업에 대한 냉철한 자기비판은, 특히 저자 중 한 사람인 자크 오몽이 학자로서 가진 미덕의 하나로서 『멈추지 않는 눈』이나 『영화미학』(공저) 등 다른 저서에서도 일관되게 나타난다.

또한, 4판에서는 어떤 분석들이 삭제되고 다른 분석들의 양이 줄어들면서 기 존에 없었던 새로운 경향의 영화작품 분석들이 대폭 추가되었다. 그런데 추가 된 것은 단지 1988년 이후에 등장한 새로운 분석만은 아니다. 예컨대 영화작품 에 대한 구조분석의 신기원을 이룬 레이몽 벨루의 〈새〉(알프레드 히치콕, 1963) 의 분석(1969)이나 다큐멘터리에 대한 논의가 비중 있게 첨가된 것도 그 예라 고 할 수 있다. 이는 중요한 영화작품 분석을 가급적 빠짐없이 제시하고자 하 는 저자들의 태도를 보여준다. 어쨌거나 추가된 내용은 주로 초판 이후 새롭게 나타나거나 다시 부각된 현상을 대상으로 하고 있다. 에세이 영화에 대한 논의가 그렇고, 이전의 실험영화 전통을 계승하는 '예술가 영화' 항목도 주목할 만하다. 실제로 영화관이 아닌 미술관에서 '영화'를 상영하는 경향은 21세기 들어와서 괄목할 만하게 확대된 것으로서 전 세계의 현대미술 비엔날레나 현대미술 전문 갤러리에서 자주 볼 수 있다. 저자들은 〈리바이어던〉(루시엔 캐스탱-테일러 & 베레나 파라벨, 2012)을 예로 들어 이런 '예술가 영화'를 어떻게 분석할 수 있는가를 직접 보여준다.

1988년과 2020년 사이에 영화사에 생긴 주목할 만한 변화 한 가지는 이른바 디지털 혁명이다. 대략 1990년대 중반부터 2000년대 초반 사이에 필름으로 영화를 찍던 시대가 완전히 지나가고 저장 매체가 필름에서 디지털 파일로 바뀌었다. 이 디지털 혁명으로 기존에 없던 새로운 영화가 가능하게 되었는데, 이를 잘 보여주는 것이 장편영화 전체를 커트 없이 단 하나의 숏으로 찍은 원테이크 필름이다. 본문(2장 1.3)에서 저자들이 직접 수행한 〈러시아 방주〉(알렉산드르 소쿠로프, 2002)와 〈빅토리아〉(제바스티안 시퍼, 2015)의 분석은, 데쿠파주 등 기존의 분석 도구가 적용되지 않는 이 새로운 영화를 어떻게 분석할 수 있는가를 보여준다. 이렇게 에세이 영화, '예술가 영화', 원테이크 필름 등의 현상을 영화작품 분석에 포함한 것은 기본적으로 그 현재적 경향을 '업데이트'하고자 하는 의미가 있지만, 영화 자체에 대해 근본적으로 다시 사유할 수 있는 좋은 기회가 되기도 한다.

다른 한편, 32년이란 시간은 사람으로 보면 족히 한 세대가 흘러갔다는 뜻이다. 이는 영화작품 분석가들의 세대교체로 특징지을 수 있다. 레이몽 벨루, 장-루이 뢰트라, 마리-클레르 로파르, 미셸 마리, 스티븐 히스, 닉 브라운, 미셸 시옹, 피에르 소를랭, 노엘 버치, 데이비드 보드웰, 앙드레 고드로, 알랭 베르갈라, 로라 멀비, 린다 윌리엄스, 타냐 모들스키, 필립 뒤부아 등 1세대 영화작품 분석가들이 뒤로 물러나고, 다음 세대가 서서히 전면에 등장한다. 이 책에서 상당히 충실하게 소개되고 있는 것처럼 로랑 쥘리에, 장-피에르 에스크나치, 준비에브 셀리에, 이스마일 사비에르, 제시 마르탱, 실비 랭드페르, 올리비에 퀴르쇼, 마르탱 르페브르, 뤽 방슈리, 안 질랭 등은 그 다음 세대의 영화 작품 분석가의 역할을 맡고 있다.

마지막으로, 32년의 시간이 지나는 동안 영화작품 분석의 개념이나 상(像) 자체가 (어떤 의미에서는 근본적으로) 변화되었다고 할 수 있고, 이는 때로 저자들 자신의 관점이 변화되는 결과를 낳았다. 그중에서 아마도 가장 큰 파장을 남긴 것은 20세기 말경에 일어난 이른바 '거대이론의 몰락'인데, 영화작품 분석에서 이는 특히 구조주의적 사유의 쇠락으로 나타난다. 주지하다시피 영화작품 분석은 구조주의와 영화 기호학의 영향력 아래 주로 '텍스트 분석'이란 이름으로 비약적으로 성장했지만, 현재는 구조주의와 영화 기호학의 영향력을 벗어나서 발전하고 있다. 탈구조주의적 경향은 영화연구의 영역에서 특히 크리스티앙 메츠의 영향력에서 어떻게 벗어날 수 있는가 하는 문제로 나타난다. 예컨대 초판에서 저자들은 메츠가 제시한 대통합체 모델에 대해 일정한 한계를 지적하면서도 이를 비교적 충실하게 제시한 것과 달리, 4판(2장 1.2)에서는 대통합체 모델 자체의 적합성에 대한 비판적인 시각을 숨김없이 드러낸다.

어쨌거나 서구에서 일어난 영화작품 분석의 개념이나 상의 변화는 저자들의 개인적 관점과 별도로 4판에 충실하게 반영된다. 초판에서 구조주의와 텍스트 분석에 할애한 부분들이 대폭 삭제된 것, 책의 목차 자체가 크게 바뀌면서 기존의 분석들이 재배치되고 새로운 분석 경향이 전면적으로 추가된 것 등이 이를 잘 보여준다. 구조주의의 쇠락 이후 영화작품 분석에 새로운 관점으로 접근하는 주목할 만한 경향들이 생겨났다. 먼저, 대표적인 것으로 발생론적 분석과 문화연구적 경향을 들 수 있다. 통시적 접근을 배제하고 공시적 접근에 특권을 부여한 구조주의적 경향이 영화작품들에 대한 '텍스트 분석'을 낳았다면, 발생론적 분석은 통시적 접근을 부활시키면서 텍스트가 형성되는 과정 자체에 주목하고 생성 과정의 우여곡절이 텍스트에 어떤 흔적을 남겼는지에 관심을 기울인다. 나아가 문화연구적 경향은 영화작품을 고립적으로 파악하지 않고 그 문화적 맥락을 강조하며 작품 수용의 문제를 전면에 부각하는데, 이 또한 구조주의적 관점의 쇠락이 가져온 반향으로 볼 수 있다. 다음으로, 젠더 연구가 독자적인 자리를 차지한 것도 큰 변화 중 하나다. 영미권에서와 달리 프랑스에서는 전통적으로 젠더 연구가 활발하지 않았지만 이러한 상황 또한 차츰 변하고 있다. 마지막으로, 구조주의 이후 영화작품 분석의 경향에서 가장 특기할 만한 변화 한 가지는 형상성(figural) 연구라고 할 수 있다. 영화 이미지를 재현의 관점이나 메시지의 담지체로 바라보지 않고 이미지를 이미지 그 자체로 연구하는 형상성 연구는 장—프랑수아 리오타르의『담론, 형상』(1971) 이후 무시할 수 없는 흐름을 형성해가고 있다. 이 형상성 연구는 질 들뢰즈의『감각의 논리』(1981)와 조르주 디디—위베르만의『프라 안젤리코: 상이성과 형상화』(1990)를 거치면서 영화작품 분석에 전면적으로 도입된 것이다.

저자들은 이렇게 새롭게 대두된 영화작품 분석의 경향들을 최대한 중립적이면서도 객관적으로 소개하려고 애쓰지만, 몇 가지 중요한 문제에 대해서는 저자들 자신의 관점이 상당히 바뀌었다고 할 수 있다. 초판과 4판 사이에서 이를 뚜렷하게 느낄 수 있는 것은 해석, 그리고 픽션에 대한 입장이다. 먼저 해석은 초판에서 분석과 상당 부분 대립되는 것으로 제시되었고, 따라서 과잉해석, 자의적 해석, 과도한 해석, 해석적 일탈, 해석의 착란 등의 위험성이 직간접적으로 부각되었다. 사실상 해당 텍스트를 최대한 엄밀하게 바라보고자 하는 구조주의 자체가 이런 식의 해석에 대한 반발이었다고 할 수 있다. 반면에 4판에서는 해석의 필요성 및 불가피성, 나아가 해석의 창의성을 적극적으로 수용하는 태도가 나타난다. 이들은 본문의 7장 3.1 '해석의 문제'에서 적지 않은 분량을 할애해서 이 문제에 몰두한다. 이들은 해석을 "인간이 전념하는 가장 지속적이고 가장 정상적이며 가장 전반적인 활동"(이 책 381쪽)으로 인정하고, 폴 리쾨르나 한스—게오르크 가다머 등 20세기 해석학의 성과를 기반으로 해석 행위를 이해, 번역, 설명으로 구분해서 제시한다. 이와 동시에 영화작품 분석을 좁은 의미의 과학으로 만들고자 하는 입장과 명확하게 거리를 취하고, 해석한다는 것은 창조하는 것이라는 입장을 받아들이면서 창조적 해석에 문을 열어준다. 물론 이러한 태도가 자의적이고 폭력적인 해석을 용인하는 것은 결코 아니며, 이는 오히려 가장 객관적으로 보이는 묘사와 분석마저도 사실상 해석과 분리될 수 없으며 분석 자체에 해석의 창의성이 내재되어 있음을 지적한 것이다.

이와 더불어 픽션에 대한 입장 변화를 주목할 수 있다. 초판에는 사실상 픽션에 대한 언급 자체가 많지 않고 픽션 같은 내용적 분석보다는 영화언어의 형식적 분석을 강조한 반면, 4판에서 저자들은 이야기, 서사, 내러티브 등으로 나타나는 픽션 자체에 주목하고 픽션의 긍정적 기능을 적극적으로 부각한다. (이런 입장은 본문의 3장 1.1, 1.2, 2.6에서 나타난다.) 픽션 자체에 대한 성찰은 2014년에 출간된 자크 오몽의 저작 『픽션의 한계』에서 전면적으로 개진되지만, 본 번역본에서는 그 핵심적 성찰이 제시된다. 즉 픽션은 "우리의 존재에 대해, 세상과 맺는 우리의 관계에 대해, 또는 우리가 사는 사회에 대해 우리에게 뭔가를 말하는 방식"(이 책 118쪽)이며 그것은 "우리 자신이 경험하지 않은 다른 경험들에 대해 통찰력"(이 책 118쪽)을 제공해준다. 이런 점에서 픽션이 의미가 있는 것은 "우리가 사는 실제 세계에 대해 우리에게 뭔가를 말해줄 때"(이 책 162쪽)다. 주로 1970년대 장치 이론가들이 픽션을 '환영주의'의 대표적인 측면으로 비판했던 것과 달리—이들에게 픽션은 속임수 이상의 것이 아니다—, 이제는 영화의 이 내용적 측면에 대해 상당한 가치부여가 이루어지고 있음을 알 수 있다. 물론 픽션 영화의 가치를 인정한다고 해서 다큐멘터리나 실험 영화, 에세이 영화, 예술가 영화 등과 같이 내러티브가 아예 없거나 약화된 영화들이 평가절하되는 것은 아니다.

이렇듯 초판에서 4판으로 가면서 많은 것이 바뀌었지만, 전혀 바뀌지 않는 것도 있다. 예컨대 저자들이 책의 내용을 전면적으로 수정하면서도 같은 제목을 고집한 것은 문제의식의 동일성 때문이다. 사실상 개별 영화작품이나 구체적인 장면을 직접 다루는 영화작품 분석의 중요성은, 4판으로 가면서 전혀 변하지 않았고 오히려 더 커졌다고 할 수 있다. 여기에는 제도적인 영향도 크다. 프랑스와 영국에서는 영화작품 분석이 대학입학 시험이나 교원선발시험 등의 과목으로 제시된다. 그러나 이보다 더 근본적으로는, 서문에서 저자들이 쓰고 있는 대로 영화작품 분석은 "분과적이든 아니든, 독창적 접근이든 아니든 항상 있어야 하는 역할"(이 책 21쪽)이기 때문이고, "영화작품, 그 질료, 그 내밀한 구성을 진정으로 대면하는 계기이고 나아가 영화작품의 생산뿐만 아니라 수용에 대해서도 성찰할 수 있게 해주는 계기"(이 책 22쪽)이기 때문이다.

사실상 영화작품 분석은 영화 단편(斷片), 개별영화 작품, 많은 영화와 같이 구체적인 영화텍스트의 가장 가까이에서 형성되는 담론이다. 이런 분석들은 가장 개별적이고 특수한 것을 다루지만, 이와 동시에 어느 정도 일반화할 수 있는 확장성 있는 담론이고, 따라서 구체적인 현상에 기반을 두지 않은 온갖 거창한 담론이나 공허한 비평적 수사에 완강하게 저항하는 담론이다. 이런 거창한 담론이나 비평적 수사는 사유의 외양을 띠고 있지만 사실상 사유의 정지에 가깝다면, 영화작품 분석에서 나온 담론들은 영화 이미지를 어떻게 사유할 수 있는가를 가장 분명하게 보여준다. 다른 한편, 이 담론은 가장 구체적인 영화작품이나 장면에서 분리할 수 없다. 이런 의미에서 이 책에 언급된 해당 영화 및 장면을 직접 찾아보면서 분석가들이 정확하게 무엇을 보았고 자신이 본 것을 어떻게 종합했는가를 가까이에서 따라갈 필요가 있다. 이때 이 책의 내용은 확연히 구체성을 띠게 될 것이고, 이런 과정을 반복하다 보면 자기도 모르게 영화 이미지를 사유할 수 있는 능력 자체가 함양될 것이다.

이 번역본은 2019년 2학기에 초고 상태—3판의 번역문—로 연세대학교 커뮤니케이션대학원 영화전공 수업('영화분석과 비평') 시간에 학생들과 함께 읽었다. 역자가 번역문을 미리 웹상에 공개하고, 사전에 발제를 맡은 학생들이 이를 읽고 각자 책에 언급된 장면을 직접 제시하면서 번역본의 중심 내용을 발표하고 토론하는 방식으로 수업을 진행했다. 한 학기 치열한 시간을 함께 보내면서 '영화작품 분석을 어떻게 할 것인가'라는 고민을 함께 나눈 23명의 연세대학교 학생들에게 이 기회에 감사의 말을 전한다. 여담이지만, 학기 말에 자신이 직접 선택한 영화에 대해 쓴 학생들의 수업 과제물을 읽으면서 이 책의 독해가 상당한 효용성이 있으며 지난한 번역작업이 무용하지 않았다는 점을 일정 정도 확인할 수 있었다. 2판의 번역에 이어 4판의 번역도 아카넷에서 출간된다. 영화작품 분석의 중요성에 공감하고 번역 제안에 선뜻 응해주신 김일수 편집장님에게도 감사의 말씀을 남기고 싶다.

프랑스어 초판(1988)에서 4판(2020)으로, 한국어 『영화작품 분석(1934~1988)』(2016)에서 『영화작품 분석의 전개(1934~2019)』(2020)로 판본이 달라지지만 '영화작품을 대상으로 어떻게 논문을 쓸 것인가?'란 질문은 여전히 핵심적인 자리에 남아 있다. 영화작품을 어떻게 진지한 담론의 영역으로 옮기며 성찰의 대상으로 삼을 것인가 하는 문제는 비단 영화연구자들에게 한정되는 문제가 아니며, 영화를 학문적 대상으로 다루고자 하는 모든 인문사회학 연구자에게 중요한 문제다. 여기서, 초판과 4판의 서문에서 저자들이 일관되게 강조하고 있는 대로 "모든 영화에 무차별적으로 적용할 수 있는"(이 책 24쪽, 54쪽) 보편적인 분석의 방법이나 분석의 '체'는 존재하지 않는다는 점을 다시 한번 강조할 필요가 있다. 따라서 영화작품을 분석하고자 하는 사람은 신기루 같은 방법이나 '만능열쇠'를 찾으려고 하지 말고, 기존의 영화작품 분석이 구체적으로 어떻게 이루어졌는가를 우선 검토해야 한다. 특히 이 영역에서는 발자국이 곧 길이기 때문이다. 우리 스스로 낯선 땅에 첫발을 내디딜 때까지는.

2020년 2월
이윤영

이 책의 초판은 1988년에 나왔다. 그 20여 년 전[1960년대 말]에 대학에 도입된 영
화연구는 이제 자리를 잡았다. [학문적으로] 오래되지 않았고, 문학연구가 혜택을
누린 [학문적] 축적 과정이 없었지만, 영화연구의 커리큘럼은 이제 다른 인문 사
회과학 분과의 커리큘럼과 비슷하게 되어가는 중이다. 이 교육내용을 어떻게 규
정할지는 미완이었다. 사학, 예술사학, 사회학, 심리학, 기호학 등과 같은 분과
에 맞추었어야 하는 것인가? (이런 분과의 양태로는 작동하지 않는) 문학연구를 따
랐어야 하는 것인가? 대학에서 새로운 대상[영화]을 위해서, 새로움을 반영하는
지식과 경험의 장을 명확하게 드러내는 방식으로 [교육내용을] 새로 만들어냈어
야 하는 것인가? 절대 끝나지 않는 이 논쟁에서 영화작품 분석은 영화연구에서
대표적으로 구체적인 계기로서 중요한 역할을 담당했고, 분과적이든 아니든, 독
창적 접근이든 아니든 항상 있어야 하는 역할이었다. 따라서 영화작품 분석에 초
점을 맞춰, 그때까지 실행된 중요한 접근들을 집계하려고 애쓰는 책을 내는 게
당연했다.

　이 책의 초판이 나온 지 30여 년이 지나면서 많은 것이 바뀌었다. 영화 연구
는 대학의 '인문학' 분야에서 없어서는 안 될 구성요소가 되었고, [희랍어나 라틴
어 같은] 고전어 습득처럼 이전에는 필수적이었던 분야들의 비중이 줄어들면서

인문학 분야 자체도 크게 다시 규정되었다. '영화연구'라는 분과의 발전을 분석하는 것이 우리의 논제는 아니지만, 다만 어떤 선택을 했는지와 무관하게 영화작품 분석은 우리가 절대 포기하지 않았던 교육이라는 점을 지적해두고자 한다. 그 이유는 명백하다. 즉 그것은 영화작품, 그 질료, 그 내밀한 구성을 진정으로 대면하는 계기이고, 나아가 영화작품의 생산뿐만 아니라 수용에 대해서도 성찰할 수 있게 해주는 계기이기 때문이다.

그러나 영화작품 분석이 여전히 영화 커리큘럼의 초석이지만, 이 주제에 대한 토론은 또 다른 양태를 띠게 되었다. 1980년대 말에 영화 기호학을 둘러싸고, 여기서 정신분석 이론이 담당한 역할을 둘러싸고 이론적 논쟁이 약해지기 시작했고, 1970년대를 특징지웠던 '거대이론'에 대한 갈망이 명백한 퇴조를 보이는 시기가 왔다. 추상적이다, 자의적이다, 또는 수많은 다른 악덕이 있다는 식의 비난을 받으면서 기호학에 대한 비판이 모든 측면에서 쏟아졌다. 상당 부분 기호학의 그늘 아래서 태어난 영화작품 분석은 이런 논의가 진행되던 지점 중 하나였고 우리는 단지 이를 보고하고 방침을 정할 수 있을 뿐이다. 또한 이전에 나온 우리의 책[초판]에는 '이야기 분석', '영상과 소리 분석'과 같이 훨씬 중립적인 소제목이 붙었던 장들 외에도, '텍스트 분석: 논란이 많은 모델'이라는 시사적인 제목 아래 온전하게 텍스트 분석에 할애한 하나의 장이 들어 있었고, '정신분석과 영화작품 분석'이라는 또 다른 장도 있었다.

우리가 이전에 한 선택을 스스로 비난하려는 것이 아니다. 이 선택은 그럴 만한 이유가 있었고 과도기적인 상황을 가능한 한 정확하게 보고하는 것이 당시의 목표였다. 그러나 2010년대에는 분석의 문제가 더 이상 이와 똑같은 방식으로 제기될 수 없다. 그 기준이 되는 영역인 영화연구의 지형이 달라졌기 때문이다. 간략하게 말해서 오늘날 영화연구에는 두 가지 큰 질문이 제기된다. 1) 영화연구는 (학문의 분과로 인정된 것이든 아니든) 더 일반적인 학문의 날개 아래에 자리를 잡아야 하는가? 2) 약간 모호한 표현으로 '실천'이라 불리는 것에 어떤 자리를 부여해야 하는가? 사실상 여기에 대한 대답으로 제시된 것은 시공간에 따라서 아주 다양하다. (최소한 정원을 차지하는 수로만 보면) 그 사이에 인문 사회과학의 최고 분과로 (다시) 떠오른 역사학[영화사(映畫史)]은 모든 커리큘럼에 등장했고, 우리는 이에 대해 기뻐할 수밖에 없다. 경제학의 경우, 영화 커리큘럼에 거의 항상 자리가 있었지만, 매번 독특한 자리였다. 인류학, 사회학, 미학, 또는 '예술사학'과 같은 다른 분과학문의 경우, 때로는 영화 커리큘럼의 자리를 차지했지만 매번 어디에나 있는 것은 아니었다. 이와 반대로, 형상성(figural)의 연구나 젠더 연구 같은 독특한 접근들은 몇몇 프로그램에서 중요한 자리를 차지하고 있다. 요컨대, 영화연구의 이론적 정박(碇泊)에 대한 합의는 존재하지 않으며, 이것이 현재의 시기, 즉 예전에 영화 기호학이 차지했던 것과 같은 지배적인 이론적 자료군이 더 이상 존재하지 않는 시기를 보여준다. 마지막으로 실천에 대해서는, 그 또한 현장에 따라 다양한 방식으로 파악되지만, 충격적인 것은 실천이 추상적 성찰과 관련해서 사유되는 경우는 거의 없다는 사실이다. 대학의 몇몇 학과는 학생들에게 작은 영화를 찍게 하거나 몽타주와 친밀해지도록 하며, 새로운 디지털 기술 덕분에 영화제작 활동에 접근하는 일이 훨씬 더 쉬워졌고 따라서 누구나 접근할 수 있게 되었다. 그러나 이런 교육들은 마치 그 자체가 목적인 것처럼 자율적으로 행해지면서, 많은 학생이 갖게 되는 창조의 신화가 조금 더 강화되고 있다.

(지나치게 간략한) 이 그림에서 영화작품 분석의 몫은 얼마만한 것일까? 앞서 언급한 것처럼 영화작품 분석은 거의 어디에나 있지만, 사람들이 영화작품 분석이 무엇인가에 대해 품고 있는 상(像)은 다양하다. 더 나쁜 것은 분명한 상도 없이 영화작품 분석이 종종 행해진다는 점이다. 즉 분석을 하는 것은 영화의 발췌본을 틀어주면서 논평하는 일이 교육적으로 편리하기 때문이지만, 이것이 심층적으로 어떤 기여를 할 수 있는지에 대해 크게 자문하지 않는다. 사실상, 기존의 논평들에 몇 개의 논평—그것이 아무리 예리하고 흥미 있어도—을 덧붙이는 것이라면, 이런 시도는 지적으로 큰 파장이 없다. 우리는 영화작품 분석이 실천적이고 구체적인 계기라고 생각하지만, 자신이 분석한 특별한 경우를 넘어서 더 일반적인 성찰로 귀결될 때 분석은 자기 의미를 갖게 된다. 이것은 분석이 '거대이론'의 실행이나 실험으로 제시되었을 때에는 명백한 사실이

었다. 이제는 더 이상 그렇지 않지만, 이 완전개정판이 가진 주요한 야심은 분석이 일반적인 지적 파장을 가질 수 있는 몇몇 방향을 제시함으로써 이를 상기시키기 위한 것이다.

우리는 본질적으로 세 개의 큰 축을 둘러싸고 우리의 고찰들을 모았다. 1) 서사, 픽션, 그리고 수용자에 대한 연구[3장], 2) 영상과 소리의 연구[4장], 3) 역사[6장]. 이 각각의 방향들에서 우리는 대학에서 영화 연구가 이루어진 지난 50년 동안, 이론적인 단계에서 현재의 훨씬 더 산만한 단계까지 어떤 것이 행해졌는지를 평가하려고 애썼다. 우리의 책은 또한 분석의 개념과 이어지는 그 실천의 역사를 개관하는 하나의 장[5장]을 포함한다. 마지막으로, 시작하는 두 개의 장[1장, 2장]과 마지막 장[7장]은, 각기 분석적 행위란 무엇인지, 이 행위가 어떤 대상에 적용될 수 있는지, 그 가치는 무엇인지를 자문하면서 전체를 조망하고자 한다. 이 완전개정판에서 우리는 어떤 접근방식에도 특권을 부여하지 않으려고 했고, 이와 반대로 중요한 어떤 접근방식도 빠트리지 않으려고 애쓰면서 가능한 한 가장 객관적인 태도를 유지하고자 했다.

이와 반대로 한 가지는 [이전 판본과] 전혀 바뀌지 않았고, 우리는 이를 재확인하고자 한다. 즉 어떤 영화도 분석할 수 있게 해주는 보편적인 방법은 존재하지 않으며 존재하지 않았고 아마도 절대 존재하지 않으리라는 점이다. 모든 영화에 무차별적으로 적용할 수 있는 보편적인 [분석의] 체(grille) 역시 마찬가지다. 이 말은 우리가 분석할 때마다 매번 모든 것을 새롭게 만들어내지 않을 수 없다는 뜻이 아니다. (그렇다면 우리의 저작이 존재할 이유가 없을 것이다.) 사실상 일반적인 규칙들이 있다. (이 규칙들은 유일한 경우를 넘어서는 광범위한 파장을 가진 인식론적, 방법론적 처방들이 된다.) 다른 한편, 일반적인 차원의 조언을 해주는 신중하고 완곡한 몇몇 저작들이 있다(예컨대 Bordwell & Thompson, 1979, 2013; Julllier, 2012, 2019). 우리는 가능한 한 매번 방법론적 논점들을 강조하고, 가장 구체적인 지침들을 주는 것을 포기하지 않을 것이다. 어쨌거나 이것이 이 책의 주요 목표는 아니다. 이 책의 목표는 특히 우리가 왜 영화작품 분석을 감행할 수 있는가, 영화작품 분석이 왜 지난 50년 이래 그렇게나 자주 감행된 이

유는 무엇인가, 영화작품 분석이 영화의 이해에 어떤 중요성을 가지는가를 말하는 것이다. 이것이 분석을 위한 조언이나 처방을 주려고 하기보다는 기존의 분석들을 논평하기로 한 이유이고, 거기서 교훈들을 얻으려고 애쓴 이유다.

CHAPTER

1

분석의 방식

‘분석’이라는 단어는, 주어진 어떤 것을 그 구성 요소들과 구성 규칙들로 거슬러 올라감으로써 이해하는 흔한 지적 활동을 가리킨다. 수학, 화학, 생물학, 생리학, 해부학, 문법, 철학, 전략, 그리고 가장 단순하게는 일상생활과 같이 아주 다양한 영역에서 분석에 대해 말할 수 있다. 욕조에 물이 샌다면, 배관의 요소들을 검증함으로써, 다시 말해서 (기본적인) 분석으로 그 원인을 찾는다. 화분에 심은 진달래의 싹이 나지 않는다면, 그 이유를 알아내기는 훨씬 더 어렵지만 가장 이성적인 우리의 태도는 가능한 원인을 분석하는 일일 것이다. 친구 중 하나가 지긋지긋하다면, 이 경우에 훨씬 더 불확실해도 분석은 그 이유를 알아내는 데 도움이 될 것이다.

영화작품 분석은, 지구과학이나 인체의 분석 활동, 추상적인 분과들이나 사회과학의 분석 활동, 그리고 일상생활의 분석 활동 같은 다른 모든 분석적 실천들과 닮았다. 그러나 영화작품 분석은 이들과 심층적으로 구별되는데, 왜냐하면 그것이 다루는 것은 인간 정신의 산물, 다시 말해 다른 인간들을 대상으로 어떤 인간들이 상상한 인위적 산물이기 때문이다. 영화작품 분석은 배관을 분석하는 것보다는 친구의 까다로운 성격을 분석하는 것과 더 닮았다. 우리 바깥에 존재하고, 선험적으로 미지의 것, 자기 고유의 합리성이 있는 무언가를 이해하는 것이기 때문이다. 그러나 분석한다는 것은 항상 유의미한 방식으로 분해하는 것이고, **분석적 태도에 대한 기본적인 정의는, 독립적인 요소들을 규정하면서 그리고 이들 사이의 관계를 이해하려고 애쓰면서 어떤 전체를 지적으로 처리하는 것이다.**

1. 영화에 대한 다른 담론들과 분석

1.1 개별영화에 대한 담론, 집합으로서의 영화에 대한 담론

영화작품 분석을 정의하고 그 범위를 제한하려면, **개별영화**(film)에 대해 말하는 **것과 집합으로서의 영화**(cinéma)에 대해 말하는 것이 같지 않다는 점을 상기해야 한다. 우리가 '집합으로서의 영화'라고 부르는 것은 기법, 실천, 산물 등의 다양한 집합을 포괄하지만, 특별한 조건[영화관] 속에서 볼 수 있는, 움직이는 영상과 소리로 만들어진 작품들의 생산과 배급이다. 게다가 이 작품들은 종종 예술(영화예술)이나 표현수단(집합으로서의 영화)에 속하는 것으로 간주된다. 반면에 개별영화는 이 매체의 단일한 표현이고, 여기에 이보다 명확한 규정을 부여하는 것은 불가능한데, 지금 존재하거나 잠재하는 영화들의 다양성이 무한하기 때문이다. 즉 바캉스의 추억을 담은 영화에서부터 독립영화, 예술가들의 영화, 다큐멘터리 영화, 인류학 영화, 광고 영화나 기업 영화, 영화 클립 등을 거쳐 산업적인 블록버스터 영화에 이르기까지 개별영화작품들은 다양하다. 집합으로서의 영화(cinéma)가 '시네마'로 남기 위해 항구적인 여러 특징을 간직하면서도 장치의 측면이나 경제적인 측면, 관객의 측면에서 역사적이고 지리적으로 엄청난 다양성을 겪어왔지만, 항상 극도로 독특한 개별영화들(films)에 견줄 만한 것은 아무것도 없다. **따라서 영화작품 분석은 독창적인 것에 대한 분석이다.** 즉 다소간 일반화시킬 만한 방법들, 반복되는 문제들, 규범이 되는 형식들이 있지만, 각각의 작품은 이 모두를 고유한 방식으로 사용한다. 따라서 분석에서는 예기치 않은 부분, 창조적인 부분들이 항상 있다. 장르를 연구하거나 시기를 연구하거나 양식을 연구하기 위해 많은 영화를 고찰하는 분석조차도 바로 이 **작품의 유일성**과 대면하지 않을 수 없고, 이 때문에 이 유일성 또한 하나의 전체에 속할 수 있지만 절대 이 전체의 특징들로 환원되지 않는다. (트뤼포의 작품 전체를 예로 삼은 질랭의 연구에서 전체의 처리[Gillain, 2019]와 르페브르의 연구에서 독창성의 처리[Lefevre, 2013]를 볼 것.)

1960년대 말경 영화에 대한 연구들이 대학에 들어온 이래, 영화작품 분석의 수많은 방식이 나왔다. 어쨌거나 분석은 영화를 보는 관객에게 당연하면서도 자발적인 활동이다. 말로 옮기지 않은 채 그 효과만을 경험하는 데 만족하는, 영화작품들에 대한 본능적인 소비도 있다. 하지만 대부분은 가장 단순한 관객조차도 여기에 머무르지 않는다. 영화 상영이 끝나고 이루어지는 토론은 가장 흔하면서도 거의 불가피한 활동이다. 이 토론이 가장 피상적인 검증에 그친다고 해도, 이것은 이미 자신이 받아들인 것에 대한 성찰 행위이고, 영화의 다양한 측면을 부각시키는 다양한 관점을 대면하면서 이 성찰 행위가 연장될 수 있다. 이 즉자적인 '분석'의 영역에서 각기 자신의 정신적 습관들과 대면하게 되고, 우리에게 도달한 것을 이해하려는 욕망이 [모두에게] 균등하지 않지만, 절대 무가치한 것은 아니다.

분석이 절차에 따른다면 단순한 상식에 빠지지 않게 된다. 따라서 첫 번째 질문은 분석이 어디까지 갈 수 있는지가 아니라 **어디에서 출발할 것인지**를 아는 일이다. 분석을 복잡하게 하지 않을 선험적인 이유는 없으며, 우리는 항상 더 멀리 밀고 가고 싶을 수 있다. 모든 정신의 산물이 그렇듯이 영화 역시 그럴 준비가 되어 있으며, 이 책에서 끝없이 만나게 될 이념 중 하나는 **영화가 의미작용과 정서를 간직한 거의 고갈되지 않는 저수지**라는 점이다. 이와 반대로, 가능한 접근들이 무한히 존재하는 것은 아니다. 오래전부터 알려진 정신 작용들을 다시 취하는 이 접근들은 기본적인 분할에 따라 몇몇 거대 유형으로 귀결될 수 있다. 우리는 **어떤 영화가 이야기하기** 때문에 그 영화에 관심을 가질 수 있고(=픽션이나 증거 자료를 거쳐서 세계를 경험하는 상징적 형식의 부여), 또는 **영화**

가 이것을 이야기하고 제시하는 방식 때문에 어떤 영화에 관심을 가질 수 있다 (=영화적 기표의 조직과 실체). 이것이 최초의 거대 분할인데, 영화에 관한 연구 작업에서 이 두 가지는 균등하게 나타나지 않는다. 대부분의 작업은 두 번째 (형식적) 측면에 대한 것이기 때문이다. 상황은 변하는 중이고, 이제는 많은 내용 분석이 (예컨대 젠더 연구 등이 상당히 활발한 영역에서 나타나는 것처럼 사회학적 관점이나 이데올로기적 관점에서 출발해서) 이루어지고 있다. 그러나 이런 분석은 아직은 소수다. 특히 이런 접근에서 때로는 시나리오 분석이 아니고 **어떤 영화 작품**의 분석을 하고 있는지는 불분명하다.

위의 거대 분할과 일치하지만 이를 포괄하지 못하는 또 다른 거대 분할은, **내재적 분석**과 **외재적 분석**의 구분이다. 우리는 주어진 한 영화를 그 자체로 따로 떼놓고 고찰하거나, 역사의 관점, 심리 이론의 관점, 사회학적 명제의 관점 등과 같이 훨씬 넓은 관점에서 고찰할 수 있다. 후자의 경우, 암시적이든 명시적이든 문제 제기와 호응하는 요소들을 그 영화에서 특권화시킬 것이며, 이 문제 제기의 기원은 우리가 출발하는 일반적 문제의식에 있다. 전자의 경우 구성적인 부분이나 그 영화의 측면들이 훨씬 더 동등하게 다루어질 것이고, 특히 이들을 결정하는 것은 사전의 진술들에 굴복하지 않을 것이다. 어쨌거나 이 원칙적인 차이는 때로는 미세하고, 하나의 입장에서 다른 입장으로 가역적으로 넘어가는 수많은 경우가 있다. 예를 들어, 제2차 세계대전 이후 이탈리아 영화를 연구할 때, 역사학자 피에르 소를랭은 다음과 같은 가설을 제시한다. 즉 "영화감독들은 시골을 보지 못하고, 시골은 이들에게 지각할 수 없는 것이다. 이들은 주변적이거나 타동사적인 특징들(그 사이로 지나가는 것)을 통해서만 시골을 포착하게 되었다." 그리고 덧붙이기를, "사회들의 역사가들에게 관심이 있는 것은 바로 이 불가시성인데, 그것이 1942년 이탈리아 영화제작 환경에 대해 알려주기 때문이다"(Sorlin, 1977, 6장 참조). 이것은 개별영화를 넘어서는 명제지만, 영화들 속에서 시나리오나 영상(과 소리)에, 배경이나 프레이밍에, 몽타주에 속할 수도 있는 지표들—이 테제를 뒷받침하는 지표들—을 찾아냄으로써만 분석적으로 뒷받침되는 명제다. (이때 문제는 연구자가 몇몇 영화들을 분석함으로써 자신의 테제를 진짜로 논증했는지, 그가 고려하지 않은 다른 영화들이 다른 결론을 제시하는 것은 아닌지 등을 알아내는 것이다.)

1.2 분석과 비평

분석이 널리 퍼진 행위라면, 비평도 마찬가지다. 이는 특히 프랑스 특유의 것으로서, 이 나라에서는 시네필(cinéphile)이 오래전부터 문화적 관행이 되었기 때문이다. 영화전문가들이 대부분의 부유한 나라보다 프랑스에 더 많은 것은 아니지만, 영화에 대한 지식의 정도, 특히 (옛날 영화를 포함해서) 수없이 다양한 영화를 지속적으로 볼 가능성이란 점에서 프랑스는 대다수의 나라보다 우월한 상황에 있다. 비평적 담론은 분명 영화에 대해 가장 빈번하게 이루어지는 담론이다. 물론 우리가 『카이에 뒤 시네마』(*Cahiers du cinéma*)나 『포지티프』(*Positif*)에서부터 『프리미에르』(*Première*)나 『소필름』(*Sofilm*)과 같은 최근의 잡지들까지 영화 월간지에서 일하는 전문가들의 비평과, 주간지나 일간지에 정기적으로 기고하는 저널리스트들의 비평뿐만 아니라, 임시로 하는 모든 비평가의 비평까지 생각한다면 특히 그렇다. (오늘날 영화는 특히 인터넷에서 원하는 사람은 누구나 논평을 할 수 있고, 인터넷에서 영화는 아마도 수없이 공유되는 사회적 대상이 되었다.)

일반적인 문화나 전문화된 문화의 관점, 지각상의 예리함, 지적인 엄격함, 생각을 말로 표현할 수 있는 능력 등의 관점에서 보면, 이 모든 비평 사이에는 엄청난 차이가 있지만, 비평 활동은 항상 똑같은 주요 목표들을 가지고 있다. 즉 어떤 영화를 비평한다는 것은 한편으로는 **이 영화를 설명하는 것**이고, 다른 한편으로는 **이 영화의 가치를 평가하는 것**이다. 비평은 이 두 목표의 비율이 어떻게 달라지는가에 따라 차별화된다. 일간지나 주간지에서 비평은 종종 가치 평가—때로는 '좋아요/싫어요'와 같이 가장 기본적인 차원으로 환원된다—를 하고, 일반적으로 묘사에 만족하며, 설명적인 경우는 드물다. (묘사가 정확하다면 크게 나쁘지는 않다.) 이 두 가지 목표에 (발터 벤야민, 롤랑 바르트, 앙드레 바쟁과 같은 위대한 비평가들이 보여준 것처럼) 비평이란 말의 정확한 의미에 속하지는

앉지만 그만큼이나 중요한 다른 두 개의 목표를 추가해야만 한다. 비평은 **정보를 제공하고**, 비평은 **진흥시킨다**는 점이 그것이다. 정보를 제공한다는 것은 관객에게 그 영화를 적절하게 평가할 수 있는 유용한 요소들을 주는 것이다. 그러나 이는 또한 다른 영화보다는 이 영화에 대해 말하기로 선택한다—영화제 보도기사에서 민감한 현상—는 것을 뜻한다. 이것은 부정적인 방식을 통해서라도 곧바로 진흥의 행위가 된다. (비평이 말하지 않는 것은 사회적으로 존재하는 데 어려움이 있다.)

따라서 비평은 사회적 기능과 순수하게 분석적인 기능이라는 두 가지 큰 유형의 기능을 공유한다. 첫 번째 기능은 광고의 곁에서 영화의 경제에 일정한 역할을 한다. 광고는 단연 영화의 진흥에 가장 중요한 도구다. 국제적인 메이저 영화사들은 지하철 광고부터 촬영에 관한 탐방 기사와 인터넷 예고편에 이르기까지, 개봉 몇 개월 전에 미리 시작하는 대량의 광고 홍보 덕분에 중요하게는 영화의 가시성이 확보된다. 그러나 개봉할 때는 말할 것도 없고 영화제에 영화를 출품할 때부터, 비평적 반향은 무시할 수 없는 역할을 한다. 이 역할 때문에 비평은 급격하게 양적인 조잡한 도구—한 영화에 대해 언급한 미디어의 수, 평론의 길이—가 되는 경향이 있고 가치평가적인 현상을 악화시킨다. (이렇게 해서 몇몇 텔레비전 프로그램에서는 희화적으로 세 명의 비평가가 그 주에 개봉된 영화들에 10점 만점의 점수를 주고 왜 이런 점수를 주었는지를 30초 안에 정당화한다.) 이것은 비평적인 이상에서 멀리 떨어져 있고 광고와 아주 가까이 있다.

반사 신경(réflexe)에 호소하기보다는 성찰(réflexion)에 호소하는 비평의 다른 기능들은 영화작품 분석과 가까이 있으며 때에 따라서 영화작품 분석으로 통할 수 있다. 이런 비평은 실제로 출간되는 비평의 비율로 보면 아주 적은 비율에 불과하지만, 우리는 다음과 같은 것을 상상할 수 있다. 즉 이상적인 비평은 문제가 되는 영화—픽션과 형식 부여 모두—의 **묘사**에서 가능한 한 정확한 요소들을 포함하고 있고, 이런 기반 위에서 그 영화를 이해시킬 수 있는 **설명**의 요소들을 포함하고 있을 것이다. (강조하자면, 이것은 이 영화가 전하는 이야기보다는 이 영화를 만들어낸 **영화적 행위**를 이해시킬 수 있는 요소들이다.) 그리고 이런 기반 위에서 비평은 영화 매체(또는 영화예술)와 관련해서 그 영화가 지니는 장점을 평가하기 위해 **가치평가적인** 견해를 제공할 수 있을 것이다. 이것을 할 줄 알거나 이럴 시간이 있는 비평은 거의 없고, 대개 우리가 읽는 것은 (대개는 가상의 작가적 양식이 있다는 것 뒤에 숨어서) 영화의 양식에 대해 이런 묘사적 언급을 곁들이면서 특히 (항상 정확하지는 않게) 시나리오를 이야기하는 데 있다. 그러나 이런 기본적 상태에서조차도, 비평은 분석 행위다. 즉 어떤 것을 묘사하는 것이 첫 번째 단계이고, 여기에 열중한다면 묘사도 시사적일 수 있다(2장 2절 참조). 마찬가지로, 비평가가 종종 자신의 취향을 상당히 과도하게 전면에 내세운다면, 분석가는 자신이 분석하는 것에 대한 가치 판단을 완전히 피할 수는 없다. 이 문제는 예컨대 고르지 않은 많은 작품을 취급하는 광범위한 자료군—흑인 착취 영화, 액티비스트 영화, 제1차 세계대전에 대한 영화 등과 같이—의 분석에서 제기된다. 이때에는 이 불균등성을 고려해야 하는가 아닌가, 이를 고려해서 차이를 확정해야 하는가를 묻게 된다. 이에 대한 대답은 미리 주어져 있는 것이 아니라 우리가 설정한 목표가 어떤 것이냐에 달려 있다. 미셸 라뉘와 그 동료들이 1930년대 프랑스 영화를 연구했을 때, 이들은 적지 않은 '졸작들'로 구성된 자료군을 선택했다(Lagny *et al.*, 1986). 이들은 영화언어의 발전이나 영화예술에 거의 관심이 없었고 이 진부한 영화들이 전해주는 사회적 징후들에 많은 관심이 있었기 때문이다. 이 기획은 작품들을 복권하여 이를 가지고 [걸작의] 목록에 올라갈 만한 새로운 영화들을 정하는 데 있지 않고, 영화사와는 다른 접근방식을 장려하는 데 있었기 때문이다(6장 2.1 참조).

따라서 비평은 분석과 상당히 구별되는 활동이다. 비평은 즉각적인 효용성을 지향하고 빠르게 반응해야만 한다. 반면에 분석은 자기를 위한 시간이 있고 영화사에서 대상들을 선택할 수 있으며, 스스로 마감 기간을 설정할 수 있고 간접적인 효용성을 지향한다. 비평은 미디어적인 제약과 강력한 경제적인 제약을 고려하지 않을 수 없다. 반면에 분석은 대학 제도에 속하고 미디어나 경제적인 제약들에서 훨씬 자유로운 활동이다. 비평이 자기 기획을 끝까지 밀고 갈 가능성은 거의 없다. (어떤 비평을 끝내자마자 또 다른 영화에 대해 다른 비평을 써야 한다. 가끔 재개봉하게 되는 경우를 제외하고 비평이 다시 실리는 경우는 거의 없다.) 반면에 분석은 본래 가능한 한 가장 멀리까지 가기로 되어 있다. 그러나 비평이든 분석이든, '[더 좋은] 이미지'와 권력을 갖고자 하는 게임에서 생겨나는 정면대립을 넘어 **이해와 설명을 지향하는 지적인 기획**으로 굳건하게 남아 있고, 온갖 가설—특히 **해석적인** 가설, 이 문제는 다시 다루게 될 것이다—에 내포된 위험에 정면으로 맞선다.

1.3 분석과 이론

분석은 다른 측면에서 또 다른 성찰적인 활동을 만나게 되는데, 그것은 영화를 대상으로 삼는 이론적 기획 활동이다. 사람들은 오랫동안 단수형으로 '영화 이론'에 대해 말해왔는데, 이 과도한 단수형은 영화 기호학—구조주의 기호학, 생성 기호학, 기호-분석, 기호-화용론—에서부터, 영화에 적용된 수많은 심리학적 모델과 온갖 '문화연구적' 접근—여기에는 영화를 다른 예술이나 이미지 매체와 비교하는 접근들까지 넣어야 한다—을 거쳐, 항상 전면에 나서 있는 것은 아니지만 인류학적 기획들—에드가 모랭[Morin, 1956]에서부터 1990~2000년대 영상 인류학까지—에 이르기까지 잡다한 기획들과 다양한 변이체를 포괄했다.

오래전부터 영화와 영화 현상을 둘러싸고 강력한 이론적 활동이 있었지만, 그것이 어떤 것이든 어느 하나로 통합된 단일 이론을 기대해서는 안 된다. 대략 25년 전(이 책의 초판이 나온 1988년)부터 대다수의 이론적 기획은 자기만의 독특한 특성을 부각시킨다. 그리고 이들은 영화 전체적인 것과(/이나) 개별영화적인 것을 연구하면서, 상당히 엄격한 분과적 접근에서 벗어난다고는 주장하지 않는다는 사실을 부각시킨다. 그 이후로 전체로서의 영화나 개별영화들을 가지고 사회학을 하는 사회학자들도 있고, 역사학을 하는 역사가들도 있고, 미학을 하는 미학자들도 있다. 장-피에르 에스크나치가 미국의 누아르 영화를 연구했을 때, 이것은 누아르에 또 하나의 양식적 특성을 부여하려 한 것이 아니라, 한 사회의 상태와 관련해서 사회학자로서 누아르의 의미를 평가하기 위한 것이다(Esquenazi, 2012). 실비 랜드페르가 〈밤과 안개〉(알랭 레네, 1955)에 대해 썼을 때, 그녀는 역사가로서의 작업을 핑계로 이 영화의 형식적 측면을 소홀히 하지 않았지만, 이 작업은 역사적 사건(집단수용소)뿐만 아니라 쇼아[유태인 대량학살]를 다룬 영화들의 역사 모두에 초점을 맞춘 것이다(Lindeperg, 2007, 6장 3절 참조). 조르주 디디-위베르만이 철학자이자 미술사가로서 파솔리니와 왕빙의 영화들을 분석했을 때, 이 또한 구체적이고 특별한 관점—민중을 어떻게 형상화할 것인가?—에서다 등등(Didi-Huberman, 2012). 영화에 대한 대학 교육의 초창기에서는 그랬을 수 있지만, 이제는 더 이상 '영화 전체'를 대상으로 해서 이론을 정의할 시기는 아니며, 지금은 해당 이론에 속하는 방법들과 개념들로 주어진 어떤 대상—영화 한 편, 어떤 감독의 영화 전체, 어떤 시기, 어떤 장르—을 고찰하는 시기다.

따라서 **분석적** 활동과 **이론적** 활동을 진정으로 비교하기는 어렵다. 이론적 활동은 혼합적이고 다소간 협소한 전문성으로 파편화되어 있기 때문이다. 공통점은 이 둘 다 대학 제도에 기반을 두고 있다는 점이다. 분석적 활동이든 이론적 활동이든 모두, 거의 유일하게 대학이나 연구소나 몇몇 예술학교에서만 이루어진다. 또한, 이론적이고 분석적인 접근은 **묘사적인** 부분을 많이 포함하고 있다는 점에서 유사하고, 이 둘 다 이들 대상의 일반적인 모델을 제시하려는 목표가 없으며, 현상들에 대해 여전히 부분적이고 가설적인 하나의 **설명**의 가능성을 그 지평에 갖고 있다. 주요한 차이는 이미 강조한 것처럼 각각의 분석의 강력한 개별성이라는 특성에 놓여 있고, 분석가는 이 때문에 일반적 모델이나 이론에 대해 가능한 밑그림의 가치를 간직한 채로 **각각의 새로운 분석에 자기 모델을 재발명하지** 않을 수 없게 된다. 다른 한편, 분석가가 몇몇 작품에만 통용되는 이론(또는 모델)을 구축하는 일도 일어난다. 마리아 토르타자다는 에릭 로메르의 작품 전체에서 출발해 모호성에 의한 유혹의 이론을 발전시켰는데, 이 이론은 이 감독의 작은 가상 세계뿐만 아니라 감독이 관객과 맺는 관계를 특징짓는다(Tortajada, 1999). 그녀는 이때 영화작품들의 '섬세하고 구체적인' 독해와 모델의 추상성 사이에서 왕복 운동이 일어난다고 주장한다.

여기서 우리는 영화작품 분석의 방법론에서 근본을 건드리는 질문을 다루게 된다. 즉 분석이 독창적이라면, 이 분석의 유효성을 보증하는 절차들은 무엇인가? 이 독창성이 분석가의 특이성으로 간주될 수 있는 위험은 없는가? 우리는 항상 분석가가 타당성과 유효성에 대한 자기 기준들을 명확히 하는 데 신경을 쓰리라고 생각할 수 있다. 그러나 이 기준들이 매번 적합하다고 한다면 이는 인식론적 관점에서 설득력을 잃을 위험이 있다. 따라서 그 위험이란 보편적인 상대주의에 도달하게 되는 것이고, 특히 (상당히 널리 퍼진) 생각, 즉 하나하나가 모두 유효하고 정당한 수없이 많은 분석이 존재한다는 생각에 이르게 되는 것이다. 이것이 분석의 문제에서 가장 민감한 지점 중 하나이며, 우리는 이 책의 마지막 장[7장]에서 이 문제를 다시 다루게 될 것이다.

2. 누가 영화작품을 분석하는가?

2.1 분석의 민주성

방금 우리는 영화작품 분석에 들어 있는 **본질적으로 제도적인 성격**에 대해 강조했다. 즉 분석은 거의 대다수가 실천이라기보다는 연구를 목적으로 한 제도[대학]에서 전개된다. '영화작품 분석'을 교육하는 몇몇 영화학교가 있지만, 이 교육은 일반적으로 분석보다는 비평에 더 가깝다. (이것이 정상인데, 미래의 감독이나 촬영감독의 직업은 영화작품을 분석하는 것이 아니라 영화를 만들어내는 것이기 때문이다.) 영화에 대한 논평이라는 널리 퍼진 실천에 대해 이와 비슷한 말을 할 수 있을 것이다. 모든 관객은 잠재적인 분석가라는 말로 시작해보자. 다소간 전문화된 수많은 블로그에서보다 이 점이 더 잘 드러나는 곳은 없다. 여기서는 대개 가치평가하는 비평이 지배적인데, 블로그는 본래 자기도취적인 도구이며 이런 비평 활동들은 학술적이라기보다는 유희적인 차원의 효과를 만들어내기 때문이다. 이런 종류의 영화에 대한 논평에서 '옥에 티'(goof)를 찾아내고자 하는 취향이 널리 퍼져 있다는 것만 언급해도 충분하다. 마치 논평을 쓴 사람이 판사로서 군림하고자 하며, 스스로 영화감독보다 더 유능하다는 듯이, 마치 모든 영화가 어떤 핍진성의 척도로 평가되어야 한다는 듯이. 전체적으로 보면 이런 블로그들이 영화작품 분석의 이상(理想)에서 일반적으로 상당히 멀리 떨어져 있다는 것은 분명하다. 그러나 디지털이 촬영 도구라는 측면에서 놀라운 민주화를 가져온 것처럼, 인터넷은 비평과 논평의 가능성에서 엄청난 확장을 가져온 나머지 비록 각각의 성과는 불만족스러워도, 그 전체는 전반적이고 부정확한, 그 시기의 유행에 따르지만 흥미로운 영역을 그려 보인다…. 더욱이 장-미셸 프로동과 같은 옛 저널리스트들이나 데이비드 보드웰 같은 대학교수들이 운영하는 수준 높은 블로그들도 있으며, 또한 종이로 출간되는 잡지의 수준과 동등하거나 우월한 비평들이 실리는 몇몇 아주 좋은 웹진들도 있다.[1]

2.2 전문화된 활동으로서의 분석

사회적으로 인정받은 활동으로서 영화작품 분석이 존재하는 것은 다소간 널리 퍼져 있다는 그 특성의 직접적인 귀결이 아니라 오히려 **대학 커리큘럼 안에 영화작품 분석이 제도화되었다**는 사실의 직접적인 귀결이다. 문학작품 연구나 예술작품 연구와 같은 영화연구의 대응물을 따라 오래전부터 대학의 틀 안에서 정당하다고 수용된 영화연구는 그 정의(définition)에서부터 훨씬 큰 자유를 누려왔다. 영화연구가 1970년경에 프랑스에서 제도화되었을 때, 이 주제에 대해서는 어떤 학술적 전통도 없었고, 중고등학교 교사를 선발하는 시험과목에도 들어가지 못했다. 이 때문에 영화연구는 예컨대 문학에서라면 상상도 할 수 없는 방향으

---

1 많은 블로그 중 다음의 몇 개만 언급해보자. *Débordements* (http://www.debordement. fr), *La Furia umana* (http://www.lafuriaumana.it), *Mise au point* (http://map.revues. org/), *Nouvelles vues* (http://www.cinema-quebecois.net),. Senses of cinema (http:// sensesofcinema.com).

로 발전하게 되었다. 선행하는 어떤 모델도 없었고, 대학은 영화연구를 교수에게 일임하지 않을 수 없었다. 그런데, 다양한 출신을 가진 교수들 모두가 잘 정해진 커리큘럼을 밟은 것은 아니었다. 이 당시 시대 분위기에서 구조주의적인 변이체인 영화작품 분석[텍스트 분석]이 아주 일찍부터 교육과 연구의 중요한 부분을 차지하게 되었다는 점은 부분적으로 설명이 된다. 비록 초창기에는 많은 분석이 또한 오래된 문학적 전통에서 나온 '텍스트의 논평'이라는 모호한 양태로 이루어지기는 했지만.

이로부터 사오십 년이 지난 후 분석은 다양한 이름—'분석의 방법론', '영화작품 분석', '시청각 분석'—으로 고유한 교육이 이루어지는 거의 하나의 분과가 되었다. 이후 5장에서 살펴보게 되겠지만, 다소 심층적으로 전개된 최초의 영화작품 분석들은 감독들이나 문화노동자들이 한 것이었다. 그 이후 영화작품 분석은, 아무리 (예컨대 대학원 석사과정에 재학 중인) 초보 연구자라고 해도, 거의 유일하게 연구자들이 한 것이다. 이런 영화작품 분석의 제도화가 가장 눈에 띄게 드러나는 곳은 그것이 다양한 커리큘럼과 선발시험에서 필수과목으로 되어 있다는 점이다. 즉, 바칼로레아 대학입학 자격시험의 '영화' 선택에서부터 문학 교수(교사) 자격시험이나 조형예술 자격시험에 이르기까지, 프랑스 국립영화학교(FÉMIS)나 루이 뤼미에르 고등사범학교(ENS) 입학시험에 이르기까지 (Jullier, 2015).

이 때문에 분석의 실천적 정의에 일정한 변화가 생겼다. 중간/기말고사나 시험이라는 한정된 시간 안에, 아무리 조사의 범위를 제한하는 특정 관점을 취한다고 해도 어떤 영화 전체를 분석하라고 학생들에게 요구하는 것은 생각하기 힘든 일이다. 이 때문에 반쯤은 부정확한 용어로 **시퀀스 분석**이라고 부르는 것이 발전하게 되었다. 그 핵심은 영화의 단편(斷片)을 분석하라고 제시하는 것이다. (이 단편은 기술적 의미에서 시퀀스와 반드시 일치하는 것은 아니다.) 시험은 완전히 자유롭게 이루어지며 어떤 특별한 방법도 권장하지 않지만, 이와 반대로 사전에 이런저런 접근방식, 즉 다시 말해서 이런저런 규칙을 적용하라고 요구함으로써 강제적인 것이 될 수도 있다. 제한된 시간 내에 시험을 보는 것으로

는 잘 해내기 어려운 작업이다. 몇몇 자기 만족적인 신화[2]와는 달리, 선행 훈련
—분석이나 비평 등의 실천—과 전문화된 교양이 없으면 시험을 잘 치르기가
쉽지 않다. '시퀀스 분석'은, 받아쓰기나 논술시험처럼 학교 교육이 퍼트리는
모호하면서도 엄격한 시험 중 하나가 되었으며, 그런 식으로 교육의 대상, 실
용적 저작, 수많은 교과서의 대상이 되었다.

비슷한 이유로 영화 **단편**(斷片) 분석 또한 분석 교육의 핵심이다. 영화 단편
분석은, 미리 준비를 잘하고 발표를 효율적으로 한다면, 평균 강의시간인 대
략 두 시간 동안 일군의 학생들 앞에서 발표할 수 있는 상황에 부합하기 때문
이다. 영화작품 분석은, 영화사나 영화 경제학을 가르치는 교사와 거의 동등한
자격으로 '영화'를 가르치는 교사의 전문화된 분과라고 말할 수도 있을 것이다.
어쨌거나 이 유사-분과가 온전하게 하나인 것은 아니고, 다수 학생의 지식, 교
양, 방법론적 지식을 측정하는 시험으로 조직된 것은 분석적 실천의 편의성 때
문이라는 점을 제대로 보아야 할 것이다.

거의 분석에 가까운 묘사를 만들어내야 하는 국립시청각연구소(INA) 조사자
들처럼 자료조사라는 직업의 틀 내에서 활동하는 몇몇 영화작품 분석가가 있지
만, 전문적인 영화작품 분석가는 십중팔구 교육자-연구자다. (물론 교육자에 방
점이 찍힐 수도 있고, 연구자에 방점이 찍힐 수도 있다.) 다른 모든 연구자처럼, 영화
작품 분석가도 인식론적이고 사회학적이기도 한 영역과 관련해서 자신의 영역
과 방법을 폭넓게 규정한다. 즉 시대마다 특권화된 분석 절차들이 있고, 자신의
논지를 이해시키고 인정을 받는 전문적이고 학술적인 환경이 있다. 원칙적으로
아주 다양한 방식으로 행해질 수 있는 영화작품 분석이 사실상 하나의 '역사'—
영화작품 분석의 지배적인 상이 계속 바뀌는 역사—를 갖는 것은 이 때문이다.

---

2 "[프랑스 국립영화학교] 페미스 입학시험을 볼 때 하필이면 고다르의 〈누벨 바그〉(1990)가 나
  왔어. 이 영화를 본 적이 없는데도 좋은 점수를 받았지! 고다르에 열광하는 학생들은 나쁜 점
  수를 받았고." 프랑수아 오종의 인터뷰. *Inrockuptibles*, n° 276, 2001년 2월. 로랑 쥘리에 책
  (Jullier, 2015)에서 재인용.

3. 분석의 효과와 목표

대학의 학위과정에서 이루어진 분석 중 몇 개가 그렇듯이 분석 그 자체가 목적처럼 보인다고 할지라도, 분석은 우리가 잘 수행된 분석에서 기대하는 것과의 관련 속에서만 온전히 정당화된다. (방금 우리는 '잘 수행된' 분석이라고 말했지, '완결된' 분석이라고 말하지 않았다. 7장 3.3 참조.) 앞서 강조했듯이, 우리는 그 특유의 합리성을 훨씬 더 잘 이해하기 위해 뭔가를 분석한다. 이것이 때에 따라 훨씬 더 특별한 목표로 귀결될 수도 있지만, 모든 분석의 결절점은 여기에 있다. 즉 분석은 우리가 살면서 수행하는 지식, 사유, 방침 등과 같은 다른 모든 행위와 비슷한, 지적이고 정신적인 행위다. 정신의 산물을 분석하는 것과 상황, 문제, 경험의 결과 등을 분석하는 것 사이에는 어떠한 본질적인 차이도 없지만, 실용적인 큰 차이는 이런 분석 행위들의 목적이 같지 않다는 것이다. 영화작품 분석은 분석이고 따라서 우선 이해하는 데 쓰이지만, 아주 특별한 대상을 다루고 이 때문에 그 목표 또한 달라진다. 나아가 독창적인 대상을 이해하는 것이라면, 이론을 거치든 아니든 일반적인 지식을 향상시키는 것이기도 하다.

3.1 영화작품의 이해

분석은 **이해하는 데 쓰이지만**, 한 편의 영화를 이해한다는 사실은 많은 것을 뜻할 수 있다. 우선 **타동사적**(transitif)이라고 말할 수 있는 이해가 있는데, 이는 이 영화가 재현하는 것, 이 영화가 이야기하는 것, 이 영화가 참조하는 세계를 이해하고자 한다(**도판 1, 도판 2**). 이점은 명확해 보이지만, 표현상의 이유나 또는 다른 이유로 이 참조하는 세계를 어지럽히려고 애쓰는 최근의 많은 영화 속에서 그 영화의 의도적인 기획을 재구성하는 일이 항상 쉬운 것은 아니다. 〈메멘토〉(크리스토퍼 놀런, 2000)나 〈인셉션〉(크리스토퍼 놀런, 2010)과 같은 영화는, 전자의 경우에는 시간적인 위치 탐지, 후자의 경우에는 지형적인 위치 탐지를 고의로 까다롭게 만든다. 〈열대병〉(아피찻퐁 위라세타쿤, 2000)은 2부로 구성되는데, 1부에서

〈인셉션〉(크리스토퍼 놀런,
2010), 파리 풍경이 반으로
접힌다.

〈열대병〉(아피찻퐁 위라세타쿤, 2002).
미궁과 같은 정글

〈2046〉(왕자웨이, 2004).
꿈속의 도시

도판 1. 기이한 공간 또는 불가능한 공간

는 사랑 이야기를 하고, 2부는 이와 완전히 다른 체제의 신념과 독해가 필요한
매혹의 이야기를 한다. 왕자웨이 같은 작가감독은 빙글빙글 도는 서사에 전문성
을 갖고 있는데, 이런 서사에서 시간적 연쇄는 의심스럽거나 파악하기 불가능하
고, 때때로 우리가 정확히 어디에 있는지를 알기가 어렵다. (〈2046〉에 대한 비팅거
[Bittinger, 2006]의 연구를 보라.) 고전적인 영화는 우선적으로 참조하는 세계의 확
실성을 보장했지만, 어쨌거나 [관객에게] 필요한 문화적 지식이 있어야만 했다.
〈파리의 아메리카인〉(빈센트 미넬리, 1951)에서 진 켈리가 화가이며 파리에 거주하

〈파리의 아메리카인〉
(빈센트 미넬리, 1954)의 파리

〈아파치 요새〉(존 포드, 1948)의
모뉴먼트 밸리

〈스트롬볼리〉
(로베르토 로셀리니, 1949)

도판 2. 유명한 공간

고 있다는 것을 이해하기는 쉽지만, 존 포드의 여섯 편이 넘는 영화에서 만나게 되는 모뉴먼트 밸리(Monument Valley)라는 배경을 이해하기 위해서는 [미국의 애리조나주와 유타주 사이에] 이런 곳이 있다는 것을 알아야만 한다. 마찬가지로 20세기 중엽의 지중해와 [이탈리아의] 섬의 풍속에 대해 어떤 상도 갖고 있지 않다면, 〈스트롬볼리〉(로베르토 로셀리니, 1949)를 제대로 이해할 수 있을지 명확하지 않다 등등.

영화가 참조하는 배경의 재구성 이외에도, 이해한다는 것은 또한 **시나리오의 전개와 그 논리를 이해한다**는 것을 뜻한다. 1960년대의 '반-내러티브적' 경향과 1980년대의 '매너리즘적' 영화의 고의적으로 복잡한 서사 이래로, 관객이 재구성하는 데 상당히 노력해야 하는 이야기를 하는 영화, 나아가서 아예 이런 노력을 끝까지 할 수 없는 영화는 수없이 많다. 이런 방향에서 전략은 다양하다. 즉, [관객에게] 충분한 정보를 주지 않거나, 모순적이거나 모호한 정보를 주거나, 진행 도중에 이야기를 바꿀 수도 있다. 작가영화나 심지어 주류영화도 제각각 수없이 많은 예가 있다. 그러나 서사가 선형적이고 행위를 이해할 수 있다고 해도, 움직이는 영상과 소리로 된 서사에는 관객이 해석하는 데 여지를 남기는, 말하지 않은 부분이 항상 있게 마련이다. 단순한 예는 서사가 명쾌하게 결론을 맺기를 거부하고 '허공에 떠 있는' **열린 결말**이다. 〈호수의 이방인〉(알랭 기로디, 2013)에서, 주인공은 한 남자가 다른 남자를 익사시키는 것을 본다. 그런데, 주인공은 그 남자와 사랑에 빠져서 관계를 맺고, 마지막에 그가 다른 두 남자를 죽이는 것을 본다. 그는 숲에 몸을 숨기지만, 밤에 벌어지는 아주 긴 마지막 시퀀스는 그가 잡혀서 죽임을 당할지, 잡혔지만 목숨은 건질지, 잡히지 않을지를 보여주지 않고 끝난다. 시나리오상에 나타난 이런 종류의 일관성과 명확성의 문제에 답하는 것이 분석의 목적은 아니지만, 이를 피할 수는 없다. 물론 몇 개의 답을 주어도 좋다.

사실상 분석의 목표는 영화의 **자동사적**(intransitif) 이해 속에 있다. 즉 그것은 실제 [촬영] 장소나 상상적 이야기의 연속성을 재구성하는 데 있다기보다는, **영화로서** 영화 자체의 전개를 파악하는 데 있다. 다시 말해서 미장센, 프레이밍,

몽타주, 조명, 속도 등의 구체적인 선택에 의해 **해당 이야기가 존재하게 되는 방식**을 파악하는 데 있다. 2장과 3장에서 이를 다시 다루게 될 것이지만, 분석의 본질적인 목표는 여기에 있다. 즉 분석의 최초 목표는 기호학적, 미적, 관념적 동인들 속에서 한 영화를 파악하기 위해 그 영화의 (감각적, 지적) 수용을 넘어서는 것이다.

3.2 폭로로서의 분석

해당 사회의 산물인 한 영화가 그 사회의 이데올로기적 반영이라는 점은 오래전부터 알려져 있었다. 마르크스주의적 정의로 1960년대와 1970년대 내내 자주 사용된 '이데올로기'라는 용어는 수많은 비판을 받은 이래 오늘날에는 약간 버려진 용어다. 사실상 이는 만능열쇠 같은 용어로, 수없이 남용되었고 이 때문에 정확한 의미를 잃게 되었다. 그러나 모든 영화, 특히 **세계에 대한 우리 자신의 경험**을 명백하게 드러내는 영화들—픽션이나 다큐멘터리 영화, 일기 영화, 여행일지 영화, 시적 에세이 영화 등—은 명시적으로든 아니든 모든 사회적, 심리적, 정치적 질문들에 대해 이데올로기적으로 규정된 관점들을 채택한다. 세계에 대한 경험이 그렇듯이, 이런 관점들이 매번 뚜렷하게 드러나 있지는 않지만 일의적인 경우는 거의 없고 대개는 명확하게 규정하기 어렵다. 〈호수의 이방인〉의 예로 되돌아가면, 남성 동성애 대상을 '낚는 것'에 대해, 이 때문에 생겨나는 일시적인 관계들에 대해 이 영화가 취하는 담론은 정확히 무엇인가? 이 점에서 등장인물들은 서로 아주 다른 태도를 보인다. 즉 주인공은 너무 많은 것을 묻지 않고 여기서 즐거움을 찾는다. 경찰관은 그 장소를 자주 드나드는 사람들의 눈에 띄지도 않고 한 사람이 죽는 것이 비인간적이라고 생각한다. 앙리라는 인물은 성행위 없는 사랑을 주장한다. 그러나 이 영화 자체는 어떤 관점을 갖고 있는가? 관점이 있다면 무엇인가?

이런 종류의 질문은 전혀 새롭지 않고 (이런 문제를 이미 제기한) 낭만주의 문학까지 거슬러 올라가지 않더라도, 다소간 정치적인 색채가 있던 수많은 시네-클럽이 힘을 발휘한 시기에는, 이런 질문들이 오랫동안 영화에 대한 논쟁의 주요한 불쏘시개 역할을 했다. 이 책의 저자들[자크 오몽, 미셸 마리]은 예컨대 존 포드의 〈기병대〉(1959)와 같은 영화를 둘러싸고 이런 논쟁이 벌어졌던 것을 기억한다. 누구는 한 양키 군인의 추악한 행동을, 눈에 띄는 어떤 비판도 없이 스크린에 보여주었다고 이 영화를 비난하곤 했다. 그러나 기로디의 영화와 동성애를 구별해야 하는 것처럼, 존 포드의 영화에서 당연히 등장인물에게 속하고 불쾌해 보이는 것—존 웨인이 연기한 등장인물은 자기 임무에 대해 비인간적이고 야만적인 상을 갖고 있다—과 영화에 속하는 것을 구별해야만 한다. 영화에 속하는 것은 단순한 위치에 있지 않고, 분석은 이와 반대로 그것이 아주 변증법적이라는 것을 보여주게 될 것이다. 따라서 미국의 시민전쟁[남북전쟁] 서사가 자기만족에 빠지지 않은 채 관객 스스로 자유롭게 판단할 수 있게 해주면서도 이 전쟁의 공포를 있는 그대로 제시한다고 자처할 수 있는, 바로 그 수단들을 분석하는 일이 중요하게 된다.

이런 문제에서 분석은 정확한 평가 요소들을 제공하는 데 큰 역할을 할 수 있고, 즉자적으로 반응하는 데 만족할 경우 피할 수 없는 주관적인 토론에서 벗어날 수 있게 해준다. 영화 한 편을 이해하기 위해 (텍스트적인, 형상적인, 사회학적인 등등) 분석을 하는 것은 필수적이지 않지만, 분석은 이 영화 자체에 직면할 수 있게 해주고, 단지 그 영화가 하는 이야기뿐만 아니라 여기저기에서 말할 수 있는 것, 그 영화가 '예증하는' 문제 등에 직면할 수 있게 해준다. 정치적인 토론이 격렬했던 시기(대략 1970년대 무렵)에는 아주 긴 이론적 논쟁—르벨(Lebel, 1971) vs. 코몰리(Comolli, 1971~1972)을 볼 것—이 전개되면서 **영화형식의 중립성**을 주장하는 사람들—'형식 그 자체는 어떤 것도 의미하지 않으며, 같은 형식을 부여해도 서로 다른 내용물을 전달할 수 있다'—과 **형식을 부여하는 작업이 이데올로기적으로 결정적인 역할을 한다**고 주장하는 사람들이 대립했다. 이런 일반적 용어들로 문제를 제기하는 것은 비생산적인 대립을 반복하게 된다. 이런저런 입장들에 각기 우호적인 논거들이 존재하기 때문이다. 이것은 질문과 여기에 대해 나올 수 있는 대답들을 특수화시킴으로써 정확히 분석이 많은 기여를 할 수 있다.

3.3 이론과 양식의 문제

한 영화의 내용이 어떻게 구성되고 수신자에게 어떻게 제시되는지를 구체적으로 보여줌으로써 분석이 어떤 영화의 내용에 대한 평가를 상대화하고 또 이를 풍부하게 만들 수 있다면, 분석은 또한 형식의 역할을 상대화할 수도 있다. 우리가 **내용**과 **형식** 사이의 균형을 주장하는 것은 아니다. 이 개념 쌍은 오랫동안 영화에 대한 담론들의 기반에 있었지만, 1960~1970년대 이론적 경향에 의해 결정적인 비판을 받았다. 우리가 **한 영화의 내용**이라고 부르는 것은, 한편으로는 (서사를 통해 접근할 수 있는) 영화가 하는 이야기이고, 다른 한편으로는 제시된 것을 거쳐서 이 이야기와 결부시킬 수 있는 재현의 집합체다. **형식**은 원칙적으로 이 내용을 감각적으로 제시하는 모든 것이다. 즉 시청각적으로 구현된 서사, 영상과 소리의 고유한 요소들—색채, 빛의 강도, 속도, 밀도……—이다. 그러나 1920년대에 러시아 형식주의자들이 이미 제시한 것처럼, 내용은 또한 자기 형식을 갖고 있고('내용의 형식'), 형식 부여가 의미에 영향을 미치지 않는 단순한 기술적 작업이 아니라는 점을 잊어서는 안 된다. 즉 형식은 어떤 의미에서는 내용을 갖고 있다('형식의 내용').

단순한 예를 들자면, 〈씬 레드 라인〉(테렌스 맬릭, 1998)의 내용은 아주 야만적인 전쟁에 참여함으로써 역설적인 방식으로 구원을 찾는 한 인물의 이야기다. 그러나 또한 전쟁—태평양 전쟁의 잘 알려진 에피소드로 수많은 희생을 치른 과달카날의 정복—에 대한 성찰이고, 거꾸로 전쟁 없는 사회가 될 수 있는 것—단순한 사람들이 단순하게 사는, 영화 시작 부분의 '지상낙원'—에 대한 성찰이기도 하다. 다른 측면에서 보면, 이것은 인종주의(와 인종주의의 부재)의 문제다. 그리고 모든 전쟁영화에서처럼, 그 내용은 또한 다소간 전형적인 인간 집단을 그 내적 관계와 함께 부각시키는 것을 통해서 전개된다. 물론 그것은 이보다 넓게는, 전쟁의 가상과 그것이 우리 문명에서 가리키는 것에 대한 것

(무엇보다 태평양 전쟁에서 미국 문화와 일본 문화의 충돌)과 또 다른 가상, 즉 자연에 부여한 인간 사회의 유토피아다. 그러나 이는 또한 관객을 건드리는 놀람과 폭력의 효과이며, 이 효과는 프레임, 숏(shot)의 지속시간, 숏과 숏의 연결과 같은 형태의 물질적 결정에 따라 만들어진 것이다.

이 영화를 분석하면서 그 시작 부분에서 시옹은 일련의 질문들을 던진다(Chion, 2004). "왜 우리는 세상에 태어나는가? 왜 우리는 세상으로부터 유배되어 있다는 감정을 가지면서 이와 동시에 세상의 일부를 이루는가? 왜 세상의 지울 수 없는 아름다움은 우리가 혼자이며 고통받는 것을 막지 못하는 것일까? [등등]." 이 질문들은 이런 영화의 내용에 들어 있는 잠재적인 깊이를 잘 말해준다.

영화를 더 추상적인 차원에서 다시 만들기(refaire) 위해 영화를 '해체'하는 (défaire) 활동인 분석은 내용/형식의 대립을 넘어서기에 적합하다. 분석이 밝혀낸 것은 내용뿐만 아니라 형식에도 속하는 것이기 때문이다. 그러나 분석이 한 영화에 대한 이데올로기적 해석을 구체화할 수 있는 것과 같이, 분석은 구체적인 조사에 기반을 둔 결과로써, 예컨대 **양식**이라는 관점에서 그 영화의 형식을 특징짓기도 한다. 분석이 없는 한 영화의 이데올로기적 독해가 암묵적인 선입견에 기반을 두게 될 위험이 있는 것과 마찬가지로, 즉자적으로 한 영화의 양식을 특징짓는 것은 작가양식—고다르적인, 포드적인, 브레송적인, 스필버그적인, 나아가 놀런적인, 기로드적인… 양식—에 대해 여전히 모호한 생각을 작동시킬 가능성이 있다. 종종 형식의 문제를 해결한다기보다는 없애버리는 데 기여하는 표현주의, 리얼리즘, 현대성, 매너리즘, 바로크 등과 같은 진부한 양식적 범주들도 마찬가지다. 예컨대, 1920년대 표현주의 양식의 가장 순수한 대변자로 통하는 〈칼리가리 박사의 밀실〉(로베르트 비네, 1920)에 대한 요약적인 분석이라도 다음의 사실을 인지할 수 있다. 즉 예전의 생각—쿠르츠(Kurtz, 1926)가 이미 쓴 것을 볼 것—과 달리, 이 영화는 빛과 어둠의 유희를 통해 공간을 창조하지 않는다. 이 영화에서 대부분의 빛과 어둠의 효과는 **그려**

진 것이기 때문이다. 이와 반대로 스티븐 스필버그의 많은 영화—특히 〈ET〉 (1982), 〈마이너리티 리포트〉(2002), 〈A.I.〉(2001), 또한 〈인디아나 존스〉(1984, 1989, 2008) 같은 영웅담—를 비교분석해보면, 이런 환상적이고 동화 같은 이야기에서도 빛의 유희[조명]가 때로는 준-자율성을 갖고 거의 고유한 담화를 이룰 정도로, 근원적 중요성이 있다는 점이 명확해질 것이다.

3.4 고유한 실천으로서의 분석

따라서 분석은 (내러티브 내용의 단순한 이해 단계를 넘어섬으로써) 한 영화를 이해하는 데 이르기 위한 강력한 도구다. 이데올로기적 선입견들을 드러내기 위한 것이기도 하고, 영화형식의 역사에서 그 자리를 평가하기 위한 것이기도 하다. 그러나 이것이 반드시 분석의 주요한 목표는 아니며, 영화작품 분석은 분석 그 자체를 위해 영화작품 분석을 실행할 수 있을 정도로 충분한 발전을 이루었다. 즉 오늘날 영화작품 분석은 **고유한** 활동이 되었고, 대학의 토양에서 가장 많이 실행되지만, 자기 고유의 방법을 가지고 있고 자기만의 고전적인 참고문헌들과 자기 인식론을 갖추고 있다.

영화작품 분석은 대학에서 영화 교육의 중요한 부분을 담당한다. 이 실천은 다양하게 이루어질 수 있지만, 분석 교육은 그것이 분석의 **실천**으로 이루어질 때, 그리고 되도록 함께 참여하는 분석으로 구성될 때만 파장이 있고 그 존재감도 있다. 이것이 전형적으로 "스승은 '나처럼 해봐'라고 말하는 사람이 아니고 '나와 함께 해봐'라고 말하는 사람"이라는 질 들뢰즈의 말을 떠올릴 기회다. 이 말은 분석 교육이 항상 집단적 분석을 만들어내는 것을 목적으로 한다는 뜻이 아니고, 모든 분석의 교육학은 대화에 기반을 두고 있으며 더 낮게는 산파술을 작동시킨다는 뜻이다. 즉, 개별적인 분석에서 교육자는 너무 많이 앞서가지 않도록 주의해야 하지만, 자신의 더 많은 경험과 영화들에 대한 더 나은 지식을 전체적인 관점에서 집단적인 언급들을 통합하기 위해 이용함으로써, [학생들의] 주장이 자발적으로 나오도록 한다.

다른 한편, 다양한 단계에서 많은 결정이 필요한 분석은 또한 아주 개인적으로 이루어지는 작업일 수도 있다. 여기에 말을 통해서든 글을 통해서든 소통할 수 있는 형식을 부여할 수 있고 이렇게 해서 분석을 논쟁할 만한 것으로 만들 수도 있지만, 분석은 여전히 개인적인 작업일 것이고, 논거를 제시하지만 부분적으로는 자의적인 선택들임을 보여준다. **대립된 추론에 의해, 집단 분석이** 때로는 보여주는 실천—예컨대 몇몇 연구소—에서 이를 잘 볼 수 있다. 우리는 원칙적으로 집단 작업이 해석적인 선택의 자의성—해석의 착란—에 더 잘 맞서는 보증이 되고, 이때 일정 정도의 검증이 더 잘 보장된다고 기대할 수 있다. 집단적으로 작업한다는 것은 참여자 저마다가 각기 분석의 단편을 발전시키자마자 이를 비판과 교정의 과정에 부치는 것이다. 그러나 이는 또한 양날의 칼이다. 오류와 과도한 해석을 피할 수 있을지 모르지만, 이 지속적인 비판과 검증은 다른 한편 거의 검열에 가까운 것이 될 수 있고 분석에 필요한 창의성을 차단할 수 있기 때문이다. 우리는 이후에 이런 결점을 피하고 출판까지 이루어진 집단적 시도의 몇몇 예를 제시할 것이다.

영화작품 분석은 대다수 [학위논문, 학술지 논문, 저작 등과 같이] **글로 출판되는 것**을 목표로 한다. 대학에서 이루어지는 영화작품 분석이 특히 그런데, 대학에서는 글을 쓴다는 것이 생각을 전달하는 가장 확실한 수단이다. 그 이점(利點)은 명확하다. 글을 쓰면서 더 합리적이고 더 명확한 방식으로 생각이나 주장에 구조를 부여할 수 있기 때문이다. 글로 쓴 텍스트는 이후의 토론에 가장 좋은 기반인 것도 사실이다. 그러나 글로 쓴 분석에는 또한 불편한 점도 있는데, 그 가장 큰 것은 움직이는 영상과 소리에 대한 감각이나 생각을 문장으로 전환하는 어려움이다. 나중에 묘사에 대해 언급하면서 이를 다시 말하게 될 것이다. 한 영화를 본 경험을 몇몇 텍스트—그것이 어떤 것이든, 또 아무리 정확하고 감수성이 넘쳐도—로 대체할 수는 없다. 이 때문에 종종 분석은 오히려 말로 하는 게 적합하며 글로 옮기는 것은 부득이한 수단이라고 간주하곤 했다. 그러나 **말로 하는 분석**은 수준의 문제가 있고 특히 순간적으로 사라져버린다는 결점이 있다. 일단 끝나면 기억밖에 남지 않고, 이는 토론을 용이하게 하지 못한다. 사실상 이 두 종류의 실천[글로 하는 분석, 말로 하는 분석]은 서로 다른 맥락에서 분석을 실행하는 두 가지 보족적인 방식이다. 다른 한편, 글로 출판되기 전에 말로 발표한 분석들이 적지 않고, 거꾸로 글로 출판된 이후 이것을 다시 취해서 말로 제시하는 분석들도 있다.

영화작품 분석의 역사에서 중요한 측면 하나는 영화작품 분석이 그 작품 자체와 영화작품의 다양한 재생 매체와 맺는 관계다. 최초의 분석들은 [영화관에서] 상영되는 영화를 거듭하여 본 것을 기반으로 이루어졌음이 틀림없다. 이것은 한 영화를 보기 위한 최상의 조건이지만, 정확한 위치 표시를 하기에는 좋은 조건이 아니다. 영화작품 분석은 생겨난 이후 1980년경에 많은 변화를 겪었는데, 많은 사람이 영화의 재생 수단에 접근할 수 있게 되었기 때문이다. 카세트테이프는 결함—정확한 위치 표시를 할 수 없는 점, 영상의 질과 질 낮은 음질—이 있지만, 대략 15년 정도 귀한 도구가 되었다. DVD 덕분에 엄청나게 많은 영화에 편안하고 편리하게 접근할 수 있게 되었다. 15년 전부터 대부분의 분석은 DVD로 출시된 복제본에서 이루어졌고, 이후 VOD나 스트리밍(streaming)과 같은 새로운 배급 양태가 발달하게 됨에 따라 디지털 파일 형태로 된 복제본에서 이루어졌다. 그러나 도구는 도구일 뿐이고, 도구가 영화 그자체가 아니라는 점을 잊지 않는 게 중요하다. DVD나 내려 받은 디지털 파일에서 한 영화를 분석하는 것은, 복제본으로 회화작품을 분석하는 것과 같다. 즉 분석을 끝내기 전에 항상 **원본으로 되돌아가야** 한다. 영화에서 원본이란 개념은 다른 방식으로 나타나는데, 영화가 디지털 복제본으로 배급되기 시작한 이래 DVD 판본과 영화 그 자체의 차이가 더 작아졌지만, '원본'의 역할을 하는 것은 관람의 조건이다. 즉 **끊기지 않는** 상당히 큰 규모의 영사 속에서, 영상에 영향을 미치지 않도록 충분히 어두운 영화관에서 우리가 경험하는 것이 영화다.

마지막으로 분석의 실현과 전달 가능성에 대해 덧붙여야 하는 것은, 영화작품 분석으로 시청각 작업을 만들 가능성이다. 이런 생산물의 실현 또한 많은 사람이 쉽게 쓸 수 있는 몽타주 소프트웨어 덕분에 훨씬 더 쉬워졌고 몇몇 소프트웨어는 아주 간단하다. 이런 해결책의 주요한 이점은 분석하는 영화작품의 발췌본을 그대로 인용할 수 있다는 것이고, 이것은 글로 된 출판물에서는 불가능하다. 어쨌거나 대개는 영화작품의 발췌본을 틀어놓고 (또는 다른 영화들이나 특히 사진과 같은 다른 자료들을 제시하면서) 말로 하는 발표를 [촬영을 통해] 영원히 고정하는 방식으로 이루어지는 이런 발표 양태의 이점을 과대평가해서는 안 된다. 시청각 작품에 대한 진정한 시청각적 분석은 일종의 재몽타주가 될 것인데, 이것은 더 이상 말로 하는 발표가 아니라 일종의 예술작품으로 제시될 것이며 이에 대해서는 적절한 예가 많지 않다. 고다르는 발췌본과 자료들의 몽타주로 많은 양의 작품들—특히 〈영화의 역사(들)〉(1988~1998)—을 만들었지만, 이들은 특정 영화를 충실하게 따라가는 분석이 아니다. 이 영역에서 우리는 아주 적은 수의 시청각 분석만 인용할 수 있는데, 이들은 **영상으로** 한 분석일 뿐만 아니라 실제로 **영상에 의한** 분석이 되고자 했던 작업이다. 이는 여전히 생성되고 있는 영역으로서 적절한 배급 수단이 없어 장애가 있다(5장 5.2를 볼 것).

4. 결론: 영화작품 분석의 정의를 위해

이러한 대략적인 검토에서 우리는 모든 영화작품 분석에 유효한 몇 가지 **일반적 원칙**을 간직하고자 한다.

1. **영화작품 분석의 보편적 방법이란 없으며**, 각각의 분석은 독창적이고 자기 대상에 맞추어진 것이다. 반면에 분석은 대개 **분과학문의 관점이나 유사–분과학문의 관점**에 포함되는데, 자신이 어떤 관점을 택하고 있는지를 명시해야 한다. 나아가 분석은 일정한 합리성의 의무가 있으며, 특히 **논증**에 관심을 가질 의무가 있다.

2. 분석은 몇몇 측면에 대한 논평에서 시작해서 **어떤 작품에 의미를 부여하는 것을 지향한다.** 따라서 분석은 실제로 **끝이 없는 것이다.** (관점을 바꾸게 되면)

어떤 영화에서 분석해야 할 요소들이 항상 남아 있을 것이기 때문이다. 분석은 또한 분석가의 창의력에 기반을 둔 **개인적 행위**이기도 하다.

3. 분석은 무지한 상태로 이루어질 수 없다. 즉 **영화사에서 이 영화가 어떤 위치를 점하는지** 고려하지 않고, 이 주제에 대해 이미 쓰인 것을 알지 못한 채로 어떤 영화를 분석할 수 없다.

첫 번째 원칙이 가장 중요하다. 우리는 어떤 영화에도 무차별적으로 적용할 수 있는 방법은 존재하지 않는다는 사실에 대해 이미 강조한 바 있다. 분석은 그 엄밀성 때문에 영화에 대한 인상주의적 담론들과 대립하게 되어 있고, 논증을 통해서 해석들을 만들어내게 되어 있다. 분석은 항상 상당히 엄밀한 원칙들에 기반을 두고 있다. 그러나 이런 원칙들이 '정밀'과학(science 'dure')에서 실험적 방법들에 비교할 만한 형태로 정식화될 수 있다고 기대해서는 안 된다. 분석의 보편적 체를 설정하고자 했던 온갖 시도는 인문학과 정밀과학을 혼동하는 인식론적 오류에 기반을 두고 있다. 인문학에서나 정밀과학에서나 엄밀성의 정도는 같을 수 있지만, 단순한 이유에서 항상 근본적인 차이가 있다. 즉 영화작품 분석은 자연과학에서 쓰는 의미로 **반복할 수 있는 것**을 다루는 것이 아니다. 각각의 분석은 새로운 것이고, 그 반복될 수 있는 것은 현상과 관련해서 항상 부분적이다. 물론 이 때문에 일반적인 파장을 가진 접근들을 생각할 수 없는 것은 아니지만, 이 접근들은 항상 특화되어야 하고, 때로는 자신이 다루는 대상들에 맞춰져야만 한다.

우리는 이후(7장 3절)에 분석의 종결이라는 문제를 다시 다루게 될 것이고, 도입부가 되는 1장을 무엇보다 분석이 무지한 상태로 이루어질 수 없다는 점을 예증하는 하나의 예로 마치려고 한다. 괴물 같은 영화, 그 많은 특성으로 유일한 영화, '전 시대를 통틀어 가장 탁월한 영화들'[3]의 목록에서 오랫동안 가장

---

3 최소한 전문가들이 정한 리스트—예컨대 2007년에 미국영화연구소(AFI)의 목록—에서는 그렇다. 관객들의 리스트는 아주 최근 영화들에 과대한 가치를 부여한다. 즉 2013년 9월, 알로시네(Allociné)라는 사이트의 관객들에게 **전 시대를 통틀어** 가장 탁월한 영화(말 그대로 인용)' 250

높은 자리를 차지한 영화인 〈시민 케인〉(오손 웰스, 1941)은 또한 아직까지 논란의 여지가 없는 고전의 지위를 누려왔고 영화사에서 가장 많이 언급된 영화 중 하나였다. 즉 상업적으로는 실패했지만, 할리우드 작가영화의 최고봉을 나타내며 (어떤 영화도 진짜로 이 영화를 모방하지는 못했지만) 영화적 양식의 모든 계보학에서 본질적인 지표다. 이 영화의 형식적인 지표는 놀랍다. 즉 다양한 차원을 얽어놓은 내러티브 구성, 표현적인 미장센과 연극적인 기원을 보여주는 외향적인 배우들의 연기, 사운드 트랙의 다성적인 처리, 영상의 몇몇 특성의 과장(광각렌즈, 앙각화면, 롱테이크, 아주 짧은 몽타주, 익스트림 클로즈업…). 이렇게 유명한 영화를 무지한 채로 접근할 수 없다는 것은 명확하다. 〈시민 케인〉을 분석한다는 것은 약간은 〈모나리자〉나 『읽어버린 시간을 찾아서』를 분석하는 것과 같다. 즉 작품 자체를 다루기 전에 그동안 축적된 엄청나게 두꺼운 논평들을 거쳐 가야만 할 것이다. 그러나 다른 한편 (영화사에서 이 영화의 위치, 이 영화의 고유성에 대한) 오류는 용납되지 않을 것이다.

그런데도 분석가는 아무 영화나 앞에 두고 하는 것처럼, 먼저 자신이 다루게 될 대상의 규모—이 영화 전체를 다룰 것인가, 아니면 한 부분을 다룰 것인가—에 대해 질문해야 한다(Ropars & Marie, 1980). 다음으로 자신이 실행하고자 하는 독해의 유형에 대해 질문해야 한다. 즉 미장센과 그 '작가주의적' 특성에 대한 분석(Bazin, 1950), 플래시백과 내러티브 시간성에 대한 분석(Naremore, 1978), '발화' 유형 분석, 즉 등장인물과 내재적 화자와 외재적 화자의 목소리 같은 다양한 '목소리'의 지위 분석(Chateau, 1993), 1940년대 고전적 할리우드 양식에 대한 격차를 찾아내는 양식적 분석(Bordwell, 1971), 중심인물(Mulvey, 2012)에 적용하거나 기억과 환상의 문제(Joxe, 1993)에 적용한 정신분석적 접근,

---

편의 목록의 상위는 다음과 같다. 1. 〈장고: 분노의 추적자〉, 2. 〈언터처블: 1%의 우정〉, 3. 〈포레스트 검프〉. (〈시민 케인〉은 118번째에 올랐다.) 2014년 11월에는 〈장고: 분노의 추적자〉가 여전히 1위였고, 〈포레스트 검프〉가 그 뒤를 이었으며, 당시 개봉한 지 얼마 되지 않았던 〈인터스텔라〉가 3위에 올랐다. (〈시민 케인〉은 145위였고, 〈가디언즈〉와 〈라타뚜이〉 사이에 있었다…) 이런 인기도 순위표와 등급 매기기에 대해서는 6장(2.2)에서 다시 다루게 될 것이다.

발생론적 연구(Kael, 1971; Carringer, 1976; Berthomé, 1992). 이런 선택들 전체를 우리는 이후의 장들에서 다시 취해서 발전시킬 것이다.

분석할 만한 대상,
분석의 도구

1. 대상의 크기와 유형

영화작품 분석의 대상은 개별영화들이다. 그러나 우리가 한 영화를 분석하는 것은 지성을 사용하거나 교양을 증명하는 데 느끼는 즐거움 때문이 아니라 항상 다양한 파장과 영역을 가질 수 있는 질문에 대답하기 위한 것이다. 따라서 분석의 대상은 영화라기보다는 이 제기된 질문이며, 여기에 대답하는 것이 중요하다. 이 때문에 영화작품 분석이 늘 **한 영화**의 분석이란 형태를 취하지는 않는다. 개별영화를 분석한다는 것은, 자기만의 반응을 성찰하는 관객의 즉자적인 태도를 연장시키기 때문에 가장 자연스러운 행위다. 그러나 우리가 분석에 들어간다고, 즉 우리 자신의 감정을 밝힐 뿐만 아니라 객관적인 질문들을 검토하는 작업에 들어간다고 결정하는 순간부터, 영화의 1분짜리 장면의 분석부터 200편의 자료군의 분석에 이르기까지 가능성은 훨씬 더 다양해진다.

그런데, 영화 한 편이나 많은 영화나 영화의 단편(斷片)을 분석하는 것은, 물론 이 모두가 다 '영화작품 분석'이지만 같지 않다. 이것이 단지 크기의 문제만은 아니다. 단편의 분석은 분석의 단편이 아니며, 영화 컬렉션에 대한 분석은 분석의 컬렉션이 아니기 때문이다. 이런 각각의 시도들은 자기만의 목표와 자기만의 과정을 규정해야만 한다. 그리고 분석된 대상의 크기가 여기에 영향을 미친다. 영화의 조각에 대한 분석은, 한 영화 전체의 분석이나 하물며 많은 영화의 분석과, 같은 측면들에 집중하는 것은 아니다. 한 영화 전체에 대한 분석과 비교하면, 영화의 조각에 대한 분석은 일종의 줌인과 같은 것으로, 훨씬 넓은 현상들을 가리고 미세한 구조를 부각시키는 경향이 있다. 거꾸로 많은 영화의 분석은 영화들 각각에 대한 일종의 축소 같은 것으로, 이 집단에 속한 다른 영화들과 비교해서 공통점이나 비교할 만한 지점들을 찾으면서 디테일에 관심을 덜 두게 된다.

1.1 단편(斷片): 개념의 모호성

분석은 종종 영화의 단편으로 향한다. 그러나 단편이라는 개념은 서로 다른 두 가지 이유로 문제를 일으킨다. 한편 이 개념은 약간 모호하며, 전체로부터 이 단편을 추출하는 방식에서 상당한 불확실성을 남긴다. 조각을 결정할 때, 그 조각을 행위의 단위에 의해, '구두점'—예컨대 페이드인—의 효과에 의해, 형상적인 동일성에 의해, 이런 기준들의 혼합에 의해 선택한다는 것, 아니면 무작위로 선택한다는 것은 같지 않기 때문이다. 다른 한편, 특히 낭만주의 비평 이래 단편이라는 단어의 문헌학적 기원은 이 단어에 복잡한 아우라를 부여했는데, 이 때문에 단편은 작품을 '파괴함으로써' 획득된다는 사실이 주목받게 되었고, 작품 자체라는 개념을 공격한다는 뜻을 함축하게 되었다. 영화에 이 개념을 적용하는 것에 관해서는 토론이 거의 없었다. 가장 주목할 만한 토론은 분석이 아니라 다른 맥락에서 전개되었지만, 1970년경에 [프랑스에서] 에이젠슈테인이 쓴 글들의 새로운 번역이 나오던 시기에 몽타주와 숏의 문제에 대해 전개되었다. 사실상 에이젠슈테인은 '조각'을 뜻하는 러시아 단어를 종종 사용하는데, 여기에 특별한 의미를 부여함으로써 이 단어를 (좀 더 표현적인) '단편'이라는 말로 번역하게 되었다. 그러나 그것은 다른 번역어로 옮길 수 있는데도 이 번역어로 결정한 것이다. 여기서 이전에 그랬던 것처럼, 숏(또는 시퀀스)과 단편을 대립시키는 급진적인 결론

을 끌어내는 것은 지나치다. 하물며, 영화적 단편의 개념을 그 아득한 낭만주의
적 기원과 진지하게 결부시키는 시도 자체가 전혀 없었다. (이것은 문화적인 차원
에서 흥미가 있었을 것이다.) 요컨대, 단편이라는 용어는 글자 그대로 받아들여서
는 안 되는 관습적인 용어이며, 실제로 '영화 단편 분석'(analyse de fragment)이라
고 통용되는 표현에서 채택된 것일 뿐이다. (이는 마치 '시퀀스 분석'이라는 말과 비
슷한데, 이 표현 또한 글자 그대로 받아들여서는 안 된다.)

한 영화의 일부를 분석한다는 생각에는 두 개의 서로 다른 기원이 있다고 추
정할 수 있다. 먼저, 우리가 1장에서 교육적인 상황 및 집단으로 수행한 분석을
언급하면서 상기시켰던 경험적인 기원이다. 한 영화 전체를 분석하겠다는 기
획을 해도, 1회의 강의에서 끝까지 할 수는 없다. 파편화는 이때 실제적인 필요
성에서 나온다. 이 경험적인 기원은 가장 빈번하게 나타나는 것으로, 모든 교
육자가 수업할 때 마주치게 된다. 따라서 '다룰 수 있는' 적합한 대상을 만들어
내야만 한다(Bergala, 2006). 사실을 언급하는 이 구체적이고 단순한 대답의 위
험은 이 대답을 거칠게 사용하는 것이다. 즉 데쿠파주[4]를 실행하는 이유와 데
쿠파주가 작품 자체와 맺는 관계에 대해 훨씬 심화된 성찰을 하지 않고, 두 시
간 내에 이용할 수 있는 정확한 시간 배정만 생각하는 것이다. 따라서 **파편화
를 하기 위해 우리가 사용하는 기준들**에 대해 질문을 던지는 것이 중요하고, 그
단편의 출처가 되는 영화 자체를 저버리지 않고 고유의 일관성을 가진 대상을
만들려고 애쓰는 것이 중요하다. 다른 한편, 이 분석적 '데쿠파주' 행위는, **이질
적이지만 강하게 결합한 이미지의 연속**으로서 한 편의 영화가 무엇인지에 대한
성찰을 흥미롭게 실행하는 것이 될 수 있다. 일관되면서도 흥미로운 단편을 잘
라내는 법을 배운다는 것은 분석 수업에 적합한 연습이다. 이와 반대로 인터넷

---

4 [옮긴이주] 데쿠파주(découpage)는 영화의 장면을 숏이나 시퀀스 단위로 나누는 활동을 가리
킨다. 영화감독은 대체로 영화를 찍기 전에 시나리오 상태에서 숏이나 시퀀스 단위로 장면을
나누어서 촬영에 임한다. 이를 '기술적 데쿠파주'라고 부른다. 거꾸로 연구자가 분석을 위해 완
성된 영화 한 편을 다시 숏이나 시퀀스 단위로 나눌 수 있다. 이를 '분석적 데쿠파주'라고 부른
다. 자세한 내용은 2장 1.2 '시퀀스와 분절체', 2.2 '데쿠파주: 묘사의 도구'를 참조할 것.

에서 아무 이유 없이 잘라놓았다는 인상을 주는 수많은 영화 단편을 볼 수 있는 시대에는 특히나 그렇다. 그런데, 이런 자의적인 조각들과, 그 영화의 조직을 존중하는 데 주의를 기울이면서 정교하게 범위를 정한 단편 사이에는 큰 관련이 없다.

분석적 단편이라는 생각이 발전한 간접적이면서도 이론적인 또 다른 기원은 '**텍스트 분석**'이라고 불리는 것에서 찾아야 한다(5장 2절을 볼 것). 분석의 역사에서 이 순간은 창립자적인 것이라고 간주할 수 있는데, 연구자들이 실행했고 글의 형태로 출판되었으며 일반 이론의 파장을 갖고자 한 최초의 '전문적' 분석들은, 바로 이 텍스트 분석의 기치 아래서 이루어졌기 때문이다. 텍스트 분석은 구조주의 기호학에서 나온 세 개의 핵심 개념에 기반을 두고 있다. 먼저, **영화적 텍스트**, 즉 현실화된 담론의 단위로서의 영화, 다음으로, 대응하는 **텍스트적 체계**, 즉 이 텍스트 구조의 추상적인 모델, 마지막으로, 매번 새로운 조합에 따라 몇 개의 영화적 텍스트에 존재하는, 횡단하는 체계들인 **약호**(code)가 그것이다. 이런 관점에서 약호 개념은 분석의 시금석이며, 정통적인 구조 분석은 무엇보다 약호적 분석이고 그 텍스트의 각 요소에 존재하는 약호를 부각시킨다(5장 2.1 참조). 어쨌거나 이는, 다양한 크기를 가진 요소들 속에서 나타날 수 있는 약호들의 다양성 및 약호들의 수가 많다는 것을 감안하면, 상상하기 힘든 것이다. 따라서 텍스트 분석은 이러한 구조주의적 기반과, (다의성의 이념과 연결되어 있는) 텍스트성이라는 또 다른 이념을 실천적으로 결합한 것이었다. 1960년대 말경 특히 『S/Z』에서, 영화 분석에 오랫동안 영향력을 행사하게 될 이념을 표명한 사람은 롤랑 바르트다. **작품의 복수성**이라는 이념이 그것이다. 작품의 복수성이란, 어떤 텍스트—이 경우에는 문학 텍스트—는 단선적인 것이 아니라 **다의적**이며, 따라서 이를 수동적으로가 아니라 능동적으로 수용할 수 있으며, 각자는 각기 다른 적절한 약호를 따라가면서 의미론적 흔적과 기호학적 흔적을 교차시킴으로써, 그의 표현대로 텍스트를 '별들 모양으로 장식할 수 있다'(étoiler)는 것이다.

이것은 두 가지 이념—약호의 복수성이 매순간 관통하는 **영화적 텍스트**라는 이념과, 분석에서 드러나게 될 **다의성**이라는 이념—이 분석된 텍스트를 작은 조각들로 자르고, 이 조각들 각각에서 약호들의 유희를 탐지하는 접근을 탄생시켰다. 발자크의 단편소설 한 편에 대한 분석에서 바르트는 다섯 개의 거대 약호만을 탐지했지만, 모델이 이렇게 제시되었고 영화작품 분석은 이 모델을 아주 빨리 적용했다. 이런 관점에서 영화 한 편을 분석한다는 것은, 분석이 의미를 부여하기 위해 최종적으로 이 모든 언급을 모은다는 조건 아래서 작은 규모의 연속적인 조각들을 여기서 잘라낸다는 것이고, 이 조각들에서 어떤 약호가 작동하고 있는지를 찾는다는 것이다. 이렇게 잘려진 조각들은 『S/Z』에서 그랬던 것처럼 때로는 '어휘소'(lexies, 독해의 단위)라고 불렸고, 때로는 '단편'(fragment)이라고 불렸다. 영화의 단편이라는 개념이 실제적 편의를 목적으로 만들어낸, 영화의 단순한 발췌본(extrait)이란 개념과 같지 않다는 것은 명확하다. 발췌본은 다소간 적절한 표본이며, 그 영화 진체를 다루기에는 너무 무겁기 때문에 이를 대체할 목적으로 만든 것이다. 반면에 어휘소는 그 영화 전체를 대체하지 않지만, 끊임없이 참조한다. 그것은 영화를 대변하지 않고 자율적인 개체도 아니지만, 텍스트와 전체적으로 내밀한 변증법적 관계를 갖는다.

이렇게 영화의 파편화 이념에는 실제적이고 이론적인 두 가지 기원이 있으며, 이 때문에 단편 분석에서 상당히 다른 두 개의 구상이 생겨난다. 한 경우—기능적 발췌—에서 우리는 자기 입장을 변호하기 위해 훨씬 작은 규모의 대상을 만들고, 원천이 되는 작품을 참조하지 않으면서까지 자기만의 특질들을 부과한다. 이 마지막 특징은 선발시험이나 [중간/기말]고사처럼 제한된 시간에 영화작품 분석을 하는 시험에서 아주 많이 두드러지는 것인데, 여기서 분석가는 제시된 발췌본 말고는 이를 다른 어떤 것과 연결할 가능성이 없다. 다른 한편 그가 이 영화를 안다고 해도, 단지 다소간 구체적인 기억만을 갖고 있을 뿐이고, 따라서 이 발췌본이 하나의 전체인 것처럼 작업하지 않을 수 없기 때문이다. 여기에는 무엇보다 인위적인 시작과 끝을 만든다는 부정적인 측면이 있는데, 이것은 발췌본의 시작과 끝일 뿐이지 영화 전체의 시작과 끝과는 아무 관련이 없다.

다른 경우—어휘소—에 분석의 대상은 원직적으로 하나의 계기를 **동해서 나타난** 영화 전체다. 따라서 제한된 시간에 이루어지는 분석의 목표가 될 수 없으며, 이와 반대로 이런 분석을 시도하려면 작품 전체를 갖고 있어야만 하고 주기적으로 작품 전체를 참조해야 한다. 이것은 최초의 텍스트 분석들에서 두드러지는 측면으로서, 이때 단편 분석은 항상, 그 즉자적인 대상을 넘어서 영화 전체 분석의 환유였다. (나아가 한 작가의 양식적 연구나 한 장르의 양식적 연구 같은, 훨씬 광범위한 작업의 환유였고 분석 일반에 대한 성찰이었다.) 신기원을 이루었고 많은 모방자를 낳은 〈새〉(알프레드 히치콕, 1963)에 대한 연구에서 레이몽 벨루는 하나의 단편을 선택했다(5장 2.2를 볼 것). 이 단편은 충분한 동질성과 구성의 규칙성을 확보하고 있었을 뿐만 아니라 '운율'이란 이름으로 대칭, 반복, 상응의 효과를 묘사할 수 있게 해주었다. 벨루에 따르면, 이 대칭, 반복, 상응의 효과는 히치콕 영화 일반의 구성요건이고, 이를 넘어 고전적인 모든 영화의 구성요건이다. 이 '텍스트적' 시기에 행해진 수많은 분석이 그랬던 것처럼, 이는 구조주의적인 이론적 과시라고 말할 수 있다. 이는 엄격성과 추상적 특성 때문에 이후 많은 비판을 받았지만, 텍스트란 개념과 함께, 부분적 분석과 전반적 분석 사이의 순환을 보장하는 장점을 갖고 있었다.

1.2 시퀀스와 분절체

분석할 목적으로 한 영화를 잘라내는 이 두 가지 방식—경험적 방식과 이론적 방식—의 경합을 기술하는 또 다른 방식은, **시퀀스**라는 경계 짓기와 **분절체**라는 경계 짓기를 구분하는 데 있다. 영화제작의 기술적 어휘에서, 그리고 그 이후에 (엄밀성이 더 떨어지는) 비평의 어휘에서 시퀀스(séquence/sequence)는 내러티브 단위로 연결된 일련의 숏들을 뜻한다. 픽션영화와 대부분의 다큐멘터리—따라서 영화작품 분석의 99%—에서 시퀀스라는 말은 강력한 제도적 존재감을 누리고 있었다. 시퀀스는 촬영 이전에는 기술적 데쿠파주의 기본 단위이고, 영화제작 이후에는 기억의 단위이자 영화적 서사를 말로 된 서사로 바꾸는 번역의 단위이기도 하다. 우리가 영화를 보지 않은 누군가에게 한 영화에 관해 이야기할 때, 우리는 본능적으로 시퀀스라는 상당히 큰 내러티브 블록을 참조한다. 제작과정에서 이 개념의 중요성은 서사의 순서와 다른 순서로 촬영되는 숏들의 단위를 보증해주는 것이 시퀀스라는 점에서 찾을 수 있다.

시퀀스라는 개념의 이 두 가지 용법—직업적이고 약호화된 용법, 개인적이고 본능적인 용법—은 같은 것이 아니다. 우리의 기억이 한 영화에서 나누는 내러티브 블록은 기술적 데쿠파주의 엄밀한 단위들만큼 명확하게 구획되는 것이 아니기 때문이다. **관객의 경험**에 대한 저작에서 마르탱 르페브르는 각각의 관객에게 고유한 데쿠파주가 일어난다고 생각한다(Lefebvre, 1997). 각각의 관객은 한 영화에서 규모와 성격이 다른 정보의 단위들을 간직하는데, 관객이 그 영화에 대해 가지게 되는 전반적인 이미지는 이 단위들 위에 세워진다. 이것은 관객에 대한 성찰에서 흥미로운 관점이지만(7장 1.2를 볼 것), 그가 참조하는 영화의 분절(segmentation)은 분석에 고유한 것이다. 객관적이거나 주관적인 분절을 염두에 둔다면, 이 분절은 시공간의 단위에 근거를 둔다. 즉 시퀀스는 (이미지로 된 모든 서사에 내포된 생략을 제외하면) 단 하나의 흐름 속 행위의 조각, 대개는 유일한 행위의 조각을 보여주는 영화적 서사의 한 순간이다. 물론 디테일에서는 두 행위 사이의 교차—교차 몽타주—가 만들어내는 (진부한) 복잡화부터 시작해서 수많은 예외가 존재한다. 그러나 일반적으로 시퀀스는 영화제작의 오래된 관행에 부합할 뿐만 아니라, 이런 내러티브 블록을 둘러싸고 작동하는 경향이 있는 우리 기억의 특징들에도 부합한다. 영화의 묘사에서 전문성을 가진 많은 출판물—프랑스에서는 『라방센 시네마』(L'Avant-Scène cinéma)와 같은 잡지—은 대략 내러티브 시퀀스로 조직된 묘사를 제시한다. 여기서 종종 '야외/실내', '밤/낮'과 같이 촬영의 관례적인 지시사항을 가리키는 지시가 나타나고 우리의 상상 속에서 이 데쿠파주의 준-자연적인 특징을 강조한다.

이런 데쿠파주의 문제는 부정확하다는 데 있다. 시퀀스 개념은 최소한 세 가지 유형의 난점을 드러낸다. 시퀀스는 어디에서 시작해서 어디서 끝나는가?(**경계 짓기**) 시퀀스의 유형들은 무엇이며 이 유형들은 어떻게 조직되는가?(**구조**

화) 시퀀스들은 어떤 논리로 연쇄를 이루는가?(**연속성**) 최초의 문제인 경계 짓기는 대개 민감한 문제다. 때로는 행위의 단위와 장소의 단위를 실제로 선택해야 한다. 예를 들어 〈네 멋대로 해라〉(장-뤽 고다르, 1960)의 시작 부분은 이 영화의 주인공 미셸 푸아카르가 프랑스 7번 국도를 따라 파리로 올라가고, 경관 한 명을 죽이고, 거리, 호텔 로비, 파트리샤의 방, 카페, 어떤 건물의 안마당에서 파트리샤를 찾는 모습을 보여준다. 이것은 어떤 의미로는 이어지는 단일한 행위—푸아카르가 코트 다쥐르를 떠난 것은 파트리샤를 찾기 위해서다—지만, 장소들은 아주 잡다하다. 따라서 상당히 긴 이 영화의 시작 부분을 나누려면 다른 보족적인 기준들이 더 필요할 것이다. 물론 시퀀스의 경계 짓기를 위해서, 글로 된 텍스트의 구두점(句讀點)에 종종 비교되는 페이드나 와이프부터 시작해서 상대적으로 객관적인 기준들이 있다. 불행하게도 아주 단순한 이 기준들은, 몇몇 분석이 대립된 추론에 의해 보여준 것처럼 항상 타당한 것은 아니다. 이렇게 해서 〈강박관념〉(루키노 비스콘티, 1943)을 분석하기 위해 피에르 소를랭은 상영시간이 2시간 20분에 달하며 총 482개의 숏으로 구성된 이 영화를, 각기 페이드 아웃으로 분리된 21개의 내러티브 시퀀스로 나누자고 제안했다(Sorlin, 1977). 이 기준은 부인할 수 없지만, 이렇게 나누어진 시퀀스들 각각은 서로 너무 다르다. 지노라는 방랑자가 브라가나와 그의 부인 조반나가 운영하는 싸구려 여인숙에 도착하는 것을 보여주는 이 영화의 첫 번째 시퀀스는 사실상 몇 개의 연속적 장면들로 이루어져 있다. 7개의 숏으로 이루어진 첫 번째 장면은 트럭이 여인숙에 멈추는 것을 보여준다. 여인숙 주인이 트럭운전사들과 수다를 떨 때 방랑자 지노는 트럭에서 내려 여인숙으로 들어간다. 이 시퀀스의 두 번째 부분—22개의 숏—은 지노와 조반나의 만남을 보여준다. 반면 이 영화의 중간에 있는 11번째 시퀀스는 지노와 조반나의 신문과정을 보여주는 단 하나의 숏—9분짜리—으로 이루어져 있다. 이렇게 해서, 형식도 같지 않고 서사에 대해 동일한 관계를 맺고 있지도 않은 두 개의 시퀀스를 동등하게 취급한 셈이 된다.

심지어 가장 고전적인 영화에서도 한 시퀀스에서 다른 시퀀스로의 이행이

도판 3. 〈화양연화〉(왕자웨이, 2000). 왼쪽에서 오른쪽으로, 그리고 위에서 아래로 한 숏의 마지막 포토그램을 제시하고, 이어지는 숏들의 첫 번째 포토그램과 마지막 포토그램을, 여섯 번째 숏의 첫 번째 포토그램까지 제시한다. 이렇게 연속해 놓으면, 매번 새로운 숏마다 시각적 급변이 두드러지게 되고, 어쨌거나 제한된(그리고 관객이 이미 알고 있는) 공간 속에서 지각을 교란시킨다.

가시적인 구두점과 항상 일치하는 것은 아니다. 또한 한 시퀀스에서 다른 시퀀스로 컷(cut)을 통한 이행이 전혀 예외적인 일도 아니다. 마이클 만이나 크리스토퍼 놀런의 영화 같은 미국영화에서 볼 수 있는 것처럼, 또는 왕자웨이(**도판 3**)나 차이밍량의 영화 같은 아시아 작가들의 영화에서처럼, 어떤 영화가 덜 고전적인 양식을 하고 있을 때 이는 더욱 명확하게 나타나며, 논란의 여지가 없는 방식으로 시퀀스로 나누는 일이 대개 어렵다. **연속적인 시퀀스**라는 말은 거의 같은 질문—한 시퀀스가 **어디에서** 다른 시퀀스로 이행하는가, 그리고 이 이행은 **어떻게** 이루어지는가?—을 제기하는 다른 방식이다. 이는 사실상 서사학의 질문이며 우리는 이를 자세히 다루지 않을 것이다(이에 대해서는 예컨대 Gaudreault & Jost, 1990을 볼 것). 그러나 다수의 영화가 채택한 해결책이 반세기 전부터 바뀌었다는 것을 주목해야만 한다. 고전적인 픽션영화에서 연속되는 시퀀스 사이에는 십중팔구 명시적인 관계가 있다. 이 관계는 시간적인 관점에서, 또는 인과율의 관점에서 강조가 된 것이다. 고전적인 영화는 19세기 소설에서 흔하게 볼 수 있는 해결책을 광범위하게 받아들였고 문화적으로 말해서 그 계승자다. 한 시퀀스가 다른 시퀀스보다 뒤에 (또는 플래시백의 경우처럼 앞에) 일어난다는 것, 또는 한 사건이 다른 사건의 결과라는 것을 표시할 수 있는 많은 방식이 있다. 그리고 이것은, 조명의 변화(하루가 지난다), 배경의 변화(인물이 여행한다), 대사에서 이전에 언급한 사건의 실현 등과 같이 영화적 직조물의 다양한 요소로 이루어질 수 있다. 이것이 분석가에게 뜻하는 것은, 시퀀스 단위의 데쿠파주가 눈감고도 행할 수 있거나 때로 기대하는 것처럼 기계에 맡길 수 있는 순전한 기술적 작업이 아니라는 것이다. 시퀀스 단위의 데쿠파주는 영화의 이해, 어쨌거나 그 서사의 이해와 얽혀 있으며 결과적으로 이미 해석 행위이기 때문이다.

이 문제들에 대한 합리적인 해결책을 제시하기 위해 크리스티앙 메츠는 구조주의적인 정향을 가진 최초의 글 중 하나에서, 픽션영화에서 시퀀스적 배치의 유형학을 제안하고 이를 **분절체**(segment)라고 부른다. 그가 제안한 경계 짓기의 기준들은 복수적(複數的)이다. 즉 분절체는 "플롯이 전개되는 중에 이루어진 주요한 변화에 의해서나, 구두점 기호에 의해서나, 다른 유형의 통합체를 위해 한 유형의 통합체의 포기 때문에" 중단되지 않는 영화의 한 조각이다. 구두점 기호의 기준은 명확하지만, 앞서 살펴본 것처럼 별다른 장점은 없다. 다른 두 개의 기준은 훨씬 섬세하게 적용되어야 한다. 플롯에서 주요한 변화라는 생각은 해석의 여지가 있다. 통합체 유형의 변화라는 생각은 하나의 유형학을 규정한다는 조건에서 보면 훨씬 더 객관적이다. 그가 '**대통합체**'라는 이름으로, 논리적 기준들에 기반을 두고, 일련의 연속적 이항대립을 적용하여 분절체의 유형들을 보여주는 표(**도판 4**)를 만든 것이 메츠가 기여한 가장 중요한 지점이었다(Metz, 1968). 이렇게 그는 통합체나 연속된 숏들에서 '**자율적 숏**'(유형 1)을 구별한다. 통합체나 연속된 숏들은 비연대기적인 것(숏들 사이에 시간적인 관계가 표시되지 않는 것)이 될 수 있고, 비연대기적일 때 교차적인 것(유형 2: **평행 통합체**)이거나 교차적이

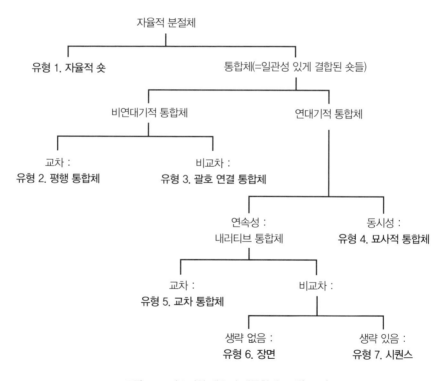

도판 4. 크리스티앙 메츠의 대통합체 도식(1968)

지 않은 것(유형 3: **괄호 연결 통합체**)일 수 있다. 이와 반대로 통합체나 연속된 숏들은 연대기적일 수 있고, 여기서 드러난 시간적 관계는 동시적(유형 4: **묘사적 통합체**)이거나 연속적일 수 있다. 연속적일 때 교차적(유형 5: **교차 통합체**)이 거나 교차적이 아닐 수 있다. 마지막으로, 교차적이지 않은 경우는 생략을 내포하지 않을 수 있고(유형 6: **장면**), 생략을 내포할 수 있다(유형 7: **시퀀스**. 시퀀스는 **보통의 시퀀스**와 **에피소드에 의한 시퀀스**로 세부 분할된다).

이 유형학은 많은 문제를 제기한다. 먼저 각각의 통합체 유형을 지시하기 위해 사용한 용어들이 반드시 가장 만족스러운 것은 아니다. 메츠가 부여한 의미의 '시퀀스'는 우리가 앞서 상기시킨 이 용어의 가장 많이 통용되는 의미와 일치하지 않는다. 마찬가지로 '장면'이란 용어는 연극적인 의미 때문에 모호성을 불러일으킬 수 있다. '괄호 연결 통합체'나 '묘사적 통합체'라는 개념도 자명한 것이 아니다. 특히 일련의 해당 숏들에 이 여덟 개의 유형 중 하나를 적용하는 것이 항상 쉬운 일은 아니다. 특히 '연대기적/비연대기적'이라는 이항대립이 항상 명확한 것은 아니다. '동시성/연속성'이라는 대립도 마찬가지이고, 마지막 이항대립('생략 있음/생략 없음')도 그렇다. 이 세 가지 이분법은 서로 다른 숏들 사이에 디제시스적 관계가 있다는 판단에 근거를 둔 것이다. 다시 말해서 이미 영화의 내용과 형식 사이의 관계에 대한 해석에 근거를 둔 것이다. 훨씬 명확해 보이는 교차라는 기준 자체도 전적으로 명확한 것은 아니다. 이 기준마저도 몇몇 경우—몇 개의 내러티브 라인이 얽히거나, 아주 긴 범위에서 교차가 이루어진다면—에 복잡하게 적용될 수 있다. 다른 한편, (주지하다시피 분절체는 무엇보다 "다른 유형의 통합체를 위해 한 유형의 통합체를 포기하지 않는 것"으로 정의되기 때문에) 분절체의 경계 짓기가 이 분절체가 속한 유형과의 동일시에 달려 있기 때문에 이 유형학은 사실상 적용하기 힘들다. 이 유형학은 1966년보다 지금 더 적용하기 힘들 텐데, 영화의 몽타주가 일반적으로 훨씬 더 복잡하게 되었기 때문이다.

따라서 이 제안을 엄밀하게 받아들여서는 안 된다. 다른 한편, 메츠 자신도 이를 거의 시험하지 않았는데, 이를 만든 목적은 확정적인 분석 도구를 제시하는 것이라기보다는, 첫 번째 기호학의 관점에서 이를 핑계 삼아 영화에서 외시(外示)의 문제(또는 의미가 한 영화에서 어떻게 구성되고 어떻게 나타나는가?)를 성찰하는 것이었기 때문이다. 메츠의 대통합체는, 의미 있는 방식으로 한 영화를 분절하기 위해 많은 경우에 타당한 일반적인 기준들을 규정한다. 이것은 우리가 맞닥뜨릴 수 있는 무한하게 다양한 경우를 고려하지 않는다. 이 대통합체는 포스트모던한 영화보다는 고전적인 영화에, (종종 훨씬 더 창의적인) 작가영화보다는 스튜디오에서 만든 영화에 우선적으로 적용된다. 심지어 그 당시에도 분석가 대부분은 일반적인 영감을 얻었을 뿐이고, 이를 매번 자신의 독특한 시도에 **맞추어야** 했다. 이렇게 해서 우리는 분절체의 변화—플롯 진행 중의 사소한 변화—에 대해 훨씬 섬세한 기준들을 고려하면서 분절하려고 결심할 수도 있고, 아니면 (예컨대 한 장면에 들어 있는 인서트들을 무시하면서) 훨씬 더 큰 구조에 관심을 가질 수도 있다. 이렇게 해서 미셸 라뉘와 그 동료들은 1930년대의 프랑스 영화에 대해 작업하면서 분절체의 내적 구조를 세 가지 유형으로 구별한다. (선형적인, 혹은 생략이 들어 있는) 연속성, 교차, 그리고 그들이 '시간적 두께'라고 부른 것이다. 여기서 이 각각이 메츠적인 의미의 대통합체의 몇 가지 유형을 포괄한다는 것은 쉽게 알 수 있다. 여기서든 저기서든, 자동으로 적용할 수 있는 규칙은 없다. 그러나 우리가 선택하는 기준들이 어떤 것이든 이를 명시적으로 밝히는 것이 중요하고, 그 기준들의 가치를 가능한 한 정확하게 추정하는 것이 중요하다.

1.3. 원테이크 영화(one take film)의 경우

디지털 촬영으로 생긴 새로운 가능성 중에는 서로 결합해서 새로운 유형의 영화를 탄생시킨 두 가지 가능성이 있다. 한편으로 카메라가 더욱 더 가벼워졌으며, 다른 한편으로 촬영의 지속시간이 더 이상 필름의 길이에 의해 제한받지 않게 되었다는 점이다. 이 두 가지 진보 덕분에 단 한 테이크로, 또는 굳이 이 표현을 쓰고 싶다면 단 한 숏으로 찍은 영화를 꿈꿀 수 있게 되었다. 알렉산드르 소쿠로프의 〈러시아 방주〉(2002)가 갑작스런 충격을 준 이후 상당히 많은 원테이크 영화가 제작되었다. 이 100분짜리 영화는 촬영에서 어떠한 단절도 없이 단 하나의 흐름으로 전개되며, 따라서 상영할 때 단 한 번의 숏 변화도 없다. 이것은 과거 시대(들)의 의상을 입고 전개되는 픽션인데, 상트페테르부르크의 에르미타주 궁전에 온 한 프랑스 작가—그는 『1839년의 러시아』라는 책의 작가 아스톨프 드 퀴스틴인데, 이 책 덕분에 유럽의 다른 국가들이 러시아를 발견할 수 있었다—의 방문에 대해 이야기하며, 우리는 단지 목소리만 들을 수 있는 보이지 않는 가이드가 그를 따라다닌다. 호화로운 장소들, 전시실, 비밀계단, 대중에게 공개되지 않은 통로들을 따라 움직이는 이 방문시간 동안, 두 명의 방문객은 역사적이고 유명한 인물들—표트르 대제, 알렉산드르 푸시킨, 예카테리나 2세—이나 덜 알려진 인물들—예컨대 에르미타주 박물관의 관리자들—을 '만난다'. 카메라는 절대로 쉬지 않고 엄청난 거리를 움직이며, 충분히 상상할 수 있지만, 이 영화에 나오는 수천 명의 배우들이나 엑스트라들을 통제해야 하는 미장센의 문제 역시 엄청났을 것이다.

이런 종류의 수많은 다른 영화가 '중단되지 않은 촬영'(en prise continue)—국제적으로 공인된 영어 단어로는 원테이크 영화(one take film)—으로 만들어졌고 또 여전히 만들어지고 있다. 심지어 원테이크 영화에만 특화된 최소한 두 개의 영화제—크로아티아의 자그레브 영화제, 미국의 로체스터 영화제—가 있을 정도다. 이 모든 경우에서 감독에게는 항상 같은 문제가 제기되는데, 즉 '중단시킬 수 없는 채로 전개되는 하나의 도정(道程)에서 모든 디테일—장소, [카메라의] 움직임, 행위, 대사—을 어떻게 효율적으로 통제할 것인가?'가 그것이다. 이런 유형의 촬영에서는 작은 오류마저도 치명적이고, 모든 것을 다시 시작해야 한다. 따라서 이런 영화들은 특히나 미리 숙고된 작품들이며, 여기서 배우들의 연기나 촬영 감독의 촬영은 [리허설에서] 오랫동안 반복되지만, 시나리오나 (이어지는 장소에서 이루어지는) '데쿠파주'는 마찬가지로 아주 정확해야만 한다. 관객은 원칙적으로 어떤 특별한 어려움도 없다. 즉 관객은 다른 영화들이 일반적으로 하는 이야기들과 똑같은 하나의 이야기가 전개되는 것을 보며, 다른 영화의 이야기처럼 이 이야기는 배경 속에서 움직이며 대사를 말하는 배우들이 연기한 것이다(배우들의 연기는 그 본성에서 연극배우들의 연기와 유사하다). 그러나 심지어 주의력이 약한 관객마저 느낄 수 있는 경험은 상당히 독특해서 주목할 만하다. 사실상 영화에 휴지부가 없으며, 프레임이 계속해서 변하고(나아가 영화에 약간의 지식이 있다면, 영화를 핸드헬드 카메라로 찍었으며), 분명 영화가 진행되는 내내 움직이면서 변하는 단 하나의 시점만을 취했음을 관객이 알아차리지 못하기란 쉽지 않다. 이런 특성들을 지각하지 못하면서 영화를 보는 순진한 관객도 있을 수 있지만, 사실상 이런 경우는 드물다. 대개 원테이크 영화를 보는 경험은, 그 한계 및 탁월한 솜씨라는 보너스와 함께 서사의 수용과 짝을 이루어서, 보는 즐거움에 기여한다.

반면에 분석가는 이런 영화 앞에서 즉각적이면서도 중대한 문제에 부딪힌다. 즉 그는 여기서 시퀀스로, 나아가 (우리가 앞서 기술한 메츠적인 의미에서) 분절체로 '나눌 수 있게' 해주는 어떤 시각적 분절도 찾을 수 없기 때문이다. 이런 관점에서 원테이크 영화는, 분석할 목적으로 어떤 영화를 나누기 위해서 기존에 생각한 수단들의 자의성을 확인해주고 이를 가늠할 수 있게 해주는 귀중한 이론적 도구다. 여기서는 우리가 영화적 담화의 다른 순간으로 이동했다는 것을 확인시켜줄 수 있는 어떤 가시적 사건—컷, 이중 인화, 급속한 패닝—도 없다. 그러나 우선 관객인 분석가는 이 영화가 이해할 수 있을 뿐만 아니라, 여기에 생략도, 숏/역(逆)숏[의 분절]도, 몽타주 효과도 없다는 디테일만 제외하면, 대체로 다른 어떤 픽션영화처럼 진행된다는 것을 확인할 수 있었다.

최초의 원테이크 영화들, 특히 〈러시아 방주〉에 대해 비평은 강렬한 반응을 보였다. 즉, 그 반응은 충격, 놀라움, 나아가 경탄이었지만, **분석적 리비도**(libido decorticandi, 도미니크 노게즈의 표현)에 저항하는 이 작품들 앞에서 약간의 짜증도 있었다. 분석적-이론적 영역에서 그 최초의 효과는 다시 한 번 더 숏이라는 개념을 뒤흔드는 것이었다. '단 하나의 테이크'가 뜻하는 것은 '단 하나의 숏'과 같은 것인가? 만약 그렇다면, 너무도 노골적으로 몽타주가 이루어지지 않았음을 보여주고 있는데도, 우리는 여전히 한 편의 영화에 대해 말할 수 있는가? 만약 아니라면, ([하나로] 촬영된) '숏'과 (몽타주가 있는 영화 속의) '숏' 사이에 어떤 차이를 설정해야 하는가? 여기서 앙드레 바쟁이 찬양한 윌리엄 와일러의 플랑-세캉스(plan-séquence)[5]에서부터 당시에 기술적으로 가능한 최대치까지 밀고나간 〈로프〉(알프레드 히치콕, 1948)의 롱테이크들에 이르기까지, 유명한 경우에 대해 이미 이루어진 오래된 논쟁이 다시 떠오르게 된다. 훨씬 더 섬세한 묘사를 하면, 다음의 사실을 강조하게 된다. 즉 원테이크 영화들이 종종 **합성**(compositing)이라는 간접적인 수단으로 디지털 기술을 다른 방식으로 사용한다는 것인데, 합성이라는 작업이나 이런 작업들의 총체는 단 하나의 이미지로 만들기 위해 출처가 다양한 몇몇 이미지를 뒤섞는 데 있다. 제작 과정이 잘 기록되어 있다는 이점이 있는 소쿠로프의 영화에 대해 말하자면, 주지하다시피 연속된 한 번의 촬영은 네 번째 시도 끝에 2001년 12월 23일에 완전히 실행되었지만, 이 감독은 이 영화의 몇몇 시각적 측면을 교정하기 위해, 몇몇 특수효과—예컨대 [마지막 장면에 나오는] 궁전 아래에 흐르는 강은 실제 지형과 일치하지 않는다—를 도입하기 위해, 이 영화의 외양을 균질하게 만들기 위해 **합성**에 많이 의존했다. 이는 당시까지 전례가 없던 미적 체제, 나아가 존재론적 체제로서, 이 체제는 "원인을 나타내는 것과 의도적인 것을 결합시키지만", 여기서는 "우리에게 사진적인 것, 따라서 원인을 나타내는 것처럼 보이는 것이 사실상 가장된 것, 따라서 의도적인 것"[6]이다.

이 마지막 언급에는 아주 간결하지만 이런 영화들의 분석적 가능성의 핵심이 들어 있다. 즉, 우리가 여기서 보는 것이 "의도적인 것"이기 때문에, 이는 어쩔 수 없이 다른 어떤 담화들만큼이나 분절된 담화라는 것이다. 그것이 아무리 다르다고 해도 마찬가지다. 따라서 분석가는 감독의 미장센 작업이나 합성 작업과 대칭을 이루어, 극적인 소여들—장소의 변화, 행위의 변화, 사라짐

---

5 [옮긴이주] 숏 하나가 충분히 길고 자기완결적이어서 하나의 시퀀스를 이루는 경우. 영어로는 시퀀스-숏(sequence shot)으로 쓴다.

6 Davi N. Rodowick, "L'événement numérique", *Trafic*, n° 79, P.O.L., automne 2011.

과 나타남 등—뿐만 아니라 몇몇 형식적 소여들—빠른 카메라 움직임, 이와 반대로 정적인 순간들, 갑작스런 줌 등—에 근거를 두는 추상적인 구조화 작업을 실행해야 한다. 이 영화의 '분절'은, 분절하기 위한 어떤 물질적 지표도 없기 때문에 훨씬 더 기계적이지 않은 방식으로 이루어지게 될 것이며, 어쨌거나 분절이 존재할 것이다. 필요할 경우 장소들 사이에, 인물들 사이에, 행위들 사이에 존재하는 교차 현상을, 나아가 갑작스런 비약이나 생략에 대응되는 것—예컨대 텅 빈 배경이라는 요소로의 이동⋯—을 주목할 수도 있다는 점을 충분히 생각할 수 있다. 원테이크 영화와 함께, 우리는 온전하게 분석할 수 있는 완벽한 대상을 갖게 되지만, 기본이 되는 단위들로 이를 파편화하기 위해서는 적절한 도구들의 발명이 필요하다.

〈빅토리아〉(제바스티안 시퍼, 2015, [**도판 5**])를 예로 들어보자. 이 영화는 스페인의 젊은 여자 빅토리아에 대한 단순한 이야기인데, 그녀는 마드리드에서 아무 성과 없이 오랫동안 피아노 레슨을 받다가 베를린에 왔다. 그녀는 어떤 찻집에서 종업원으로 생계를 이어가다가 어느 날 새벽 4시에 한 나이트클럽에서 나오다가 할 일 없는 네 청년을 만나서 이들을 알게 된다. 이들이 어슬렁거리다가 그 중 한 명이 그녀에게 연애를 걸고, 그녀는 여기에 기꺼이 응하게 된다. 이 청년 중 한 명이 '조폭'에게 빚을 지고 있었는데, 그 '조폭'이 즉시 어떤 은행에 가서 무장 강도질을 하라고 전화를 걸어오면서 갑자기 비극이 시작된다. 이 젊은 여자가 자동차 운전대를 잡고 대기하고 있는 동안 은행털이를 하는데, 사태가 나쁘게 전개된다. 네 명 중 두 명이 경찰에 살해당하고, 스페인 여자와 사랑 이야기가 시작된 세 번째 남자는 이 커플이 도착한 호텔 방에서 배에 입은 부상으로 인해 죽는다. 이 젊은 여자는 돈 가방과 함께 홀로 남게 된다.

여기서 우리는 즉시 미국영화의 잘 알려진 도식들을 알아보게 되는데, 그것은 범죄자 커플—여기서는 막 사귀기 시작한 커플—의 도식이고, 또한 최근에 나온 것은 도망갈 줄 아는 영악한 여자의 도식이다. 이 이야기는 모든 이야기처럼 현실성이 떨어지지만, 상당수의 리얼리즘적 묘사, 심지어 다큐멘터리적

도판 5. 〈빅토리아〉(제바스티안 시퍼, 2015). 은행털이에 실패한 후 청년들의 도주, 아는 사람들 집에서 이들 두 사람이 찾아낸 임시적 도피, 택시를 타고 도주, 치명적인 출혈로 인한 젊은 남자의 죽음, 그리고 젊은 여자의 새 출발 사이에 30분이 넘는 시간이 흘러간다. 그녀는 이 이야기 전체를 통틀어 유일하게 살아남고 영화가 끝날 때쯤 거리로 나선다. 이 영화의 나머지 부분과 마찬가지로, 이 모든 것은 단 한 테이크로 찍혔고 카메라는 여주인공을 절대 놓치지 않는다.

인 묘사에 기반을 두고 있다. 원테이크 촬영은 여기서 일정한 핍진성을 보장하는 데 많은 역할을 하고 있다. 이 영화에 대해 **이데올로기적** 분석—예컨대 젠더적인 분석—을 하면, 이 영화의 독특한 촬영 양태를 거의 고려하지 않게 된다. 즉 이 영화는 이야기를 명확하고 효율적으로 전개하고 있기 때문에, 우리는 이 이야기가 마치 표준적인 방식으로 촬영된 것처럼 논평할 수도 있다. 반면에 **서사학적** 분석은 전혀 그렇지 않은데, 그것은 이 영화가 (액션이 전개되는) 강렬한 순간들과, (견딜 수 있는 리듬을 만들어내기 위해 불가피하게 필요한, 나아가 필수불가결한) 한가한 순간들의 교차를, 몽타주와 생략이 부재한 상태에서 다른 식으로 만들어냈어야 했다는 점을 지적하지 않을 수 없을 것이다. 이것은 우선 시나리오상의 문제이고, 어떤 건물의 지붕에서 낮은 목소리로 토론이 이루어지는 긴 장면은 분명 이런 의미에서 만들어졌다. 그런데 이는 또한, 주요 의미를 담지하지는 않지만 서사의 매끄러운 전개에는 필수불가결한 서사의 요소들을 지칭하기 위해 롤랑 바르트가 제안한 용어들을 다시 취하자면, '촉매'의 문제이기도 하다. 그러나 서사의 전개에 거의 '쓸모'가 없는 에피소드들은 삽입되어야만 하고 생략될 수 없다. 네 명의 청년들이 '한 방'을 성공시킨 후 이 영화의 시작 부분에 나오는 나이트클럽에 춤추러 갈 때, 이 영화의 끝부분에서 젊은 여자가 거리로 나서기 위해 호텔 방을 떠날 때, 순수한 내러티브적 이점이 거의 없는 이런 순간들은 생략할 수 없다. 원테이크 영화에서 촉매들은 시간과 장소를 취하게 되고, 이런저런 수단에 의해 자기들을 흥미롭게 만들어주는 연출에 일정한 책임을 맡고 있기 때문이다.

[에피소드 사이의] 휴지부를 정확히 어디에 놓아야 하는지 명확히 알기는 어려워도, 이 영화를 에피소드별로 나누는 것도 전적으로 가능하다. 그러나 이 영화작품 분석은 이런 데쿠파주를 확실한 도구로서 의지할 수는 없을 것이다. 이는 오히려, 이런 유형의 영화에서는 근본적인 문제인 예컨대 시점들의 유희를 묘사하고 이해하려고 하는 분석을 위한 가이드가 될 것이다. 물론 시점은 항상 카메라의 시점이고, 카메라는 대개 (예컨대 네 청년이 자동차를 탄 장면에서 자동차에 타야만 하는) 부차적인 인물로서 나타난다. 그러나 '누가 바라보는가?'

라는 초점설정의 문제가 제기된다. 즉 때로는 (어떤 인물의 시점인) 내적 초점설정인가? (조폭들 및 경찰들과) 대결하는 상황에서 숏/역(逆)숏과 비슷한 것을 찾아낼 수 있는가? 여기서 서사학적 분석은 반드시 시선들의 유희에 대한 면밀한 검토를 통해서 이루어진다.

1.4 많은 영화의 분석

우리는 이후(5장과 6장)에 방대한 영화 자료군의 분석과 (특히 영화사[映畫史]의 가능성과 관련해서) 이 분석이 제기하는 문제들을 상세히 다루게 될 것이다. 이와 관련해서 상당수의 작업이 있고, 몇몇은 이미 고전의 지위에 올랐다. (예컨대 우리가 방금 언급한 미셸 라뛰와 그 동료들의 작업, 할리우드 고전 영화에 대한 데이비드 보드웰과 그 동료들의 작업이 그렇다.) 이 작업들은 분석적 설차들을 농원해서 영화사를 쓰려고 시도한 것이다. 이를 위해서는 이미 언급한 본질적인 어려움과 직면하지 않을 수 없다. 분석은 개인적이고 독창적이며 창의적이지만, 역사적 목표는 일반화시킬 수 있는 결과들을 요구한다는 점이 그것이다. 다른 한편, 역사적 목표가 유일하게 가능한 목표는 아니다. 문화의 관점에서, 사회학의 관점에서, 이데올로기의 관점에서, 양식의 관점 등에서 상당수의 영화 집합을 분석하려고 할 수 있기 때문이다. 예로 들 수 있는 작업은 많으면서도 다양하다. 1913년 이전의 파테(Pathé) 영화사(映畫社)의 영화연구(Le Forestier, 2007), 고전적 할리우드 영화에서 여성 영화연구(Johnston, 1975; Doane, 1987), '대중적이고 전복적인' 장르로서 1940년대 미국 누아르 영화연구(Esquenazi, 2012) 등등.

이런 시도들이 영화작품 분석에 제기하는 문제는 항상 같다. '일반적인 성찰을 풍요롭게 하기 위해 특정 영화작품들 분석을 어떻게 이용할 것인가?' 거꾸로 말해서 '독창적인 분석들을 어떻게 일반적인 가설의 틀에 기입할 것인가?' 가 그것이다. 어려운 것은, 선험적인 추리에 분석을 가두지 않고 본래적 의미의 분석에 원칙적인 자유를 부여하는 것이다. (선험적인 추리는 전체적인 가설들에서 나온 것으로서, 이 가설들을 즉각 입증하지 않는 현상들을 탐지하지 못하게 하기 때문이다.) 예를 들어 제1차 세계대전이 일어나기 전의 영화작품 전체—대개는 서로 많이 유사하고 따라서 블록으로 다루는 것이 정당하다—를 분석하기 위해서는 원시 영화에 대해 이제는 고전이 된 작업들을 참조할 수 있다. 이때 위험은 '어트랙션 체제'(Gaudreault & Gunning, 1989; Gunning, 1994; Gaudreault, 2008)와 같은 개념이나 '되돌린 시선'(Belloï, 2001)과 같은 개념에서 출발하여, 이 개념들을 [단순히] 영화작품들에 적용하는 데 만족하는 것이다. 영화작품들은 이렇게 해서 아무것도 가르쳐주지 않는 검증을 위한 순전한 도구로 전락한다. 이와 반대로, 모든 [연구의] 기술(技術)은 **영화작품들을 앞에 두고** 이런 개념들을 심문함으로써, 다시 말해서 이런 개념들을 즉각적으로 입증하지 않기 때문에 발견의 요소가 될 기회가 있는 모든 것에 관심을 기울임으로써, 이런 개념들을 실제로 작동시키는 데 있다. 이 예는, 너무나 자주 같은 오류를 범하는 젠더 연구 같은 다른 영역으로 그대로 옮길 수 있다. 이론을 뒷받침할 것만 생각해서 영화작품 분석을 이 이론을 강화하는 것의 탐지에 제한하는 것이 그 오류다. 그런데, 이론을 다시 검토하게 하고 이를 정교화시킴으로써 오히려 가르침을 주는 것은 바로 그 나머지다.

일반적으로 말해서, 영화 집합에 대한 분석들이 분석들을 병치시킨 모음집으로 만족하는 경우는 거의 없다. 본질적인 질문은, 개별적 분석들이 각각의 개별성을 잃지 않고서 어떻게 단일한 주제 안에 모일 수 있는가를 아는 것이다. 때때로 채택된 해결책은 이런 연구를 위해, 말하자면 (이론적이거나 역사적인) 문제의 자료들을 통합하고 분석이 자동으로 응답할 수 있게 하는 특수한 분석 절차를 확립하는 데 있다. 이것이 『고전적 할리우드 영화』란 저작을 위해 보드웰과 그 동료들이 채택한 해결책이다. 1915년부터 1960년 사이—이 저자들이 고전적 시기로 선택한 기간—에 미국에서 1만 5,000편이 넘는 장편영화가 만들어졌다. 직접 연구하기에는 너무 방대한 자료군이다. 이들은 여기서 최대한 편파적이지 않게 100편의 표본을 추출했다. 저자들 자신이 복제 필름의 보존 여부에 달려 있다—무성영화 시기의 영화들은 거의 대다수가 사라졌다—는 점을 잘 알고 있었지만, 이들은 자신들의 선호도나 영화의 중요성에 대한 생각을 전면에 내세우지 않고 우연적 절차에 의해 영화를 선별하고자 노력했다. 어쨌거나 이 영화들에 대한 이들의 분석은 중립적이지 않다. 이 분석은 양식, 특히 할리우드의 고전적 양식이 무엇인가에 대해 이들이 품고 있던 개념에 의해 전적으로 결정되었기 때문이다. 무엇보다도 이들의 작업은 고전적 양식의 발전, 기술적 쇄신, 제작 방식의 발전 사이의 내밀한 관계를 부각시킨다. 이것은 온전히 받아들 수 있는 테제들이지만, 과학적인 진실이 아니라 테제들일 뿐이다. 이것이 보여주는 것은 한편으로 경험주의가 연구의 한 계기에 불과할 뿐이고, 다른 한편으로 우리가 원하는 객관적인 절차를 택할 때에도 우리는 어쨌거나 이론적인 선택들을 명시해야 한다는 것이다.

1.5 영상, 서사, 분석의 대상

다음 장들에서는 서사 분석 및 영상과 소리 분석을 다루게 될 것이다. 그러나 우리는 한편으로 내러티브 분석과, 다른 한편으로 형상적 분석의 차이에 대해 지금부터라도 강조해두고자 한다. 이미 언급한 것처럼, 픽션영화에서 서사는 전체적으로 이해되기 위해서 만들어진다. 따라서 서사의 일부는 그 자체로 결코 완전한 것이 아니고, 이전에 일어난 것과 이후에 일어날 것에 대한 암시를 담고 있어서 이해하기 쉽지 않다. 이것은 영화 단편 분석 특유의 문제 중 하나로서, 이를 고려해야 한다. 서사의 관점에서 영화 단편 분석은 서사에 대한 정확한 이해를 위해 분석된 부분적 대상에서 '나오라'고 강요한다. 이것이 없다면, 제한된 시간 안에 이루어진 시험 때 학생들의 수많은 답안지가 보여주는 것처럼, 실수할 가능성이 크다. 이전에 온 것과 이후에 올 것에 접근할 수 없어서 학생들은 (대개 영화 자체에 의해 반박되는) 다소간 자신의 심리를 투사하는 가설들을 세우지 않을 수 없다.

엄격하게 대칭적이지는 않지만, 짧은 분절체에 대해 훨씬 더 자연스럽게 이루어지는 형상적 분석은 그 반대로 가게 된다. 마치 모든 것은, 짧은 단편에서는 서사가 더 제한되고 더 신비로워서 분석이 이때 조명, 색채, 몽타주, 리듬, 음악 등의 감각 지각적 측면에 훨씬 더 집중하게 되는 경향이 있는 것처럼 진행된다. 게다가 특정한 조각을 추출한 영화 전체에서는 미적 선택들이 훨씬 더 다양한데도, 지속시간이 상당히 짧은 그 영화의 조각에서는 이와 반대로 미적 선택들이 훨씬 동질적으로 되는 일이 자주 일어난다.

이것이 시퀀스란 용어의 기술적 정의를 훨씬 더 넘어서는 '시퀀스' 효과인데, 이는 서사의 짧은 블록에 대해 외견상의 동질성을 간직하려는 인간 정신의 강력한 경향에 상응한다. 우리가 영상 및 소리 분석과 시퀀스 분석의 결합, 내러티브 분석과 영화 전체 분석의 결합을 일반화하고자 하는 것은 아니다. 너무 많은 예외가 있기 때문이다. 반면에 명백한 것은, 분석된 대상의 크기—발췌본, 영화 전체, 일군의 영화들, 발췌본의 집합 등등—가 분석의 방식과 분석의 내용에 영향을 끼친다는 것이다.

1.6 분석의 길이

분석된 대상의 길이[숏의 시간적 길이]가 극히 다양하다면, 분석의 길이 또한 그러하다. 이전에 언급한 것처럼, 분석된 영화 조각의 길이와 그에 대한 분석의 길이 사이에 필연적인 비례관계는 없다. 이것은 특히 말로 하는 분석에서는 명백한 것으로, 여기서는 길이가 분석이 이루어지는 상황에 의해 결정된다. 그러나 이 질문은 특히 글로 쓴 분석에 대해 제기된다. 다양한 분석가의 실천이 곧바로 이를 명확하게 말해준다. 긴 영화를 짧게 분석할 수도 있고, 영화의 아주 작은 조각을 아주 길게 분석할 수도 있다. 즉, 로파르는 〈10월〉(세르게이 에이젠슈테인, 1927)의 첫 부분에 나오는 69개 숏(영화의 2분가량)에 대해 40쪽(Ropars, 1976)을, 장 두셰는 〈분노〉(프리츠 랑, 1936)의 17개 숏에 32쪽(Douchet, *in* Bellour, 1980)을, 티에리 쿤젤은 〈가장 위험한 게임〉(어니스트 쇼드색 & 어빙 피첼, 1932)의 62개 숏에 52쪽(Kuntzel, 1975)을 할애했다 등등. 레이몽 벨루의 논문 모음집에는 〈새〉(알프레드 히치콕, 1963)의 단 한 장면에 대해 (아주 작은 글씨로) 41쪽의 분석이 있고, 〈사이코〉(알프레드 히치콕, 1960) 전체에 대해 18쪽의 분석이 있다 등등.

일반적으로 말해서 분석은 [비평보다] 상대적으로 길다. (이것이 늘 훨씬 더 종합적인 비평과 분석의 차이점 중 하나다.) 그러나 분석의 길이는 분석된 '텍스트'의 크기에 달린 것이 아니라 분석의 목표에 달려 있고, 분석이 이 텍스트에서 출발해서 구성하는 대상에 달려 있다. 영화의 짧은 조각에 대해서라도 남김 없는 분석은 도달할 수 없고, 분석이 영화의 다양한 측면에 관심을 가지면 가질수록 길어지게 마련이다. 게다가 글로 출판된 분석의 경우에는, 출판의 현실과 관련된 강력한 물질적 제약 때문에 실제로 최대한의 볼륨이 정해진다. 영화작품 분석에 전문성을 가진 총서 중 하나인 '128쪽의 저작들'[7]에서부터, 상당한 분량이 있고 다양한 구상으로 이루어지는 상세한 연구들에 이르기까지, 항상 책의 형태를 취하고 있으면서 영화 한 편만을 다루는 수많은 분석이 있다. 단 하나의 영화에 대해 몇 명의 저자들이 펴낸 저작들에는 다양한 접근방식이 허용된다. 〈뮤리엘〉(알랭 레네, 1963)에 대한 클로드 베블레와 그 동료들의 저작(Bailblé et al., 1974), 〈10월〉(세르게이 에이젠슈테인, 1927)에 대한 라뉘와 그 동료들의 저작 (Lagny et al., 1976), 〈경멸〉(장-뤽 고다르, 1963)에 대한 맥케이브, 멀비 및 그 동료들의 저작(MacCabe, Mulvey et al., 2012) 등을 보라. 또한 부비에와 뢰트라가 했던 것처럼, 영화 한 편[〈노스페라투〉]만을 다룰 수도 있다(Bouvier & Leutrat, 1981). 이들은 외적 자료들과 내적 묘사, '정취'[Stimmung]에서부터 공포에 이르기까지 상당히 다양한 논평 등을 혼합시키는 만화경적인 양태로 〈노스페라투〉 (프리드리히 빌헬름 무르나우, 1922)를 다룬다. 이와 대립된 해결책은 그 영화를 한 걸음 한 걸음씩 따라가면서 논평을 전개하는 데 있다. 이때 분석가가 책임지는 것은 이 논평들에 분석적 통일성을 부여하기 위해 적절한 조치를 취하는 것이다. (〈내가 그녀에 대해 알고 있는 두세 가지 것들〉[장-뤽 고다르, 1967]에 대한 넘을 수 없는 예인 알프레드 구제티의 저작을 보라[Guzzetti, 1981].) 한 영화에 대한

---

7 [옮긴이주] Nathan 출판사에서 나오다가 이후 Armand Colin에서 이어받아 출판되고 있는 총서. '128 총서'(collection 128)는 모든 책의 분량이 사전에 128쪽으로 제한되어 있으며, 저자들은 원고의 분량을 정확하게 맞추어야 한다. 한 편의 영화를 대상으로 영화작품 분석을 하는 출판물들이 이 총서로 출간된다.

분석은 또한 방법론적 성찰이나 이론적 성찰의 구실이 될 수도 있다. 에이젠슈테인의 〈이반 대제〉(세르게이 에이젠슈테인, 1942-1944 및 1945-1946)에 대한 크리스틴 톰슨의 분석이 그렇다(Thompson, 1981). 마지막으로, 분석은 또한 분석의 역사적 파장을 강조할 수도 있다. 〈파이자〉(로베르토 로셀리니, 1946)에 대한 토마스 메더의 연구(Meder, 1993)나 〈게임의 규칙〉(장 르누아르, 1939)에 대한 올리비에 퀴르쇼의 연구(Curchod, 1999)가 그렇다.

분석의 길이가 이렇게 다양하다면, 이것은 가장 미세한 것―단 한 장면, 한 숏―에서 기념비적인 것―할리우드 고전 영화 전체―에 이르는 [분석] 가능한 대상들의 다양성 때문이라기보다는, 분석가들의 관심사의 다양성 때문이고, 분석가들 스스로가 내포 독자들을 고려하면서 채택한 발표 전략의 다양성 때문이다. 시사적인 예는 두 개의 다른 판본으로 출간된 분석의 (사실상 아주 드문) 예로서, 스티븐 히스가 〈악의 손길〉(오손 웰스, 1958)에 대해 한 것이다. 그는 영국의 잡지 『스크린』(Screen)에 이 영화에 대해 100쪽이 넘는 밀도 있는 분석을 출간했는데, 여기에는 영화 전체에 대한 서사학적 분석, 영화 단편들의 분석, 복합적인 상징적 차원―예컨대 교환과 국경이라는 추상적인 차원―으로 이 영화를 횡단하기 등이 들어 있다(Stephen Heath, 1975a). 그리고 『싸 시네마』(Ça cinéma)에서 출간한 것은 10쪽도 안 되는 짧은 판본이었고, 이 글은 상세한 증명을 빼고 독해의 가설 중 본질적인 것만 제시했다(Stephen Heath, 1975b). 이 두 글의 결론이 같다고 해도, 첫 번째 텍스트는 독자에게 호소하면서 독자를 일종의 파트너나 잠재적 공동저자로 만들고 있지만―그와 함께 분석을 다시 하겠다고 생각하지 않으면, 이 글은 거의 읽을 수 없다―, 두 번째 텍스트는 이미 발전시켜놓은 결과들의 종합으로 제시된다.

'영화 한 편에 에세이 한 편'이라는 형태로 영화작품에 대한 분석적인 논평을 하는 총서들이 확대되면서 도판을 포함해도 대략 100여 쪽 정도의 포맷이 고정되는 경향이 있다. 영화 한 편을 100여 쪽―또는 20쪽이나 1000쪽―으로 다룰 수도 있지만, 우리는 어쨌거나 이런 획일화가 유감스럽다. 연구자들이 종종 세부적인 디테일 분석을 희생하면서 양식적인 성과만을 찾게 되는 경향이 있기 때문이다. 여기서도 연구자의 기지, 정확한 직관, 평가 기술 등에 감탄하게 되는 탁월한 텍스트가 나올 수도 있지만, 우리는 종종 분석과 비평의 경계에 서게 된다. 영화작품들과 지적이고 분석적인 관계를 갖는 취향을 길러주는 이런 총서들 때문에 역설적으로 철저하게 파고든 분석들의 수가 줄어드는 경향이 있지만, 물론 여기에도 예외들이 있다(5장 5절을 보라).

2. '기술적인' 도구

2.1 관람, 전사(轉寫), 분석

앞서 지적한 것처럼, 분석은 영화작품에 대해 일반 관객의 시선과는 다른 시선을 던진다는 것을 상정한다. 관객은 작품을 발견하고, 정신 활동의 많은 부분이 이를 이해하고 새로운 것을 감상하고 그 효과를 받아들이는 데 바쳐진다. 관객이 영화관이나 좋은 영사시설을 갖춘 곳에서 작품을 본다면, 여기서 생긴 인상은 아주 강렬할 수 있다. 과거에는 1970년대의 이론화의 결과로 이런 장치 특유의 힘을 과대평가하곤 했다. 이때의 이론은 관객이 전적으로 수동적이고, 자기에게 강요되는 현실감의 포로가 되며, 자기를 사로잡는 동일시 과정에 종속된다고 기술하곤 했다. 그러나 이것은 아주 과장된 것으로서, 영화 관객이 어두운 영화관에 앉아 영화의 수용에 전적으로 몰두해 있다고 해도 훨씬 다양한 활동, 특히 인지적인 활동을 한다. 그래도 관객은 매순간 엄청난 양의 정보나 때에 따라 정서를 제공받으며, 그 때문에 분석할 여유가 거의 없다는 것도 어쨌거나 사실이다. 반면에, 분석은 그 영화의 요소들을 고려할 시간을 갖는 훨씬 더 무관심적인 관람을 요구한다.

따라서 분석은, (영사 상태로, 처음부터 끝까지) 관람되어야 하는 상태의 영화작품과, 우리가 통제할 수 있는 (영상을 수없이 정지하고 뒤로 돌리기 등을 반복하면서 작은 조각들로 분해된) 상태의 영화작품 사이의 왕복 운동으로 전개된다. 영화가 필름 위에 있었고, 원하는 대로 영화를 조작할 수 있는 어떤 기술도 없었을 때, 쿤젤은 이 분석의 위치를 우리가 건드릴 수 없는 영사와 필름의 물질적 조작의 **사이**에 있는 것으로 기술했다(Kuntzel, 1973).

> "영화적 분석이란 말에서 문제가 되는 **영화적인 것**(le filmique)은 운동성 쪽에도 고정성 쪽에도 없고 오히려 이 둘 **사이**에 있으며, '필름 상태로서의 영화'(film-pellicule)에 의한 '영사 상태로서의 영화'(film-projection)의 생성 속에 있고, '영사 상태의 영화'에 의한 '필름 상태의 영화'의 부정(否定) 속에 있다."

그가 사용한 어휘는 필름을 영상으로 복제하는 디지털 시대에는 부적합하다. 그러나 '생성'과 '부정'은, 매체 위에 인화된(또는 코드화된) 포토그램들로 구성된 영화작품과, 초당 24개의 비율로 스크린에 영사된 영화의 관람 사이에 들어 있는 수수께끼 같은 성격을 가리키는 표현력 있는 은유로 남아 있다. 즉 영사는 필름의 진행—다른 방법으로는 비디오 주사선의 연속—으로 '생성된다'. 그리고 영사가 필름(또는 디지털 파일)을 잊어버리게 한다는 점에서 영사는 필름(또는 디지털 파일)을 '부정한다'. 이렇게 해서 쿤젤은, 우리가 어떤 영화를 분석할 때 영화관에서 상영된 (또는 스트리밍된) 영화를 다루는 것이 아니라, 이 첫번째 영화에서 출발했지만 이를 분석의 목표와 편의에 맞춘 가상의 '또 다른 영화'를 다룬다는 일반적인 감정을 표현했다. 따라서 영화 분석가는 독특한 위치에 있다. 즉 회화작품이나 연극공연과 달리 영화작품의 원본은 실제로 없지만, 어떤 영화의 복제본 각각은 다른 복제본과 동일한 가치가 있다. 그러나 어떤 영화의 복제본은 항상 영상의 질을 떨어뜨리는 경향이 있다. 따라서 영화 분석가는 이 점을 경계해야 하며, 가능한 한 매번 제대로 상영되는 좋은 복제본으로 되돌아가야 한다. 즉, 이 말은 은을 함유한 필름에 대해서는 덜 변질된 복제본을 뜻하고, 디지털 영화에 대해서는 선명도가 충분한 영화를 뜻하는데, 두 경우 모두에서 질 좋은 영사를 뜻한다.

영화작품은 분석의 출발점이고, 그 도착점이 되어야만 한다. '또 다른 영화'

는 이론적인 가상일 뿐이지만, 물질화된 영화는 이미 분석적 성격을 가진 일련의 인공물들 속에 있는데, 이는 멈출 수 없는 연속적인 영사의 특성에서 벗어남으로써 분석 작업을 쉽게 할 목적으로 만들어진 것이다. 사람들은 때때로 분석의 '**도구**'나 '**수단**'에 대해서 말하는데, 이는 분석이 객관적인 절차나 객관적으로 기술할 수 있는 절차를 사용한다는 것을 떠오르게 하는 거짓된 어휘다. 만능열쇠처럼 어떤 것에나 쓸 수 있는 도구는 없다. 데쿠파주 같은 몇몇 도구는 상당히 일반적이라는 장점이 있어서 많은 영화에 사용되지만, 다른 도구들은 다소간만 들어맞을 뿐이다. 분석은 전체적 목표와 전반적 전략에 의해 규정되고, 바로 이 목표와 전략이 어떤 '도구'를 동원할 것인가, 또는 대상 영화의 어떤 매개적 상태를 동원할 것인가를 결정한다.

분석의 부차적인 도구들에는 두 가지 큰 범주가 있다.

1. **내적** 도구들이 있는데, 이것은 우리가 분석하는 영화의 전반적인 파악과 기억의 어려움에 대처하기 위해 영사로 보이는 영화와 이에 대한 분석적 '재검토' 사이에서 다양한 매개적 상태를 만드는 것을 목적으로 한다. 이것은 **묘사**의 도구들이 될 수 있다. 한 영화에서 모든 것은 잠재적으로 묘사할 수 있고, 결과적으로 이 도구들은 상당히 다양하다. 픽션영화의 실제적인 중요성을 감안한다면, 이 도구 중 많은 것이 큰 내러티브 단위를 집계하고 특징을 부여하는 것을 목적으로 한다. 그러나 영상과 사운드 트랙의 적절한 특징들을 묘사하는 데 전념하는 것도 (아무리 어려워도) 이에 못지않게 흥미롭다. 이는 또한 **인용**의 도구들이 될 수 있는데, 이는 앞의 도구들과 같은 기능을 수행하지만, 그 부분들이나 몇몇 측면을 재생산함으로써 그 영화 자체에 훨씬 더 가까이에서 이를 수행한다.

2. 영화 그 자체를 묘사하거나 인용하지는 않지만, 외부에서 이와 관련된 정보들을 제공하는 **외적** 도구들이 있다. 이것은 그 영화의 제작(시나리오 쓰기, 촬영, 영화음악 작곡 등)에 대해, 그 영화가 겪은 공적 이력—예컨대 자신이 분석하는 영화가 수백만 관객이 든 영화인지, 아니면 수백 명의 영화광만 은밀하게 본 영화인지 아는 것은 아무래도 상관없는 일은 아니다—에 대해 확보할 수 있

는 온갖 다큐멘터리적인 요소다. 1980년대와 1990년대 이래 점점 더 많이 실행되는 **발생론적** 분석은 이런 외적 도구들의 가치를 평가하는 데 크게 기여했다. 아카이브 자료를 사용할 줄 알면서 다른 관점에서 이미 영화작품 분석을 실행한 연구자들이 외적 도구들을 사용했을 때 특히 그랬다(무엇보다 Bergala, 2006; Berthomé & Thomas, 2006; Eisenschitz, 2011을 볼 것).

2.2 데쿠파주: 묘사의 도구

초당 24개의 이미지라는 표준속도로 상영되며 상영시간이 90분인 영화는 129,600개의 서로 다른 이미지로 되어 있다. 물론 관객이 지각하는 것은 개별적 이미지가 아니고 완전히 다른 유형의 단위들이다. 재현적인 내러티브 영화의 경우 영화는 **연속된 숏들**, 다시 말해서 원칙적으로 연속 촬영에서 나온, 통일적인 움직이는 이미지들로 만들어진다. 숏(shot/plan)이라는 개념에 지각적인 모호성과 이론적인 한계가 있다는 점에 대해 많은 것이 언급되어야 한다. 사실상 두 개 이상의 숏들이 있는데도 이를 단 하나의 숏으로 지각하는 때도 있고(한 숏에서 다른 숏으로 넘어가는 것을 숨기거나 속이려고 애썼을 때), 영상이 (예컨대 이중 인화로 인해) 늘어나거나, '숏들'이 너무 짧아서 이들을 개별적으로 구분하기가 어렵다(예전에는 실험영화나 시적 영화에 한정된 현상이었지만, 오늘날에는 주류 상업영화에 광범위하게 도입된 현상)거나 등등. 다른 한편, 어떤 영화에서 숏들의 평균 지속시간은 가변적이다. 영화사가 진행되는 동안, 이 평균 지속시간은 심대한 변화를 겪었는데, 유성영화가 등장하면서 상당히 증가했다가 이후에는 다시 점차 줄어들었다. 최근 몇 년 사이의 영화들은, 앨버트 세라나 허우샤오셴과 같은 작가영화감독이 개발한 아주 긴 숏[롱테이크]에서부터, 극도로 짧은 장르영화의 몽타주에 이르기까지 온갖 가능성을 통합시켰다. (극도로 짧은 몽타주는 예컨대 무협영화 같은 장르영화에서 어떻게 고전적인 숏과 숏의 연결을 피하는 몽타주를 의도적으로 사용했는가를 볼 것. **도판 6.**) 모든 시기를 통틀어 픽션영화에서 숏들의 평균 지속시간은, 2초가 약간 넘는 지속시간(세르게이 에이젠슈테인, 〈10월〉, 1927)에서부터 1분 가까운

도판 6. (왼쪽에서 오른쪽으로, 위에서 아래로) 숏과 숏 사이의 최소한의 연결도 없는 시선의 관계. 〈블레이드〉(쉬커, 1995)에 처음 나오는 8개의 숏.

지속시간(샹탈 아커만, 〈잔느 딜망〉, 1975)까지, 몇몇 영화에서는 좀 더 긴 시간(예컨대, 얀초, 세라, 알론소의 영화들)까지라고 집계할 수 있다.

그러나 대부분 숏은 명확하게 구분할 수 있고 지각할 수 있는, 요컨대 분석의 목적에서는 합리적인 단위다. (약간의 주의만 기울이면, 어떤 관객이라도 영사

시작부터 이를 판별할 수 있다.) 대부분의 내러티브 영화에서 우리는 높은 차원의 단위들을 구분할 수 있는데, 일정한 논리로 연결된 연속되는 숏들의 집합이 그것으로, **시퀀스**라고 불린다. (이 용어에 대해서는 앞의 논의를 볼 것.) 숏과 내러티브 시퀀스라는 이 두 개의 단위에 **데쿠파주**(découpage)라는 개념이 적용된다. 이 용어는 본래 어떤 영화를 제작하는 순간 중 하나를 지칭하는 말인데, 시나리오 작성의 마지막 단계와 연출의 첫 단계를 결합하는 활동[기술적 데쿠파주]을 가리킨다. 이것이 필요한 이유는 아주 단순한 사실 때문인데, 말을 (시청각적인) 이미지로 번역하는 작업 없이는, 글로 쓴 서사(시나리오)에서 영상과 소리로 된 서사(영화)로 넘어갈 수 없기 때문이다. 데쿠파주는 최소한 많은 것을 단순화시킴으로써 번역작업을 행한다. 영화산업은 시놉시스에서 콘티까지, 그리고 촬영 목적의 데쿠파주에 이르는 몇 개의 단계를 포함하고 있기 때문이다. 일반적으로 촬영을 위한 데쿠파주는 행위를 시퀀스로, 각 시퀀스를 장면으로, 각 장면을 숏으로 분해하게 되고, 기술적인 지시사항과 원하는 미장센을 기입한다. 물론 촬영 그 자체는 이 데쿠파주에만 근거를 두어야 하지만, [촬영이 진행되면서] 대개 데쿠파주를 (때로는 아주 많이) 변경한다. 각각의 감독은 이와 관련해서 특유의 기질과 습관을 갖고 있다. 히치콕은 데쿠파주가 끝나면 [촬영도 안 했는데도] 영화가 끝났다고 주장했고, 사실상 촬영 중에는 데쿠파주를 거의 바꾸지 않았다. 그러나 고전적 시기에 다른 감독들은 이 영화의 준비단계[데쿠파주]에서 많은 자유를 누렸는데, 마지막 순간에 결정을 내리는 것으로 유명한 하워드 혹스가 그랬다(McCarthy, 1997). 최근에는 존 카사베츠나 자크 리베트 같은 감독들은 촬영 중에 즉흥을 즐기는 취향으로 유명했는데, 데쿠파주는 아주 적은 경우에만 했고, 많은 경우 데쿠파주 자체가 존재하지 않았다(Mouellic, 2011).

분석을 위해서는 이 **촬영 이전**의 데쿠파주는 **외적** 도구다. 반면에 우리는, [촬영 이전의 데쿠파주를 할 때와] 같은 원칙을 취하지만 이번에는 완성된 영화를 대상으로 한, **몽타주 이후**의 데쿠파주[분석적 데쿠파주]를 만들어낼 수 있다. 특히 한 영화의 서사나 몽타주에 관심이 있다면, 사람들은 오랫동안 이런 데쿠파

부	상위분절체	분절체	하위분절체	장소	인물	숏	통합체	음악	행위
A	0	0		채색판화 위로 나오는 상영자막 복수(複數)	복수의 상영자막	10개의 숏		'샴페인'	
	I	1	a	숲	오노레	1–15	시퀀스	'지지' '숲' 테마	오노레가 불로뉴 숲을 재사하고, 독신의 금리생활자이며 여자를 좋아한다고 자신을 소개한다.
			b		오노레, 지지	16–21	시퀀스	'작은 소녀' 테마: 이후 '오노레에 의해'	그는 작은 소녀들을 예찬한다고 친구들과 놀고 있는 지지를 소개한다. 지지는 오노레 앞을 지나서 숲을 지나간다.
	II	2		지지네 집 (아외, 실내)	지지, 마미타	22–24	시퀀스	발성연습/ 어머니~외화면 사운드	지지는 할머니 마미타의 집에 도착하고, 할머니는 지지에게 오늘이 숙모 알리사 집을 방문하는 날이라고 말한다.
	III	3		파리 가스통네 집 (아외)	오노레	25	자율적 숏	'작은 소녀' 변주	마차가 광장을 지나 호화로운 건물 앞에 선다.
		4		가스통네 집 (실내)	가스통, 남품업자, 시종	26	자율적 숏		가스통 라샤이에게 섬촌의 방문이 통지된다. 그는 몇몇 문제를 해결하고 나간다.
		5		가스통네 집 (아외)	오노레, 가스통	27–28	시퀀스		섬촌 조카의 만남. 이 둘은 마차를 타고 파리를 통과한다.
		6		파리에서	오노레, 가스통	29–40	장면	'따분해' 테마, 이후 '오노레/가스통에 의해'	오노레는 인생의 매력(파리, 포도주, 여자를, 큰 세계)에 대해 떠든다. 가스통은 모든 게 지겹다고 반박하고, 마차를 세우라고 한다.
	IV	7		지지네 집 (아외, 실내)	가스통, 마미타	41–48	장면		가스통이 마미타의 집에 도착한다. 이들은 지지에 대해 이야기한다. 가스통은 알리사가 일러준 '교육'에 놀린다.
	V	8		알리사네 집 (아외, 실내)	알리사이, 지지	49–64	시퀀스		지지는 뛰어서 알리사네 집에 도착한다. 교육(맛셰를 어떻게 먹는지). 결론에 대한 대화.

도판 7. 레이몽 벨루가 1979년에 한 〈지지〉(빈센트 미넬리, 1958)의 시작 부분의 데쿠파주.

주를 하는 것이 그 영화 전체의 분석에 필수불가결한 것으로 생각해왔다. 오늘날에는 인용 도구가 눈부시게 발전했기 때문에 몽타주 이후의 데쿠파주가 분석에 이만큼 절대적으로 필요한 것은 아니다(이후의 2장 2.4를 볼 것). 그러나 인내심과 면밀성을 요구하는 대가 없는 작업인 분석적 데쿠파주는, 서사와 관련된 구조적 결정이나 몇몇 양식적이고 수사적 선택을 훨씬 명백하게 만들어주기 때문에 때로는 아주 유용하다. 게다가, 엄격한 규칙에 따라 작성해야 하는 [촬영 이전의] 기술적 데쿠파주와 달리, 한 명의 분석가가 결정한 기획을 위해 실현되는 분석적 데쿠파주에는 강제적인 모델이 없다. 영상의 내용과 대사를 대상으로, 간략한 지시사항과 함께 숏들의 목록만 포함하는 최소한의 작업을 생각할 수 있다. 아니면, 기획한 연구의 독특한 요구에 따라 숏의 지속시간(나아가 포토그램의 수), 프레이밍(숏들의 크기, 촬영 앵글에 대한 짧은 메모와 카메라 움직임), 숏과 숏의 연결 및 구두점, 영상 속의 움직임, 대사, 음악과 음향에 대한 언급, 영상과 소리의 관계(소리의 출처가 내화면에 있는지 아닌지, 동시녹음인지 아닌지) 등과 같은 온갖 종류의 매개변수를 덧붙일 수 있다. 여기서 우리는 벨루(Bellour, 1979)가 〈지지〉(빈센트 미넬리, 1958)의 데쿠파주를 하면서 유익하다고 판단한 방식을 인용한다(**도판 7**).

그러나 대개는 편리한 이 도구[데쿠파주]는 한계가 있다. 우선, 연속된 숏들을 마치 영화언어의 자연적인 단위로 간주할 정도로, 한 편의 영화가 연속되는 숏들로 이루어져 있다는 점을 지나치게 강조하는 경향이 있다. 그런데 한 편의 영화에 대한 분석은, 영화적 표면을 뚜렷하게 점유하지 않는 관계적이고 추상적인 단위들을 다룬다. **분석에 적절한 단위들이 숏들과 반드시 일치하는 것은 아니다.** 게다가, 숏으로 나누는 것은 지나치게 이미지 트랙에 특권을 부여하는 경향이 있고, 이미지 트랙의 불연속성은 사운드 트랙의 불연속성보다 훨씬 더 두드러진다. 마지막으로, 데쿠파주의 영향력을 줄일 수 있는 몇몇 구체적인 어려움이 있다. 특수효과 때문에, 아주 빠른 카메라의 움직임 때문에, 이중인화 때문에 등등으로 숏의 변화를 정확하게 특정할 수 없을 때마다 가장 명백한 어려움이 제기된다. 다음이 몇몇 예다. 〈10월〉(세르게이 에이젠슈테인, 1927)

에서 볼셰비키와 코사크 병사들 사이에 형제애가 생기는 시퀀스의 마지막 부분에 이르면 숏의 길이는 너무 짧아져서(1초도 안 되는 숏들) 이 숏들의 목록을 만드는 것이 복잡해진다. 그리고, 〈히로시마 내 사랑〉(알랭 레네, 1959)의 시작 부분에서 급속한 파노라마 촬영 때문에, 가시적인 연속성의 단절 없이 히로시마 박물관의 숏이 복원된 뉴스영화 숏으로 넘어간다. 또한, 〈로프〉(알프레드 히치콕, 1948)에서 '숏'은 필름통의 필름을 다 쓸 때(대략 11분)까지 지속되는데, 영상 전체를 다 가릴 때까지 카메라가 배우들의 등에 접근하는 기본적인 특수효과 덕분에 둘 중 하나의 숏들이 이어진다. 그리고, 〈나폴레옹〉(아벨 강스, 1927)에서 유명한 국민공회 시퀀스는 17개까지의 서로 다른 이미지들을 겹쳐놓는다 등등. 다른 한편, 아주 긴 숏[롱테이크]들은 숏 단위의 데쿠파주를 몹시 어렵게 만든다. (〈올드 보이〉[박찬욱, 2003]와 같은 영화에 대해 마르탱[Martin, 2011a]이 언급한 것처럼) 이때 인물들의 궤적이나 카메라 움직임의 궤석 속에서 묘사가 갈피를 잡지 못하게 되기 때문이다. 마지막으로, 특히 〈해리 포터〉나 〈반지의 제왕〉 같은 환상적인 장르영화에서처럼, 디지털 촬영에 의존하게 되면 다양한 트릭이 허용되는데, 이는 '숏들'의 전환에 영향을 미칠 수 있다.

따라서 데쿠파주는 특히 다음과 같은 '고전적인' 영화들에 잘 작동한다. 즉, 그것은 계속해서 등장하는 인물이나 집단에 초점을 맞추고 있고, 해독하기 쉬운 미장센에 따라서, 분명하게 알아볼 수 있는 형상으로 연결되어 있으며, 평균적 지속시간(5초에서 15초까지)을 가진 숏들로 구성된 영화들이다. 이런 한계 내에서 데쿠파주는 참조할 만한 도구가 될 수 있으며, 예를 들어 비교에 의해 우리가 사용하는 복사본이 완전한지, 그 영화에 대해 일반적으로 알려진 복사본들에 부합하는지를 판단할 수 있게 해준다. (이런 문헌학적 문제들은 복사본들의 출처가 매우 다양한, 종종 서로 아주 다른, 무성영화에 무척 중요하다.) 마지막으로, 우리가 촬영 이전에 나온 데쿠파주를 갖고 있다면, 이 두 데쿠파주[기술적 데쿠파주와 분석적 데쿠파주]를 비교하면, 특히 시나리오 단계에서 제작 단계로 이행하는 단계에 생겨난 수정들에 초점을 맞춘 발생론적 분석에는 아주 유익할 것이다. (알랭 로브-그리예는 1974년에 『점차 미끄러지는 쾌락』을 출간했는데, 이는 자신의 영화 〈점차 미끄러지는 쾌락〉(1974)의 시놉시스, 대화가 기록된 콘티, 몽타주 이후 작성한 데쿠파주 등을 책 한 권에 모은 것이다.) 이렇게 해서 에두아르 아르놀디와 필립 뒤부아는 〈안달루시아의 개〉(루이스 부뉴엘 & 살바도르 달리, 1928)를 한 숏, 한 숏씩 따라가는 연구를 출간했다(Arnoldy et Dubois, 1993). 이 책에서 이들은 마지막 자막에 이르기까지 이 영화의 291개 숏 각각에 대한 수많은 포토그램을 제시하고, 이에 대한 묘사를 10여 명이 논평자들이 수행한 분석의 인용문과 교차해서 기술하고, 초현실주의를 상징하는 이 영화의 아주 다양한 측면에 접근했다. 무의식의 수사학, 해체주의적 상호텍스트, 언어 유희와 말에 대한 작업, 액자 구성 속의 이미지(mise en abyme) 등이 그것인데, 이들은 이렇게 해서 한 숏 한 숏씩 수행한 데쿠파주와 이 영화에 대한 기존의 분석들에 대한 이들의 검토를 결합했다.

2.3 '도구들'

이와 같은 차원의 생각—영화의 이해를 쉽게 하고 그 정보를 고정할 목적의 인공물—에서 그 영화의 어떤 측면들을 도식화할 수 있는 다른 도구들이 있다. 한 인물의 여정을 더 잘 이해하기 위해, 아니면 해당 공간에서 미장센을 시각화하기 위해 때로는 행위가 일어나는 장소들의 **지도**를 그리는 것이 유익할 수 있다. 예컨대 **도판 8**은 에드워드 브래니건이 〈피안화〉(오즈 야스지로, 1958)의 한 장면에서 어떻게 카메라의 연속적 배치를 재구성했는지를 보여준다(Branigan, 1976). 이 도식이 외적 도구가 아니라는 점을 강조해두기로 하자. 즉 이것은 촬영을 목적으로 제작팀이 그린 지도가 아니라, 분석가 자신이 영화에서 본 것에서 출발해서 재구성한 지도다. 이렇게 해서 이 영화의 촬영이 스튜디오의 몇몇 구석에서 이루어졌다고, 부분적으로는 야외에서, 부분적으로는 스튜디오에서 이루어졌다고 충분히 말할 수 있다. 그러나 이 도식은 **실제 장소가 아니라 디제시스 장소라는** 단일한 장소를 가정하고 있다. 분석가가 지정한 카메라의 위치들은 가설적이고, 이 영화에서 확인된 촬영 각도 등을 보여주고 있을 뿐이다.

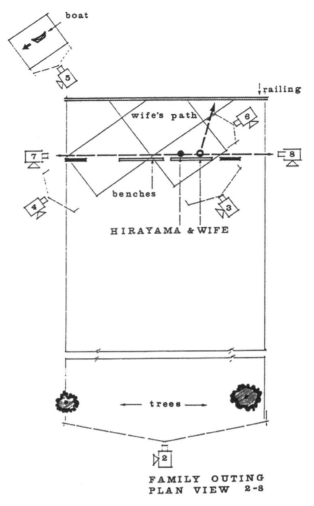

도판 8. 에드워드 브래니건(1976)이 작성한 〈피안화〉(오즈 야스지로, 1958)의 한 장면에서 카메라의 연속적 배치를 보여주는 도식.

　이런 종류의 지도는, 카메라의 배치를 정확하게 재구성하지 못한다고 해도 아주 생생하다. 이런 지도는, 최초의 분석들이 책으로 출간될 때부터 상당히 자주 만들어졌다. (〈새〉[알프레드 히치콕, 1963]에 대한 레이몽 벨루의 분석에는 멜라니 대니얼스의 여정을 보여주는 지도가 들어 있고, 〈파우스트〉[프리드리히 빌헬름 무르나우, 1926]에 대한 에릭 로메르의 분석에는 파우스트의 서재와 마르그리트의 집

도판 9. 〈파우스트〉(프리드리히 빌헬름 무르나우, 1926)의 한 장면을 따라 그린 에릭 로메르(1977)의 크로키.

을 보여주는 지도를 제시한다[**도판 9**]). 특히 서부영화나 로드 무비처럼 여정을 다루는 영화들에 대해 여전히 이런 지도를 만들어낼 수 있다고 생각할 수 있다.

다른 한편, 최소한 실제 장소와 잘 알려진 장소에서 촬영한 영화들의 경우에 이런 종류의 지도를 그리는 것이 오늘날에는 훨씬 더 쉬워졌다. 예를 들어, 〈리버풀〉(리산드로 알론소, 2009)에서 화물선에서 일하는 주인공은 아르헨티나의 우수아이아에 기항한다. 그는 이 기회를 이용해서 병석에 누운 어머니를 만나러 간다. 어머니는 3번 국도(남미횡단도로)의 가장자리 어디엔가 있는 제재소 근처의 아주 작은 촌락에 사신다. 그런데 이 영화는 이들 장소에 대한 어떤 정보도 주지 않는다. (우수아이아는 익명의 선술집 안쪽에서만 보이고, 우수아이아라는 지명조차 말하지 않는다.) 반면에 구글맵에서 우수아이아와 남미횡단도로를 찾아보기는 아주 쉽고, 약간의 수고만 하면 어렵지 않게 주인공의 궤적을 재구성할 수 있다(**도판 10**).

(디제시스에서 실제 지시대상을 상정할 수 없는 경우인) 〈반지의 제왕〉(피터 잭슨, 2001, 2002, 2003) 삼부작에 대해, 아마도 이보다 훨씬 설득력 있는 방식으로 존

도판 10. 〈리버풀〉(리산드로 알론소, 2008)에서 주인공 바르가스의 여정—우수아이아에서 남미횡단 도로를 따라 톨후인까지—과 구글맵.

로널드 톨킨의 책에 제시된 대로 중간계 지도를 따라가는 인물들의 가상적인 여정과, 뉴질랜드에서 찍은 각 장면의 실제 촬영 장소들을 비교하는 것도 흥미로울 것이다. 영국인 연구자 롤랑–프랑수아 락은 실제 촬영 장소들의 식별 및 이에 대한 지도제작에서 전문성을 갖추고 있는데, 알베르 카펠라니 영화들, 루이 퓌이야드의 〈뱀파이어〉(1915-1916), 장-뤽 고다르의 〈네 멋대로 해라〉(1960), 로메르의 〈사자자리〉(1962)에 나오는 파리의 모든 촬영 장소들을 탐지했다(Lack, 2010, 그리고 www.thecinetourist.net).

이와는 다르지만, 여전히 영화의 어떤 것을 시각화할 생각으로, 때때로 설명적인 도식들이 사용되었는데, 이 도식들은 때로는 장소들의 지도와 비슷하게, 때로는 분석가의 해석과 관계를 맺을 목적으로 만들어졌다. 고전적인 예는 스티븐 히스가 〈악의 손길〉(오손 웰스, 1958)에 대한 연구의 일부를 요약한 두 개의 도식이다(**도판 11**). 위에 있는 것은 연대기적이고 인과율적인 도식이다. 수평축에서 영화의 시작(폭발)과 끝(산체스의 고백), 퀸런과 수전에 대한 묘사를 볼

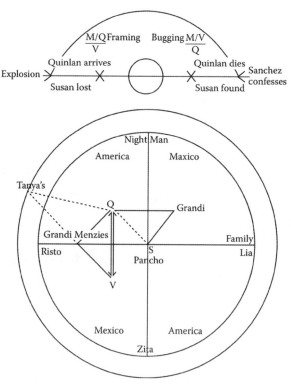

도판 11. 〈악의 손길〉(오손 웰스, 1958)을 분석하기 위해 스티븐 히스가 만든 두 개의 설명적 도식. 하나는 이야기의 연대기적 전개를 요약하는 것이고, 다른 하나는 픽션의 내용을 도식화하려는 것이다.

수 있으며, 대립 관계를 밝혀준다. 위쪽의 원호는 거짓 고발(음모)과 정탐 행위(도청)의 분석으로 이루어진 또 다른 비례관계를 보여준다. 아래쪽 도식은 전적으로 추상적인 것으로서, 이 분석이 가정한, 대립적이거나 또 다른 관계의 계열들 위에 구축된 것이다. 이것은 이 영화 자체의 요약이 아니며 **이 영화에 대한 분석의** 요약이다.

　이런 종류의 도식은, 사람들이 때로 믿고 싶어하는 것과는 달리 단지 분석을 시각적으로 제시할 뿐이기 때문에 그 자체로 어떤 확실한 가치가 있는 것은 아니지만, 어쨌거나 이런 도식을 늘려갈 수 있다. 이렇게 모든 것, 또는 거의 모든 것이 도식화될 수 있고, 다른 무엇보다 한 영화나 그 영화 일부의 데쿠파주가 도식화될 수 있다. 어떤 분석들은 부분적으로 그래픽의 형태로 제시되고, 이 덕분에 어떤 영화 안의 연속된 독해를 통해 그 영화의 서로 다른 조각들을 연결하는 또 다른 연속성을 그려낼 수 있다. 예를 들어 **도판 12**는 도미니크 샤토와 프랑수아 조스트가 〈에덴동산과 그 이후〉(알랭 로브-그리예, 1971)의 13번 분절체를 어떤 방식으로 도식화했는지를 보여준다. 여기서 이 도식은 이 미로 같은 영화에서 분석가들이 특권화시킨(그리고 이들이 만들어낸) 독특한 여정의 구축을 의도적으로 따라가기 더 쉽게 만든 것이다.

　마지막으로 사실적인 (때로는 숫자가 기재된) 정보를 모으는 도표를 이용할 수 있다. 몇몇 분석가는 극도로 상세한 데쿠파주를 만들어서 이를 인상적인 도표로 제시한다. 그러나 이 도표는 데쿠파주의 생각을 물질화한 것일 뿐으로서, 이에 대해서는 이미 위에서 언급했다. 다른 분석가들은, 가능한 한 가장 객관적인 정보에 가치를 부여할 생각으로 통계적인 명세서를 작성했다. 이렇게 해서 배리 솔트는 수많은 그래픽(**도판 13**)을 제시했는데(Salt, 1983), 그래픽 하나하나가 영화 한 편에 대한 것이고, 숏의 지속시간에 따라, 나아가 이를 촬영하기 위해 사용한 렌즈—이는 '숏의 크기'와 거의 같다—에 따라 숏의 분포를 제시한다. (주목할 만한 것은 분석가가 여기서 위험을 무릅쓴다는 점이다. 영화의 숏을 보면서, 줌으로 찍은 숏들은 말할 것도 없고, 렌즈의 초점거리가 무엇인지 정확하게 안다는 것은 절대 쉽지 않기 때문이다.)

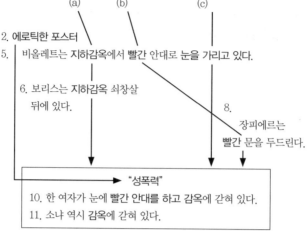
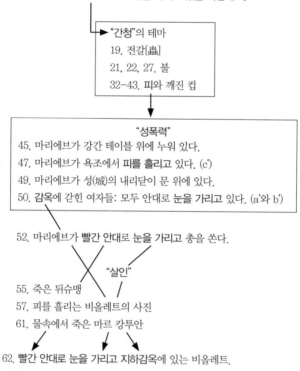

도판 12. 그래픽 형태로 이루어진 분석의 예. 도미니크 샤토와 프랑수아 조스트가 만든 〈에덴동산과 그 이후〉(알랭 로브-그리예, 1971)의 13번 분절체의 도식.

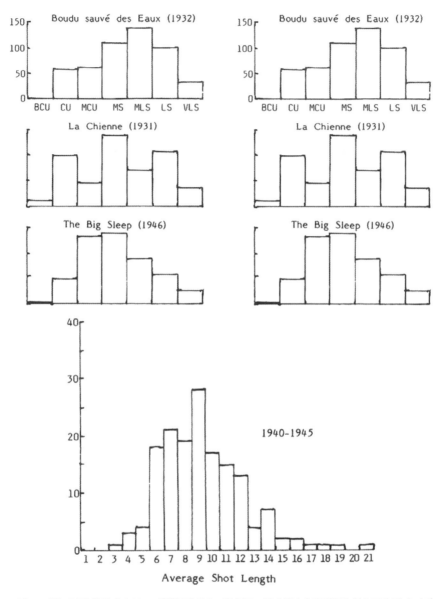

도판 13. 위는 몇몇 영화의 숏의 크기(왼쪽의 익스트림 클로즈업에서부터 오른쪽의 익스트림 롱 숏까지)에 대한 통계적 분포. 아래는 해당 시기의 미국영화에서 숏의 평균적인 길이를 보여주는 통계적 분포.

이런 도식들은 조심스럽게 받아들여야 한다. 이것들을 만든 사람들은 자신들이 숏의 크기를 어떻게 정확하게 결정했는지—매개변수가 대개 모호하다—를 밝히지 않고, 오랜 기간 통계의 기반에 얼마나 많은 영화가 있었는지도 말하지 않는다. 게다가 이 도식들의 유용성에도 논란의 여지가 많다. (숏의 지속시간이나 숏 크기의 분포는 해석하기 쉬운 사실적인 정보가 아니기 때문이다.) 이 도식들은 예컨대 가치의 특정한 배분에 의해 이 시기나 이 양식을 특징짓고자 하는 바람으로 같은 시기의 많은 영화나, 이와 반대로 다양한 양식을 가진 많은 영화를 비교 분석하는 틀 안에서, 때에 따라 흥미 있는 것이 될 수도 있다.

2.4 인용의 문제

이 모든 수단은 연구하는 영화와 상대적으로 가까이 있다는 장점이 있지만, 분석가의 목적에 따라 구성된 것이다. 이들 중에서 (숏의 크기에 대한 명세서같이) 가장 사실적인 것들을 예외로 한다면, 이 수단들에는 이미 상당량의 해석이 들어 있다. 사람들이 아주 일찍부터 연구하는 영화를 **인용하는** 수단들을 찾았던 것은 무엇보다 더욱 객관적인 수단들을 쓰기 위해서였다. 인용이라는 말을 엄밀하게 사용하면, 우리는 글로 쓴 텍스트에서 어떤 영화를 인용할 수 없다(Bellour, 1975). 그러나 구어로 하는 분석에서 어떤 영화를 인용할 수 있다. 필요한 시간만큼 말을 멈추고 복제본을 틀면—이것은 오늘날 대부분은 아주 쉬워졌다—충분하기 때문이다. 마찬가지로 분석이 글로 쓴 형태가 아니라 시청각 형태로 출시된 경우에도 어떤 영화를 인용할 수 있다. 그런데, 심지어 글로 쓴 분석에서도, 간접적인 인용수단들을 씀으로써 기표의 이질성[움직이는 영상 및 소리라는 기표와, 글이라는 기표의 이질성]에 일시적으로 대처하기 위한 수단들이 있다.

어떤 영화 자체의 발췌본 인용은, 분석된 대상에 가장 충실한 것으로 여겨진다는 점에서 가장 좋은 해결책으로 보인다. 그러나 이것은 부분적으로만 참이다. 한편으로는, 우리가 위에서 강조한 것처럼 어떤 영화작품의 한 조각을 발췌한다는 것은 자의적인 부분을 내포하고 있다. 분명하게 경계 지워진 시퀀스 하나를 취하는 것과, 완전히 다른 유형의 매개변수에 따라서 하나의 숏이나 잘라낸 조각을 취한다는 것은 같지 않기 때문이다. 발췌본을 잘라내는 것은 모든 분석의 행위가 그렇듯이 이미 해석을 내포하고 있다. 다른 한편, 또는 거꾸로, 작품의 한 조각을 인용함으로써 우리는 또다시 논평의 문턱에 서 있게 된다. 분석에서 영화 발췌본은, 모호하고 이미 약간은 해석적인 수단이지만, 이 역할을 끝까지 담당하는 것은 아니다. 실제적인 어려움―오늘날에는 본질적인 것은 모두 해결되었다―외에도, 오랫동안 포토그램의 복제본 인용을 선호한 것은 이런 주요한 이유 때문이었다.

분석 텍스트에서 사용하는 **포토그램**(photogramme)은 역설적인 대상이다. 해당 영화에서 나온 것이기 때문에, 이것이 어디서 온 것인가는 의심의 여지가 없다. 그러나 포토그램은 영화를 이미지 트랙으로 환원시킨다. ('소리를 정지시킬' 수는 없다.) 나아가 포토그램의 복제본은 불완전하다(어렴풋한 색채, 축소된 크기). 따라서 그 영화의 발췌본이지만 **복제**라는 성격을 숨기지 못한다. 더 중요하게는, 포토그램은 정의상 근본적인 영화적 성격, 즉 움직임을 없애버린 것이다. 위에서 우리가 강조했듯이, 영화에서 포토그램은 보여주기 위해서 만든 것이 아니라 이와 반대로 영사기 속에서 필름의 진행에 의해, 또는 비디오 주사선의 연속에 의해 '부정되기' 위해 만든 것이다. 따라서 그 영화를 **인용하기** 위해 포토그램을 사용하는 것은 어떤 의미에서는 도발적인 행위다. 사실상, 우리가 임의로 한 영화의 포토그램을 추출하면, 이 포토그램은 가독성이 떨어질 확률이 높다. 즉 움직이는 구역은 (사진을 찍을 때 카메라를 움직인 사진처럼) 흐릿할 위험이 있고, 배우의 표현은 알아보기 힘들거나 왜곡될 가능성이 있으며, 더 간단하게는 포토그램이 명확한 어떤 것도 말할 수 없을 수 있다. 따라서 영화작품 분석을 뒷받침하기 위해 사용한 포토그램은 잠재적인 결함을 없애기 위해서, 특히 여기서 의미―또는 프레이밍, 심도, 구성, 조명, 배우의 위치 등과 같은 객관적 정보―를 포착하기 위해 매번 조심스럽게 선택한 것이다.

글로 쓴 분석들을 뒷받침하기 위해 포토그램을 싣는 것은 최초로 출판된 분

도판 14. 포토그램의 복제가 항상 선택에 기반을 두고 있다는 점을 보여주는, 〈뮤리엘〉(알랭 레네, 1963)의 동일 숏 안에 있는 일련의 포토그램들.

석들의 관례와도 같은 것이었다. 이는 아직도 광범위하게 실행되고 있지만, 오늘날에는 이전과 같은 매혹을 발휘하지는 않는다. 엄밀한 의미의 분석 영역을 넘어선 몇몇 영화, 특히 무성영화―무성영화에 대해서는 영상의 복제만으로도 충분하다―의 '연속된 포토그램' 출판을 언급할 수 있다. 『라방센 시네마』(*L'Avant-scène cinéma*)는 예컨대 1977년에 미셸 마리가 수행한 〈마지막 인간〉(프리드리히 빌헬름 무르나우, 1924)에 대해 영상으로 된 묘사를 출간했는데, 실제로 어떤 논평이 없이도, 유명한 카메라 움직임까지 포함해서 이 영화의 상당히 구체적인 상이 만들어질 수 있었다. 〈10월〉(세르게이 에이젠슈테인, 1927)을 분석한 저작들과 별도로 라뉘와 그의 동료들은 1980년에 이 영화 전체의 연속된 포토그램을 출간했는데, 이는 연구한 영화의 복제본에 나오는 3,225개 숏들의 3,225개의 이미지를 포함하고 있었다(*Lagny et al.*, 1976, 1979). 이런 연속성 덕분에 이 영화의 몽타주 판본 중 하나를 확증할 수 있었다.

　포토그램은 분석을 위해서는 편리한 도구이고, 오늘날에는 실행하기 쉽지만, 몇몇 과업―특히 내러티브 측면의 분석―에 대해서는 거의 쓸모가 없고 나아가 위험하기도 하다(포토그램 위에서는 배우들의 연기나 인물의 심리를 판단할 수 없다.) 이것은 기억을 도와주는 귀중한 도구이고, 또한 분석을 예증하는 데는 유익할 수 있지만, 특별히 생생한 포토그램의 선택을 내포하고 있다(**도판 14**). 달리 말해서 우리는 대개 (어떤 영화의, 어떤 장면의, 나아가 어떤 숏의) 가장 전형적인 포토그램을 취하는 경향이 있다. 이 말은 분석의 도구로 간주한 포토그램이 원칙적으로 그래야 할(1초에 24개의 포토그램 중 하나) 임의적인 영상이 아니라는 뜻이다. 분석은 중요한, 해석적인 결정의 연속에 불과하므로 이 말이 놀랍지 않을 수 있다. 포토그램의 선택 역시 예외는 아니다.

　포토그램의 선택을 위한 규칙들을 사전에 규정함으로써, 이런 불가피한 해석의 개입에서 벗어나기 위한 몇 가지 시도들이 있다. '처음'이나 '마지막'보다 훨씬 모호한 개념인 '가운데'에 있는 포토그램의 선택을 선호하지 않는 한, 가장 단순한 규칙은 [각 숏의] 첫 번째(또는 마지막, 아니면 첫 번째와 마지막) 포토그램을 따는 것이다. 그러나 일반적으로 포토그램은 무엇보다 환기력 때문에 출판사들이 광범위하게 사용했다. (이렇게 해서 1990년대 옐로우 나우[Yellow Now] 출판사의 '장편영화'(Long métrage) 총서는 각 저작의 끝에, 공개적으로 해석적인 저자의 설명을 예증하는 충실한 연속 포토그램을 일관성 있게 제공했다.) 또한 때로는 독자에게 종종 해석의 여지를 남겨두면서, 다양한 원칙에 따라 쪽 단위로 조직된 포토그램 도판들도 있다(힐레레[Hillairet, 2008]와 라스코[Lascault, 2008]에 대해서는 5장 5.5.1을 볼 것).

아주 드문 분석가들은, 포토그램과 비슷하지만 논평에 기울어진 인용 도구를 상상했다. 그 영화의 몇몇 숏의 데생이 그것인데, 이것은 해당 영화를 따라 만들었지만 자유롭게 해석한 것이다. 가장 잘 알려졌고 또 가장 흥미로운 예중 하나는 에릭 로메르가 〈파우스트〉(프리드리히 빌헬름 무르나우, 1926)를 연구하면서 작성한 크로키인데, 이것은 이 영화의 복제본을 볼 수 있는 몽타주 테이블의 유리 위에서 전사(轉寫)한 것이다(**도판 9**를 보라). 출판된 분석에서 스무개 정도 인쇄된 이 크로키들은 도식화된 것이고 공개적으로 해석적인 것이다. 이 크로키들은 이미지의 구성에 대한 분석가의 담론, 특히 이 영화의 미장센과 프레이밍에서 특권화된 방향에 대한 그의 가설을 뒷받침하는 데 쓰이기 때문이다. 로메르는 이를 통해서 포토그램 '인용'의 의미를 밝히는데, 포토그램 '인용'은 분석적 가설에 따라 영감을 받은 선택이라는 것이다.

2.5 '주변 텍스트': 외적 도구들

마지막으로 분석은 **외적 도구들**, 다시 말해서 영화 그 자체에서 나오지 않는 그 영화에 대한 정보들로 뒷받침될 수 있다. 텍스트 분석의 이론은 내재적인 분석들을 만들어내는 경향들이 있고, 몇몇 분석은 원칙적으로 그 영화의 영상과 소리를 벗어난 정보들을 모두 배제하는 데까지 나아간다. 어쨌거나 이 극단적 입장이 다수의 입장인 적은 없었고, 심지어 가장 엄격한 텍스트 분석가들조차도 자신의 성찰 영역에서 어떤 영화의 발생과 이력에 대한 지식을 배제하지 않았다. 다른 한편, 그 영화에 그대로 나타난 것에만 제한하고자 하는 이 지나친 고집을 이해할 수도 있는데, 그것은 의도 비평의 과잉에 대한 반발로 생긴 것이고, 의도 비평은 이와 반대로 어떤 영화를 그 외부와 관련지어서만 이해하고자 하는 경향을 보여준다(1장 1절을 볼 것). 이 문제는 (텍스트 분석이 주도권을 상실한 이후에) 상당히 오래전에 해결되었고, 오늘날 대다수의 분석은 그 영화를 이해하는 데 도움이 된다고 판단하는 한에서 그 영화에 대한 지식을 분석에 통합시킨다.

한 영화의 제작과 연출은 길고도 복잡한 기획이고, 그 모든 단계에 대해 자료를 수집할 수 있다. 시나리오 작가나 제작자, 또는 감독에게서 나온 최초의 기획에서부터 시나리오 작성과 데쿠파주, 촬영, 몽타주를 거쳐서 믹싱이 끝날 때까지 수많은 단계를 거치며, 이 각각의 단계에 관해 여기에 참여한 모든 사람이 유익한 정보를 제공할 수 있다. 어쨌거나 이 다양한 단계를 증언하는 자료들이 모두 같은 성격을 가진 것은 아니다. 앞서 우리가 데쿠파주의 경우를 언급했지만, 다양한 상태의 시나리오도 덧붙여야 한다. (때로 최초의 상태는 단지 몇 쪽, 또는 몇 줄이 될 수도 있고, 반면에 아주 문학적인 몇몇 시나리오는 수백 쪽이 될 수도 있다.) 또한 그 영화의 예산, 제작 계획이 사전의 어떤 의도들을 밝혀줄 수도 있는 반면에, 스크립트가 기록한 촬영일지나, 때에 따라 있을 수도 있는 제작일지(예컨대 브레송의 〈불로뉴 숲속의 여인들〉[로베르 브레송, 1945]에 대한 폴 구스[Guth, 1945]의 일지나 자기 영화 〈화씨 451〉에 대한 트뤼포의 일지[Truffaut, 1966])는 의도의 실현이나 그것이 맞닥뜨린 장애물에 대해 알려준다. 글로 쓰지 않은 자료들도 유용한 출처가 될 수 있다. 즉 촬영 중에 찍는 스틸사진들(les photos de plateau)은, 체계적으로 촬영을 찍지 않았던 시기에는 오랫동안 촬영에 대해 알려주는 좋은 수단이었다. 그 이후에는 메이킹 필름이라는 형태로 많은 영화의 제작에 대한 시청각 자료들이 넘쳐나게 되었고, 문제는 이런 생산물들이 자료라기보다는 홍보 수단이기 때문에 획득한 정보들을 선별하는 데 있다. 다른 한편, 발생론적 연구 또한 시청각 형태를 취할 수도 있다. 고다르의 〈네 멋대로 해라〉의 촬영에 대해 클로드 벤투라가 보여준 것이 그랬는데, 이는 〈스웨덴 호텔 12번 방〉(클로드 벤투라 & 자비에 빌타르, 1993)이라는 영화의 형태로 제시되었고, 일종의 뒤집어 놓은 메이킹 필름이다.

이것이 어떤 영화의 온갖 외부자료에 대한 일반적인 언급이다. **자료는 결코 혼자서는 말하지 않으며** 특히 항상 진실을 말하는 것은 아니라는 점을 절대로 잊지 않은 채, 이 자료들을 **비판적인 방식으로** 사용할 줄 알아야만 유용하다. 자신이 염두에 두고 있는 분석에 맞는 자료 사용법을 늘 도입해야 하지만, 이에 대해서는 일반적인 규칙을 제시할 수 없다. 예컨대, 〈노스페라투〉(프리드리히 빌헬름 무르나우, 1992)에 대한, 주요하게는 미적이고 (미셸 푸코가 사용한 의미로) '고고학적인' 영역에 놓여 있는 연구에서 부비에와 뢰트라는, 이 영화의 서로 다른 세 개의 판본의 관람과 원본 스크립트의 조회뿐만 아니라, '프라나 필름'(Prana Film)이라는 잠깐 존재했던 제작사, 수수께끼 같은 알빈 그라우(Albin Grau)라는 인물과 이 제작사의 관계, 영화가 개봉될 때 제작사가 내보낸 허세에 찬 광고 등에 대한 심층적인 조사 등을 탁월하게 이용했다(Bouvier & Leutrat, 1981). 이 모든 것은, 공포의 효과, 조형적인 아름다움 등과 같이 이 영화의 유명세를 만든 것에 외부적으로 보이지만, 분석가들의 통찰력과 치밀함 덕분에 이와 반대로 초현실주의자들 덕분에 신화가 된 이 영화가 어쨌거나 예술작품임과 동시에, 심지어 그 이전에도 어쨌거나 미디어적인 **사건**이었다는 점을 이해할 수 있게 해준다.

작품의 발생과 관련이 있는 이런 외적 수단들에, 제작 이후에 나왔으며 그 영화의 이력과 관련이 있는 데이터들을 덧붙일 수 있다. 우선, 관람객 수, 수입, 배급망, 배포한 복제본의 수—**이런 요소들이 말하게 할 줄 안다면** 아주 유용할 수 있는 요소들— 등과 함께 경제적인 이력이 있다. 다음으로, 비평적 이력, 다시 말해서 언론에 나온 글로 된 비평들이나, 시청각 매체에 나온 말로 한 비평들뿐만 아니라, 더 일반적으로는 그 영화의 '비평적 자산'이 그것이다. 이 비평적 자산은 분명, 어떤 영화가 그에 대해 충분한 거리를 취할 수 있을 정도로 오래된 영화라면 평가하기가 훨씬 쉽다. 2010년대에 오손 웰스의 〈시민 케인〉(1941)이나 데이비드 워크 그리피스의 〈편협〉(1916)이나 장 르누아르의 〈게임의 규칙〉(1939) 같은 고전들을 분석하는 것과, 비록 작가영화라고 할지라도 문화적 지위가 훨씬 불확실한 최근 영화를 분석하는 것은 같은 것이 아니다.

더구나 고전 영화들에서는 비평적 자료군의 존재가 때로는 분석가의 당혹스러움을 보여줄 수도 있다. 세르게이 에이젠슈테인의 〈이반 대제〉(1942-1944와 1945-1946)나 미켈란젤로 안토니오니의 〈정사〉(1960)와 같은 영화에 대해, 50년이나 60년 동안 이런 영화들에 대해 쓰여진 온갖 종류의 엄청난 글을 잊어버린 채로 논평하기는 어렵다. 이때 분석가의 임무는, 이 작품들에서 담론을 쇄신할 수 있는 방법들을 찾으려고 애쓰면서, 또는 이런 영화들의 발생에 대해 판을 바꾸는 훨씬 더 정교한 조사를 수행함으로써 고정된 담론을 벗어나는 것이다.

여기서 특히 많은 것이 분석의 제도적 정박(碇泊)에 달려 있다. 대학 학위(석사나 박사 논문)를 위해서 수행한 작업은 가능한 한 가장 폭넓은 소양을 고려할 것을, 따라서 자신이 연구하는 작품에 대해 이전의 수많은 논평을 빠뜨리지 않고 인용할 것을 전제하고 있다. 반면에, 예컨대 영화작품 분석의 총서를 만들기 위해 수행한 훨씬 더 개인적인 작업은 분량을 훨씬 줄이고 가독성을 높이기 위해, 그리고 진부한 입장에 갇히지 않게 하려고 이런 작업이 면제될 수 있다. 영화는 (연구에서 백 년 이상 앞서는) 문학이나 회화에 비해 풍부하게 연구되고 있지 않다. 그러나 이후로 어쨌거나 축적된 실제적인 자료군의 총체가 상당하며, 많이 연구된 몇몇 영화에 대해서는 반드시 이 질문이 제기되어야 한다.

3. 묘사의 문제

묘사의 문제와 함께 우리는 약간 분석의 '도구'나 '수단' 같은 개념에서 멀어진다. 한 편의 영화를 묘사한다는 것은, 겉보기에 말로는 단순해 보이지만 전혀 쉽지 않다. 그 영화에 들어 있는 의미작용의 요소들을 단어나 문장으로 옮기는 것이지만, 이를 위해 보편적으로 타당한 어떤 방법도 없으며, 상황은 [인용이나 데쿠파주 같은] 다른 분석 활동에서보다 더 나쁘다. (이와 관련된 다양한 질문에 대해서는 Arnaud & Zabunyan, 2014를 볼 것.) 특히 일종의 번역이 문제가 되는 한에서 묘사는 번역이 제기하는 온갖 종류의 문제를 제기하며, 특히 번역의 자유와 해석의 문제를 제기한다.

우선 어떤 영화에서 묘사될 수 있는 것이 무엇인지 질문을 던질 수 있다. 가장 많이 나온 답변은 아마도 영화를 하나의 서사로 취급하는 답변일 것이고, 묘사는 그 영화의 내용을 보고할 뿐만 아니라 이 내용이 재현되는 방식을 보고한다는 결론을 내릴 것이다. 두 사람이 서로에게 이야기하는 숏 하나를 묘사하고 싶다면, 여기에는 이들의 대화를 보고하는 것—대화를 인용하는 것만으로 충분하므로 이것은 가장 쉽다—이 포함되어 있지만, 이들의 몸짓과 태도, 동작, 배경에서 이들의 위치, 그리고 배경 자체까지도 보고해야 한다. 소리(음악, 소음, 말의 어조)에 대한 지시사항을 묘사에 포함하는 것을 잊어서는 안 되며, 말을 주고받으면서 생기는 리듬의 상(像)도 전달해야 한다. 극적으로는 아주 단순한 이런 경우에서도 묘사한다는 임무의 복잡성을 알 수 있다. 매순간 말만으로 불충분해질 위험이 있는 이보다 덜 진부한 장면들을 묘사한다면 이 임무는 훨씬 더 미묘해진다. 따라서, 비록 어림잡아서 묘사의 대상들을 '시각적인 것 대 청각적인 것', '언어적인 것 대 도상적인 것', '내용 대 표현' 등과 같이 계열로 만들 수 있다고 해도, 묘사의 대상들은 수도 없이 많다.

사실상 많은 것이 도입하는 **묘사의 단위**에 달려 있다. 대화의 경우, 대화를 묘사하는 방식은, 이 대화가 하나의 숏 안에서 이루어지는가, 아니면 연결된 많은 숏으로 이루어진 시퀀스에서 이루어지는가에 따라 달라진다. 대사의 내용은 같을 수 있지만, 나머지 모든 것이 달라지기 때문이다. 다른 한편, 영화한 편을 묘사한다는 것이 거의 생각할 수 없는 것처럼, 어떤 단위를 염두에 두고 무엇을 묘사할 것인가를 선택해야 한다. 즉 이 단위가 숏인지, 시퀀스인지, 포토그램인지, 아니면 훨씬 독특한 형세—예컨대 영화의 다양한 장소에서 찍었지만 내러티브적 차원이나 형상적 차원으로 연결된 복수의 숏들—인지를 선택해야 한다. 여기서도 또한 모든 것이 분석이 어떤 쪽을 향하고 있는지에 달려 있고, 이런저런 묘사에서 기대하는 이득을 평가하는 것은 분석가에 달려 있다. 양식 분석은, 한 영화의 어떤 조각들을 선택해도 상대적으로 무관하며 전체의 양식은 이 영화의 모든 부분에서 발견할 수 있다고 간주할 수도 있다. 이것이 대개는, 의미가 영화 전체에 흩어져 있고 임의적인 부분들의 묘사나 분석이 이를 반드시 드러낼 것으로 생각하는 경향이 있었던 텍스트 분석의 전제였다. 그러나 이와 반대로, 정당한 이유로 어떤 순간들을 특권화시켜야 하는 접근들이 있다. 특히 이데올로기적 유형—사회적 관계, 젠더 관계, 경제적 관계—의 분석들이 그렇고, 특별한 현상들—예컨대, 한 영화에서 카메라의 움직임, 줌, 교차 몽타주 등의 연구—에 주목하는 몇몇 형식적인 접근이 그렇다.

제시 마르탱이 지적한 것처럼, "묘사하는 사람의 작업은 […] 가까이서 보는 것과 멀리서 보는 것 사이에서 움직인다"(Martin 2012a). 언어로 전환할 때 정확하고 엄밀하기 위해서는 가까이에서 봐야만 하지만, 흥미가 있는 부분이 영화 전체(또는 시퀀스)와 어떤 관련이 있는지를 알기 위해서는 뒤로 물러서서 봐야만 한다. 중요한 것은 묘사가 완벽한 명세목록이 아니라는 점을 이해하는 일이다. 즉 묘사는 잠재적으로 끝없는 전체에 대해 유한한 수의 특징들을 선택하는 것이고, 이 선택은 항상 이를 궁극적으로는 하나의 서사나 이에 가까운 어떤 것으로 조직하려는 목적으로 수행된다(Siety, 2009). 사실상 묘사와 서사 사이에는 항상 하나의 차이가 있다. 즉 서사는 시간 속에서 변할 수 있는 시점을 내포하고 있지만, 묘사는 원칙적으로 시점을 내포하고 있지 않거나 이를 드러내려고 애쓰지 않는다는 점이다. 그러나 다른 한편, (푀히트가 회화의 묘사에 대해 말한 것처럼) "생생한 직관에는 그 어떤 것도 대응하지 않는 […] 지각의 모자이크"에만 머물고 싶지 않다면, 묘사는 자기가 본 것을 말하는 데에만 있지 않다는 것을 잊어서는 안 된다(Pächt, 1977). 이것을 **적절성**(pertinence)의 원리라고 부를 수 있다. 즉 (하나의 비평에서 그런 것처럼) 하나의 분석에서는 한 영화에 대해 말해진 것 모두는 분명하게 식별할 수 있는 적절성의 축을 고려해서 이루어진다. 〈사이코〉(알프레드 히치콕, 1960, **도판 28**을 볼 것)의 샤워 장면은 몽타주에 관심을 가졌는가, 리듬에 관심을 가졌는가, 공포의 표현에 관심을 가졌는가, 수수께끼 같은 서사의 진행에 관심을 가졌는가, 관객의 정서에 관심을 가졌는가, 이 장면을 영화의 전체적인 구조에서 파악할 것인가 등에 따라 똑같은 묘사로 귀결되지는 않을 것이다.

긴 이론적 토론이 필요한 이 문제를 끝내기 위해서, 이미 인용한 (오몽 [Aumont, 1997]의 논의를 다시 취해서 체계화시킨) 제시 마르탱의 작은 책에서 다음 다섯 가지 묘사의 원칙을 빌려올 것이다. (이 다섯 가지 원칙은 적절성의 원칙과 다른 것이고 여기에 추가된다.)

—**밀착**의 원칙: 묘사는 영화를 배신하지 않고 영화에 충실해야 하며, 검증할 수 있어야 한다. (때로 식별하기 어려운 몇몇 대상이 있음에도 불구하고) 병(瓶)이나 망치가 있다고 말하는 것은 그리 어렵지 않지만, 색채의 정확한 이름과 같은 영역에서는 묘사가 거의 불가능하게 될 수 있다.

—**역동성**의 원칙: 묘사는 영상(이나 소리)에서 두드러진 것에 선별적으로 몰두하게 될 것이다. 분석가는 자신의 선호 때문에, 자신의 직관이 묘사나 이어지는 분석에서 해명되거나 뒷받침될 수도 있다고 가정하면서, 특히 자신의 눈이나 귀를 유인한 것을 묘사하겠다는 입장을 취할 수 있다.

—'부적절성'의 원칙, 또는 이보다 정확하게는 **거리 두기**의 원칙: 이는 너무 맹목적으로 따라가며 해석적인 결론의 길에 너무 일찍 들어갈 위험이 있는 적절성의 축과는 다른 것이다. 사실상 묘사에서 해석의 개입에 대해 '중립적인' 성격을 간직하는 것이 가장 중요하다. 그렇지 않으면 묘사는 결코 해석의 첫 번째 계기가 되지 못할 것이다.

—등가성의 원칙 또는 **비교**의 원칙: 묘사에 때로는 편리하고 유용한 방식 중 하나는 본 것이나 들은 것을 이와 유사한 다른 영화 이미지와 비교하는 데 있다. 아주 작은 수의 특징만을 공유하고 있는 다른 대상들과 연결할수록 비교는 흥미로운 것이 된다(Aumont, 2014).

—**무차별**의 원칙: 한 영화에서 모든 것은, 심지어 첫눈에 봤을 때 무의미하게 보일 수 있는 것까지 묘사될 수 있다. 선험적으로 한 영화의 어떤 요소도 의미작용에서 다른 요소보다 우월하지는 않다는 주장까지 나갈 수도 있지만, 이는 약간 과장된 것이다. (영화 대부분에는 다른 순간들보다 더 강렬한 순간들이 있다.)

부분적으로 서로 모순되기—적절성인가? 부적절성인가? 두드러지는 요소들인가? 무차별적 요소들인가?—까지 하는 이런 일반 원칙들은 자동으로 적용되지 않는다. 이와 반대로, 빈번하게 벌어지는 것처럼, 그 적용이 특히 장애물에 직면할 때, 우리가 이 원칙들로 무엇을 할 것인지를 결정할 필요가 있다. 묘사의 장애물은 사실상 셀 수도 없이 많다. 다양한 언급 사이의 균형의 문제나 심지어 (자기만의 수사학이 있으면서도 가독적이어야 하는) 묘사 특유의 발화작용은 말할 것도 없고, 지각상의 어려움(내가 잘 봤는가?), 인지적인 어려움(내가 제대로 이해했는가?), 말과 느낌을 합치시키는 어려움(이것을 어떻게 말하지?) 등이 그것이다. 요컨대, 묘사한다는 것은 이미 오래전에 분석 속에 들어온 것이다.

CHAPTER

3

내러티브 사실의 분석

우리가 분석하는 것은 거의 대다수 내러티브 영화다. (마찬가지로 십중팔구 재현 영화인데, 이 문제는 4장에서 다시 다루게 될 것이다.) 제작된 영화, 특히 배급된 영화 대다수가 그렇기 때문이다. 이야기를 거의 하지 않는 영화들도 있고, 이해하기 힘든, 또는 이해할 수 없는 이야기를 하는 영화들도 있다. 또한 아무것도 이야기하지 않으려고 애쓰는 영화들도 있다. 예를 들면 예전에 '실험영화'라고 부른 영화들이 그렇다. 지어낸 이야기가 아니라 확증된 사실만을 이야기하는 영화들도 있다(다큐멘터리의 경우가 그런데, 이 장의 끝부분을 보라). 마지막으로 대략 20여 년 전부터 감독이 아닌 수많은 화가가 화랑이나 미술관에서 전시할 목적으로 영화를 만들었고, 이런 영화들은 대개 내러티브성과 어긋난 관계를 형성한다. 그러나 전반적으로 영화의 이야기는 다양성이 있지만 픽션영화의 이야기고, 또한 영화의 현재적 실천은 대다수가 픽션영화의 실천이다. 만약 내가 명시하지 않고 '영화관에 간다' 또는 '영화를 볼 거야'라고 말하면, 사람들은 내가 입장료를 내야 하는 어두운 영화관에서 움직이는 영상과 소리로 된 픽션영화를 보러 간다고 생각할 것이다. 이렇게 영화에서 픽션영화가 지닌 역사적, 사회적 중요성 때문에 영화적 서사(敍事)에 대한 분석적 접근에서 [픽션영화에] 큰 자리를 부여하지 않을 수 없다.

1. 이야기와 그 반향

1.1 이야기의 중요성

보통의 관객, 즉 모든 사람에게, 심지어 '영화관에 가는' 분석가에게도 어떤 영화에서든 중요한 것은 우선 이야기다. 그러나 특히 영화문화가 매우 발달한 프랑스와 같은 나라에서는 이 진술에 뉘앙스를 부여해야 한다. 대개 프랑스인들은 (특히 이야기가 독창적이지 않다면) 이야기보다는 다른 것에 주의를 기울이기 때문이다. 그러나 이 경우에도 영화를 볼 때나 영화관에서 나올 때, 또한 이후 아마이 영화를 분석할 때도, 영화와 우리가 맺는 관계에서 이야기는 본질적이다.

왜 이야기나 픽션이 이런 중요성을 갖게 되었을까? 본질적으로는 픽션이 게임이나 '시간 때우기'를 목적으로 하는 사소한 기획이 아니기 때문이다. (픽션을 이런 목적으로 환원하고자 하면, 그렇게 될 수도 있다.) 픽션은 무엇보다 우리의 존재에 대해, 세상과 맺는 우리의 관계에 대해, 또는 우리가 사는 사회에 대해 우리에게 뭔가를 말하는 방식이기 때문이고, 우리 자신이 경험한 것과는 다른 경험들에 대해 통찰력을 주는 방식이기 때문이다. 요컨대, 픽션은 (소설, 만화, 연극, 또는 오페라 대본에서) 일반적으로, 그리고 특히 영화에서 우리가 직면한 거대한 실존적, 사회적, 심리적 문제들에 대해 성찰할 수단을 제공해주는 상징적 도구다. 게다가 이 상징적 도구는 전혀 무시할 수 없는, 즐거움이라는 보너스와 함께 작동한다. 자크 랑시에르는 이렇게 말한다(Rancière, 2000).

> "가장한다는 것은 속임수를 제시하는 것이 아니라 파악할 수 있는 구조들을 개발하는 것이다. [···] 사건들을 경험적인 무질서 상태로 제시하지 않을 수 없는 역사에 비해, 이것이 사건들의 배치에 인과율의 논리를 부여하는 시(詩)가 가진 우월성이다."

픽션이 (게임과 같은 서로 다른 모델이 눈부시게 발전하는데도, 오늘날에도 여전히)

너무나 중요한 역할을 한다면, 픽션이 반성적이고 정서적인 행위에 준하는 근본적인 이유 때문이다. 픽션은 모든 사람을 위해 재미있게 만들어진 (아니면 어쩔 수 없이 쉽게 만들어진) 사유다.

영화작품들에 대한 최초의 분석은, 복잡한 이유에서 이런 진실이 일반적으로 받아들여지지 않았던 시대에 실행에 옮겨졌다. 1960~1970년대에는 픽션을 경계하는 것이 더 적절했다. 픽션이란 말은 다소간의 차이는 있지만 사기, 소외 또는 거짓말과 동의어로 이해했기 때문이다. 최초의 진지한 분석들—텍스트적 엄밀성에 관심을 기울인 분석들—은 대개 이런 경계(警戒)로 특징지어졌고, (항상 그런 것은 아니었지만) 이야기를 고찰한 분석이라고 해도, 이야기가 작품의 기호학적 관심에서 중요하지 않다고 언급함으로써 대개는 이야기에서 거리를 취했다.

이것이 이삼십 년 전부터 가장 많이 바뀐 지점 중 하나이고, 오늘날에는 이런저런 계기로 이야기에 관심을 두지 않은 영화작품 분석은 거의 없다. 장면이나 이미지로 바꾸는 작업에 초점을 맞추거나 어떤 영화의 다큐멘터리적이고 정보적인 하중(荷重)—다시 말해서 엄밀하게 픽션에 속하지 않는 모든 것—에 가치를 부여한다고 해도, 그 영화가 거의 이야기를 하지 않거나 복잡한 서사 양태를 사용한다고 해도, 분석에서 영화의 픽션적인 측면을 고찰하지 않기는 거의 불가능하다. 가장 단순하게는 그 픽션적인 측면이 그 영화가 존재하게 된 최초의 이유이기 때문이다. 유수한 많은 감독은 인상적인 시각적 양식—드레이어나 히치콕이나 왕자웨이가 찍은 장면 하나, 심지어 숏 하나도 쉽게 알아볼 수 있다—이나 선호하는 테마—펠리니와 그로테스크, 베리만과 커플—를 갖고 있지만, 이들 **또한** 이야기를 하기 위해서, 어쨌거나 **이야기를 하면서** 영화를 만든다. 따라서 영화작품 분석은 픽션이나 이야기에 무엇을 예정해 놓을지, 즉 픽션이나 이야기를 대상으로 다룰 것인지 아닌지를 결정해야 한다. 그렇다면 이를 어떻게 다룰 것인가? 여기서 사회적인, 정치적인, 심리적인, 역사적인 사실들을 찾을 것인가? 단지 내용적인 어떤 독창성만을 첫머리에 놓아야 할 것인가? 아니면 이야기가 분석의 대상이 아니라고 마음을 미리 정하고, 단지 이 영화와는 다른 아이디어나 다른 현상들을 제시할 기회로 삼을 것인가? 이 모든 태도가 열려 있지만, 어떤 경우든 자신이 선택한 입장을 정확하게 명시해야 한다. 어쨌거나 이야기의 정확한 이해가 절대 면제되지는 않을 것이다. 픽션영화에서는 형식 부여하기, 미장센, 영상의 고유한 특성 모두가 이 픽션에 준거해서만 끝까지 설명되기 때문이다.

사람들은 종종 **영화적 픽션의 내용**이 정확히 무엇인지에 대해 질문을 던졌다. 이 개념은 가장 단순한 상태에서도 파악하기가 쉽지 않다. 영화에 대한 대부분의 토론은 바로 이 개념을 대상으로 이루어지기 때문이다. 픽션의 최초의 내용은 가장 단순하게는 이야기다. 〈게임의 규칙〉(장 르누아르, 1939)의 끝부분에서 쥐리외가 오해 때문에 죽는다는 사실에 내가 안타깝다면, 〈우리는 그 노래를 알고 있다〉(알랭 레네, 1997)에서 아녜스 자우이가 랑베르 윌송이 아니라 앙드레 뒤솔리에를 선택하는 것이 나로서는 맞다고 생각한다면, 〈트러블 에브리 데이〉(클레어 드니, 2001)에서 인육(人肉)을 먹는 경향에 내가 공포심을 느낀다면, 이는 내가 최소한 한순간에는 이 영화들이 전하는 '이야기에 들어갔기' 때문이다. 이는 신념의 문제는 아니다. 나는 항상 이 인물들과 사건들이 지어낸 것이며, '마치 ~처럼'이라는 양태로만 내게 제시되었다는 점을 알고 있기 때문이다. 그러나 이 인물들과 사건들이 내 실제 경험과 맺는 관계는, 내가 이 인물들과 사건들을 진지하게 받아들이고 이에 대해 내가 삶에서 보통 겪는 반응들과 유사한 반응을 불러일으키기에 충분하다.

그러나 이야기가 나를 자극하고 세상에 대한, 존재에 대한, 내가 사는 사회에 대한 성찰을 불러일으킨다는 점에서 영화의 **내용**은 **이야기 이상**이다. 어떤 영화에서 내가 단지 이 영화의 이야기만을 간직한다면, 이 영화는 내게 단지 나 자신의 삶에서 한순간 벗어날 수단만을 제공해줬을 뿐이고, 이는 내가 다른 많은 기분전환—춤, 스포츠, 게임 등—에서 얻을 수 있다. 따라서 이 영화의 내용은 이보다는 이야기가 불러일으킬 수 있는 생각, 정보, 정서 등의 총체와 동일시되어야 할 것이다. 주지하다시피 이것은 광범위하고 규정이 잘 안 된 영역이다. 이야기가 불러일으킬 수 있는 것에 엄격한 한계가 없기 때문이다. 각각의 관객이 어떤 영화에 대해 (인지적이고 정서적인) 자기만의 기억을 구성하는 방식에 관심을 가질 수도 있지만(Lefebvre, 1997), 어떤 영화에서 파생된 개인적 내용을 압축하고 포섭하는 개념을 구축하려고 할 수도 있다. 영화적 픽션으로 유용한 내용의 생산을 유도(誘導)하는 것이 **테마**(thème)라는 개념의 뜻이다.

오래전부터 문학비평이 광범위하게 사용한 테마라는 용어는, 불행하게도 의미가 상당히 유동적이다. 그것은 픽션 작품이 '다루는' 근본적인 질문을 가리킬 수도 있다(『잃어버린 시간을 찾아서』의 테마는 기억이다). 그것은 한 작품에서 반복되는 모티프를 가리킬 수 있지만(〈해리 포터〉와 같은 영웅담에서 혈통의 테마), 여러 작품을 관통하는 하나의 모티프를 가리킬 수도 있다(예컨대 로베르 브레송에게 은총의 테마와 같이 해당 작가의 작품 전체, 서부영화에서 여정[旅程]의 테마와 같이 어떤 장르영화 전체). 또는 단순하고 더 느슨하게는 작품 전체의 약간 추상적인 측면을 가리킬 수도 있다(히치콕에게 종교의 테마). 몇몇 연구자는 테마를 다소간 작품의 내용과 일치시키기도 한다(Frye, 1957). 이 말은 테마라는 개념이 명확한 이론적 범위를 갖고 있지 않다는 뜻이다. 그러나 테마적이라고 규정할 수 있는 분석의 경향이 존재했고, 이 경향은 장-피에르 리샤르, 조르주 풀레, 세르주 두브로프스키, 장 스타로뱅스키와 같은 저자들을 포함하는 1960년대의 문학비평의 경향에서 직접 영감을 받았다. 그러나 영화에 대해 말하자면, 이런 경향은 실제로 결코 조직된 적이 없었고, 이론화는 더더욱 되지 않았으며, 몇몇 사람의 독자적인 행위로 남아 있었다. 예컨대 『영화적 공간』에 대한 앙리 아젤의 작업을 여기에 포함할 수 있다(Agel, 1978). 이 저작에서 그는 몇몇 위대한 영화감독의 미학을 특징지을 수 있는 서로 다른 공간들에 대한 일반적인 유형학을 시도했다. 표현주의 영화나 표현주의 감독들의 '수축된 공간', 공기의 원형과 이어진 리얼리즘[감독들]의 '팽창된 공간' 등.

테마라는 개념은, 『카이에 뒤 시네마』가 주도한 '작가 정책'의 틀 안에서 특별한 선호의 대상이 되었다. 이때 이 개념은 [어떤 감독을] 작가(作家, auteur)로 규정할 수 있게 해주는 기준 중 하나였다. 즉 작가가 되기 위해서는 개인적인 테마들을 갖고 있어야만 한다는 것이다. 그러나 이 미적인 교리가 독특했던 것은, 때로는 억지스럽게도 테마가 내용이라기보다는 형식에 의해 규정된다고 주장했다는 점이다. 클로드 샤브롤과 에릭 로메르는 히치콕의 중심 테마가 죄의식이라고 주장하고, 이로부터 원죄의 신화를 둘러싸고 히치콕 작품 전체에 대한 해석을 끌어낸다(Chabrol et Rohmer, 1957). 그러나 이 주장은 별로 분석적이지 못한 (대개는 막연한) 논평에 근거를 두고 있다. 같은 감독에 대한 장 두셰의 시도는 결론(원죄는 루시퍼의 신화로 대체된다) 때문이라기보다는 방법 때문에 이보다 더 흥미롭다(Douchet, 1967). 샤브롤과 로메르와 동일한 전제—즉 중심적인 테마적 원리가 필연적으로 한 '작가'의 작품 전체를 알려준다—에서 출발해 그는 히치콕의 중심 원리로 서스펜스를 선택하고 비의적인 교의에 비추어 서스펜스를 테마로 바꾼다. 이렇게 해서 〈현기증〉의 시작 시퀀스에서 두셰는 내러티브적이고 논리적인 기능(플롯 상의 본래적 원인의 설정)을 주목하지만, 또한 미적이고 창조적인 기능(모든 히치콕 서스펜스 특유의 삼원[三元] 구성을 은유하는, 붙잡을 수 없는 도망자와 두 명의 추격자), 정신분석적 기능(형사가 추격하는 그림자는 자신의 분신), 마지막으로 비의적인 기능(자신이 수행해야 하는 신성한 계획에 불복종함으로써, 오만이라는 루시퍼적인 죄악을 저지른 스코티)을 찾아낸다. 이 해석적 분석—그는 이를 숨기지 않는다—은 이렇게 짧은 예만 보면 자의적으로 보일 수 있지만, 전체적으로는 이보다 훨씬 설득력이 있다. 예컨대 두셰가 "인물들의 시선을 완전히 점유하고자 하는 목표에 도달하기 위해 어둠은 무엇보다 단 하나의 시선을 탈취하고자 하는데, 이는 이 시선이 악의 **정신**을 담지한 것으로 그려내기 위해서다"라고 주장할 때가 그렇다. 이렇게 두셰는 융이나 바슐라르에게 영감을 받아 히치콕적인 '몽상'을 제시하는데, 이 몽상은 아주 독창적인 방식으로 테마로 만든 것이다. 테마 분석은 이런 식으로 파악하면 특이성의 차원에 속해 있고, 그 자의성까지 받아들일 수 있다면 아주 풍요로워질 수 있다.

1.2 이야기, 픽션, 핍진성

이야기가 우리가 어떤 영화를 파악하는 데 본질적이라면, 이야기는 픽션을 거쳐 우리에게 도달한다. 그런데, 앞서 우리가 지적한 것처럼 픽션은 상징적 기획으로서 아주 오래—픽션은 신화를 지어낼 수 있는 인류의 능력과 함께 생겨났다—되었고 보편적—최소한 구어로 전승되는 신화나 심지어 문학이 없는 인간 집단은 없다—이다. 가상적인 사건들의 서사에 의해 **세계-속-존재**의 다양한 측면을 상징화하고자 하는 이 인간적 의지는 가장 항구적인 인류학적 사실 중 하나다. 다른 말로 하면, 픽션의 목표는 이런저런 경험적 사실들에 대해, 자연이나 사회생활 등의 이런저런 파악에 대해 효율적인 상징화를 부여할 수 있는 픽션의 능력 속에 있다. 영화장치의 이론은 종종 픽션의 특징 중 하나인 그 모방적 측면을 강조했다. 이야기는 우리에게 존재, 상황, 실제 사건들과 유사한 형상화를 거쳐서 말해지고, 이로부터 사람들은, 특히 운동의 지각과 완벽하게 유사하므로 우리가 이런 재현을 현실과 혼동할 위험이 있다고 추론하게 된다는 것이다(Baudry, 1975). 그러나 사실상 이런 혼동은 예외적이고 픽션의 일반적인 체제는 계약과 같은 차원에 속한다. 즉 (소설의 독자 같은) 영화 관객은 자신에게 제시되는 것이 지어낸 것임을 알지만, 그는 '게임에 참여하고', 마치 이렇게 만들어진 것이 어떤 의미에서는 현실에 준하는 것처럼 그것을 받아들이기로 했다(Schaeffer, 1999; Aumont, 2014).

픽션의 분석은 **유사체**(analogon)를 만들어낸다는 바로 이 측면에 대한 것이다(4장 1.1을 볼 것). 그러나 내러티브적 관점에서 픽션의 분석은 본질적으로 이전과 이후의 유희, 원인과 결과의 유희에 대한 것이다. 혼동해서는 안 되지만 함께 가는 **전후 관계**(consécution)와 **결과**(conséquence)가 그것이다. 앞에서 제시한 랑시에르의 인용이 강조하는 것처럼, 픽션의 주요한 힘 중 하나는 이런 유희를 **조직한다**는 점이다. 실제 삶에서 나는 이런 행동은 이런 결과를 낳을 것—그러나 결과를 알려면 시간이 걸릴 것이다—이라거나 이런 상황은 원인이 있을 거다—그러나 원인의 파악은 대개 쉽지 않다—라고 생각할 수 있다. 픽션

영화를 보면서 나는 압축 과정의 혜택을 입고, 이런 일을 쉽게 만들어주는 인과율의 전면화에 혜택을 입는다. 〈현기증〉의 예를 다시 들자면, 빗물받이 홈통에 매달려 있던 스코티는 떨어진다는 생각으로 공포에 질려 있었기 때문에 자신이 고소공포증에 걸렸다는 것을 알게 된다. 자신이 현기증이 있었기 때문에 마들렌이 종탑에서 떨어질 때 그녀를 구할 수 없었다. 그의 동창 개빈 엘스터는 스코티가 현기증에 시달리고 있다는 것을 알고 있었기 때문에 표면적으로는 자기 부인을 미행해달라고 스코티를 고용한다 등등. 이런 인과율의 유희는 적절하게 만들어지지만, 현실에서 인과율의 유희와 비슷해지려고 애쓴다. 히치콕 스스로 이를 다음과 같이 언급했다.

> "서사에 구멍이 있어서 저도 당혹스럽습니다. 부인을 종탑에서 집어던진 남편, 이 남자는 제임스 스튜어트가 계단을 올라가지 못할 거라는 사실을 어떻게 알수 있었을까요? 그가 현기증에 시달리고 있기 때문에? 그러나 이는 전혀 확실하지 않았습니다."(Truffaut, 1966)

여기에는 '때문에' 하나가 들어 있지만, 현실에서 그런 것처럼 예측할 수 없고, 이를 지우기 위해서 픽션은 온갖 힘을 다 쓰지 않을 수 없다.

인과율은 자연의 법칙이 아니라 정신적 범주다. 흄에서 스튜어트 밀에 이르는 경험주의자들에게 인과율은 두 현상의 연상(聯想)이라는 습관적인 기질의 다른 이름일 뿐이다. 데카르트와 같은 본유론자들에게 인과율은 우리 정신을 이루고 있는 원리다. 칸트는 인과율이 (시간 및 공간과 더불어) 우리 정신의 선험적 범주라고 주장함으로써, 다시 말해서 우리의 인식을 파악할 수 있는 것으로 만들기 위해 정신이 우리의 인식에 부여하는 형식이라고 주장함으로써 이런 입장에 가장 명확한 형태를 부여했다. 이렇게 픽션의 구성은 이러한 형식 부여를 매번 새롭게 하는 작업이다. 문학뿐만 아니라 영화에서도, 고전적인 서사는 다소간 명확한 전조(前兆)를 통해서(소설에서는 '나중에 알게 되겠지만'과 같은 유형의 문장을 사용함으로써 훨씬 더 쉽게 이루어진다), 그리고 소급적으로 환기—문법에서 순행 조응이나 역행 조응이라고 부르는 유희—에 의해 원인과 결과의 유희를 강조하려는 성향으로 특징지어진다. 다른 한편, 모든 서사에서는 연속적인 사건들 사이에서 인과율의 관계가 정상적—돌멩이이든, 사람의 몸이든 절벽에서 떨어진 것은 땅에까지 떨어진다—일 수도 있고, 훨씬 더 불확실한 상황에서 나온 것일 수도 있다. 픽션은 기회가 있을 때마다, 어떤 장르나 어떤 시기의 영화사에서는 아주 빈번하게, 행복한 우연을 이용한다. 행복하든 불행하든 **만남**은 픽션에서 가장 흔한 클리셰 중 하나다.

  어떤 영화의 픽션을 분석한다는 것은 상당 부분 이런 인과율이나 행복한 우연의 유희, 또는 정상적인 결과, 먼 원인에서 생긴 [사건의] 발발, 그 성공(이나 실패) 등의 유희 등을 밝히는 것이다. 서사가 얽히고설켜 있거나 인과율의 유희가 불분명할 때를 제외하고는, 아마도 너무 진부하다고 생각되어서 이런 일만을 다루는 분석은 거의 없다. 에르베 오브롱이 수행한 것처럼, 〈멀홀랜드 드라이브〉(데이비드 린치, 2001)에 대해 질문을 던진다는 것은, 무엇보다 합리적으로 배치하기 어려운 서사의 분절체 사이에 어떤 인과율의 관계가 있는지를 묻는 것이다(Aubron, 2006). 마찬가지로, 분석이 대개 이론적 관심으로 귀결되던 시기에 로브-그리예의 영화들을 분석한다는 것은, 인과율의 지배가 보장되지 않은 기이한 유형의 픽션을 밝히는 것이었다(Chateau & Jost, 1979). 원인이라는 개념이 현실의 파악이나 픽션의 파악에 동일하게 적용되는 한, 이 개념은 사실상 픽션에서 원칙적으로 전혀 핵심적이지 않은 요소 하나에 아주 민감한데, 그것이 바로 픽션의 **핍진성**(逼眞性, vraisemblable, [그럴듯함])이다. 인디언이 쏜 화살 하나가 기병대에게 상처를 입히거나 죽이는 서부영화는 놀랍지 않지만, 몇몇 무협 영화나 마술 영화에서 자기에게 날아오는 총알을 검이나 마술 방망이로 멈출 때, 우리는 핍진성의 또 다른 체제 안에 있다. 이 핍진성은 일상생활이 아니라 동화세계나 스스로 설정한 장르 관습과 결부된다. 따라서 분석은 핍진성이라는 문제를 다루어야만 하고 작품에 따라, 또는 장르에 따라 달라지는 핍진성의 가변성을 다루어야만 한다. 예컨대 자크 오몽은 〈터키의 우리 부인〉(카르멜로 베네, 1968)을 분석하면서 이 영화가 확연하게 제시한 개인적인 세계와,

여기서 일관성 있는 내러티브 궤적을 찾기 힘들거나 찾을 수 없다는 사실 사이에 있는 최초의 모순을 해결하려고 애썼다(Aumont, 2010).

픽션의 분석은 때로 이야기의 거대유형이나 '내러티브 모태(matrice, 母胎)'에 기대서 이루어질 수 있다. 로랑 쥘리에는 그의 생각에 근본적이라고 생각하는 세 가지 거대유형—찾기, 도망치기, 추적하기—을 제시한다(Jullier, 2012). **찾기**(탐색, 조사, 탐험…)는 그 충동이 주인공의 내부에 존재하는 서사를 가리킨다. 주인공은 뭔가를 찾거나 어떤 사실을 이해하거나 어떤 생각을 밝히려는 물리적인, 또는 정신적인 욕구를 느낀다. **도망치기**(또는 자기를 방어하기나 저항하기)는 이와 반대로 최초의 충동이 자신의 의사에 반하여 주인공을 강타하는 서사다. 그 전형적인 예는 특히 〈북북서로 진로를 돌려라〉(알프레드 히치콕, 1959)지만, 이 유형은 주인공이 "다른 식으로는 할 수 없는" 온갖 픽션을 포함한다. **추적하기**는 계약이든 도전이든 사명의 구도다. 즉 픽션의 동력은 여전히 주인공 바깥에 있지만, 주인공은 놀라움에 사로잡히거나 무방비 상태가 아니고 이와 반대로 하나의 임무를 수행하는 데 몰두한다. 이런 유형학은 시사적이지만, 이와 비슷한 온갖 제안이 그렇듯 다른 유형을 덧붙이거나 복잡하게 만들 수 있다. [찾기, 도망치기, 추적하기라는] 쥘리에의 행위 동사에 다른 행위 동사를 덧붙일 수 있다. (예컨대 **방황하기** 같은 동사는 〈붉은 사막〉[미켈란젤로 안토니오니, 1964]이나 〈시간의 흐름 속으로〉[빔 벤더스, 1976]와 같이 뚜렷한 목적이 없는 주인공이 나오는 몇몇 '현대적인' 픽션을 가리키며, **사라지기** 같은 동사도 그렇다.) **늙어가기**나 **존재하기** 같은 상태 동사도 덧붙일 수 있다. (〈마다다요〉[구로사와 아키라, 1993]에서 마다다요 교수는 다른 것을 전혀 하지 못한다.) 디테일로 들어가면 가능성이 너무 많고 또 다양하기 때문에 영화적 픽션에서 원인이 되는 발발의 유형, 인과율 유희의 유형에 결정적인 유형학을 부여한다는 것은 미묘한 문제다. 그러나 물론 이 때문에 이들 분석의 이점이 사라지는 것은 아니다.

1.3 등장인물, 행위, 성격

이보다 빈번하게 이루어지며 출간된 분석들 전체를 훨씬 더 잘 대변하는 또 다른 관점은, 한 영화의 **픽션적인 요소들**을 분석하는 데 있다. 이야기한 사건들, 사건들을 만들어낸 행위들, 이로부터 생겨난 상황들—또는 이로부터 생겨난 사건들—, 행위를 수행하는 인물들, 이들의 심리적 특성 등이 그것이다. 솔직히 말하면, 이것은 어떤 영화를 논평하는 진부한 방식이다. 픽션영화에 대한 우리 최초의 반응은 거의 언제나 몇몇 행위나 상황에 대해, 등장인물들이 여기에 빠져들거나 여기서 빠져나오는 방식에 관해 관심을 표명하는 (그리고 평가하는) 것이기 때문이다. 이런 논평을 하면서 우리는 여기에 우리 자신의 많은 부분을, 그리고 현실에 대한 우리의 경험을 개입시키며, 우리가 많은 영화를 보는 습관이 있고 예리한 시선이 있어도 정확성이나 실제적인 객관성이 있다고 주장할 수는 없다.

그렇다고 우리가 여기서 분석의 재료를 찾을 수 없는 것은 아니다. 이와 정반대다. 즉 분석은 즉자적인 논평이 개인적이고 개별적이라는 점을 넘어설 수 있는 수단이며, 이 논평을 명확하게 말함으로써, 다른 경험, 즉 '삶'의 경험이 아니라 매체로서 영화의 경험과 연결하는 수단이다. 아주 일찍부터 문학연구를 뒤좇아 분석의 도구들을 확보하려는 많은 시도가 있었다. 서사의 진행, 사건과 상황 사이의 관계에 관해 이들 중 몇 개를 언급하게 될 것이다(3장 2.1절). 등장인물들에 관해서는 방식이 잘 정식화되지 못했다. 특히 구조주의 기호학은 이 문제를 거의 다루지 않았고, 몇몇 시도가 있기는 했지만 발전하지는 못했다(Hamon, 1972-1977). 주요한 접근은 심리적 차원이거나 현실과 픽션을 동등하게 다루는 일반 화용론이다. 어빙 고프먼의 **틀 짓기 이론**(Framing Theory)의 경우가 그런데(Goffman, 1974), 이 명칭과 원리는 인류학자 그레고리 베이트슨이 이후 다시 발전시켰다. 틀 짓기 이론에 따르면, 모든 상황은, 이를 겪는 인간이 **틀 짓기**라고 하는 인지 활동으로 인간 행위의 어떤 영역에 속한다고 지각하고 판정하는 특징들로 구성되어 있다. 1980년대 아주 인기 있었던 이 이론에 대해 수많은 논평 및 개선이 이루어졌고 이 때문에 픽션적 상황에 대한 분석적 묘사에 이용할 수 있게 되었다. 비록 영화작품 분석이 실제로 여기서 영감을 받으려면 20년 이상의 시간이 흘러야 했지만. 특히 틀 짓기 이론에 기대서 많은 분석을 수행한 제시 마르탱을 주목해보면, 〈벤자멘타 연구소〉(티머시 퀘이, 1995)와 같은 영화에서 이야기의 내용적 차원뿐만 아니라 〈현기증〉(알프레드 히치콕, 1958)과 같은 영화에서 몇몇 행위나 〈향수〉(안드레이 타르콥스키, 1983)와 같은 영화에서 몇몇 모티프까지 포괄하고 있다(Martin, 2012b).

쥘리에는 더 구체적으로 언급하지는 않고 "심리적 영역에서 다수의 합의"에서 나온, 시사적이지만 요약적인 경험적 체를 다시 취해서 대립적인 축의 형태로 픽션의 인물들 각각의 개성에 대한 성격화 도식을 제안한다(Jullier, 2012). 즉 다섯 개의 칸—자기 재현, 타자, 질서, 변화 등에 대한 인물의 관계, 정서적 안정성—이 나열되어 있고, 인물에 대해 각각의 칸에 긍정적인 또는 부정적인 점수를 매긴다. 이렇게 32명의 다른 인물을 그려내는데, 인물은 플러스(+)가 많은 경우에는 긍정적이고, 그 반대의 경우에는 부정적이다. 이런 종류의 체는 분명 일반적인 심리적 차원에서는 거의 설득력이 없지만—이런 체가 인간을 평가하기 위해 사용될 수 있다는 생각만 해도 끔찍하다—, 인간보다 구성상으로 더 초보적이고 더 일관된 픽션 인물에 대해 성찰의 요소들을 대략적으로 암시할 수 있다. 그러나 이것은 도구에 불과하고 이 체나 이와 유사한 것들—예컨대 앞서 인용한 하몽(Hamon)의 체—은 그 자체로는 방법이나 구체적인 분석적 목표를 제공하지 않는다.

오늘날에는 조금 실효성을 상실한 또 다른 길은, 인물들의 심리를 진단하기 위해 프로이트, 라캉, 융, 클라인 등 정신분석의 변이체 중 하나를 사용하는 데 있었다. 이런 시도는 위험한데, 정교한 진단을 위해 항상 새로운 요소들을 발견할 수 있다는 기대를 품을 수 있는 실제 인간 주체와 달리, 등장인물은 픽션에서 입증된 것 이외의 다른 결정요소들을 갖고 있지 않기 때문이다. 〈세브린느〉(루이스 부뉴엘, 1967)에서 자발적으로 몸을 파는 세브린느의 충동을 이해하기 위해서는 이 영화 자체에 아주 모호한 방식으로 주어진 요소들 이외에 다른 요소들이 없다. 이 때문에 이 기획에는 보잘것없는 성공만 보장되어 있다. 이

기획이 훨씬 쉬울 때는 시나리오가 진단을 미리 재단해 놓았기 때문이고, 일반적으로 이 말은 우리가 그려내는 심리적 초상이 충분히 진부하다는 뜻이다. 예컨대 〈스카페이스〉의 정신분석은 하워드 혹스(1932)의 판본이든, 브라이언 드 팔마(1983)의 판본이든 아마도 전혀 놀랍지 않으며, 편집증의 차원에 있는 어떤 것을 기대할 수 있을 뿐이다.

등장인물을 정신분석하려는 이런 경향은 오랫동안 영화비평에 퍼져 있었다. 이삼십 년 동안 영화 자체—특히 할리우드 영화들—가 자발적으로 정신분석의 환심을 사려고 했다. 〈스펠바운드〉(알프레드 히치콕, 1945)나 〈지난 여름 갑자기〉(조셉 맨키위츠, 1959)에서와 같이 노골적으로, 〈죽음의 키스〉(헨리 해서웨이, 1945)와 같은 몇몇 누아르 영화에서는 이보다는 암시적으로 그랬고, 또는 '심리적 서부극'이라 불렸던 유형을 전형적으로 대변하는 영화인 〈여섯 번째의 사나이〉(존 스터지스, 1956)와 같은 몇몇 서부영화에서 그랬다. 몇몇 감독에게는 이런 접근이 특권화된 영역이었다. 루이스 부뉴엘이 특히 그랬는데, 그는 멕시코에서 활동하던 시기부터 신경쇠약에 걸린 인물들을 수없이 제시했고—〈이상한 정열〉(1952), 〈범죄에 대한 수필〉(1955)—, 변태성욕과 오이디푸스 콤플렉스가 확실히 역할을 하는 이야기들을 보여주었다. (대표적인 것이 페르난도 세자르만인데, 그는 유아살해 충동과 유기(遺棄)당할지 모른다는 환상을 둘러싸고 〈잊혀진 사람들〉[1950]에 대한 논평을 집중시킨다[Cesarman, 1976]). 그러나 이런 접근은 특히 유럽의 다른 작가감독들—잉마르 베리만부터 루키노 비스콘티까지—에까지 적용되었다(Gagnebin, 1994와 5장 3.1에서 다른 예들을 볼 것.)

정신분석의 사용에서 나타난 난점은, 오랫동안 유사과학으로 간주되었고 이후에는 이와 반대로 지나치게 평판이 떨어진 이 이론의 지위에서 비롯된다. 여기서든 저기서든 분석가는 분명해질 필요가 있고, 자신이 어떤 교의적인 또는 어떤 이론적인 자료체에 결부되어 있고 왜 그런지를 명확하게 밝힐 필요가 있다. 지난 20년 동안 수없이 많은 연구가 나온 **정서**의 문제에 대해서도 이와 거의 같은 말을 할 수 있다. 정서라는 테마는 무엇보다 영화 관객에게 영향을 미치기 때문에 본래 분석적 테마가 아니라 이론적 테마다. (영화의 스펙터클과 관련된) 영화적 정서는 디제시스적 정서—픽션 등장인물들의 정서—와 관련이 있지만, 이보다 복잡하게는 개별영화의 정서—한 영화의 형태로 픽션의 전달에서 기인하는 정서—라고 부를 수 있는 것과 관련이 있고, 이 후자의 정서는 몇몇 주목할 만한 분석의 대상이 되었다. 예컨대 〈성스러운 창녀〉(라이너 베르너 파스빈더, 1970)에 대한 니콜 브레네즈의 비평적 분석이 이런 경우다(Brenez, 1995). 이 영화는 배우들의 신체에 대한 처리 및 배우 편에서 심사숙고한 몇몇 동작의 생산을 강조하는데, 그녀에 따르면 이 두 가지가 이 영화의 내용이고, 그 심오한 내용, 즉 권력의 문제를 표현한다. 망명객들—스페인에 있는 독일인들—의 소그룹들로 수행된 실패한 촬영의 역사는 사실상 모든 사회 및 여기에 들어서는 지배 관계의 알레고리처럼 제시된다. 이때부터 고유하게 영화적인 것은 배우들의 (때로는 고통스러운) 현존이고, 배우들이 자신이 맡은 역할에서 완전히 거리를 두지 않도록, 그래서 여기에 자신의 몸과 영혼을 쏟도록 모든 것이 다 행해진다.

이런 분석들은 선구적이며 본질적인 문제를 건드린다는 장점이 있지만, 확고한 이론적 장치가 없으므로 단지 분석가의 지성과 직관에만 도움을 받았다. 그러나 이런 분석들은 이론이 느리게 정교화되는 데 기여했고, 그 이론의 최초 상태는 레이몽 벨루가 제시한 것이다(Bellour, 2009a). 다른 한편, 그의 저작에 도입된 계획이 시사적인데, 정서의 부분은 〈오유우님〉(미조구치 겐지, 1951)의 첫 부분에 대한 분석으로 시작하고, 다음 장에서 (심리학자 다니엘 스턴과 그의 『젖먹이들의 상호관계의 세계』에 제시된 테제를 둘러싸고) 전면적인 이론적 발표로 이어진다. 2000년에 시작된 〈오유우님〉에 대한 분석은 아직도 등장인물의 정서냐 개별영화적 제시냐는 양자택일에 갇혀 있는데, 이는 장막을 이루는 나무들—주인공은 이 나무들을 통해서 자신이 사랑하게 될 여인[오유우님]을 본다—에 대한 다음의 논평에서도 나타난다.

"이렇게 해서 나무의 두 가지 '기능-형상'이 명확해진다. 한편으로는 '경계-장벽'의 기능, '동요-방해'의 기능, '고정-폭로'의 기능, 무엇보다 정서적인 힘의 기능이 그것인데, 그것은 물질적인 요소들에서 출발해 숭고한 충격 상태에 빠진 신체에서 나타나는 일종의 내적 이미지를 끌어낸다. 다른 한편, 보는 것은 이때 그 외부의 가장자리에 의해 포착되기 때문에 나무들은 장면의 배경이 되고, 이 배경 앞에서 인물들 사이에서 형태를 취해가는 드라마가 자리하게 된다."

벨루의 이론적 노력은 영화적 정서에 결정적인 이론을 제공하는 데 있지 않다. 그것은 오히려 "아주 빈번하게 영화의 현실에서 서로 혼동되고 또 자신이 취한 접근의 관점에 따라 달라지는 실행하기와 의미의 차원을 겨냥하는 용어들인, 텍스트적인 정서와 체계의 정서 사이에서 상징적인 정서와 장치의 정서"를 구분함으로써, 영화적 정서가 제시되는 몇몇 양태를 시험하기 위한 것이다. 이 작업은 오늘날 분석과 이론이 서로 맺고 있는 관계를 아주 잘 대변해준다. 즉 이론은 적어도 분석의 실천에서 나온 것이고 거꾸로 분석을 쉽게 만들어주지만, 1970년대 무렵에 그랬던 것처럼 결정적인 개념적 틀이나 만능열쇠를 만들어주려고 애쓰지 않는다.

마지막으로, 영화의 등장인물과 그 분석 결과라는 문제에 대해 더욱더 예시가 늘어나는 영역에 중요한 자리를 부여해야 하는데, 그것은 성(性) 역할, 즉 젠더라는 관점에서 이루어지는 분석의 영역이다. 그것은 영화에 대한 앵글로색슨(특히 미국)의 문헌에서 상당히 오래된 관점이지만, 프랑스어로 이루어지는 분석적 실천에서도 무시할 수 없는 자리를 차지했다. 명시적으로든 아니든, 이 연구가 기대고 있는 이론적 자료군은 두 개의 큰 계기를 겪었다. 먼저, 1970년대 대개는 (프로이트와 라캉의) 정신분석 이론의 후견 아래 페미니즘 연구가 발전했다. 이때 분석은 대개 시선의 문제 및 남성적 역할과 여성적 역할의 불균등한 분포(보는 사람/보이는 사람)에 치중해 있었다. 우리는 이 책 초판(1988)에서 가장 중요한 참고문헌으로 남아 있는 로라 멀비의 텍스트를 인용했다(Mulvey, 1975). 멀비는 인간 주체가 던지는 시선의 종류에 따른 성차(性差)를 인류학적 전제로 제기했다. 즉 여성은 남성에 의해 타자성의 기표—프로이트의 학설에 부합하게 거세 위협의 담지자—로서 바라보인다. 당시의 영화적 장치 개념의 연장선상에서 멀비는 타자성의 기표를 본질적으로 '관음증'(타자를 대상으로 간주하려는 충동)과 '동일시'에 기반을 두고 있는 것으로 묘사하는데, 그녀는 이 두 심리적 메커니즘을 상대적으로 모순적인 것으로 파악한다. 현실에서는 시선의 즐거움이 능동적인 것(남성적인, 바라보는 즐거움)과 수동적인 것(여성적인, 바라보이는 즐거움)이지만, 영화에서는 픽션영화 속의 여성 형상의 존재는 에로틱한 관조를 불러일으킴으로써 내러티브 흐름을 동결시키는 경향이 있다. 이런 모순은 순수한 스펙터클의 순간—글래머의 클로즈업, 발레…—에는 해결되지만, 고전적 내러티브 영화에서 시선의 담지자(그리고 위임을 통해서 관객 시선의 담지자)는 남성이며, 남성이 스펙터클로서의 여성의 위험(즉 거세의 위험)을 중화한다. 예컨대 멀비에게 누아르 영화는 사디즘 장면의 변형된 형태로 원시적 트라우마—정통적인 프로이트의 관점에 항상 있는, 어머니에게서 페니스 부재의 발견—를 다시 작동시키는 것으로 간주된다. 또는 스턴버그와 같은 감독에게 나타나는 또 다른 해결책은 페티시즘 쪽에서 찾아진다.

이러한 유형의 접근은, 십중팔구 여성성의 형상화에서 주목할 만한 경우를 제시하는 할리우드 영화들에 대해 1970년대와 1980년대 내내 수도 없이 이루어졌다. 이것은 예컨대 1940년대의 여성영화에 대한 매리-앤 도안의 고전적 저작에서 제시된 것처럼, 이 시기 세계영화사를 다시 생각하게 이끌었지만 그 대가는 분석의 상대적인 반복성이었는데, 많은 분석은 결정적으로 받아들여진 이론적 전제들—프로이트적 정박은 그 교조주의와 함께 어떤 것도 해결하지 못했다—을 이런저런 영화에서 다시 확인하는 데 만족했기 때문이다. 다음으로, 특히 주디스 버틀러의 뒤를 좇아 젠더 이론가들의 두 번째 세대가 등장하면서 중요한 전환이 이루어졌다(Butler, 1990). 버틀러의 훨씬 유연한 관점은, 육체성의 중요한 차원으로서 (태어날 때 받고 때에 따라 바뀔 수도 있는) 해부학적 성, (스스로 자기가 그렇다고 생각하는) 성 정체성, (우리가 어떤 역할을 맡는지에 대한) 성 수행성을 구분한다. 이것은 확실히 영화적 픽션에 대한 논평에 아주 쉽게 적용할 수 있는 어휘와 개념들이다. 이것은 분석이 성(性), 특히 여성에 대한 좁은 관점에서 벗어날 수 있게 해주며, 훨씬 더 다양하게 이런 분석의 이점을 다시 활성화시켰다. 다른 한편, 그때부터 고전적 할리우드의 영화들과 다른 영화들에 대한 분석이 이루어졌고, 젠더는 오늘날 픽션영화[연구]에서 아주 유행하는 주제다.

영화에서 연구가 이루어지는 주요한 [서구] 언어들에 수많은 예가 있고, 이 일반적인 틀 안에서 독특한 접근이 수없이 이루어지고 있다. 토르타자다는 이렇게 〈여인들〉(조지 쿠커, 1939)을 논평하면서 **유혹**이라는 개념을 중심으로 분석을 수행했다(Tortajada, 2000). 유혹이라는 개념은 한편으로는 (여성적 분장[扮裝, mascarade]에 대한 조언 리비에르의 유명한 텍스트[Riviere, 1929]와 이를 영화로 옮겨온 린다 윌리엄스의 텍스트[Williams, 1987]를 참조한) 심리적 (또는 심지어 정신분석적) 관점에서, 다른 한편으로는 (피에르 부르디외에게 기대서) 욕망과 사회적 도식의 관점에서 규정된다. (여성들만을 보여주는) 〈여인들〉은 성차(性差)가 완수된 자연화에 기대고 있고, 유혹은 여기서 과시로서 보여진다. 유혹은 이때, 사회 계층에 의해서도 결정되지만 아주 관습적인 미의 체계에 의해서도 결정되는, 눈길 끌기의 원칙에 따른다. 이 관습적인 미의 체계는 또한 ([이 영화에서] 유일하게 색채로 찍은 시퀀스에서 예찬하는) 패션에 따라 달라지지만, (여성성의 다소간 비정상적인 형상들을 둘러싸고 만들어진) 신체 문화의 이데올로기에 따라서도 달라진다. 우리는 5장에서 이런 분석적 흐름을 보여주는 다른 세 개의 예, 즉 〈이창〉(알프레드 히치콕, 1954)에 대한 타냐 모들스키의 텍스트에서 출발해서 〈귀향〉(할 애슈비, 1978)에 대한 린다 윌리엄스의 텍스트, 〈사촌들〉(클로드 샤브롤, 1959)에 대한 준비에브 셀리에의 텍스트를 제시할 것이다.

1.4 윤리와 이데올로기

영화작품들은 사회적 차원에서는 무엇보다 우리가 사는 세계에 대해 우리에게 제공하는 구체적인 이미지로 평가받는다. 그런데, 이 세계에서 우리 삶의 많은 부분은 다른 인간들과 관계를 형성하는 데 있다. 픽션 인물들의 심리를 분석한다는 것은 영화를 '삶의 교훈'으로 보는 방식 중 하나다. 그런데, 픽션영화는 등장인물들 외에도 거의 항상 우리가 사는 세계와 아주 가까이 닮은 가상적 세계를 제공한다. 항상 픽션의 제작은 스튜디오 촬영과 야외 촬영을 동시에 실행한다. 많은 영화는 다소간 의식적으로 다큐멘터리적 하중을 지니고 있지만, 다른 영화들은 처음부터 끝까지 우리 의식에만 제공된 [가상] 세계를 만들어낸다. 그러나 어떤 경우든 우리는 실제 세계의 상징적 모델 앞에 있고, 여기서 전개되는 사건들은 우리에게는 다양한 상황—일부는 우리의 개인적 경험과 가까이 있고, 다른 상황들은 아주 멀리 있다— 속에서 우리를 발견할 기회다. 모든 여행과 마찬가지로, 우리가 픽션 세계에서 하는 여행은 우리 삶을 풍요롭게 해주고 우리 삶을 더 잘 이해할 수 있게 하는 방법들을 제공해준다.

로랑 쥘리에와 장–마르크 르브라토는 이것을 '삶의 교훈'이라고 명명하고, 이를 영화작품 자체뿐만 아니라 관객의 상황에 조심스럽게 연결하고, 여기서 이들은 **실용철학**을 본다(Jullier & Leveratto, 2008). "이 평범한 철학을 연구하는 데는 수준에 대한 어떤 요구도 없다. 영사가 진행되는 동안 윤리적 문제 제기의 감정을 자기 안에서 느꼈다는 기억만으로 충분하다." 이들은 기이하게도 이런 문제 제기를 전달하는 데 훨씬 적합하다고 생각한 할리우드 영화에 이 가르침을 적용한 후, 어떤 영화의 용도가 정상적이고 건전한 방식으로 그 영화에 대한 해석을 내포하고 있으며, 이 해석은 지향성의 이상에 맞아야 하는 것이 아니라 연기자에게 (나아가 관객에게) 유용하려고 애써야 한다고 언급한다. 이 해석은, 등장인물들의 문제 및 어려움에 일정 정도의 동일시를 거쳐서 윤리적인 문제 제기로 귀결되고, [관객에게] 인물들을 행동하게 한 이유에 대해 성찰하라고 요청하게 된다. 이것이 뜻하는 바는 우리가 여기서 우리 자신의 삶에 대해 실천적인 결론들을 끌어내는 것이 아니라, 제한적이지만 우리가 여기에 대해 행하는 분석이 우리에게 교훈의 가치를 갖는다는 것이다. 이들은 여기서 픽션영화는 특히 인종주의와 같은 이데올로기적 표명에 대해 우리가 실제로 성찰하게 하는 능력을 갖추고 있다는 결론을 끌어낸다. 이 '삶의 교훈'에 대해서는 5장(4.1)에서 엘리야 카잔의 〈브루클린에 나무 한 그루가 자란다〉를 다루면서 다시 언급하게 될 것이다.

반(半) 정도는 이론적인 이런 입장을 취하지 않은 채로, 픽션의 기획에 대한 윤리적이고 지적인 미덕을 드러내는 수많은 영화작품 분석이 있다. 〈에드바르 뭉크〉(피터 왓킨슨, 1975)를 분석하면서 미셸 라뉘는 감독 자신이 뭉크의 작품들을 만나면서 느낀 엄청난 충격을 똑같이 관객에게 불러일으키고 싶었다고 공개적으로 표명한 영화를 연구한다(Lagny, 2011). 분석가에 따르면, 이 영화는 비판적이고 참여적인 영화감독이 반항적인 예술가를 그린 초상이며, 한편으로는 예술적 천재에 대해, 다른 한편으로는 관습에 맞선 투쟁에 대해 이중의 윤리적 담론을 취한다. '교훈'이 여기에 명시적으로 나타나 있으며, 관객이 자신에게 제시된 뭉크의 행동들을 모방하기에 적합하지 않다고 해도, 이 영화는 관객을 사회적 관습과 사회 속에서 예술가의 자리에 대한 성찰로 이끌 수 있다. 영화가 이데올로기에 대해 불러일으킬 수 있는 담론의 다양성에는 한계가 없고, 많은 픽션영화가 이런 관점에서 분석될 수 있다. 또 다른 하나의 예만 들면, 유리 트시비앙은 수많은 연구가 이루어진 영화 〈이반 대제〉에 대해 하나의 큰 질문을 중심으로 새로운 독해를 제시했다(Tsyvian, 2002). 그 질문은 다음과 같다. "이 영화가 (즈다노프를 거쳐) 스탈린의 주문으로 만들어졌고, 에이젠슈테인은 그렇게 많은 형식적 차원에서 작업하면서 자신이 어떤 위험을 겪는지 알고 있었지만, 그는 어떻게 해서 자신이 취한 의도들을 가질 수 있었을까?" 이 책의 섬세한 증명들은 이 대답 없는 질문에 대한 답으로 읽어야만 한다. 예술가는 사회적 주문, 그리고 그 마지막 심급으로서 정치적 주문에 따른다. 이 화해할 수 없는 것과의 화해는 서구 예술사의 측면 중 하나고, 결과적으로 이 분석은 〈이반 대제〉의 경우를, 심지어 에이젠슈테인의 경우를 상당히 넘어선다. 이 분석은 문제들을 제기하고, 모든 예술가에게 유효한 대답의 초안을 그려낸다. 이와는 다른 생각으로, 권태의 징후라는 관점에서 에메 아넬에 수행한 히치콕에 대한 독창적 연구를 인용할 수 있다(Agnel, 2011). 이것은 "위대한 할리우드 감독들의 영화에서 나타나는 (습득되지 않은) 즉각적인 심리"를 강조하는 것이다. 즉 픽션의 병리적 내용(〈사이코〉, 〈프렌지〉)이나 정신분석적 내용(〈에드워드 박사의 집〉, 〈마니〉)이 아니라 "탁월하게 독창적인 세계관을 보여주는 알프레드 히치콕의 복잡하지 않은 심리"가 그것이다. 아벨의 가설은, 히치콕에게 이 세계가, 많은 인물이 가진 순수성의 연장 상태를 지배하는 권태와 이들을 이 권태에서 벗어나게 하는 동력들—운명의 충격, 자기 삶에서 갑작스러운 진로변경, 나아가 "감정에 자기 자리와 역할을 다시 부여하고" 삶을 **고동치게 하고** 삶에 리듬을 부여하는 서스펜스— 사이의 변증법을 둘러싸고 조직된다는 것이다. 이러한 분석에 따르면, 심리 치료의 서사들이 히치콕의 위대한 픽션들의 근저에 있다. 리듬감 있는 삶(과 시간적 탈조직화)에 의해 근원적인 권태, 우울(spleen)을 치료하기 때문이다.

이러한 종류의 질문들은 이삼십 년 전부터 문화연구(cultural studies)의 틀 안에서 다루어졌다. (대학과 앵글로색슨이란) 제도적 기원을 가진 이 명칭은 수많은 접근을 포괄하며, 이 접근들은 제작 환경 특유의 문화적 언표들이 유의미한 산물을 관통하고 있다고 간주한다는 공통점을 갖는다. 이로부터 두 가지 결론이 도출된다. 이것이 관객에게 뜻하는 것은, 예컨대 어떤 영화는 적절한 문화적 틀과 관련시킴으로써만 이해할 수 있다는 것—수많은 상호문화적 오해가 입증하는 것—이다. 이것이 분석가에게 뜻하는 것은, 문화적 정박에 따라 그 영화를 설명해야 하고, 분석가는 이를 알려주는 구체적인 결정요소들을 찾아야 할 책임이 있다는 점이다. 이렇게 장 르누아르에 대한 일련의 연구에서 올리비에 퀴르쇼는 〈시골에서의 하루〉(1936-1946)와 〈위대한 환상〉(1937)에서 예술과 수공업 사이의 관계에 대해 르누아르가 품고 있던 개념의 명시적인 흔적들을 강조했다(Curchod, 2012). 마찬가지로, 〈사느냐 죽느냐〉(에른스트 루비치, 1942)에 대한 분석에서 장-마르크 르브라토는 영화에서 민주주의라는 관념의 존재에 한 장(章)을 할애하고, 셰익스피어에 다른 한 장을 할애한다(Leveratto, 2012).

무엇보다 대학 커리큘럼의 조직에 쓰이는 이런 분류의 많은 것이 그렇듯이, 문화연구라는 분류는 모호하고 이 유사분과는 아무거나 다 할 수 있다(auberge espagnole). 영어에서나 프랑스어에서 **문화**(culture)라는 개념은 복잡하고, 문화라는 말의 용법이 일반화되기 시작한 20세기 이래로 그 의미는 끝없이 확장되고 있다. 문화적 관점에서 어떤 영화를 분석한다는 말이 뜻하는 것은, 그 환경, 그 사회학, 그 역사, 그 '가치'들—다른 용어로는 분명한 한계가 없는 **마력**(mana)—을 알려고 애쓰면서, 요컨대 오해하지 않으려고 애쓰면서 이야기를 가장 적합한 환경과 관련짓는다는 뜻이다. 최소한 전 지구화가 가져온 드문 혜택 중 하나는 문명들이 이제부터 동등하지는 않다고 해도 최소한 비교할 만한 것이라고 훨씬 더 쉽게 간주된다는 점이다. 〈과거가 없는 남자〉(아키 카우리스마키, 2002)나 〈친애하는 당신〉(아피찻퐁 위라세타쿤, 2002)을 연구하고자 하는 분석가는, 자기 연구의 목표가 무엇이든 핀란드나 태국 및 그곳에 있는 생활 양식에 대해 최소한의 것은 알아야 한다는 점을 안다. 그러나 문화연구는 이 최소한의 것에 머물러 있지 않고 디테일에 몰두할수록 더 흥미롭고 더욱더 정당화된다. 문화연구라는 분류를 만들어내기 훨씬 전에, 〈노스페라투〉(프리드리히 빌헬름 무르나우, 1922)에 대한 미셸 부비에와 장-루이 뢰트라의 역사적이고 문화적인 정교한 연구(Bouvier et Leutrat, 1981), 〈역마차〉(존 포드, 1939)에 대한 에드워드 버스컴의 연구가 그랬다(Buscombe, 1992). 최근에는 '문화연구' 이념의 분별력 있는 예증으로서, 영화에 나타난 전화에 대한 에마뉘엘 앙드레와 도르크 자뷔냥의 연구서를 언급할 수 있다(André & Zabunyan, 2013). 우리는 5장에서 아주 다른 두 개의 연구, 즉 〈검은 신, 하얀 악마〉(글라우베르 로샤, 1964)의 문화적 기원에 대한 이스마일 사비에르 연구(Xavier, 2008)와 영웅담 〈스타워즈〉에 대한 로랑 쥘리에의 연구(Jullier, 2005)에서 출발해서 이런 성찰을 이어갈 것이다.

2. 서사: 서사학적 관점과 수사학적 관점

2.1 서사의 요소들: 구조적 시도

이야기(histoire)와 서사(récit) 사이의 구분은 1960년대의 서사학이 구체적으로 확립했다. 이야기는 픽션이 포함하는 디제시스적 사건들의 총체다. 서사는 "[내러티브적 발화의] 대상이 되는, 실제적이거나 가상적인 사건들의 연속이고, 연쇄, 대립, 반복 등과 같은 이 사건들의 다양한 관계"다(Genette, 1972). 이 기반 위에서 문학적 서사를 대상으로 분석의 추상적 모델들이 정교하게 발전되었다. 일반적으로 (미완성 상태의 구조적 변이체로서) 이런 분석들은 블라디미르 프로프로 거슬러 올라간다(Propp, 1928). 그는 아마도 러시아 동화(童話)라는 독특한 자료군에 대해 분석적이고 구조적인 이중의 원칙을 제기한 최초의 연구자일 것이다. 이 분석적이고 구조적인 이중의 원칙은, 각각의 동화를 추상적인 단위로 분해하고 이후 이런 단위들의 가능한 조합을 규정하고 분류하는 데 있다. 프로프에게 기본 단위는 **기능**(fonction)인데, 그것은 단순하고 독특한 행위에 부합하는 서사의 기본 계기이고, 수많은 동화에서 찾을 수 있다. 예컨대 동화의 시작 부분에서 주인공이 [자기 환경에서] 떠나는 것이나 동화의 끝부분에서 배신자가 처벌받는 것이 그것이다. 모두 서른한 가지인 이 기능들은 극도로 정확하게 규정되고—네 번째 기능은 "적대자가 정보를 얻고자 하거나 희생자가 적대자에게 질문을 던진다"—, 서사 속에서 주요 기능들을 연결하는 데 기여하는, 불특정한 수의 부수적 기능들이 첨가되면서 완성된다. 이때 기능들은 **행동영역들**에 의해 결집하는데, 행동영역들 각각은 통상적으로 **등장인물들**로 부르는 것과 일치한다. 프로프는 가능한 일곱 개의 행동영역—적대자, 증여자, 조력자, 찾고자 하는 인물(일반적으로 공주), 파견자, 주인공, 가짜주인공—의 모델에 도달한다. 예컨대 조력자의 행동영역은 다음을 포괄한다. 공간 속에서 주인공의 이동(15번 기능), 불행이나 결핍의 복구(19번 기능), 추적당하는 중에 이루어진 구조(22번 기능), 어려운 일의 수행(26번 기능), 주인공의 갑작스런 인식(29번 기능).

　프로프에게 각각의 동화는, 가능한 서사의 수를 제한하는 일정한 제약들에 따르는 이런 기능들을 연쇄(séquence)로 잇는 것에 불과하다. 이렇게 해서 그는 자기 자료군에 나온 모든 동화를 압축하는 하나의 도식에 도달하는데, 그는 이 도식을 장르로서 동화를 **규정하는** 데 사용하고, 범주에 의해 동화들을 **분류하는** 데 사용하며, 이러한 **형태론적** 연구를 (자신이 하지 않은) 양식적 연구에서 구분하는 데 사용한다. 다른 한편, 그가 생각하기에 이것은 문학 분석이 아니고 인류학적 작업이다. 그러나 부분적으로는 시대적인 우연 때문에 1960년대 그가 재발견되었을 때 그의 작업이 구조주의적 방식에 흡수되었다는 오해의 대가를 치러야 했다. 즉 1958년에 『민담형태론』의 영어번역본이 출간되었고, 클로드 레비-스트로스는 처음으로 자기 자신의 방법과의 유사성 때문에 큰 충격을 받았다(Lévi-Strauss, 1960). 그러나 프로프의 형태학적인 작업이 아주 특수한 자료군, 즉 러시아의 민속 동화를 넘어 유효성을 주장하지 않는다는 점을 잊어서는 안 된다. 거의 모든 분석에 열정적으로 구조주의를 적용하던 시기에는, 이 형태학적 모델에 기대서 때로는 영화작품 분석(또는 영화 집합의 분석)을 시도하기도 했다. 예컨대 존 펠은 다양한 미국의 장르영화—올드리치, 혹스, 또는 스턴버그—에서 프로프적인 연쇄를 발견하고, 여기서 '행동영역들'을 찾으려고 시도한 이후, [프로프의] 행동영역들이 너무나 엄밀하게 규정되어 있어서 심지어 상투화된 등장인물들에도 적용할 수 없다는 점을 발견하게 된다(Fell, 1977). 이보다는 조심성이 덜한 피터 월런은, 프로프의 도식을 따라 〈북북서로 진로를 돌려라〉(알프레드 히치콕, 1959)에 나타난 행위들을 묘사한다(Wollen, 1976). 그러나 그는 서사에 대해, 또 기능들의 정의에 대해 엄청난 자유를 누리면서 지속적인 무리를 하고 나서야 여기에 도달할 뿐이다. 예컨대 월런은 영화의 시작 부분에서 로저 손힐이 오크 바에 도착한 것을, 그의 어머니가 그에게 술을 마시지 말라—그러나 영화에 이런 말은 나오지 않는다—고 했기 때문에 금지의 위반(3번 기능)으로 읽는다. 밴담의 두 부하가 손힐을 절벽에서 떨어뜨리려 할 때, 그는 여기서 "한 왕국에서 다른 왕국으로 주인공의 이동"(15번 기능)을 본다 등등. 월런은 분석을 다 마친 후에 이 히치콕의 영화에 프로프의 기능들의 적용이 "너무 쉬웠다"고 고백하는데, 이는 전혀 놀랍지 않다. 이렇게 느슨한 방식으로 기능들을 해석한다면, 어디서나 이 기능들을 찾는 데 아무 어려움도 없지만, 분석의 이점은 보잘것없다.

십중팔구 그대로는 사용할 수 없는 프로프의 범주들은, 특히 장르영화의 경우에, 나아가 상당히 많은 자료군의 분석에 영화적 서사의 구조적 연구를 권유한다는 이점이 있었다. 독특한 영화작품 각각에 대해 이런 범주들의 적용 문제는 매번 같기 때문이다. 윌리엄 라이트는 이렇게 서부영화 장르를 분석하기 위해 레비-스트로스의 '신화적 서사'와 프로프의 기능들의 흥미로운 결합을 시도했다(Wright, 1975). 이 때문에 그는 서부영화에서 '질서의 회복', '복수', '사회와의 대립', '전문적 살인자'라는 네 가지 유형의 시나리오를 제안할 수 있었다. 장르의 역사를 포괄하는 이 유형학은 흥미롭지만 프로프에게서 멀어진다. 그러나 서사의 구조 분석은 1920년대 연구의 재발견에 많은 것을 빚지고 있는데, 이는 특히 롤랑 바르트에서 시작해 많은 발전을 이룩한 덕분이다(Barthes, 1966). 바르트는 귀납적 방법을 포기하고 연역적이 되고자 하는 새로운 서사학을 권장한다.

> 서사 이론은 "우선은 묘사의 가설적 모델을 구상해야 하고 […], 이후에는 점차 이 모델에서 출발해 이 모델에 속하면서도 동시에 여기서 멀어지는 유형들을 향해 내려가야만 한다. 단지 이 일치와 간극의 차원에서 서사 이론은, 묘사의 독특한 도구를 갖고서 서사의 복수성, 서사의 역사적 · 지리적 · 문화적 다양성을 되찾을 수 있을 것이다."

이를 위해 바르트는 기능, 행위, 서사라는 세 가지 차원을 검토한다.

기능들은 프로프에서와 같이 '분포되는' 내용의 단위들이고, 다른 기능들과 관계를 맺으며, '통합적인' 단위나 **지표**를 거쳐서 다른 두 개의 차원과 관계를 맺는다. 기능들 그 자체는 **핵심이 되는 기능들**—"이어지는 이야기를 위해 일관성 있는 양자택일을 열어주는" 기능—과, **촉매**—"일관성 있는 단위들이 아니라 연속적 단위에 불과한" 기능—로 위계화된다. 마찬가지로 "어떤 성격, 어떤 감정, 어떤 분위기, 어떤 철학을 가리키는" 엄밀한 의미의 지표와 "시공간 속에서 식별하게 하고 위치를 정하는 데 쓰이는" 정보들이 구별된다. 이때 분석은 서사의 "기능적 구문론(構文論)", 즉 이 다양한 기능들과 지표들의 배치를 규정하는 데 있다. 지표는 다른 지표들이나 다른 기능들과 상당히 자유롭게 결합할 수 있다. 핵심이 되는 기능들과 촉매 사이에는 항상 내포 관계가 있다. 본질적 문제는 핵심이 되는 기능들 사이의 '연대(連帶) 관계'라는 문제다.

프로프에게서 그런 것처럼, **행위**라는 개념은 **등장인물**을 개인으로서가 아니라 행위자로서 객관적으로 묘사하기 위한 것이다. 이런 방향에서 다양한 시도가 이루어졌다. 클로드 브레몽에게 등장인물 각각은 자기 특유의 행위 시퀀스의 행위자가 될 수 있다(Bremond, 1966). 같은 연쇄가 이와 결부된 인물에 따라 두 개의 이름—"한 사람에게 사기인 것이 다른 사람에게는 속음"—을 나타낼수도 있다. 츠베탕 토도로프는 등장인물들이 아니라 "이들이 개입할 수 있는세 가지 커다란 관계"를 고찰하는 것을 선호했고, 그는 이 세 관계를 "기본 술어(사랑, 소통, 도움)"라고 부른다(Todorov, 1968). "분석가는 이 관계들에 두 종류의 규칙을 부과하는데, 즉 다른 관계를 설명할 때는 파생의 규칙이, 이야기가 진행되는 중에 이 관계들의 변형을 묘사할 때는 행위의 규칙이 적용된다." 주지하다시피 토도로프 이후로는 진전이 거의 없었고, 앞서 언급한 '내러티브 모태'는 추상적인 타당성이란 점에서 토도로프의 '기본 술어'와 거의 같은 가치를 갖고 있다. 이것은 흥미 있는 방식이고 서사들을 분류하는 데 어떤 맥락에서는 도움이 되지만, 발견에 도움을 주는 가치는 취약하다.

어떤 서사가 증여자(화자/저자)와 수혜자(독자/수신자)를 전제한다는 사실에서 시작된 **서술**(敍述, narration) 개념에 대해 말하자면, 이 개념은 발화행위 문제와 내러티브 시점과 같은, 성격이 다른 질문들을 제기했다(3장 2.4 참조). 전반적으로 구조주의에 영감을 받은 이런 작업들은 이론적인 반향을 크게 불러일으켰다. 『일리아드』나 북유럽의 영웅담에서부터 누보로망(Nouveau roman)이나 탐정소설에까지 이르는 세계 서사들의 다양성에 접근한다는 인상을 불러일으켰고, 이 모두를 동등하게 묘사할 수 있게 해주는 도구들을 찾았다는 인상을 불러일으켰기 때문이다. 되돌아서 보면, 이러한 보편성의 주장은 비싼 값을 치렀다고 할 수 있다. 세상의 온갖 서사에 적용하기 위해 일반적이고 추상적인 도구들을 발전시켰고, 이 도구들은 묘사적 양태에는 상당히 제대로 작동했지만 서사의 내밀성에 대해서는 아무것도 파악할 수 없었기 때문이다. 기능과 행위에 따른 데쿠파주는 어떤 의미로는 피할 수 없지만, 일단 실행되면 서사의 효과, 서사의 질(質), 심지어는 그 내포에 대해 아무것도 알 수 없었다.

그런데도 영화작품 분석은 지속적으로 이런 접근의 영향을 받았는데, 이 접근이 상대적인 단순성과 객관성의 외양을 보장하고 있었기 때문이다. 〈가장 위험한 게임〉(어니스트 쇼드색 & 어빙 피첼, 1932)의 시작 부분에 관한 연구에서 티에리 쿤젤은 이 텍스트의 데쿠파주에 근거를 두지만, 이 데쿠파주는 기능/행위의 논리에 따라서가 아니라, 어휘소(lexies)의 논리—『S/Z』에서 자신의 구조적인 접근을 조정하고 이를 훨씬 창의적으로 만들기 위해 바르트가 만들어낸 상당히 유연한 도구—에 따라 이루어진다(Kuntzel, 1975). 쿤젤은 지표라는 개념도 사용하지만, 곧바로 어떤 영화에서 지표의 양은 거의 무한하다는 사실에 봉착하게 된다. 의도적으로 지표가 만들어지고 주목의 대상이 되는 문학적 서사와 달리, 이미지의 모든 것이 잠재적으로 지표의 역할을 할 수 있기 때문이다. 분석가들이 바르트가 제기한 근본적인 질문들로 되돌아왔을 때, 바르트를 참조하는 것이 훨씬 생산적인 것이 되었다. 예컨대 라뉘와 그 동료들의 다음과 같은 언급을 보라(*in* Aumont & Leutrat, 1980).

> "바르트는 이미 서사의 구문론에서 전후 관계와 결과, 시간과 논리를 구분하기가 어렵다는 사실을 지적했다. […] 새로운 시퀀스의 개입이 이전 시퀀스에서의 명백한 촉발에 호응하는 경우[논리]와, 두 시퀀스의 연결이 전적으로 연대기적인 기반 위에서 작동하는 경우[시간]를 구분함으로써 우리는 이 두 양태를 분간하고자 했다."

다른 말로 하면, 픽션은 디제시스화된 인공물의 생산이며, 원인에서 결과로 가는 유희들이 이 인공물에서 명시적으로 나타나지만, 실제 삶에서 그런 것처럼 서사에서도 인과율이 요구하는 것은 분석과 설명이다. '서사의 구조 분석'이란 에피소드가 장기간에 걸친 이점을 가진 것은 바로 이런 차원의 성찰 때문이지, 성급하게 그리고 질문도 거의 던지지 않은 채 그 자체로는 별 의미가 없는 데쿠파주 과정을 재개했기 때문이 아니다.

2.2 의미론적 분석과 서사의 유형들

같은 시기에, 또 다른 접근이 서사의 구조적인 모델을 제시하려고 했는데, 이는 형태의 유형학과 구문론의 양태가 아니라 의미론에 근거를 두고, 다시 말해서 서사들의 심층적인 의미에 따라 이루어졌다. 첫 번째 저작에서 알기르다스 그레마스는 결합과 분리의 구분에 기반을 둔 채로 모든 발화의 의미작용을 기본 구조로 환원시킨다(Greimas, 1966). 흰색과 검은색의 대립은 분리—양립할 수 없는 의미작용—이자 결합—이 두 색을 비교할 수 있다—이고, 이것이 의미론적 축—색채상의 가치의 축—을 규정한다. 그레마스에게 의미론은 언어구조로 규정된 법칙들에 따르고, 이 때문에 초기에 그는 가능한 역할의 수가 제한되어 있다는 생각을 이어간다. 그도 역시 프로프의 서른한 가지 기능에서 출발하지만, 짝짓기를 통해 네 가지 주요 개념(계약, 시련, 이동, 소통)으로 환원시키고, 이와 동시에 **행위자**(actants)의 수를 여섯으로 고정한다. 더욱이 이 행위자들 사이의 관계는 결정되어 있고 항상 동일하다(**도판 15**).

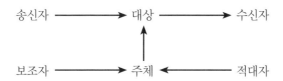

도판 15. 그레마스의 '행위자' 도식. 여섯 개의 행위자가 가능한 모든 등장인물을 포괄하고, 이들의 관계는 모든 서사에 공통되는 논리로 결정된다.

행위자의 목록 또한 압축—송신자=증여자+파견자, 적대자=못된 자+가짜 주인공……—에 의해 프로프의 목록에서 파생된 것이지만, 이 목록은 어떠한 특정 자료군에도 의존하지 않는다는 점에서 프로프의 목록과 근본적으로 구별된다. 그레마스에게, 이 의미론적 문법이 '미세-우주'(파벨의 말처럼 '픽션 세계'[Pavel, 1986])를 만들어낸다는 점에서 모든 픽션에 적용할 수 있는 보편적인 의미론적 문법이다.

원칙적으로 모든 서사는 이런 관계들로 재현될 수 있지만, 서사가 복잡해지면, 연속적이거나 동시적인 복수(複數)의 도식들을 동원하게 될 것이다. 이 점이 이 도식을 영화에 적용한 분석가들이 깨달은 것이다. 〈메트로폴리스〉(프리츠 랑, 1927)를 연구하면서 앨런 윌리엄스는 복수의 주체들을 고려해야 한다는 의무감에 곧바로 직면하게 되었다(Williams, 1974). 즉 이 영화의 시작은 노동자들을 주체로 설정하고, 이때 이들 욕망의 대상은 정치 권력이다. 다음 에피소드는 프레더를 주체로 설정하고, 자신이 속한 사회계급이 알지 못하는 노동자 세계를 알고 싶은 욕망이 그가 욕망하는 대상이 된다. 프레더가 아버지의 사무실로 되돌아갈 때, 아버지는 이런 추구의 적대자이면서 이와 동시에 노동자들의 통제(이후에는 제거)라는 또 다른 욕망의 주체가 된다. 좀 더 뒤에는 주체 프레더에게 [욕망의] 대상이 되는 것은 마리아다. (그리고 이 주체/대상이라는 축들 각각에 다른 네 가지 행위자가 대응한다.) 이러한 적용은 어려움 없이 진행되지만, 그것이 지적으로 어떤 이점이 있는지는 명확하지 않다. 이렇게 서사를 도식으로 옮겨쓰는 것은 그 자체로는 설명의 가치가 없기 때문이다. 그것은 서사의 **의미론적** 분절을 정확하게 볼 수 있게 해주지만, 서사—그리고 물론 그 서사의 효과—를 더 잘 이해할 수 있게 해주는 것은 아니다.

추상화의 노력을 훨씬 더 멀리 밀고 나가서 그레마스는 보편적 방식으로 의미의 분절을 묘사할 수 있게 해주는 모델을 발전시킨다(Greimas, 1970). 이것이

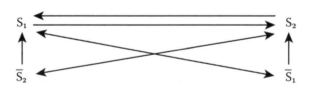

도판 16. 그레마스의 기호 사각형(1970). 이 도식에서 S_1과 S_2와 같은 기본항은 대립 항—예컨대 선/악과 같은 의미론적 대립—으로 연결된다. $\bar{S}_1$과 $\bar{S}_2$와 같은 항은 각기 첫 두 항의 대립물이다. 화살표는 전제(前提) 관계를 표시한다. 이 도식은 (이전의 도식과 같이) 서사를 요약하는 것이 아니라 여기에 의미론적인 틀을 제공하는 것을 목표로 한다. 이 의미론적 틀 안에서 궤적은 다양해질 수 있다(예컨대 S_1 → $\bar{S}_1$ → S_2). 중요한 것은 이 모델이 어떤 궤적은 허용하고 다른 궤적은 금지한다(예컨대 S_1 → $\bar{S}_2$, 또는 $\bar{S}_2$ → $\bar{S}_1$)는 점이다.

'기호 사각형'이다(**도판 16**).

이전의 도식과 마찬가지로, 이 도식은 상당히 적용하기 쉽다. 이미 인용한 윌리엄스의 〈메트로폴리스〉 분석은 예컨대 다음과 같은 것을 찾아낸다. 즉 로봇은 ('기계'로 규정된) S_2에서 $\bar{S}_2$(=반(反)기계, 즉 겉보기에는 인간)로, 그리고 S_1(사회)으로 순환하다가 $\bar{S}_1$(반사회, 즉 쓰레기)으로 끝나서 불태워진다. '사회의 공간/기계의 공간'의 대립 관계는 이 서사에서만 유효하다. 도식은 모든 경우에 작동하지만, 서사의 텍스트에만 타당하게 된다는 조건, 즉 해석된다는 조건에서만 작동하기 때문이다.

이런 종류의 도식을 분석에 적용하기 전에, 이 도식이 생산적인가를 묻는 것이 좋겠다. 이 도식은 [그 자체로] 해석하는 데 상당한 노력이 필요하지만, 다른 한편으로 이 도식이 귀결되는 형식 부여는 우리가 생각지도 못했던 독해의 궤적을 암시할 수 있다. 이를, 앞서 언급한 두셰의 접근과 같은 '상징화시키는' 접근들과 연결할 때 특히 그렇다. 이 모델의 역설적인 또 다른 이점은 같은 서사에 복수의 방식으로 적용될 수 있다는 점이다. 이는, 어떤 영화가 항상 다양한 방식으로 읽힐 수 있고, 이런 방식들도 종종 다른 방식들만큼이나 설득력 있으며, 단지 특권화시킨 축들의 선택만 다르고, 글자 그대로의 해석과 은유성의 정도만 다르다는 점을 확인시켜준다. 기호 사각형만으로는 이 선택을 실행하지 않지만, 이 선택을 강조하고 이를 명시하지 않을 수 없도록 하기 때문이다. 영화 〈시골에서의 하루〉(장 르누아르, 1936-1946)의 분석에 기호 사각형의 체계적인 사용이라는 점에서 아주 드문 예 중 하나가 발견에 도움을 주는 가치를 증언해준다(Odin, 1983/2000). 이 분석에서 로제 오댕은 등장인물들 사이의 (욕망의) 관계를 의미론적 축으로 선택하고, 이것이 첫 번째 사각형이 된다. 이때 이 영화의 장소들의 축으로부터 두 번째 사각형이 만들어지고, 이를 첫 번째 사각형과 대면시킨다. 이렇게 해서 이 영화 특유의 상징체계가 암시되는데, 이 상징체계는 욕망의 기표로서 물의 역할—[이 영화의 원작 소설 작가인] 모파상에게뿐만 아니라 르누아르에게도 소중한 테마—과 이어지지만, 식사와 섹스 장면들의 정확한 위치 결정과도 이어져 있다. 이 모델의 다산성은, 타당한 항들을 선택하고 이들을 유용하게 결합하는 분석가의 상상력에 달려 있다. 이 도구는 모든 도구가 그렇듯이 그 자체로는 아무 말도 하지 않기 때문이다.

구조주의 물결이 끝나고 나서 이처럼 정교한 도구들의 제안은 다시 없었다. 내러티브 목소리와 발화행위 연구는 여기서 예외가 되는데, 우리는 (3장 2.4에서) 이에 대해 다시 언급할 것이다. 특히 서사의 차원을 규정하고 이에 대응하는 서사의 유형들을 제시하고자 했던 제라르 주네트의 시도를 계승하는 어떤 후속 연구도 없다(Genette, 1972). 주네트 자신이 명확하게 말한 것처럼 "어떤 서사의 시간적 차원을 연구한다는 것은, 내러티브 담론 속의 사건들이나 시간적 분절체 배치의 차원을, 이야기 속의 동일한 사건들이나 시간적 분절체 연속의 차원과 대면시킨다는 것이다. 시간적 차원이 서사 자체에 의해 명확하게 지시되어 있거나 아니면 간접적인 지표로부터 이를 추론할 수 있는 한에서." 이렇게 해서 주네트는 '시대착오'(anachronies=이야기의 차원과 서사의 차원 사이의 온갖 불화)를 규정하고, 그중에서 아날넵스(analepses=뒤로 되돌아가기)와 프롤렙스(prolepses=미래의 사건에 대한 예견)를 구분하는데, 우리는 이 개념들의 폭과 영향력을 가늠할 수 있다. 그러나 간략한 이 최초의 분류는 곧바로 각 에피소드의 지속시간—이 지속시간은 객관적인 시계로 측정할 수 없다⋯—을 고려하면서 복잡해진다. 따라서 순전히 이론적인 주네트의 성찰은 하나의 유형학으로 귀결되지 않으려고 경계하게 된다.

이 모델을 직접 영화에 적용한 앙드레 고드로와 프랑수아 조스트는 이만큼 조심스럽지만, 이론을 영화적 서사에 적용하면서 이 서사의 시각적인 (주요하게는 언어적이지 않은) 특성을 고려한다(Gaudreault & Jost, 1990). 이 때문에 이들은 예컨대 동일 프레임 내에서 제시되느냐, 많은 숏이나 교차 몽타주 속에서 제시되느냐에 따라 달라지는 동시성 같은 하위범주들을 제안하게 되었다. 마찬가지로 이들은 휴지부, 장면, 요약, 비약과 같은 주네트의 범주들을 영화적 용어로 번역하면서 한 영화가 서사의 지속시간을 가지고 유희할 수 있는 다양한 가능성을 세분한다. 마지막으로 이들은 서사의 '빈도'—일어난 것은 한 번 일어나는가, 여러 번 일어나는가, 규칙적으로 일어나는가 등—에 대한 주네트의 성찰을 정당한 방식으로 옮겨쓴다. 여기서 이것은 묘사에 유용한 성찰들이지만, 이전의 성찰들과 동일한 한계가 있다. 이 성찰들은 거의 해석하지 않기 때문이다. 사실상 이 수단들은 분석에 거의 그대로 적용되지 못했다. 그 이후로, 모든 것은 마치 각각의 분석이 이런 질문들과 이 개념들을 다소간 행복하게 다시 발견하는 것처럼 전개되었고, 이 방면에서 어떤 진전도 없는 것처럼 보인다.

오히려 분석을 실행하면서 때로 활력을 주는 제안들이 나온다. 〈이탈리아 여행〉(로베르토 로셀리니, 1954)을 연구하면서 알랭 베르갈라는 예컨대 **기대**라는 개념을 흥미롭게 발전시킨다(Bergala, 1990). 그는 닫힌 형식―히치콕의 영화에서처럼 우리는 뭔가를 기다린다―과 로셀리니를 특징짓는 열린 형식을 구분하면서 로셀리니 영화에 나타나는 [관객을] 어리둥절하게 하는 서사 형식에 대해 길게 언급한다. 훨씬 오래된 예를 언급하자면, 〈뮈리엘〉(알랭 레네, 1963)의 아주 짧은 단편에 대해 마리-클레르 로파르는, 겉보기에는 아주 제한된 쟁점―식당에서 저녁 식사를 할 때의 대화―이 있고 겉보기에는 처음부터 끝까지 선형적인 방식으로 전개되는 장면에서 이 영화가 어떤 시간적 변칙을 만들어내는지를 강조한다(*in* Bailblé *et al.*, 1974). 이것은 일종의 [시간의] '주름'이나 '딸꾹질' 같은 것인데 단순하게 보면 눈에 띄지 않을 수 있지만, 분석가는 여기서 이 영화의 시간 일반의 처리―불확실하고 유연성이 있지만, 끝까지 객관화할 수 없는 것―에 대한 징후를 본다.

2.3 왜 영화의 시작 부분을 분석하는가?

오랫동안 선호되었던 분석 대상의 독특한 유형 하나는 영화의 시작 부분이다. 그 이유를 몇 가지로 이해할 수 있다. 먼저 시작 부분은, 특히 서사가 고전적―시작 부분은 이때 일종의 도입부다―일 때, 영화의 나머지 부분에서 어쨌거나 분리할 수 있다. 나아가 시작 부분은, 보통 그 이후에 이루어지는 서사의 복잡화가 없으므로 대개는 상당히 일관되어 있다. 그러나 시작 부분이 대개 시작 부분과 상당히 다른 영화 전체를 대변한다고 주장할 수는 없다.

오늘날에는 잊혀졌지만, 오랫동안 지배적이었던 물질적인 요인을 무시할 수는 없다. 필름의 복제본(그리고 VHS 복제본)을 다루는 한, 영화의 시작 부분은 접근하기 가장 쉬운 대목이었다. 해당 부분을 찾는 데 문제가 없었고, 다른 오류도 없었기 때문이다. 이것이 특히 교육적 상황에서 이루어진 분석에서 큰 역할을 했다. (학생 대중 앞에서 어떤 영화의 중간에 있는 시퀀스를 찾기란 쉽지 않았다.) 그러나 근본적인 이유는 서사학적 차원이었고, 이론적 연구에서 자주 취해진 테마, 즉 서사의 시작 부분이 가진 의미론적 풍요로움이라는 테마였다. 여기서도 또한 롤랑 바르트의 〈사라진느〉 분석은 큰 영향을 미쳤다(Barthes, 1970). 바르트 스스로 지적한 것처럼, "우연—그러나 이것이 우연인가?— 때문에 최초의 세 어휘소—즉 제목과 이 단편소설의 첫 문장—는 우리에게 이미 다섯 개의 큰 약호를 제공해주는데, 이 약호들은 이제 이 텍스트의 모든 기의와 다시 만난다. 이 다섯 개 중 하나가 아닌 다른 약호를, 여기에 자기 자리가 없는 어휘소를 끝까지 밀고 나갈 필요도 없다." 이 주제에 대해 많은 말을 할 수 있지만, 무엇보다 '우연'은 아마도 바르트가 말하는 것만큼 크지 않을 것이다. (그가 발자크 소설의 시작 부분에서 발견한 것에서부터 그의 분석이 구성된다고 생각할 수 있다.) 약호들의 수에 대해 말하자면, 이 수는 자의적이며, 완전히 다른 데쿠파주도 생각할 수 있다. 어쨌거나 이런 작업 방식은, 똑같이 하든 약간 다르게 하든 광범위하게 다시 이루어졌다.

당시에는 상당한 반향이 있었던, 바르트와 거의 똑같은 방식으로 수행한 분석은 〈가장 위험한 게임〉(어니스트 쇼드색 & 어빙 피첼, 1932)에 대해 이미 언급한 티에리 쿤젤의 분석이다(Kuntzel, 1975). 쿤젤은 바르트가 암시하고 있었던 것, 즉 서사의 시작 부분은, 작품 전체의 테마와 기법을 포함하는 일종의 내러티브적 모태라는 것을 명시적으로 드러낸다.

"이 영화는 내적 동력, 생성, 힘들의 압축과 이완에 따르고 있다. '텍스트가 제시되는 측면'(phéno-texte)의 차원에서 중요하지 않은 첫 자막—서사는 아직 시작조차 하지 않았다─은 모든 재현과 내러티브 시퀀스의 모태다. […] 분석가가 시작 부분들에 매혹을 느끼는 것은, 아직 펼쳐지지 않고 웅크리고 있는 영화가 동시성 속에서 의미망을 드러내기 때문이다."

이런 주장이 시대의 산물이며, 특히 '텍스트가 제시되는 측면'은 외양일 뿐이고 분석가가 겨냥해야 하는 '진짜' 텍스트는 '생성되는 텍스트'─géno-texte, 줄리아 크리스테바의 용어─라는 점은 굳이 강조할 필요가 없을 것이다. 이 '텍스트'는 물질적인 실재가 없지만, 보증된 텍스트가 이로부터 생성되게 될 일종의 모태다. 이로부터 40년이 지나서 분석가들이 '생성되는 텍스트'를 밝히기 위해 실제로 어떤 수단들을 갖고 있는가를 물을 수 있다. 일반적으로 '생성되는 텍스트'의 분석은 단지 (때에 따라 성공한) 해석이었고, '시작-모태'라는 생각은 [그 자체가 아니라] 단지 그 여파만이 흥미로운 일시적인 이론들에서 나온 것처럼 보이기 때문이다. 게다가 이런 생각은 기계적인 방식─이것은 좋은 분석들로 이어지지 못한다─으로 사용된 적이 거의 없었다. 〈10월〉(세르게이 에이젠슈테인, 1927)의 시작 부분에 대해 마리-클레르 로파르가 말한 것처럼, 어떤 영화의 시작 부분은 해석의 필요성이라는 점에서 주의를 끈다(Ropars, 1976). 사태는 여기서 그 이전의 어떤 것도 참조하지 않은 채로, 따라서 훨씬 더 막연하게 제시되어 있기 때문이다. 그러나 다른 한편,

"이 모태의 작용은, 텍스트의 미래를 결정할 수도 있는 응결된 체계 속에 텍스트를 사전에 감금시켜버린다는 뜻이 아니다. 이 모태는 […] 생성적 힘으로 개입한다. 이 힘의 발전과 회귀 가능성이 너무 강해서 모태의 전개는 스스로 모순적 원리에 기반을 두고 이루어진다. 즉 모태는 자기 안에 자기 부정의 씨앗을 품고 있다."

분석에 대해 영화의 시작 부분이 갖는 또 다른 가치는, 로제 오댕의 '기호-화용론'이 강조한 바다. 즉 시작 부분은 관객이 픽션 속으로 진입하는 것을 보

장하고, 따라서 서로서로 커나가는 (또는 때로 〈10월〉에서처럼 서로 모순되는) 정보와 변경의 연속으로 분석된다. 픽션을 지식과 신념의 혼합물로 특징짓는 것—이는 합의가 된 것이다—에서 출발해서 오댕은 〈시골에서의 하루〉(장 르누아르, 1936-1946)의 시작 부분에 대한 분석에서, 픽션 효과에 장악되는 데 필수적인 두 극점[지식과 신념]이 영화의 시작 부분—시작자막과 디제시스적인 처음의 두 숏—에도 나타난다는 것을 보여준다(Odin, 2000). 그러나 이런 분석이 겨냥하는 것은 이 영화 자체라기보다는 특별한 이론적 접근의 예시이고, 이 경향은 '누아르 영화' 여섯 편의 시작 부분을 분석한 마르크 베르네의 작업에서 더욱 명확하게 나타난다(*in* Bellour, 1980). 그는 여기서 상당히 일관된 구조를 발견한다. 즉 "인물이 강하고 상황을 지배하는 픽션의 행복한 시간"의 "위안을 주는 신념"이 설정된 후에, "이 최초의 신념을 맹렬하게 공격하는" 에피소드가 반드시 개입하고, 영화는 이때부터 주인공을 최초의 상태로 되돌리는 데 몰두하게 된다.

구조주의적 이상(理想)들이 영화의 시작 부분 분석을 강하게 특징지었다. 이런 점에서 이 분석은 흥미로운 에피소드로 남는다. 이 에피소드는 서사로서 영화의 일관성이 너무 커서 이 일관성이 시작 부분에 의한 텍스트의 생성 관계를 보여줄 수 있다고 믿었던 영화작품 분석의 한 시기를 보여준다. '생성'의 판타지는 현재에는 없지만, 영화의 이 유기적 모델은 일정한 매력을 갖고 있고 의식적이든 아니든 분석에서 때때로 되돌아온다.

2.4 영상으로 된 서사, 내러티브 목소리, 동일시

문학적 서사에는 에밀 벤베니스트 이후에 **발화행위**(énonciation)라고 부를 수 있는 일정 수의 기호들이 있다(Benveniste, 1970). '나', '여기', '지금' 등과 같은 단어는, (물론 항상 그렇지는 않지만) 텍스트의 실제 저자가 아니라 서사를 **발화하는** 이론적 등장인물이라는 가상적 심급을 가리킬 수 있다. 이것은 벤베니스트가 (자기 혼자서 서술되는 것 같은) **이야기**(histoire)와 (화자와 청자를 전제하는 발화행위 양태인) **담화**(discours)를 대립시키면서 표명한 것이다. 주네트는 이 생각을 다시 취해서 이야기와 담화의 대립은 절대적인 것이 아니라 정도의 차이라고 지적하고, 우리는 특히 발화자가 만들어내는 발화내용 속에서 발화자의 존재를 다양한 방식으로 지각한다고 지적한다. 어떤 이야기도 전적으로 담화에서 면제되지 않지만 (예컨대 과거형의 사용은 발화행위의 일반적인 지표다), 어떤 이야기들은 다른 이야기들보다 명시적인 지표를 포함하고 있다.

영화 이론은 그 뒤를 따라갔고, 영화적 '발화내용' 속에서 발화행위의 지표를 찾으려고 애썼다. 문제는 명확하다. 소설에서 발화행위의 지표는 대개 알아보기 쉽지만, 영화는 그렇지 않기 때문이다. 사운드 트랙은 특히 (등장인물이 공공연하게 발음한, 따라서 '순수한' 이야기에서 나온 것 같은) 대사, 소음, 음악으로 구성되어 있고, 우리는 그중 어떤 것이 발화자의 주관성을 표시할 수 있는지 알지 못한다. 따라서 발화자의 주관성은 이미지 트랙에서 찾아야 한다. 그런데, 이미지는 자기가 보여주는 것에 대해, 문장이 자기가 뜻하는 것과 맺는 관계를 이루지 않는다. 앙드레 고드로가 **서술**(敍述, narration)과 **제시**(monstration)를 대립시키면서 강조한 것처럼, 문장은 이야기하고 이야기는 제시한다(Gaudreault, 1988). 발화내용의 주관화와 연관될 수 있는 영화 이미지의 특성들의 일반적 목록을 만들고자 했던 몇몇 시도가 있었지만, 제시된 특성은 항상 영화에 따라 독특한 의미가 있으므로 이런 시도는 취약하다(Jost, 1983). 프레이밍이 특히 그런데, 즉 정면 촬영을 벗어나서 눈높이에 맞추면 두드러지게 되는 프레이밍은 반드시 또는 유일하게 발화행위를 가리키지 않지만, 등장인물들 시선의 유희에 들어갈 수 있고, 나아가 고유한 표현적 가치를 전달할 수 있다. 더욱이, 일반적으로 한 영화에는 언어의 지시소—발화행위의 지금/여기를 표시하는 용어들—에 대응하는 것이 없다.

그러나 단순한 관찰에서 시작해서 모델들이 구축되었다. 만약 말로 된 텍스트에서 발화행위를 특징짓는 것이 발화자, 등장인물, 독자 사이의 지식의 배분이라면, 어떤 영화에서 주어진 지식의 배분은 관람이라는 측면에서 다른 배분으로 보완된다는 것이다. 이렇게 어떤 소설에서 모든 것을 다 아는 화자—또는 등장인물보다는 많이 아는 화자──를 설정할 수 있고, (한 장면 또는 소설 전체에서) 이런저런 등장인물이 아는 만큼만 아는 화자를 설정할 수 있으며, 마지막으로 이런 등장인물보다 적게 알고 등장인물이 생각하는 것에 접근하지 못한 채, 그의 사실들을 '외부에서' 묘사하는 데 만족하는 화자를 설정할 수 있다. 이러한 앎의 문제를 둘러싸고 주네트는 **초점설정**(focalisation)이란 개념을 제안한다. 첫 번째 유형의 서사는 **초점설정이 되어 있지 않다.** (화자 혼자서 서술을 책임진다.) 두 번째 유형의 서사는 **내적 초점설정이 되어 있다.** (등장인물의 시점으로, 그의 '내면성'으로 이동한다.) 마지막으로 세 번째 유형의 서사는 **외적 초점설정이 되어 있다.** (이 서사는 등장인물의 생각과 소통하지 않고 그를 외부에서 따라간다.) 이 유익한 유형학은 영화작품들에 그대로 적용될 수 없는데, 그것은 발화자가 사건에 대해 자기가 아는 정도를 직접적이고 일방적으로 소통할 수 없으며 등장인물들 또한 그러하기 때문이다. 게다가 (대사나 '내적 독백'이 우리에게 알려주지 않는 한) 보는 것(voir)과 아는 것(savoir)의 구별은 대개 어렵다. 또한, 보는 것과 아는 것은 경쟁 관계에 있고 때로는 서로 모순된다. 이것이 주네트의 유형학으로 픽션영화를 해독하려 한 몇몇 분석이 부정적인 방식으로 증명한 것이다. (이 책의 초판본에서 우리는 이 유형학을 적용한 브라이언 헨더슨의 〈나의 계곡은 얼마나 푸르렀나〉[존 포드, 1941]의 영화작품 분석을 예로 들었는데, 이는 이 유형학이 영화적 서사에서 시점의 배분을 설명하기에 충분하지 않다는 점을 보여준다 [Henderson, 1983].)

따라서 문제는 다음과 같다. 어떤 영화적 서사의 분석에서 등장인물들이 아는 것과 발화자가 아는 것을 기준으로 삼아야 하는가, 아니면 이들이 본 것을 기준으로 삼아야 하는가? 이 경우든 저 경우든 어려움이 제기된다. 즉 [영화에서] 한 등장인물이 아는 것은 소설에서만큼 분명하게 규정되지 않는다. **보는 것** 이란 문제는 각 시퀀스 내부에서조차 엄청나게 가변적이고, 따라서 보는 것을 초점설정의 기준으로 삼으면, (특히 고전주의 이후의 영화들에서) 초점설정을 극히 가변적인 것으로 간주하게 된다. 따라서 우리는 특히 프랑시스 바누아의 입장에 동의하지 않는데, 그는 '현재의 내러티브 영화'는 십중팔구 초점설정 제로

이거나 외적 초점설정이라고 주장하기 때문이다(Vanoye, 1979, 2005). (하나의 시퀀스에서 어떤 등장인물의 시점과 연관될 수 있는 순간이 단 하나도 없는 경우는 드물기 때문이다.) 이런 난점에서 벗어나기 위해 프랑수아 조스트는 주네트의 초점설정에, 보는 것의 관점에서 그 전사(轉寫)가 되는 **시각화**(ocularisation)란 개념을 덧붙이자고 제안했다(Jost, 1987). 하나의 숏이 디제시스에 내적인 심급의 시선과 연관될 수 있을 때는 내적 시각화이고, 아니면 이 숏은 시각화되지 않았다('시각화 제로'). 내적 시각화는 여기서 '일차적인' 것일 수 있고(카메라의 '시선'을 가리키며, 거대한 '이미지 제작자'의 시선, 즉 일종의 '발화자-이미지'와 동일시된다), '이차적인' 것일 수 있다(어떤 등장인물의 시선을 가리킨다). 이어서 조스트는 청각적 관계로 초점설정의 번역을 덧붙이면서 자신의 모델을 더 정교하게 하는데('**청각화**'[auricularisation], Gaudreault & Jost, 1990을 볼 것), 이는 시각화와 같은 종류의 기준과 유형을 다시 취한 것이다.

주네트를 참조함으로써 구조주의적 영감을 유지하고자 한 이런 시도는 고립된 예이고, 이후의 많은 분석으로 이어지지 않았다. 반면에 본 것과 안 것의 관계 문제는 다양한 형태로 끊임없이 다시 제기―이 문제는 미셸 시옹의 많은 저작, 특히 2003년 저작에서 만날 수 있다―되었고, 시선과 시점의 유희를 연구한 일정 수의 영화작품 분석(대개는 영화장면 분석)이 있다. 오래된 예지만, 고전적 언어로 만들어진 한 영화의 아주 단순한 장면을 선택했다는 이점이 있는 분석은, 12개의 숏으로 된 〈역마차〉(존 포드, 1939)의 한 단편에 대한 닉 브라운의 분석이다(Browne, 1975). 행위는 전혀 스펙터클하지 않다. 즉 역마차가 첫 번째 역마차 중계역에 도착하자 승객들은 인디언들이 길을 끊어놓았다는 사실을 알게 된다. 이들은 어쨌거나 길을 계속 가기로 결정하고 출발을 기다리며 점심을 먹으려고 자리를 잡는다. 닉 브라운이 분석한 것은 인물들이 식탁에 앉는 순간이다(**도판 17**). 그의 작업은 본질적으로 (창녀 댈러스의 형상에 초점을 맞춘 인물들의 시선과 카메라의 시선과 같이) 여기서 작동하고 있는 시선들의 체계적 일람을 제시하는 데 있다. 브라운은 이런 시선들 서로 간의 일치 정도에 관심을 둔다. (그는 프레이밍이 한 인물의 시선을 재현한 것인지, 발화자의 시선을 재현한 것인

도판 17 (왼쪽에서 오른쪽, 위에서 아래로) 〈역마차〉(존 포드, 1939)의 중계역 장면.

지를 규정하려고 한다.) 이로부터 그는 아주 명쾌한 결론을 끌어내는데, 이 때문에 그는 이 장면에서 두 그룹의 인물—링고와 댈러스 대(對) 다른 모든 사람—사이에 비대칭이 있다는 것을 알게 된다. 한 그룹은 외화면을 바라볼 수 있고 프레이밍에 의해 '보는 사람'을 드러내는 시선을 보유할 수 있는 권력을 가지고 있고, 다른 그룹은 그렇지 않다. 이로부터 그는, 이 영화가 여행객들 그룹을 분

열시키는 사회적 위계를 그 형식 속에 기입하고 있다―링고와 댈러스는 여기서 배제된 사람들이다―는 결론을 내린다. 다른 말로 하면, 이 장면에서 두 그룹 사이의 대립이 (대사와 행위를 통해) **이야기되었고**, 또한 (이 서사를 확인하는 시선과 프레이밍의 유희를 통해) **보여졌다**. 브라운은 발화행위라는 문제에 대해 훨씬 광범위한 주장을 하면서 이 단편의 분석을 확장해서 발화행위와 이야기

사이의 일반적 관계에 대한 주장으로 나아간다. 브라운에게 각각의 카메라 위치, 각각의 카메라 앵글은 발화행위의 지표이기 때문이다. 결과적으로 관객의 작업은 매순간 발화행위와 이야기 사이의 관계를 설정하는 데 놓여 있다. 관객은 내러티브 심급으로 돌릴 수 있는 숏들 앞에 놓인 순수 관객의 상황에서, 주관화된 프레이밍 속의 발화행위와 스스로를 동일시하게 만드는 적극적인 상태로 이동하게 된다. 관객의 동일시라는 생각에 기대고 있는 이 마지막 언급은 장치이론의 흔적이 강하게 남아 있고, 일반적으로는 인정하기가 쉽지 않다. (이 짧은 장면은 상당히 충격적이어서 브라운의 뒤를 이어, 포드의 영화에서 있음직하지 않다는 양식적인 이유에서 브라운의 결론을 반박하기 위해 태그 갤러거가 분석했고 [Gallagher, 1986], 이어서 장-루이 뢰트라와 쉬잔 리앙드라-기그가 분석했다[Leutrat & Liandrat-Guigues, 1990].)

시점의 문제는, 최근까지 이어지는 상당히 많은 분석의 동력이 되었다. 이런 분석의 이점은 대상이 아주 구체적이며 결론에서도 상당한 호소력이 있다는 점에 있다. 그러나 앞서 우리가 강조했듯이 발화행위라는 일반적 문제의식의 측면에서만 중요할 뿐이다. 또 다른 측면, 즉 더 일반적이지만 영화작품 연구에 적용하기 더 어려운 측면은 **내러티브 목소리**, 다시 말해서 화자와 이야기 사이의 측면이다. 서술(敍述)은 어떻게 이야기와 관련해서 시간적으로 자리를 잡을까? (서술은 이야기 이전에, 아니면 이야기와 동시에, 아니면 이야기 이후에 있는 것일까?) 내러티브 심급은 디제시스 내부에 있을까 아닐까? 서사 속에서 화자의 현존 정도는 어떠한 것일까? 여기서도 또한 고전 영화는 때로는 충격적인 수많은 해결책을 제시했다. 〈선셋 대로〉(빌리 와일더, 1950)의 시작 부분에서 서사는 보이스오버 내레이션으로 시작되는데, 우리는 곧바로 이 목소리가 주인공의 목소리라는 것을 알게 된다(화자의 디제시스적 현존). 그러나 이 영화가 시작될 때 그는 죽었고, 그의 서사는 실제 일어난 것 이후에 있다. 그의 현존 정도에 대해 말하면 그것은 최대치다. 거꾸로 〈역마차〉의 시작 부분은, 역마차로 여행하게 될 아홉 명의 인물들을 차례로 보여준다. 그러나 이런 제시는 보이지 않는 추상적인 발화자의 작품이며, 일련의 작은 희극들로만 나타난다. 그러나

각 인물의 성격 부여는 아주 강하고, 이를 아주 구체적인 의견을 가진 화자에게 돌리지 않기란 어렵다. 고전기 이후에 지배적인 양식에 일어난 큰 변화에도 불구하고, 영화작품들은 계속해서 서술의 기법이란 점에서 같은 정도의 다양성을 보여주고 있다. '내포된' 서술이나 자유로운 서술, 한 인물에 위임하거나 추상적인 심급에, 현재나 과거에(아주 드물게는 미래에) 위임한 기법 등등.

주네트는 화자와 말해진 것 사이의 관계를 지칭하기 위해 온갖 어휘—예컨대 동질적 디제시스(homodiégétique)/이질적 디제시스(hétérodiégétique)—를 만들어내지만, 지금까지 내러티브 목소리의 관점에서 영화작품을 분석하는 일반적 방법은 제시되지 않았고, 각각의 분석가는 자신이 사용하는 도구를 부분적으로 만들어내야만 했다. 이렇게 마리-클레르 로파르는 〈시민 케인〉의 프롤로그를 분석하면서 다음의 질문들을 던진다(Ropars, 1972). "누가 〈시민 케인〉을 말하는가?(누가 발화하는가?) 서사의 증여자인 화자는 자신을 어떻게 드러내는가? 그리고 명확하게 드러난 다양한 시점과 화자의 관계는 무엇인가? 요컨대 실제 저자와 신중하게 구별해야 하는 내포 저자는 누구인가?" 조사 구조를 취하고 있는 이 영화는 이러한 유형의 질문에 적합하다. 케인의 삶은 디제시스 내부의 증인들에 의해 이야기되며, 이 증인들에게 질문을 던지는 한 등장인물(저널리스트)에 의해 이야기되며, 그리고 전체를 조직하는 전지적 화자에 의해 이야기된다. 로파르는 영화적 텍스트 안에 있는 흔적들에서 출발해서 서술의 이 다양한 차원의 관계를 연구한다. 그녀는 이를 위해 역설적으로 증인들도, 저널리스트도 나오지 않는 유일한 순간들인 프롤로그와 에필로그에만 집중하기로 한다. 로파르는 프롤로그에서 "최고의 권한을 가진 말하는 자"의 존재를 끌어내는데, 이 표현은 "비음성적이면서 몽타주의 조직에서만 감지될 수 있는 이 목소리의 기원, 그리고 모든 서사의 대상에 따라다니는 내포적 '나'의 기능과 유사한 기능을 수행하는 목소리의 기원"을 가리킨다. 프롤로그의 22개 숏에 대한 로파르의 분석 작업은 이 '말하는 자'의 기호를 식별하는 데 있다. 예컨대 "이들을 묘사하지 않고 이들을 이야기하는 쓰기의 체계에 따르고 있는" 숏들 사이에서 반복되는 요소들이나 재너두에 대한 숏들의 조합들이 그렇다. 에

필로그는 이보다 더 풍요로운데, 바로 여기서 "수수께끼를 제기한 다음에 풀기를 유보하고 있는 화자의 역할이 최고의 주권을 갖고 확인되기" 때문이다. 그러나 분석이 드러내는 것은, 화자의 '목소리'에 종속이라는 비호를 받아 수행된 이 외면적 봉쇄가 신기루에 불과하다는 것이다. 즉 (발음된 '로즈버드'란 말에서 불타는 썰매에 쓰여진 '로즈버드'까지) 의미를 해독하기 위해 이 영화가 걸어온 여정은 "이 의미로의 귀환의 의미 자체의 부재를 고발하는" 일치와 변형을 확립한다. 저자는 이때 내러티브 목소리의 관점에서 이 영화를 서사들의 집합으로 읽는데, "이 이야기의 종결은 허영심을 알리기 위해서만 개입할 뿐이고" 이 서사들은 최초의 서사, 즉 [케인을 다룬] 뉴스릴 서사의 불충분함에 대처하기 위해서만 존재할 뿐이다.

이로부터 10년 후 장-폴 시몽은 극단적인 발화적 해결책을 제시한 두 편의 영화, 〈호수의 여인〉(로버트 몽고메리, 1946)과 〈영화〉(앨런 슈나이더, 1965)를 연구한다(Simon, 1983). 전자의 영화는 카메라의 시선과 한 인물(주인공)의 시선의 일치를 가장 멀리 밀고 나간 영화로 영화사에서 유명하다. (감독 자신이 연기한) 주인공은 화자이기도 하고, 서사는 사건을 바라보는 그의 시각을 통해, 몇 가지 예외를 제외하면 '주관적 카메라'로 전개된다. 시몽은 놀랍지만 단조로운 [감독의] 전체적 결정보다는, 여기서 벗어나는 순간들을 분석한다. 무엇보다 이 영화의 시작 부분이 그런데, 여기서 화자는, 과거에 일어난 사건의 주인공으로서 자기 역할을 공표하고, 자신이 내부에서 알고 있는 이 사건을 이야기할 것이라는 사실을 공표함으로써 대중에게 자신을 소개한다. 이론적 차원에서 복잡한 순간인데, 여기서 주인공은 자신을 저자이지만 가상의 저자로 소개하는데 반해, 이 가상의 인물을 연기하는 배우는 자신, 즉 이 영화의 감독이기 때문이다…. 분석은 '텍스트적인' 유형의 분석이 아니라 큰 단위로 이루어진 서사의 독해인데, 화자(narrateur)와 내포 독자(narrataire=서사의 수신자) 사이에서 관계의 기표들을 특권화시키고, (시작 부분에서 제시된 모습 그대로의 화자와 영화의 나머지 부분에서 보인 모습 그대로의 주인공 사이의) 내러티브 상황의 중복을 특권화시킨다. 마찬가지로 〈영화〉 분석은, 내러티브 중심을 사운드 트랙—일인칭 인물의 서술—에 연결하든, 예컨대 화자를 등장시키든 당시의 영화제작 관행에 대해 이 영화가 어떤 점에서 대조를 이루는지 제시하는 데 몰두한다. 이 영화는 여기에 적합하다. 즉 한 인물이 추격당하는 것 같은데, 우리는 누가 추격하는지를 모른다. 이 영화의 끝에서 우리는 그가 또한 추격자이기도 하다는 사실을 알게 된다. 추격은 (시작자막에서 눈을 뜨는) 눈[目]의 시점에서 찍히지만, 이 '내적' 초점설정은 이 영화에서 절대 강조되지 않고 사후적으로만 알게 된다. 분석가가 관심을 가진 것은 이 '비정상성'이다. 주지하다시피 내러티브 목소리 분석은 특히 예외적인 경우들에 관한 연구를 낳았는데, 이는 우리가 이미 다른 주제를 다루면서 마주친 이유 때문이다. 정상적인 실천들은 배우는 것이 적기 때문에 분석하는 흥미가 덜하기 때문이다.

마지막으로, 내러티브 목소리와 제시하는 목소리라는 문제는 때로 관객의 '이차적 동일시' 문제와 관련지어졌다. 마르크 베르네는, 등장인물과 영화 관객 사이에 상황의 상동성(homologie)이 있다는 일반 가설을 세웠다(Vernet, 1988). 화자의 위치에 있는 인물이 특히 그런데, 직접 보려고 하고 알려고 하는 누아르 영화의 사립탐정은, 영화관에 있는 관객의 위치를 픽션 내부에서 위임받은 인물이다. 베르네는 이 상동성을 드러내는 두 개의 형상, 즉 카메라를 바라보는 시선과 보이스오버 내레이션(voix off)에 자신의 분석을 집중한다. 세 개의 서로 다른 공간들—촬영, 디제시스, 영화관—을 겹치게 하고 정렬시키는 카메라를 바라보는 시선은, 등장인물이 우리를 바라본다는 인상을 주는 것을 목표로 한다. 코미디 뮤지컬과 슬랩스틱 영화 같은 장르영화에서 빈번하게 나타나는 카메라를 바라보는 시선은 관객과 배우의 짧은 만남인데, 여기서 배우는 사라짐으로써 비정상적인 방식으로 자신을 제공한다. 배우는 촬영할 때는 있었지만 영화관에는 없기 때문이다(관객은 그 반대가 된다). 카메라를 바라보는 시선에 내포된 상대는 따라서 어떤 실제 관객이 아니고, 사실상 집단적인 상대(관객), 가상적인 상대(또 다른 관객)다. 배우는 이렇게 관객과 복잡한 연쇄로 이어지는데, "스타—메타 등장인물—등장인물—디제시스 관객—메타 관객—실제 관객—관객"이 그것이다. 베르네는 여기서 "시차를 두고 비추는 거울" 구조와 유사성을 보는데, "자아의 이상"의 구성 속에서 주체가 향수에 젖어 자기 자신과 동일시하는 구조이며, 이 자아의 이상은 프로이트가 "유년시절에 잃어버린 나르시시즘의 대용물"로 규정한 것이다. 〈로라〉(오토 프레밍거, 1944)에서 로라라는 등장인물이 처음으로 등장하는 장면을 분석하면서 베르네는, 이 형상의 **만남**의 성격을 강조하고, 이 형상이 궁극적으로 관객에게 **배역**을 연기할 기회가 된다는 사실을 강조한다. 이와 비슷한 의도에서, 비비언 소브책은 또 다른 한계 경우인 〈다크 패시지〉(델머 데이브스, 1947)에서 "주관성의 생산"을 분석한다(Sobchak, 2011). 이 영화의 한 장면에서 우리는 몽고메리에게서처럼 "등장인물의 눈을 통해" 보지만, 우리가 이 인물을 볼 때, 붕대로 가린 얼굴은 눈만을 내비치고 있다….

2.5 영화와 그 관객과의 관계

발화행위 문제의 또 다른 측면은 영화와 그 관객의 관계이며, 이는 거의 항상 어떤 이론적 접근을 발전시키거나 뒷받침하기 위한 몇몇 분석을 낳았다. 기이하게도, 문학 장에서 수용의 이론들—'독자의 대답', '해석 공동체' 등—은 영화작품 분석의 영역에서 주목할 만한 영향이 없었고, 우리가 아는 한 1960-1970년대의 기호학 연구에서 출발해서 단지 **화용론적 방향**으로 갈라진 것이 그 경우일 뿐이다. 우리는 이에 대해 시간 간격을 두고 이루어진 두 개의 예만을 제시할 것이다. 우선, 이미 언급했지만, 〈시골에서의 하루〉(장 르누아르, 1936-1946)에 대해 '픽션 속으로의 관객의 입장'에 관심을 가진 로제 오댕의 작업이 있다(Odin, 2000). 분석은 영화의 시작 부분—흘러가는 물을 배경으로 올라가는 시작자막, 제작자들의 경고 자막 두 개, 마지막으로 이 영화의 디제시스적인 첫 두 개 숏—을 한 걸음 한 걸음 추적하고, 관객에게 직접 말을 던지는 서로 다른 요소들을 강조하고 이에 대응하는 관객의 서로 다른 위치들을 특징짓는다. 시작자막이 나오는 동안, 흘러가는 물을 배경으로 제시되는 그래픽 글씨는 이 영화에 대한 관객의 두 가지 '위치 잡기', 즉 읽기 대 보기를 정립한다. 이 갈등은 시작자막과 영화를 대립시키는데, 영화 자체는 관객의 또 다른 위치 잡기, 즉 '픽션—효과'라고 여겨지는 위치 잡기에 기반을 둔다. 두 개의 자막은 시작자막의 독자 위치와 픽션 관객의 위치 사이에서 관객을 매개적 위치에 자리 잡게 한다 등등. 어쨌거나 이 분석에서 중요한 것은 항상 추상적이거나 총칭으로서의 관객이고, 이 관객의 위치는 이 영화가 제시한 요소들에 따라 가변적인 것으로 묘사되지만, 단 하나의 독해의 궤적이 묘사된다는 점에서 유일한 관객이라는 것을 주목해보자. (오댕은 텍스트의 몇몇 지점에서 텍스트가 도입한 서로 다른 위치 잡기 사이의 갈등이, 살아 있는 실제 관객 측에서 서로 다른 실제적 태도를 끌어낼 수 있다고 시사하는 것 같다.)

관객과의 관계에 대해 **수사학적 접근**을 옹호하면서 기욤 술레즈는 "텍스트로서, 담화로서 영화의 구성이란 움직임 속에서 **관객 그 자신이** 영화 속의 어떤 것에 이끌려 영화가 '자신에게 말한다'라고 생각하게 되는 과정"을 연구할 계획을 품는다(Soulez, 2011). 술레즈가 수사학에 대해 품은 구상은 수사학을 '수사학의 수식(修飾, figure)'이라는 좁은 이미지에 제한하지 않으려고 무척 신경을 쓰고 있다는 것을 주목해야 한다. (그에게 영화작품들 안에서 이런저런 수식들을 찾아내는 것은 전혀 중요하지 않다.) 그는 수사학을 "시학(이나 그 서사학적 지류)와 같은 자격을 갖는 일반적 분석의 방법"으로 이해하고, 이는 에토스, 파토스, 로고스 사이의 규범적인 삼분할에 조응하는 세 가지 지류를 포함한다. 즉 첫 번째는 담론, 두 번째는 관객에 의한 수용, 세 번째는 논증적 형식에 초점을 맞추고 있다. 오댕과 마찬가지로 술레즈는, 영화의 의미 생산이 독해의 맥락에 의해 결정된다고 생각한다. 따라서 수사학적 분석은 (1960—1970년대의 기호학적 접근이 항상 그랬던 것처럼) 숨겨져 있고 내재하는 암시적 의미를 목표로 하는 것이 아니며, 영화작품들을 해당 사회적 공간에 위치시키고자 한다. 따라서 그것은 "담화 이론의 내부에 자리를 잡은 관객 이론"이며, 영화작품들은 그 수신자와 **토론**의 가능성을 갖고 있다는 신념에 기초를 두고 있다. 이런 기반 위에서 영화적 형식들의 분석에 들어갈 수 있으며, 이 형식들은 (말로 하는 언어에서 출발해서 규정한 것처럼) 수사학적 역동성을 영상과 소리의 배치 속에 옮겨놓은 것으로 읽을 수 있다.

2.6 픽션(과 그 주변부)의 문제

지금까지 우리는, 픽션의 통상적인 계약을 받아들이기로 한 관객에게 어떤 이야기를 하는 것이 항상 중요한 것처럼 영화에 대해 말해왔다. 이것은, 대개 정상적인 체제로 간주할 정도로 영화에 대해 우리가 맺는 관계의 가장 관습적인 체제다. 그러나 많은 영화가 제한된 의미의 '픽션영화'라는 정의에서 벗어난다. 최소한 **다큐멘터리**라는 용어 아래 모이는 영화제작의 거대한 부문—자기 배급망, 영화제, 케이블TV 채널, 인터넷 사이트 등을 가진—의 경우가 그렇다. 그러나 또한 배급의 관점에서는 다큐멘터리보다 더 주변적이지만 미적이고 지적인 관점에서는 동등한, 다양한 영화적 실천에 대해 생각할 수 있다. 예컨대 에세이 영화라고 불리는 것, 또는 대개는 특징짓기 훨씬 어렵지만, 현대미술의 전문적인 생산물들—예전에는 실험영화라고 불렀고, 최근에는 예술가 영화라고 부르는 것—이 그렇다.

픽션은 정의상 제작(fabrication)과 복제(reproduction)의 혼합물이다. 즉 항상 뭔가(서사, 이야기, 세계)를 만들어내지만, 이 인공물은, 기교를 쓴다고 해도 우리가 사는 실제 세계에 대해 우리에게 뭔가를 말해줄 때만 흥미가 있다. 한 편의 소설, 한 편의 영화, 한 편의 그림은 나와 세계 사이의 매개를 나에게 제공하기 위해 픽션을 사용한다. 이 매개는 나와 충분히 비슷한 사람들에 의해 만들어졌고, 내 상상을 동원할 능력이 있고, 이 세계를 보고 듣는 내 즉자적인 방식과 어떤 지점에서 만날 능력이 있다. 문제는 픽션의 요소들 각각이 현실과 어떤 거리를 두고 있는지 아는 것이다. 즉 나는 픽션을 받아들일 수 있는 제작으로 수용하지만, 이것은 무엇이 그 안에서 세계를 묘사하는지, 무엇이 가능한 세계를 만드는지에 대해 내게 말해주지 않는다. 우리의 사유 일반이 그런 것처럼(Goodman, 1978), 묘사(description)와 지어낸 것(invention) 사이에 놓인 경계가 명확하지 않은 만큼, 이 둘은 대개는 서로 뒤섞인다. 따라서 픽션과 논픽션—지어낸 것과 세계 외양의 복제—의 구분 문제는 픽션 작품들의 개별적 수용의 관점에서 제기되지 않고, 픽션 작품의 용도, 그 사회적 가치의 관점에서 제

162

기된다. 픽션이 현실과 밀접한 관련이 있는 것으로 간주될 수 있다면, 픽션은 신비적인 세계를 대상으로 할 때와는 다른 방식으로 유통될 것이다. 아무도, 심지어 가장 어린 아이들도 〈스타워즈〉를 세계의 현실적인 재현으로 생각하지 않을 것이지만, 모든 사람은 마시프상트랄의 농부들에 대한 레이몽 드파르동의 〈농부의 프로필〉 삼부작(〈접근〉[2001], 〈일상〉[2005], 〈현대적 삶〉[2008])이 실제 사람들과 실제 상황을 보여준다고 생각할 것이다. 이 두 극단 사이의 넓은 영역에서, 지어낸 이야기의 결과로 나타난 것과 이와 반대로 현실에서 있는 그대로 취한 것을 선별하게 될 것이다. 영화 이미지의 천부적인 리얼리즘에 대한 오래된 논쟁은 이와 다른 의미, 다른 파장을 가진 것이 아니다. 그것은 항상 우리가 현실에서 어느 정도의 거리에 있는지를 아는 것이고, 이를 알기 위해 어떤 수단들을 마련할 것인지의 문제다.

사람들이 때로 말하는 것과 달리, 사실상 픽션은 [사람들을] 속일 목적으로 만든 기만적 구성물이 아니다. 그것은 구성물이지만, 픽션이 어떤 점에서 현실과 일치하는지, 어떤 점에서 현실에서 멀어지는지 결정할 수단들을 주는 구성물이다. 픽션의 관객은 항상 두 가지 일을 동시에 한다. 그것이 **현실의 기호들** 집합이라는 것을 알면서, 자신에게 이야기되는 **현실을 믿기**로 하는 것이다. 따라서 지어낸 것의 관객과 증거 자료(document)의 관객이라는 서로 다른 두 관객이 있는 것이 아니라, 지어낸 것과 증거 자료에 다양한 비율로 관계를 맺는 단 하나의 관객이 있을 뿐이다. 우리가 특히 **다큐멘터리**라고 부르는 것은 날것의 증거 자료들의 집합체가 아니라, 일정한 목적에 따라 만들어진 증거 자료들 자체에 항상, 때로는 아주 정교하게 형식을 부여한 것이다(예컨대 Niney, 2002, 2009를 볼 것). 다른 말로 하면, 다큐멘터리는 부분적으로는 항상 픽션의 양태로 관객에게 호소한다(그리고 '픽션영화'는 부분적으로는 거의 항상 관객에게 증거 자료의 양태로 관객에게 호소한다). 로제 오댕이 '픽션화하는 태도'(attitude fictionnalisante)와 '다큐멘터리화하는 태도'(attitude documentarisante)라고 부른 것의 차이를 우리가 부인하고자 하는 것은 아니다. 그러나 단지 이 두 개의 태도가 해당 영화 앞에 있는 동일한 관객에게 (번갈아서, 때로는 동시에) 픽션에도 다큐멘터리에도 거의 항상 존재한다는 것을 주목하고자 할 뿐이다. 〈스트롬볼리〉(로베르토 로셀리니, 1949)의 마지막 장면을 보면서 나는 화산의 비탈에서 한 여배우가 아무 희망 없이 도망치려는 척을 한다는 점을 알지만, 이 화산이 진짜라는 것을 안다. 다른 한편 나는 잉그리드 버그만의 연기에서 화산이 그녀가 직접 겪은 물리적인(나아가 도덕적인) 고갈상태의 일부에 들어간다고 생각할 수 있다. 다른 한편, 어쨌거나 나는 이 이야기에 감동을 받는다(최소한 이 이야기가 터무니없다고 생각하지 않는다). 요컨대 나는 **픽션** 앞에 있지만, 이 영화는 **증거 자료**를 사용해서 여기에 형식을 부여했다. 또한, 관객이 이 다큐멘터리적인 측면을 식별하고 때로는 이를 비판하는 일도 벌어진다. [〈뮤리엘〉의 배경인] 불로뉴-쉬르-메르의 주민들은 거침없는 숏 연결에 놀랐는데, 레네는 〈뮤리엘〉(1963)에서 단 하나의 숏 연결로 이 도시의 한 곳에서 상당히 먼 다른 곳으로 인물들을 이동시켰기 때문이다. 마찬가지로, 〈역마차〉(존 포드, 1939) 앞에서 주의를 기울인 관객은, 수백 마일이 넘는 길을 갔다고 여겨지는 역마차가 여전히 [이 영화의 촬영장소인] 모뉴먼트 밸리에서 찍히고 있다는 것을 알아차릴 수도 있다. 이보다 일반적으로는, 전문가가 어떤 영화 앞에서 거의 자동으로 다큐멘터리적인 독해를 수행하는 것이 보통인데, 그는 이런 독해를 통해 온갖 픽션화를 이루고 있는 오류, 어림짐작, 속임수를 잡아낸다. (예컨대 배우가 말에 잘 올라타지 못하거나, 도구를 잘 사용할 줄 모르거나, 당구를 치는 척하거나, 감자 껍질을 벗기는 척하거나 등등. 픽션의 신뢰성을 조금도 훼손하지 못하는 '결함'들.)

영화작품 분석과 관련해서 우리가 살펴본 것처럼, 지배적인 이론들은 거의 배타적으로 서사 이론들이었다. (영화의 영역에서 픽션이라는 개념에 대해 정면으로 문제를 제기하는 것이 드물기는 하지만, 간접적으로 픽션의 이론들도 있다.) 다큐멘터리 장르에 대해 좋은 저작들이 있지만(특히 Barnouw, 1974; Guynn, 1990; Colleyn, 1993; Perrault, 1995; Piault, 2000; Niney, 2002, 2009), 이중 어떤 것도 일반적이고 추상적인 이론적 모델을 제시하지 못했다. (이는 무능력 때문이 아니라 이들이 설정한 목표가 달랐기 때문이다.) 현실의 단편에 대한 모방적 복제인 영화적 **증거 자료**는 **미메시스** 이론의 영역에 속하는 것이고, 이런 의미에서 타당한 이론적인 접근들이 있다고 추정할 수 있다(4장을 볼 것). 그러나 **다큐멘터리**는 단지 증거 자료들로 구성된 것이 아니다. 즉 그것은 아무리 암묵적이고 때로는 최소한의 것이라고 해도 미리 설정한 목표에 따라 이 증거 자료들을 수집하고 조직하며 여기에 형식을 부여한다. 독창성도 깊이도 없는, 영화로 찍은 가장 밋밋한 여행기라고 해도 어쨌거나 (경험을 보고한다는) 일정한 의도성의 지배를 받는다. 다른 말로 하면, 다큐멘터리의 문제는 이중적이다. 1. 진정한 증거 자료들의 수집과 형식 부여에 대해 의도적인 목표의 파급 효과는 어느 정도인가? 이 '진정성'의 문제와 관련해서 이 영화는 어떤 입장을 취하고 있는가? 이 영화가 형식 부여에 얼마만큼의 몫을 부여하고 있는가? 2. 관객은 어떤 조건에서 영상과 소리의 이러한 조합을 지어낸 것이 아니라 증거 자료로 받아들일 것인가? 관객에게 픽션 앞에 있는 것이 아니라 현실에 대한 담론 앞에 있다고 어떻게 알려줄 것인가? 미적이고 윤리적인 문제들, 그리고 실제적인 문제들.

물론 이것은 다른 질문들처럼 분석이 접근하기 위해서 갖추어야 하는 질문들이다. 타지키스탄에 있는 소련 병사들(〈영혼의 목소리〉, 1995, **도판 18**)에 대한, 잠수함 승무원들(〈고백〉, 1998)에 대한 알렉산드르 소쿠로프의 다큐멘터리 앞에서 우리는 형식 부여에 속하는 것—주요하게는 몽타주지만 때로는 진짜 미장센—을 분석할 수 있을 것이고, 이보다 어렵지만, 우리에게 제시된 것이 시나리오 작가가 지어낸 것이 아니라는 것을 확신시켜주는 지표들을 철저하게 찾을 수 있을 것이다. 다큐멘터리 분석 특유의 이 두 번째 지점은 발화행위의 지표에 대해 특별한 주의가 필요하다. 스테판 브르통이 시사한 것처럼, 다큐멘터리가 다큐멘터리로 나타나고 규정되는 것은 미장센의 부재 때문이 아니라, 이미지가 자기가 증언하는 사실들과 같은 시간에 있다는 점을 보장하는 지표적인 발화행위의 흔적들 때문이다(Breton, 2012). (논리적으로 추론해보면, 브르통에게 픽션 이미지는 서사에 의해서가 아니라, 시점이나 장면이 쓰기와 서사에서 분리되어 있다는 사실로 특징지어진다.) 즉 "다큐멘터리 이미지는 […] 자기 시점을 스펙터클 자체 속에서 보여줌으로써 시점을 발화한다. 발화적인 지표성은 그 본질적인 특성이다." 이만큼 단순하지는 않지만, 1940년대 말에 제작된 레지스

도판 18. 〈영혼의 목소리〉(알렉산드르 소쿠로프, 1995). 다큐멘터리적인 촬영의 지표들은 무엇인가?

탕스나 쇼아에 대한 영화들—정확하게 이 '지표성'을 흐리는 데 열중한 영화들
—과 같은 잘 알려진 예만 봐도 이를 떠올리기에 충분할 것이다(특히 Lindeperg,
2012를 볼 것).

2.7 픽션의 주변부들

앞서 살펴본 것처럼 픽션의 개념은 엄밀하면서도 동시에 유연하다. 명확하게 진술된 어떤 사실들을 인과율 법칙에 따라 합리적으로 순서를 부여하는 순간부터 픽션이 생겨난다. 우리는 다큐멘터리 영화들이 대개 이러한 픽션적 서사의 법칙들을 얼마나 존중하고 있는지를 강조했고, 오늘날 아주 활발하게 만들어지는 두 범주의 영화들, 즉 **에세이 영화들**과 **예술가 영화들**에 대해서도 대체로 이같이 말할 수 있을 것이다.

어떤 영화가 **에세이**가 될 수 있다는 생각은 우리가 문학에서 이 용어에 부여하는 의미— 즉 철학적, 미학적, 사회적, 정치적 등등의 해당 주제에 대해 (반드시 이론적일 필요는 없지만 상당히 일반적인, 나아가 추상적인) 성찰을 제시하는 작품—에서 유래한 것이다. 이 말을 자기 저작의 제목으로 삼은 몽테뉴[8]에서부터 버트런드 러셀의 『회의적 에세이』[9](1928)에 이르기까지 이 단어는, 주관성을 강력히 요구하고 과학적 저서를 쓴다고 표방하지 않는, 논증에서의 일정한 자유를 내포하고 있다. 에세이는 어떤 진지한 주제를 남김없이 검토하겠다거나 이 주제에 대해 과학적 이론을 제시하겠다고 주장하지 않고 이에 대해 (경우에 따라 논쟁적인) 개인적 관점을 제시함으로써, 어떤 진지한 주제를 다루는 텍스트다. 이 단어의 이런 의미에서 '영화적 에세이'(essai cinématographique, 또는 essai filmique)란 표현을 가져온 것이다. 그것은 일반적이거나, 더 특수하지만 분명하게 파악된 어떤 주제를 그 감독이 원하는 대로 다루는 영화이며, 그 성격은 아주 다양할 수 있다. 따라서 이것은 상당히 광의적인 정의로서 문학에서처럼 주관적 내포가 아주 중요하다.

---

8 [옮긴이주] 한국에서 주로 『수상록』(隨想錄)으로 번역되는 몽테뉴 저작의 원제는 '에세이'(*Les Essais*)다.

9 [옮긴이주] 이 저작 *Sceptical Essays*는 한국에서 『우리는 합리적 사고를 포기했는가』(김경숙 역, 푸른숲, 2008)란 제목으로 번역되었다.

다큐멘터리는 앞서 살펴본 것처럼 "증거자료 더하기 이에 대해 구축한 관점"으로 정의될 수 있다. 에세이는 근본적으로 이 정의에 아주 가깝고, 최초의 에세이 영화들은, 예컨대 (극적인 조직화로 꾸며져 있다고 해도 성찰이 분명하게 제시되는) 〈루이지애나 스토리〉(1948)를 찍은 로버트 플래허티와 같은 몇몇 다큐멘터리적인 시도 속에서 찾아야 할 것이다. 그러나 이런 생각이 발전한 곳은 제2차 세계대전 이후의 유럽에서였고, 특히 프랑스에서 XXX[10]라는 단체의 내부에서였다. 단편영화를 옹호하기 위해 설립된 이 단체는 사실상 개인적 표현에 가치를 부여하는 몇몇 영화감독을 모았는데, 이들은 개인적 표현을 에세이 형태로 보여주었고, 단편영화는 이런 장르에 아주 적합한 형태였다. 다른 누구보다도 알렉상드르 아스트뤽, 크리스 마커, 조르주 프랑쥐, 알랭 레네, 아녜스 바르다, 자크 드미, 조르주 루키에, 영화사가 장 미트리가 이 단체에 속해 있었다. 제작된 영화들은 아주 다양했지만, 자신이 선택한 주제에 대해 자신이 원하는 대로 표현하는, 작가의 창조적 자유를 주장한다는 공통점이 있었다. 이 자유와 성찰의 이상은 프랑스 단편영화에 오랫동안 영향을 미쳤다. 카를로스 빌라르데보―장 그레미용과 자크 베케르 감독의 조감독이었고, 예술가들에 대한 수많은 영화의 작가―는 〈작은 숟가락〉(1961)에서 10분 동안 루브르 박물관의 수집품 중 하나인 이집트의 화장용 숟가락을 영화적으로 묘사하는데, 이 숟가락의 손잡이는 나체로 수영하는 여자의 형태를 띠고 있다. 이 선택은 자의적이지만 쉽게 받아들일 수 있다. 이 오브제는 매력적이고 게다가 이 도구들의 용도―죽은 자들이 피안으로 여행하는 동안 파리떼로부터 시체를 보호하기 위해 죽은 자들을 화장하는 것―는 비록 10분이지만 역사적이고 철학적인 성찰을 하기 위한 좋은 구실이 되기 때문이다.[11] 조르주 프랑쥐는 〈짐승의 피〉(1948)와

---

10 이 말은 로마자 숫자로 30이란 숫자를 뜻하는 것이지, 옷의 치수나 X등급의 영화들을 가리키는 것이 아니라는 점을 분명히 해두자.

11 Mathias Lavin, "Colossale et précieuse: *La Petite cuillère* de Carlos Vilardebó", dans D. Blüher & F. Thomas (dir.), *Le Court métrage français de 1945 à 1968*, Rennes, P.U.R, 2005. 다음의 웹문서로 조회할 수 있다. https://books.openedition.org/pur/2114?lang=fr

함께 이 영화의 진정성 때문에 때로는 '진실주의적인 영화'로 규정되는 다큐멘터리를 만들었고, 보이스오버 내레이션은 이 영화에 명확한 에세이적 성격을 부여한다. 프랑쥐의 영화는 정육점에 걸리기 위해 동물들을 어떻게 도살하는가를 보여주는 것이 아니라 이런 도살이 이루어지는 악독한 조건들에 이의를 제기한다. 화가들에 대한 알랭 레네의 수많은 영화들—이중 가장 유명한 영화들은 〈반 고흐〉(1947), 〈고갱〉(1950), 〈게르니카〉(1950)—에는 모두 작가[레네]의 성찰적이고 표현적인 의도를 드러내는 문어적인 내레이션이 들어 있다.

에세이 영화는 다큐멘터리와 동등한 자격을 갖고서 '장르'로 정립된 적이 없지만, 에세이 영화 덕분에 대학의 출판 서적들[12]과 미술관 기획전들이 생겨났고, 이 때문에 범주로 정립될 수 있었다. 반면에 **예술가 영화**(film d'artiste)라는 개념은, 최근 몇십 년 동안 제작과 배급에서 아무리 많이 나타났어도 훨씬 더 모호하다. 이에 대한 논의가 상당히 길어질 것이기 때문에 우리는 여기서 이 주제에 대한 역사적 발표로 들어가지 않을 것이다. 영화는 1910년대부터 조형예술가[화가나 조각가 등]의 실험 대상이 되었고, 이후에는 예술적 '아방가르드'들과 복잡한 관계를 맺었다. 이는 다음의 사실을 확인하는 것만으로 충분하다. 즉 한편으로 비전문적인 비디오 영화의 출현(1970년대 중반) 이후 영화감독들은 자기 영화 중 몇 편을 설치의 형태로 미술관에 전시했으며 이때 이미지는 텔레비전 수상기 형식의 스크린 위에 제시되었다. 다른 한편으로 예술가들이 동영상으로 된 작품들을 제작하는 경우가 점점 더 늘어나고 있는데 이를 '영화작품(film)'으로 부를 수 있을지는 항상 명확한 것은 아니다. 오늘날 현대미술 전시장에서 우리가 볼 수 있는 것은 디지털 비디오로 제작되고 직접 촬영이나 애니메이션(컴퓨터 그래픽)으로 만들어진 수많은 작품인데, 이런 작품들이 반드시 '영화작품'의 지위를 가진 것은 아니고 이들은 동영상(image mouvante) 작품들이며, 실제로 이렇게 받아들여지고 또 이렇게 분석할 수 있다.

---

12 예컨대, M. Gagnebin & S. Liandrat-Guigues (dir.), *L'Essai et le cinéma*, Seyssel, Champ-Vallon, 2004.

예술가 영화들은 정의상 너무 다양해서 이에 대해 일반적으로 말하는 것이 거의 불가능할 정도다. 이것은 (물, 불, 매장[埋葬] 등의 효과 아래 사라지는 육체적 흔적들을 찍는) 아나 멘디에타의 슈퍼 8mm나 16mm 영화들이나 (물을 내뱉거나 자기 목을 찌르면서 사각형을 따라 걷는 자기 모습을 찍는) 브루스 나우먼의 비디오처럼, 어떤 퍼포먼스의 녹화일 수도 있다. 이것은 또한 제니퍼 두즈넬의 짧은 '광경들'—고정 프레이밍, 최소한의 사건들—이나 시프리앙 가이야르의 랜드아트 설치작업처럼 독특한 풍경일 수도 있다. 이것은 다소간 단순화되고 다소간 풍자적인 작은 픽션일 수도 있다. 이것은 솔직히 말해서 아무거나 다 될 수 있고, 여기에는 영화들도 포함되는데, 왜냐하면 수많은 감독의 작품들이 전시장에 '걸려 있었기' 때문이다.

이 모든 작품—에세이 영화, 예술가 영화—은 원하는 만큼의 분석적 행위를 촉발한다. 원칙적으로나 실천적으로 이를 분석하지 못할 이유는 없다. 여기서 우리는 우선 이런 영화들의 배급이 다르기 때문에 여기에 독자적인 자리를 부여한다. 아직도 영화관에서의 '개봉'은 본질적으로 장편 픽션영화와 관련되어 있다. 10년이나 20년 전부터 영화관에서 다큐멘터리 영화들을 볼 수 있으며 (여전히 개봉관 수는 적지만) 수적으로 증가하고 있다. 에세이 영화는 몇몇 텔레비전 방송시간에 제한되어 있어서 수도 많지 않고 볼 기회도 적다. 예술가 영화의 경우, 이런 영화들의 배급은 거의 독점적으로 미술관이나 화랑에서 (그리고 때로는 웹상에서) 전시를 매개로 이루어진다. 예술가 영화든 에세이 영화든 출간된 분석은 거의 없고, 영화작품 분석은 오늘날까지도 다수의 정의로서의 영화—영화관에서 '개봉'을 누리는 픽션영화—에 집중되는 경향이 있다.

당연히 분석은 다른 영화들에 적용되는 것처럼 이런 영화들에도 적용될 수 있다. 이는 두 개의 유보사항만 제외하면 하등 다를 이유가 없는 절차와 접근에 따라서 이루어지는데, 한편으로 이런 영화들의 배급을 고려해야 하고 이 배급이 그 관객에게 말하는 것을 고려해야 한다. 즉 비록 몇몇 픽션영화가 훨씬 더 특별한 관객—시네필, 몇몇 장르의 애호가 등—을 겨냥한다고 하더라도, 픽션영화는 각기 온전한 관객에게 호소한다. 반면에 에세이 영화, 더구나 예술가 영화는 훨씬 더 구체적인 사회문화적인 범주의 관객들—지식인, 현대예술 애호가 등—에게 호소하고, 이는 어쨌거나 이런 영화들의 의도로 상정할 수 있는 것에 효력을 미친다. 다른 한편, 이 사회학적 소여를 고려한다면, 이들 영화의 형식은 일반적으로 훨씬 더 정교하고 더 복잡하며, 훨씬 더 자주 표준적 형식을 피함으로써 스스로를 [다른 영화들과] 구별하려고 할 것이다.

우리는 아주 독창적인 영화 〈리바이어던〉(**도판 19**)에서 취한 하나의 예만 제시할 것이다. 이 영화는 자신들을 인류학자, 예술가 및 감독으로 규정하는 루시엔 캐스탱-테일러와 베레나 파라벨이 2012년에 제작한 것으로서, 미국 하

도판 19. 〈리바이어던〉(루시엔 캐스탱-테일러 & 베레나 파라벨, 2012). '기계-눈'이 된 카메라는 시각(과 청각) 효과를 과시하면서 물 위나 물 속에서 동물과 사람, 기계적인 것과 유기적인 것을 무차별적으로 찍는다.

버드 대학교의 재정지원을 받았으며, 이들은 여기서 감각민족지연구소(Sensory Ethnography Laboratory, 원문 그대로!)에서 일한다. 이들의 영화는 다큐멘터리, (액티비스트적인) 에세이, 예술가 영화의 경계에 놓여 있다. 이 영화는 영화관에 배급—파리에서는 2013년 9월 개봉—되었지만, 10여 개의 영화제 및 테이트 갤러리와 퐁피두 센터를 포함해서 수많은 제도권 미술관에서 상영되었다. 따라서 이 영화는 애초부터 하이브리드 생산물이고, 이 영화가 표준적인 픽션영화와 닮을 가능성이 거의 없다는 것을 사전에 알 수 있다. 이 영화는 뉴베드퍼드(매사추세츠)에 기지를 둔 한 어선의 원양어업을 1시간 15분 동안 보고한다. 이 원양어업은 산업적 어획의 지옥 같은 리듬에 따라 3개월 동안 지속되고, 승무원들에게는 매일 20시간 이상의 노동을 뜻한다. 이 감독들이 사전에 정한 원칙은, 한편으로 배에 탄 관찰자로서 자신들이 촬영하는 사건에 절대로 개입하지 않으며, 촬영된 사람들과 소통하지도 않겠다는 데 놓여 있다. 다른 한편으로 배의 다양한 지점에 고정해놓고, (비현실적 원근법을 보여주는) 아주 넓은 시야와 깊은 심도를 보장하는 광각렌즈가 장착된 12개가량의 작은 카메라를 사용하겠다는 데 있다. 마지막으로 후시작업에서 (기계 소리의 녹음에서 시작해서 '음악화된') 소리와 (극단적 대조를 이용해서 포화상태에 이른 색채, 대개는 이런 효과를 강화시키는 밤의 색채로 밀고 나간) 영상에 작업을 하겠다는 데 있다.

이렇게 나온 결과물은 아주 독창적이다. 즉 아주 길고 단조로운 숏들에서 때로는 인간의 작업—익스트림 클로즈업으로 제시된 팔, 얼굴, 반복적 동작들—이, 때로는 (대량으로 학살되고 잘게 잘리고 물에 씻기고 상자에 던져지는) 물고기들과, 갈매기나 가마우지가 먹어치우는 그 나머지(머리, 지느러미)가, 때로는 (물고기의 피와 바닷물이 흘러내리는) 배의 골조나 갑판이 보인다. 이런 영화는 여러 가지 방식으로 분석의 대상이 된다. 이 영화를 그 인류학적이고(/이거나) 정치적인 기획으로 포착할 수 있고, 어시장에 생선을 공급하는 이 '배-공장'에 탄 [사람들의] 삶에 자료를 제공하는 방식에 관심을 가질 수도 있고, 카메라가 거의 익명의 상태로 남아 있는 이 무성영화가 뭔가를 증명하려는 의도—대양에 대한 과잉착취, 노동조건의 비인간성⋯⋯—를 가진 것인지를 물을 수도 있다. 다른 한편, 여기서 무엇보다 (개봉 당시에 나온 대부분의 비평처럼) 화려하며 또 숭고하게 아름답다고 판단한 스펙터클을 볼 수도 있고, 반대로 전적으로 실망스럽고 아주 추한 스펙터클을 볼 수도 있다. 가치 판단을 하지 않고 이보다 더 분석적인 태도를 취하면, 이 영화에서 사건들의 냉혹함이나 공포에 대한 비타협적인 묘사와 (눈부신 색채 및 좌우로 배가 흔들리면서 생긴 영상의 끝없는 움직임과 연관된) 여러 가지 미적 효과 사이의 간극을 분석하는 것도 타당할 것이다. 또한 이로부터 내러티브적 구조—이는 힘들 것이다—까지는 아니더라도 최소한 리듬상의 구조—정지, 전진, 변화, 강도를 가진 '거대 형식'—를 끌어낼 수도 있을 것이다. 이와 똑같이 타당한 또 다른 접근은 비교를 통한 접근이 될 것이다. 즉 '원양어선의 어업에 대한 묘사가, 픽션영화 내부에서 다큐멘터리적 양태로 찍힌 참치잡이가 나오는 〈스트롬볼리〉(로베르토 로셀리니, 1950)나 순수하고 단순한 다큐멘터리 〈다음 세상을 위해〉(미셸 브로 & 피에르 페로, 1963)나 또는 〈리바이어던〉이란 제목이 의도적으로 참조하고 있는 영화 〈모비딕〉(존 휴스턴, 1956)에 나오는 유명한 시퀀스들과 어떻게 비교할 수 있는가?'가 그것이다.

시청각 매체

어떤 영화가 픽션영화—다큐멘터리라고 해도 거의 같다—라면, 이 영화에서 서사에 속하는 것과 재현에 속하는 것을 분리하기는 어렵다. 서사와 재현은 함께 만들어지고, 어떤 영화에서 이를 구분하기는 항상 명확한 것이 아니다. 그 가장 명백한 예는 몽타주다. 즉 숏들의 연속은 내러티브 기법—하나의 시점에서 다른 시점으로, 한 장소에서 다른 장소로, 한 사건에서 다른 사건으로 이동함으로써 이야기를 진행하는 데 기여한다—이지만, 강한 시각적 차원을 갖고 있다. 예컨대 숏들의 연속은 숏과 숏의 연결이라고 부르는 것을 만들어내는 데 쓰이고, 숏들의 연결은 시각적으로 보일 때만 이해될 수 있다. 서사에 하나의 장[3장]을 할애하고 이어서 영화의 형상적이고 재현적인 성격에 또 다른 장[4장]을 할애하면서, 우리는 관객이 동시에 받아들이는 현상들을 추상적으로 구분한다. 그러나 영화 작품 분석은 대개 이 두 영역에서 아주 다른 접근들을 제시했다.

1. 영화 이미지 분석

영화 이미지는 처음 발명되던 시기에 절대적으로 새로운 것이었다. 영화 이미지는 이미지들에 이미 익숙해진 문명 속에, 심지어 영화보다 반세기 전에 생긴 사진 덕분에 자동적으로 닮은 이미지들에 익숙해진 문명 속에 등장했다. 새로운 것은, 영화 이미지를 특징짓기도 하는 닮음이나 복제 가능성에 있었다기보다는 운동의 부가에 있다. 사람들은 이미지에 익숙했지만, 움직이는 이미지들에 익숙했던 것은 아니다. 운동이 대부분의 이미지를 정복한 오늘날의 시기에 이는 항상 상기해야 하는 점이다. 영화 이미지는 우선 외관의 충실한 재현의 생산이다. 그러나 대개 서사를 위해 사용되는 이 이미지는 또한 의미작용을 목적으로 만들어지기도 한다. 즉 그것은 의미의 (복잡한) 단위다. 마지막으로, 영화 이미지는 다른 모든 이미지처럼 때로는 이미지나 형상 고유의 특성들이 증식되게 내버려둘 수도 있는데, 여기에는 때로 자기의 재현적 가치나 의미작용을 거부하기 위한 것도 포함된다. 이 측면들 각각이 분석적 기획들을 만들어냈고, 우리는 이들을 순서대로 다루고자 한다.

1.1 시각적 유사체로서의 이미지

영화 이미지는 십중팔구 **유사한 이미지**(image analogique)며, 다시 말해서 시각적 현실을 유사한 방식으로 복제한다. 유사성(ressemblance)이라는 개념은 복잡하다. 이 개념은 우리의 지각 기관의 능력 및 이미지에 대한 문화적 관습들에 의해 이중적으로, 부분적으로는 모순되게 결정되기 때문이다. 이미지들의 지각에 대한 비교인류학적 연구들은 거의 없고, 더욱이 오늘날에는 사진적 이미지가 지나치게 세계화되어서 자동적인 유사성에 익숙하지 않은 인간 집단은 거의 없다. 따라서 유사성의 지각과 관련하여 타고난 것과 [후천적으로] 습득한 것을 엄밀히 구분하기란 어렵다. 때로는 사진적 이미지를 유사한 이미지일 뿐 아니라 지표적인 이미지로 보기까지 했다(Schaeffer, 1987). 다시 말해서 사진적 이미지는 자신이 그 이미지가 되는 대상을 가리키는데, 사진적 이미지가 대상과 몇몇 특성을 나눠 갖고 있기 때문이라는 것이다. 이때 이미지와 지시대상의 관계는 단순한 유사성보다 훨씬 더 커지게 된다.

이때 움직이는 사진적 이미지—영화 이미지—는, 운동이라는 또 하나의 특징을 갖고 있으며 이 특징이 자기 지시대상과 지표적 관계를 맺고 있기 때문에 이중적으로 지표적이다. 이것이 어쨌거나 영화 이미지에 대한 오래되고 중단되지 않은 이론적 접근의 핵심이고, 이는 영화 이미지에서 "지속의 움직이는 흔적"을 보았는데, 질 들뢰즈의 이 표현은 앙드레 바쟁의 주요한 직관을 종합한 것이다. 주저 없이 영화 이미지의 **존재론**을 말했던 바쟁은, 영화 이미지를 **몇몇 특성**—특히 움직임과 지속—**을 동일하게 복제함으로써** 자기가 재현하는 현실과 맺는 관계의 즉자성으로 특징짓는다. 바쟁에게 영화 이미지를 고찰한다는 것은 여기서 무엇보다 시간의 일정한 전개와 실행된 운동의 변질되지 않은 기록을 보는 것이다. 영화 이미지에 대한 이런 이념은 디지털 이미지가 주도권을 차지하면서 부분적으로는 구식이 되었다. 디지털 이미지도 흔적이라는 양태로 만들어질 수 있지만, (이제는 카메라에 장착된 프로그램 덕분에 촬영되자마자) 거의 마음대로 변형될 수 있기 때문이다. 그러나 이 객관적인 사실을 상대화시켜야 하는데, 한편으로 필름 이미지는 완벽하거나 절대적인 흔적이었던 적이 결코 없었고—필름 이미지도 나름 자동적인 트릭을 내포하고 있었다—, 다른 한편으로 디지털이 트릭을 만들기 위해 조직적으로 사용되지 않기 때문이다.

특히 시간—훼손되지 않은 지속—과 (그 모습 그대로 그려낸) 운동 때문에 영화 이미지가 자기 지시대상과 지표적 관계를 맺고 있다는 사실이 그 자체로 즉각적인 분석의 지평을 열어주는 것은 아니다. 데이비드 보드웰과 그 동료들은 고전적 할리우드 영화의 시간에 대해 아주 논리적인 이미지를 부여한다(Bordwell *et al.*, 1985). 사물들이 제시되는 순서가 의미를 추구하는 성격을 띠며, 시간의 교차나 전도에 항상 동기가 부여되어 있다는 것이다. 지속, 주어진 유예, 페이드 등은 인과율 체계를 구축하는 데 참여한다. 또한 리듬은 이해와 감정 사이의 관계를 결정하는 수단이다 등등. 다른 지점들에 대해서도 그렇지만, 분석의 잠재적인 선택은 여기서 간단한데, 그것은 영화 이미지의 지표적인 위력을 확인하고, 이를 하나의 예로 구체화하며, 아마도 이 위력을 더 잘 파악할 수 있게 해주는 '검증으로서의 분석'을 수행하는 것이다. 물론 영화 이미지의 지표적인 위력에 반론을 제기할 수 있는 분석대상을 찾거나 이와 반대로 이런저런 방식으로 이 위력의 한계까지 밀고 나가거나 할 수 있다. 예컨대 지난 30년 동안 롱 테이크 또는 아주 긴 롱 테이크를 실행한 감독들이 없지 않다. 그런데, 롱 테이크가 원칙적으로 영화 이미지의 지표적인 존재론을 완벽하게 실현한 작업이라고 해도, 또한 관객에게 역설적인 효과를 발휘한다. 〈죽은 사람들〉(리산드로 알론소, 2004)에서 주인공이 어디로 가는지, 그의 목적이 무엇인지, 무슨 생각을 하는지 등에 대해 우리가 아무것도 모른 채, 그가 강을 따라 길게 내려오는 숏들 앞에서 우리는 시간의 경과를 느낄 수 있지만, 이것은 극단적으로 추상적인 사유와 감각의 내용이다. '시간'은 우리의 지각에 주어진 것이 아니라 정신적인 범주이기 때문이다. 이때 분석은 갑작스럽게 철학적 개념에 직면하게 된다.

방금 우리가 시간에 대해 말한 것을 영화 이미지의 유사한 모든 특성에 대해서도 할 수 있을 것이다. 예컨대 어떤 영화의 이미지들 속에서 **보는 지점**(perspective)의 분석을 구상하기는 상당히 어렵다. 보는 지점은 원칙적으로 (카메라 렌즈의) 설정에 의해 항상 존재하는 것이고, 우리는 단지 이를 무한히 확인할 수 있을 뿐이다. 이것은 보는 지점의 유희가 방해를 받거나 강조될 때 흥미로워진다. 이렇게 해서 미켈란젤로 안토니오니의 1960년대 영화들이 공간과 건축의 재현이라는 관점에서 수많은 논평을 불러일으켰고, 아주 기하학적으로 구성되고 상당히 비어 있는 공간들 속에서 보는 지점의 특별한 사용에 가치를 부여했다(Bernardi, 2006). **색채**의 분석들도 마찬가지인데, 색채의 사용이 충격적이고 중요하며 단순한 리얼리즘적 묘사에서 벗어난 영화들에 거의 항상 초점이 맞춰져 있다(예컨대 에마뉘엘 앙드레[André, 1995], 그리고 올리비에 메야르 [Maillart, 2011]가 분석한 〈롤라 몽테스〉[막스 오퓔스, 1955] 등이 그렇다. 5장을 볼 것).

영화 이미지의 지각적이고 시각적인 특성들에는, 모호하지만 확정된 용어인 이미지의 **구성**(composition)이라고 불리는 분석을 거쳐 접근하기도 한다. "구성한다"는 것은 "다양한 요소로 전체를 만드는 것"(*DHLF*)이다. 이미지에 적용된 이 개념은 화가들, 데생가들, 그래픽 예술가들에게서 나온 것으로서, 이들에게 구성이란 개념은, 구성의 주도적인 도식이란 이념을 함축하면서 훨씬 더 엄밀한 의미를 갖게 되었다. 회화작품들에 대해 수많은 구성적 분석이 있으며, 이는 기하학적 구조를 알아내는 가장 기본적인 분석—직선이나 원 같은 단순한 도형에 기반을 둔, 예컨대 에릭 불로(Bouleau, 1963)나 마르그리트 느뵈(Neveux, 1995)의 분석—에서부터, 저자에 따라 다양하지만 도식이라는 개념에 대한 고찰을 덧붙인 훨씬 정교한 분석들—예컨대 르네 파스롱(Passeron, 1962)—이 있다. 영화와 관련해서는 이것은 분명 막연한 개념이고, 나아가 어긋난 개념이다. 이미지의 '구성'은 시점의 선택, 사용한 렌즈의 선택, 카메라 앞에서 미장센의 선택, 다시 말해 불균등하게만 통제할 수 있는 수많은 요소의 선택에서 나온다. 기껏해야 이미지의 시각적 벡터(igne de force)를 주목할 수 있을 뿐이고, 이 때문에 영화 이미지는 선이나 색으로 그린 이미지에 가까워지지만, 이는 분석가 특유의 것이며 본성상 해석적인 **독해의 도식**으로서만 가치가 있을 뿐이다.

프랑스어로 행해진 이런 접근의 가장 명확한 예 중 하나는 에릭 로메르가 수행한 〈파우스트〉(프리드리히 빌헬름 무르나우, 1926) 분석이다(Rohmer, 1977). 그는 영화 편집기 위의 정지된 필름에서 출발해서 트레이싱 페이퍼 위에 이 영화의 몇몇 포토그램의 도식을 옮길 생각을 했다(**도판 9**를 볼 것, 96쪽.). 윤곽의 형태로 이미지를 전사(轉寫)하게 되면 작은 부분만 남게 되는데—예컨대 빛의 배분에 대해서는 아무것도 남지 않는다—, 이런 절차는 분석가가 이를 통해 이 영화에 대한 가설을 뒷받침하려고 노력했기 때문에 보람이 있었다. 이 가설은 이 영화가 인물들의 움직임뿐만 아니라 다르게는 숏의 구성에서도 찾을 수 있는, 수렴과 발산의 운동에 기반을 두고 있다는 것이다. 이것은 강력한 아이디어지만, 해석적인 폭력인데, 수렴이라는 아이디어는, 움직이고 있는 몸—예컨대 인체가 공처럼 굴러떨어진다—에 대해 말할 때나 이미지의 구성—선들이 수렴한다—에 대해 말할 때에 따라 같지 않기 때문이다. 또한 이 방법이 의미가 있는 것은 단지 '팽창/수축'과 '매혹/혐오'의 개념 쌍에 비춰서 이 영화를 읽겠다는 분석의 중심적 가설에 적용되었기 때문일 뿐이다. 로메르에게 이 두 개념 쌍은 〈파우스트〉에서 조형 작업의 형식적 특성을 보여줄 뿐만 아니라, 나아가 끝없는 등장과 퇴장에 기반을 둔 미장센과 연결되고 '선/악'의 거대 분할로 구조화된 영화의 상징성과도 은유적으로 연결된다. 여기서 예상되는 것처럼, (시각적, 형식적, 상징적이라는) 삼중의 등가물에 대한 결론들이 때로는 이 세 가지 차원을 동시에 관통하는 '하나의' 공식을 찾으려는 욕망에 지나치게 굴복한 것처럼 나타난다. 그러나 형식 분석을 도식의 단순 발췌나 통계에 한정하지 않고, 이 영역에서 그 자체로 책임을 지는 해석의 첨단을 밀어붙이는 위험을 감수한다는 점에서 로메르의 방식은 지금도 흥미롭다.

지표적 이미지에서 구성된 이미지까지. 이것이 광범위하게 열려 있는 가능한 분석의 영역이며, 아마 이미지의 지표성에 대한 최근의 이론화가 부재하기 때문—이 테마는 1980년대 이후 더 이상 발전하지 않았다—에 오늘날에는 아주 드물게만 나타나고 있다. 그러나 에너지 같은 개념을 몽타주에 적용한 테레사 포콩의 시도는 행복한 예외로 남아 있다(Faucon, 2013). 어쨌거나 그녀가 이론적 추론을 뒷받침하기 위해 사용한 사례들은 이론이라는 유일한 관점에서 분석되고 있고, 이 이론이 가정하는 것은 "숏들은 몽타주가 떠맡아서 현실화시키는 (다양하게 발현되는) 에너지의 담지자들"이라는 것이다. 따라서 그녀는 분석에 적용할 가능성을 개괄하고 있을 뿐이다. 이와 반대편에서는 영화와 회화에 대한 의도적이고 체계적인 비교가 프레임이나 빛과 같은 지점에서 영화적 유사성이 회화적 유사성과 어떤 점에서 다른지를 상세히 고찰한다(자크 오몽 [Aumont, 1989~2007], 뤽 방슈리[Vancheri, 2007]). 이들 연구는 분석의 요소들을 제공할 수 있지만, 상당히 일반적인 틀이 될 수 있을 뿐이다.

1.2 의미의 담지체로서의 이미지

영화 이미지는 지표적인 방식으로 지시대상을 가리킨다. 이 때문에 최초의 영화 이미지들부터 이를 그만큼의 **증거 자료**(document)로 간주할 수 있었다. 증거 자료는 우선 "가르치는 데 도움을 주는 것"이었고, 이후에는 "증거나 교육에 사용되는 것"을 뜻했다(*DHLF*). 그때까지도 이 용어는 본래 글로 쓴 것에만 사용되었다. 대략 150년 정도가 지나서야 사진이 이 용어의 법적 의미—증거의 요소—에서 증거 자료로 간주되기에 이르렀고, 영화 이미지가 그렇게 되는 데는 시간이 약간 더 걸렸다. 이 말이 뜻하는 것은 영화 이미지의 증거 자료적 가치에 논란의 여지가 있고 특히 **상대적**이라는 것이다. 내가 세네갈의 영화감독 술레만 시세의 〈빛〉(1987)을 본다면, 나는 마술적 성격을 가진 (따라서 비현실적인) 사건들에 기반을 둔 이야기를 접하지만, 이 영화는 내가 익숙하지 않은 장소들과 행위들과 인간 유형들을 보여줌으로써 내게는 다큐멘터리적 가치를 가질 것이다. 나는 자장커의 〈천주정〉(2013) 앞에서 우선 지그재그로 전개되는 서사에 어리둥절하게 될 것이고, 이 이야기가 약간 엉성하다고 생각하지만, 나는 그 와중에도 현대 중국 사회에 대한 수많은 통찰을 얻게 될 것이다 등등.

따라서 영화 이미지의 증거 자료적 가치는 역설적이다. 모든 영화가 어떤 현실의 무엇인가를 제시하기 때문에 그것은 항상 존재한다. (심지어 전체를 스튜디오에서 찍은 영화마저도, **어떤 신체가 움직이는 것을 보려고** 영화를 보는 이런저런 스타들의 찬미자들이 알고 있는 것처럼, 그곳에 있는 인간의 신체들을 제시한다.) 그러나 영화 이미지의 증거 자료적 가치는 십중팔구 픽션적인 유형의 구성에 사용되기 때문에 그 자체로 온전하게 믿을 수 있는 것은 아니다. 날것의 증거 자료와 픽션적인 정교화 사이의 비율은 다양하지만, 이 혼합물이 관례다. 이 두 개의 카드를 동등하게 사용한 많은 영화가 있다. 알려진 장소에서 이야기가 전개되는 모든 영화의 경우—관객이 그 장소를 식별할 수 있으며 영화가 이 장소에 새로운 통찰을 부여하는—가 그렇다. 예컨대 에릭 로메르는 대다수의 자기 이야기를 구체적인 장소들에 정박시키는데, 그는 이 장소들을 그 자체로 묘사하지 않고 효율적으로 특성화시킨다. 일주일 중 한 번의 휴일에 [베를린 서남쪽 니콜라제 지역에] 소풍을 나온 소수의 베를린 사람들 집단을 보여주는 유명한 〈일요일의 사람들〉(로베르트 지오드마크 & 에드거 울머, 1930)과 같은 훨씬 더 모호한 영화들이 있다. 레이몽 벨루는 다음과 같이 섬세하게 지적한다(Bellour, 2009b).

"이 [픽션의] 등장인물들은 이 다큐멘터리에서 들어오고 나가며, 이들은 사실상 이 다큐멘터리에서 발현된 사람들이다. […] 카메라가 익명의 영상들을 보여주기 위해 이들을 저버릴 때마다 우리는 다시 다큐멘터리에 빠져들어가고, 이 인물들에게 약간 낯설게 된 공간들과 시간 속에 이 익명의 영상들이 되돌아와서 이 영화의 픽션을 압박해서 픽션을 넘어서게 만든다."[13]

그러나 이미지가 단지 증거 자료인 것만은 아니다. 이미지가 아무리 지표적이라고 해도 그 어떤 이미지도 온전하게 중립적인 방식으로 제시하지 않기 때문이다. 이미지는 동일한 현실에 대해 **증거 자료를 제시하지만** 같은 것을 **말하지 않는** 몇 가지 방식으로 동일한 지시대상을 제시할 수 있다. 사진에 대한 가장 흔한 경험으로도 이를 알 수 있다. 즉 풍경이나 건축을 찍은 것이더라도 보는 지점, 프레임, 심도, 조명, 색채, 이미지의 선명도가 전체적인 인상을 바꿀 수 있을 뿐만 아니라, 지시대상을 이해하거나 파악하는 것까지도 바꿀 수 있기 때문이다. 다소간 자동으로 교정을 해주는 수많은 도구가 장착되어 현재의 카메라가 정교화되고 있다고 해도, 내가 찍는 이미지를 100% 통제할 수 있는 것이 아니며, 이를 만들어내는 데에는 수련이 필요하다. 가족의 초상 사진에서 일상적으로 보는 것처럼, 내가 사람들을 찍을 때 이는 훨씬 더 그러하며, 사진에 필요한 작업에 더해서 지속시간과 리듬까지 사용하는 영화 이미지에서는

---

13 [옮긴이주] 벨루의 이 말을 이해하기 위해서는 〈일요일의 사람들〉의 독특한 성격을 고려할 필요가 있다. 이 영화는 전체적으로 다섯 명의 비전문배우가 연기한 픽션영화의 형태를 띠고 있다. 시간적으로는 사흘—토요일, 일요일, 월요일— 동안 전개되고 주요 이야기는 일요일에 전개된다. 그러나 영화의 중간중간에 베를린, 니콜라제 지역, 하펠 강의 풍경 등을 보여주는 '도시 스케치'가 상당한 비중을 갖고 제시된다. 그것은 예컨대 미역 감는 아이들, 놀이하는 청년들, 하키 경기를 하는 모습, 길거리의 사람들, 공원에서 발가벗고 노는 아이들, 사진 찍는 사람들, 다양한 조각상들 모습, 문을 모두 닫아서 한적한 거리들 등을 보여주는 영상들이며, 벨루는 이런 영상들을 '익명의 영상'이라고 부른 것이다. 이때에는 픽션의 인물들이 완전히 사라지고, 공간마저 모호해진다. 최소한 이런 순간들만 보면, 비슷한 시기에 소련에서 만들어진 지가 베르토프의 〈카메라를 든 사나이〉(1929)를 보는 것 같다.

더욱더 의심의 여지가 없다.

따라서 크리스티앙 메츠가 이미 지적한 것처럼, 유비(analogie)와 이미지 사이에는 큰 간극이 있고, 바로 이 간극 속에서 분석할 수 있는 이미지의 특성들이 그 기호학적 파장과 함께 유희한다(Metz, 1970). 이런 의미에서 이미지를 분석한다는 것은, **매개변수들이 지시대상과의 지표적인 관계에 영향을 미치는 방식**을 평가하기 위해, 그 효과를 이해하기 위해 **이미지의 다양한 매개변수**에 관심을 가진다는 뜻이다. 이 분야에서 절대적이거나 보편적인 법칙은 없다. 같은 매개변수가 맥락에 따라 다른 방식으로 작용할 수 있기 때문이다. 예컨대 카메라가 고정된 숏의 프레이밍은 제시되는 것에 대한 일정한 시점을 결정하는데, 어떤 관객이라도 정면의 시점과 기울어진 시점의 차이를 즉각 구분할 것이다. (물론 정면의 시점이란 어쨌거나 카메라로 찍은 대상이 정면이라고 식별할 수 있는 표면을 갖고 있다는 조건에서 그렇다. 정글에서나 밀밭 한가운데서나 바다 밑에서는 이런 식의 구분이 아무런 의미가 없다.) 분석은, 프레이밍의 성격을 끌어낸 후 **이에 대한 결론을 내렸을 때 시작된다**. 다른 한편, 이런 결론은 다양한 성격, 예컨대 비교적인 성격을 띨 수도 있다.

〈카메라를 든 사나이〉(지가 베르토프, 1929)를 분석하면서 자크 오몽은 두 개의 비슷한 사건, 즉 뤼미에르의 촬영기사가 찍은 기차역에 기차의 도착(〈시오타역에 기차의 도착〉[1885])과 베르토프의 영화에서 카메라를 향한 기차의 도착을 비교한다(**도판 20**, Aumont, 1984). 비스듬하게 프레이밍이 되어 있는 첫 번째 경우, "안전한 곳에 견고하게 자리 잡은 카메라는 기차가 도착하도록 내버려둠과 동시에, 플랫폼 위의 [승객들의] 움직임에 대해 특권적 위치를 차지하고 있다." 반면에 "카메라를 든 사나이가 기차를 찍을 때, 그는 이와는 전혀 다르게 자리를 잡는다. 그곳은 기차 레일 사이인데, 가장 위험한 위치이며 또한 찍히는 대상과 훨씬 더 직접적 관계를 갖는 위치다. 카메라를 든 사나이는 에두르지 않는다." 이 기본적인 비교에서 분석가는 단순한 사실—도착하는 기차를 정면에서, 또는 비스듬히 촬영하는 것—을 해석했는데, 이는 여기서 촬영을 구상하는 관점에서 내포—위험 없이 멀리서 vs. 위험을 감수—를 읽어내기 위한

도판 20. 뤼미에르가 본 기차와 베르토프가 본 기차. 왼쪽은 뤼미에르의 촬영기사들이 찍은 시오타 역과 배서리 광장(뉴욕)에 기차의 도착. 예루살렘행 기차의 출발. 항상 원근법적 [사선의] 관점을 취하고 있다. 오른쪽은 〈카메라를 든 사나이〉(지가 베르토프, 1929)가 기차와 일체가 된 촬영기사를 보여주거나 다른 한편 기이한 시점을 취한다. 맨 아래는 이 영화의 촬영 사진.

것이다. 이는 이미 해석적 방식 안에 들어와 있는 것으로, 이미지 분석에서 고전적인 것이다. 이어지는 분석에서 오몽은 기차의 정면 촬영의 순간에 베르토프가 자기 영화에서 정면성을 지속적으로 추구한다는 점에 대한 일종의 상징을 본다. 그 예는 약간 초보적인데, 프레이밍의 성격이 그만큼 두드러지는 것은 드물기 때문이다. (그리고 해석은 성급하게 이루어지는데, 그것은 해석이 이 영화의 모든 프레임을 실제로 집계한 것—그랬다면 더 탁월한 방법이 되었을 것이다—이라기보다는 이 영화에 대한 전반적인 인상에서 나온 것이기 때문이다.) 같은 글에서 분석은 그 다음으로 찍힌 대상에 대한 카메라의 거리—"숏에 나타난 피사체의 크기"—에 관심을 가지는데, 특히 이 대상이 사람일 때다. 그리고 이를 다음과 같이 해석하는 것으로 끝난다. "이것은 너무 가깝지도 않고 너무 멀지도 않은 적당한 거리로서, 노동자와, 사회주의적 대의를 가진 '키노-아이[目]'(Kinok)이라는 또 다른 노동자들의 공동참여를 보장해주고 이를 이미지로 옮길 수 있게 해준다." 여기서 이 해석도 비록 다른 해석처럼 논란의 여지가 있지만, 해석한다는 사실 자체가 원칙적으로 흥미롭다. (이미지의 매개변수들의 형식적 특징들로 귀결되는 관찰을 하기에는 [이 해석에] 별다른 것이 없기 때문이다.)

이것은 서사 분석보다는 훨씬 더 이미지 분석 분야의 규칙이다. 즉 가장 구체적이고 가장 많이 검증한 명세서조차도 **여기에 하나의 의미작용을 부여하지 않는 한, 의미작용 없이 남아 있을 것**이라는 점이다. 사람들이 특히 무성영화 시대에 많은 말을 한 것과 달리, 말로 된 언어처럼 분절할 수 있고 그처럼 고정된 의미작용을 하는 영화 '언어'란 없다. 정면의 프레이밍, 중간 거리의 촬영은 그 자체로는 어떤 것도 뜻하지 않고, 패닝이나 앙각도 마찬가지다. 기껏해야 우리는 어떤 양식적 맥락에서 또는 어떤 독특한 작품에서 일정한 선택이 일정한 가치를 가질 것이라고 말할 수 있을 뿐이다. 앙각(low angle)/부감(high angle)이라는 쌍의 경우가 그랬는데, 오랫동안 거의 자동으로, '권력을 행사하고 잠재적으로 [다른 사람의] 가치를 떨어뜨리는 위로 솟아오른 시점' 대(對) '지배당하거나 제시된 주체를 찬양하는 시점' 등과 같이 파악되었다. 그러나 이런 관습적 파악은 어떤 지각 정보에서 나온 것이 아니다. 우리가 말할 수 있는 모든 것은, 부감이나 앙각 시점이 실제 삶에서는 일상적이지 않다는 것이고, 따라서 특징적인 프레이밍의 선택이라는 것뿐이다. 그러나 그것이 어떤 가치를 갖느냐는 이를 구성하는 맥락에 따라 다양할 수 있다.

몽타주나 우리가 미장센이라고 부르는 과정들 전체와 같이 이보다 더 복잡한 형식적 현상들을 분석하는 데서도 같은 말을 할 수 있을 것이다. 프레이밍의 분야에서처럼, 형식과 의미 사이의 지속적이고 자동적인 등가성을 설정하는 몽타주의 문법이란 없다. 기껏해야 모든 문화적 관례처럼 시간에 따라 변하는 관습들이 있을 뿐이다. 이것이 '평균 지속시간'이라는 개념으로서, 앞서(2장 2.3.) 언급한 숏 변화의 빈도의 경우에 명백하다. '평균 지속시간'이란 개념이 끝없이 바뀌었다는 사실 자체가 이 개념이 그 자체로는 어떤 의미도 없다는 것을 증명하기에 충분하다. (그것이 아니라면 한 시기에 나온 영화들의 '평균적인 의미'가 표준화된다[이것은 아무 의미도 없는 말이다]는 점을 인정해야 할 것이다.) 그렇다고 이 말이 어떤 영화들의 몽타주 분석이 헛되다는 뜻은 아니다. 여기서도 또한 고의로 작업한 몽타주를 보여주는 주목할 만한 경우들이 있다. 세르게이 에이젠슈테인은 무성영화 시기에 몽타주에 대한 새롭고도 급진적인 해결책을 내놓은 위대한 실험가였고, 대개는 이런 방향에서 연구된다. 마리-클레르 로파르의 분석은 오래되었지만 치밀함 때문에 아직도 예시적인 분석이다(Ropars, 1976). 그녀는 〈10월〉(세르게이 에이젠슈테인, 1927)의 프롤로그에 나오는 69개 숏—각 숏의 평균 지속시간은 2초도 되지 않는다—을 다루는데, 이 분석은 이 시퀀스의 형식적 조직화를 철저하게 특권화시키고, (피사체의 크기, 조명, 카메라의 축, 배경, 숏의 길이, 카메라의 고정성이나 운동성 같은) 시각적 매개변수들의 논리를 찾음으로써 이루어진다. 당연하게도, 심지어는 형식 분석이라고 할지라도 단순 묘사나 객관적 사실의 순수한 발췌가 아니다. 로파르의 분석은 차르 동상과 이를 무너뜨리는 군중 사이의 관계라는 중심이념에 초점을 맞추고 있기 때문이다(도판 21). 동상은 인위적 조명으로 만들어진 추상적이고 불연속적이고 '논증적' 공간에서 포착되지만, 군중은 주간 조명, 행위의 상대적인 연속성과 인물들의 현존과 함께, 훨씬 더 지시적인 양태로 처리된다. 처음에는 동

도판 21. 〈10월〉(세르게이 에이젠슈테인, 1927). 이 영화의 프롤로그는 알렉산드르 3세 동상의 파괴를 보여준다.

상이 밤의 공간에서 승리하지만, 이 프롤로그의 끝에서 동상은 전혀 다른 환경에서 배경의 성당 돔들의 실루엣에 포위된 채 '잘못된' 연결로 추락한다. 로파르에 따르면, 이것은 교차 몽타주의 작용이고 낮과 총이 나오는 숏들의 반복 작용인데, 대치하고 있는 두 진영의 재현 양태가 역전되면서 동상의 추락을 불러일으키고, 군중은 낮의 디제시스적 공간에 갇혀 있는 한 무기력하다.

다양한 영화에서 몽타주에 대해, 또는 미장센에 대해 (대개는 이 둘을 함께 다루는) 상당히 많은 분석이 있다. 심지어 이것이 가장 널리 퍼진 분석의 형태 중 하나인데, 이는 단순한 이유에서다. 어떤 영화의 이런 측면들을 분석한다는 것은, 영화적인 것의 본질적인 특성—시간 속에서의 제시—과 대등한 입장에 있다는 감정을 불러일으키기 때문이다. 로파르는 아주 짧은 숏들의 몽타주를 분석했지만, 동일한 시기에 노엘 버치는 하나의 시점으로 찍힌 8분짜리 단 하나의 숏에 대해 논평했다(Burch, 1979). 그것은 구로사와 아키라의 〈밑바닥〉(1957)의 중간에 나오는 숏으로서 사랑, 비참, 삶에 대한 긴 대화 장면이다. 프레임 공간 안에 들어오기 위해 섬세하게 배치된 인물들—특히 배경 깊숙한 곳에서 프레임의 가장자리[오른쪽 하단]에 누워 있는[웅크리고 앉아 있는] 인물[땜장이]이 그런데, 그는 이 숏이 끝날 즈음에 자기 차례의 몸짓을 하기 위해 갑자기 일어난다—은 카메라의 눈 아래서 서로서로를 향해 몸을 돌리고, 일어나고, 서로를 쫓아가고, 내화면에서 나가고 들어온다. 이 카메라의 눈은 극도의 흥분으로 응축된 장면에서 아무것도 놓치지 않기 위해서 때때로 가볍게 움직일 뿐이다. 버치는 숏의 길이라는 일정한 형식적 적합성의 관점에서 다음과 같이 말할 이유가 있다. 즉 이 숏은 "영화 나머지 부분들의 파편화된 조직과 생생한 대조를 이루고, 이렇게 해서 극적이고 구조적인 축을 이룬다." 버치는 에이젠슈테인의 영향을 받아 특히 몽타주 구조를 묘사하려고 애쓰고, 이런 관점으로 이 '장면-숏'에서 일어난 리듬상의 단절을 강조한다. (반면에 시점의 관점에서 이 영화를 분석한다면, 단절은 이만큼 분명하지 않다.) 여기서 특히 리듬의 효과, 나아가 속도의 효과를 찾아낸다는 점에서 긴 숏[롱 테이크] 분석의 역설적인 결과다.

이런 몽타주, 시점, 미장센 분석들은 서사 일반의 분석들보다 덜 이론적인 접근들을 동원하는데, 주요하게는 제시(monstration)가 서사보다 덜 정식화된 이론의 대상이기 때문이고, 크게는 시각적인 것과 언어적인 것 사이의 근본적 차이에서 비롯된다. 더욱이 우리는 이미 영화적 서사에서 시선의 유희를 이론화하기 위한 시도들을 언급했다(3장 2.4). **봉합**의 이론과 함께 라캉의 정신분석을 거쳐 [서사와 미장센의] 연관을 다루는 시도가 1970년경에 보여준 것처럼, 이는 서사 분석과 미장센 분석이 만나는 지점 중 하나다(Oudart, 1969). 봉합이라는 용어는, 관객 주체와 영화적 발화내용 사이의 관계에 부합하는 범위 내에서 영화적 발화내용의 '종결'을 가리키기 위해 은유적인 의미로 사용된 것이다. 장피에르 우다르의 묘사에서, 영화의 모든 내화면은 관객의 상상으로 상정된 **부재하는 장**(場)을 설정하는데, 내화면의 가시적인 요소들은 이 부재하는 장의 기표들이다. 그러나 이와 동시에 각각의 이미지는 다소간 자율적인 '의미총계'로 간주되는 경향이 있다. 따라서 이어지는 두 숏의 연속을 관객이 이해하기 위해서는 강력한 환유나 영화 외적인(언어적인) 발화내용이 필요하지만, 이와 반대로 봉합은 순수하게 영화적인 연결 형식이다. 이는 봉합이 이미지들의 **기의**에 의존하지 않지만 온전하게 영화적 기표의 차원에서 작동하는, 특히 내화면과 부재하는 장의 관계에서 작동하는 메커니즘에 기반을 두고 있다는 점에서 그렇다.

이것은 근본적으로는 숏/역 숏의 해석인데, 우다르는 이를 1) **결핍**(부재하는 장)에서 숏이 나온 것으로, 2) 부재하는 장에서 어떤 것의 숏아남에 의해 이 결핍이 제거되는 것으로 묘사한다. 즉 '봉합'은 '부재'의 위치에 의해 생겨난 '틈'(béance)을 없애는 것이다. 봉합 개념은 이렇게 요약하면, 통용되는 몽타주 유형 하나[숏/역 숏]에 대해, 약간은 수다스런 단순 미화인 것 같다. 그의 이론적 관심은 의도적으로 또 다른 봉합 이론—말하는 주체가 자기 담론과 맺는 관계에 관한 것이고, 주체에 대한 라캉 이론의 틀 안에서 발전한 것—에 기반을 둔 것이다(Miller, 1966). 이 이론적인 관점의 귀결은 대개는 일정한 교조주의인데, 비봉합의 영화를 제물로 삼아 봉합의 영화, 즉 내화면과 외화면을 명시적으로 결합함으로써 숏들을 연결하려고 애쓰는 영화—우리는 많이 단순화시키고 있다—에 더 높은 가치를 부여하기 때문이다. 비봉합의 영화에서 상상의 장은 항상 부재의 장으로 남아 있고, 여기서 "사람들은 의미의 죽은 문자나 구문론밖에는 지각할 수 없다." 자신도 모르게 아스트뤽, 바쟁, 로메르, 무를레가 품었던 생각의 새로운 변형이었던 이 이론에 대해 많은 말을 할 수 있지만, 어쨌거나 이 이론은 상당히 강력한 분석 도구가 아니었는데, 그 영역에서 실질적으로 행해지는 몽타주의 90%를 배제해버리기 때문이다. 그러나 이 이론은 (시선의 이론에 대한 욕망이 너무 컸다는 것을 보여주면서) 1970년대에 실제적인 영향력을 행사했고, 주로 [우다르의 이론보다] 일종의 확장된 판본이나 완화된 판본으로 사용되었다. 앞서(3장 2.4) 언급한 닉 브라운의 〈역마차〉(존 포드, 1939)의 한 장면에 대한 분석의 경우가 이러한데, 여기서 봉합의 메커니즘은, 그 정확한 형태가 어떤 것이건 간에 모든 시선의 연결로 확장되었다. 그러나 가장 끈기 있게 이를 사용한 분석가는 의심할 여지 없이 스티븐 히스다(Heath, 1977).

이미지는 의미를 소통한다. 이것이 이 모든 분석이 공유하는 유일한 확신이며, 많은 분석은 자기 방법을 만들었고 이와 동시에 이를 적용했다. 다시 말하자면, 이미지 분석과 함께 우리는 이론이 전혀 정식화되지 못한 영역 속에, 또는 훨씬 무겁고 대개는 가설적인 (따라서 취약한) '거대이론'에서 파생된 영역 속에 이미 들어와 있는 셈이다.

1.3 이미지의 권능

영화 이미지 분석에는 세 번째 큰 가능성이 있다. 이미지가 무엇을 재현하는지나 유사성 아니면 이미지가 말하는 것이나 그 의미에 관심을 두는 것이 아니라, 이미지로서의 이미지에 관심을 두는 것이다. 다시 말해서 때로 사람들이 암시적인 용어로 이미지의 **형상적 힘**이라고 불렀던 것에 관심을 두는 것이다. 이런 경향은 오래된 것이고 무성영화 시기—프랑스에서는 특히 엘리 포레나 페르낭 레제에게서—부터 나타나며, 다른 감독들보다 영화의 시각예술적 성격에 훨씬 더 민감한 감독들, 특히 에이젠슈테인에게서 나타난다.

본 저작의 초판본이 출간된 시기(1988)는 영화연구에서 영화/회화의 비교론에 심취한 때였고, 이 비교론은 당시 수많은 저작의 대상이 되었다. 이 영역에서는 방금 우리가 미장센에 대해 언급한 것을 말할 수 있다. 즉 우리는 항상 어떤 영화에서 명시적이든 암시적이든 회화의 현존을 찾음으로써 그 영화를 분석할 수 있지만, 이는 분명한 이론적인 관점에서 연구할 때만 풍요로워진다는 점이다. 이런 분명한 이론적인 관점이 없다면 우연적인 발견이 될 것이며, 여기에 의미를 부여하는 것이 항상 가능하지는 않다. 이것은 오늘날 더욱더 그러한데, 포스트모던 영화가 온갖 종류의 (특히 회화적인) 인용이나 암시를 거듭했기 때문이다. 수많은 영화가 이를 포함하고 있지만, 우리가 여기에 의미를 부여할 때만 이들의 발견이나 분석이 흥미가 있다. 〈멜랑콜리아〉(라스 폰 트리에, 2011)에서 커스틴 던스트가 우리 모두가 식별할 수 있는 화집을 넘기는 것(**도판 22**)을 알아차리는 것과 이 그림들을 이 영화와 관련해서 해석하는 것은 완전히 다른 일이고, 이로써 어떤 영화에서 회화 이미지의 현존에 대해 훨씬 더 광범위한 결론을 끌어내는 것은 또 다른 일이다.

따라서 우리는 단순한 발견에 속하는 수많은 분석 중 어떤 것도 언급하지 않을 것이고, 오히려 영화/회화의 제휴가 흥미 있을 수 있는 몇 가지 방향을 개괄적으로 그려보려고 할 것이다. 어떤 영화작품에 나오는 독창적인 회화작품의 목록에서 우리는 두 가지 주요한 경우를 구별할 것이다. 첫째는 원작 앞에서 찍었든, 복제화를 찍었든 그 영화에서 볼 수 있는 회화작품의 경우다. 〈스탕달 신드롬〉(다리오 아르젠토, 1996)의 시작 부분에서 여주인공은 피렌체에 있는 우피치 미술관을 방문하고, 우리는 보티첼리의 〈봄〉, 우첼로의 〈산 로마노 전투〉 등과 같이 이 미술관의 유명한 몇몇 회화작품을 본다. 이를 알아차리기는 쉽지만, 이것으로 무엇을 할 수 있을지 알기는 불확실하다. 이 장면에서 실제로는 피렌체가 아니라 브뤼셀에 있는 피터르 브뤼헐의 〈이카로스의 추락이 있는 풍경〉의 현존은 관객이 의혹을 품게 한다. 여기서 회화는 지시적인 기능으로 환원되어 (유명한 '스탕달 신드롬'의) 시동 장치의 역할을 한다. 예컨대 그 이야기나 그 문화적 반향이 소환된 것처럼, 회화는 회화로서 현존하기 시작한다. 이것이

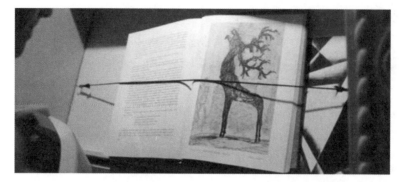

도판 22. 회화작품의 인용. 위는 〈멜랑콜리아〉(라스 폰 트리에, 2011)에서 카를−프레드릭 힐의 〈사슴의 브라만〉, 왼쪽은 〈스탕달 신드롬〉(다리오 아르젠토, 1996)에서 피에로 델라 프란체스카가 그린 〈페데리코 다 몬테펠트로와 그 부인의 초상〉, 오른쪽은 〈석류의 빛깔〉(세르게이 파라자노프, 1968)에서 채색장식이 된 원고들.

도판 23. 숨겨진 인용. 왼쪽은 〈밤〉(미켈란젤로 안토니오니, 1961)에 나오는 시로니의 〈밤〉, 오른쪽 〈붉은 사막〉(미켈란젤로 안토니오니, 1964)에서 마티스의 〈붉은 사막〉(1908).

(화가이기도 한 감독) 미켈란젤로 안토니오니의 영화들에 대한 두 편의 분석에서 나온 것이다. 알랭 봉팡은 〈밤〉(1961)의 한 숏을 계기로 영화 제목과 같은 이름 [밤]을 가진 마리오 시로니 그림의 현존이 단순한 언어 유희나 감춰진 문화적 암시를 넘어서서 읽힐 수 있다는 것을 증명했다(**도판 23**, Bonfand, 2003, 2011). 시로니는 안토니오니처럼 도시 생활에서 개인의 사회적 고독에 매혹되었기 때문이다. 다른 한편, 봉팡은 이 영화에서 화가의 세계에 대해 이보다 더 은밀한 다른 많은 참고작품들을 끌어낸다. 이와 비슷한 생각에서 클로틸드 시몽은 〈붉은 사막〉(미켈란젤로 안토니오니, 1964)이 마티스의 〈붉은 사막〉(1908)을 인용하고 있다고 제시하지만, 이 인용은 상당히 변형된 것이다(Simond, 1995). 그것은 디제시스적 배경으로 벽에 걸린 그림이 아니라, 이 영화의 숏 하나가 이 그림의 구성에 영향을 받았으며, 분석은 무엇보다 이 주장이 그럴듯하다는 것을 증명해야만 하기 때문이다. 이 두 가지 발견은 성격이 같다. 이 경우나 저 경우나 분석가는 어떤 영화가 (그때까지 이목을 끌지 않고 지나칠 정도로 충분히 눈에 띄지 않는) 회화적 인용이나 회화적 암시를 포함하고 있다는 점을 알아차리고, 두 개의 그림이 이들 영화와 같은 이름(〈밤〉)이나 유사한 이름(〈붉은 사막〉)을 갖고 있다는 사실에 고무되어 여기에 의미를 부여하고자 하기 때문이다. 이런 발견물의 개발은 해석에 속하지만, 이 해석은 **영화의 몸 속에 있는** 특별한 시각적 사건의 현존에 기반을 두고 있다.

그 경계가 너무 모호한 이 영화의 '몸'이라는 개념은 형상화 행위로서 이미지에 관심을 가진 대부분 분석의 공통 지점이다. 십중팔구 의미심장한 것은, 얼마간 거리를 두고 다소 의식적으로 이루어지는 회화적 영감이 (어떤 형상의 재현적 가치와 연결된 유사성 부분을 과소평가함으로써) 그 형상의 생산에 기교가 있다는 점을 강조한 1980-1990년대 형상화와 형상 이론의 중계 덕분이라는 것이다. 프랑스어로 쓰여진 것으로는, 최소한 연구자와 분석가 세대에 끼친 영향으로 보면 조르주 디디-위베르만의 작업을 특기해야 한다(Didi-Huberman, 특히 1990a와 b). 그가 취한 구체적인 역사적/이론적 입장을 넘어서 본질적인 것은 이미지가 관객에게 언어의 길이 아닌 자기 고유의 길을 통해서 영향을 미치며 이미지가 가시적인 것과의 유사성을 전달하는 것으로 환원되지 않는다는 사실을 강조하는 데 있다. 따라서 이런 흐름에서는 이미지들—특히 영화의 이미지들—에서 단순한 유사성을 벗어나는 것이나 이를 넘어서는 것의 분석을 선호했다. 그것은 연구자들이나 프로그램이나 시기에 따라 다양한 방식으로 접근한 광범위한 프로그램이다.

가장 기본적인 점은 우리가 때때로 영화의 **조형적 분석**이라고 부르는 것이다. 이 용어는 '영화 조형성'(cinéplastique)이란 말과 함께 이미 엘리 포레(Faure, 1922)가 사용한 것이고, 색채, 색가(色價), 그래픽적 도식, 프레이밍 등과 같이 영화 이미지에서 외양의 복제가 아닌 모든 것에 주의를 기울이고자 한 것이다. 어떤 영화에서 이런 조형적 가치의 분석 문제는 여기에 적용할 개념적 틀을 찾아내는 것이다. 어떤 색채의 특권화된 사용, 어두운 조명(low key)이나 밝은 조명(high key)을 사용하는 경향이나 사선, 원, 사각형의 지배성 등과 같은 현상들을 집계하는 것만으로는 충분하지 않다. 이런 것들의 집계는 그 자체로는 아무 특별한 의미작용을 하지 않기 때문이다. 다른 한편, 이미지 속의 구성 이론이 거의 없으므로, 이 방향에서 해결책을 찾는 경우는 드물다. 역사적인, 문화적인 다른 가능성은 그 영화의 특별한 기획과 비교하여 이런 형식적, 조형적 분석을 하는 데 있다. 그 영화 자체가 이런 차원에서 작업하는 것을 목표로 하고 있을 때, 이는 상당히 자연스럽다. 이렇게 에릭 뷜로는 〈석류의 빛깔〉(세르게이 파라자노프, 1968)의 이미지에서 집요하게 나타나는 정면성 및 관객을 마주보는 수많은 시선에서 마술이나 징조 같은 초자연적 과정의 표현에 적합한 의고적(擬古的) 양식 및 유년시절의 어휘를 암시하고자 하는 의지의 흔적을 본다(Bullot, 2007). 이 둘은 이 감독이 태어난 코카서스 국가—아르메니아, 조지아—의 전통적인 형상화 양식을 가리킨다.

영화에서 문제는 그 조형적 가치가 시대에 따라 변한다는 점이다. 따라서 회화를 모방하고자 하는 시도들 또한 영화에서 별로 자연스럽지 못한 것이고 대개는 성공하지 못했다. 무성영화는 때로 그림처럼 구성된 숏을 만들어내려고 했지만, 이것이 뜻하는 바는 극적인 장면을 재현한 그림—회화는 금방 잊어버린다—에 **생기를 불어넣거나**, 실제로 시각적 정보들을 전면에 내세우고자 하는 것이었는데, 후자의 경우 운동은 곧바로 걸림돌이 되어버린다(쿨레쇼프[〈두라 렉스〉, 1926], 코진체프와 트라우베르크[〈SVD〉, 1927; 〈새로운 바빌론〉, 1929]과 같은 감독들에게서 상당히 많은 예를 볼 수 있다.) 다양한 영감을 받은 작업들은 이러한 논리적 궁지를 피해가고자 했지만, 정확하게 이 작업들은 시각적이고 조형적이지만 **시간 속**의 예술로서 영화의 묘사 가능성에 공통으로 관심을 두고 있었다. 여기서 우리는 1998년의 모음집에 다시 게재된 니콜 브르네즈의 초기 저작들을 언급할 수 있다(Brenez, 1998). 그녀는 영화에서 형식적 창조의 상태 보고서—그녀가 '형상적인 실험실'이라고 부른 것—를 작성하고자 했고, 이 분야가 [다른 연구자들의] 관심을 끌게 되면서 흥미로운 반향들을 만들어냈다. 그러나 이런 시도는 다른 영역으로 연구 방향을 바꾼 브르네즈에게도, 그녀의 모방자들에게도 체계적인 방식으로 이어지지 않았다. 어쨌거나 다른 연구자들이 〈Z32〉(아비 모그라비, 2008)와 같은 아주 독특한 영화들의 아이디어에서 출발해서 '조형적'이라는 문제를 다시 취했다. 이 영화는 약간 흐릿한 컴퓨터 그래픽 가면으로 주인공—자기가 군복을 입고 저지른 범죄를 이야기하는 이스라엘 병사—의 얼굴을 대체한다. 이 경우 가면 형태의 조형성은, 이 젊은이가 자기 얼굴이 식별되기 어렵더라도 얼굴로 자신의 감정을 드러낼 수 있게 함으로써 시각적 차원보다는 인류학적 관점에서 가치가 있다(André, 2011).

따라서 영화 이미지의 순전히 시각적인 측면들에 대한 논평이나 분석은 아주 다양하고, 이는 이 문제에 대한 (독특한 사례 연구들에 영감을 주고 이를 통합할 수 있는) 전체적 이론들이 거의 존재하지 않았기 때문이라고 판단할 수 있다. 이런 역할을 한 유일한 자료군은 형상화(figuration)에서 형상성(figural)까지 형상의 문제를 둘러싸고 1990년대에 쓰여진 저작들 전체다. 대략 1990년까지 회화의 고전적 어휘에서 **형상**(figure)은 물질적 형체—인간, 동물, 사물, 건물—의 재현과 동일시되었다. 이 개념은 20세기 초 이후 이미지의 물질성, 이미지의 제작, 또한 이미지가 그 자체로 만들어내는 효과까지 건드리는 일련의 문제들을 포괄하게 된다. **형상**이라는 용어에서 파생된 말들은 많은 방향을 가리키며,

거기서 이미지는 **미메시스**를 지향하는 물질적 인공물의 본성과 이어진 일종의 고유한 활동력을 갖춘 것으로 간주할 수 있었다.

— **'형상적'**(figuratif)이라는 말은, 특히 '비형상적', '추상적'과 같이 미메시스와 대립된 생각을 만들어낸 이후에는 **미메시스**에 속하는 것을 가리킨다.
— **'비유적'**(figuré)이란 말은 대개 수사학에 기반을 둔 두 번째 의미의 차원을 가리킨다. 이 용어는 영화 이미지와 거의 관련이 없다.
— 마지막으로 **'형상화할 수 있는'**(figurable)이란 말과 그 파생어인 **'형상화 가능성'**(figurabilité)은 잠재적인 형상화 문제를 포괄한다. 이 문제는 기독교 신학과 프로이트 정신분석학이라는 두 개의 큰 분야에서 접근되었는데, 이 문제가 이미지에 관한 연구들에 관심을 회복했다면, 이는 장-프랑수아 리오타르가 그 본질적으로 역동적인 측면을 강조함으로써 이 문제가 다시 활성화된 이후다(Lyotard, 1971). 근본적으로 이것은 지속적인 활동의 지점— 이미지를 바라보는 관객의 시선이나 분석가의 시선은 단지 맞닥뜨리고 촉발시킬 뿐이다—으로 이미지를 보기 위해 능동적 의미로 **형상화**라는 단어를 다시 취한 것이다. 자신들이 찍은 이미지 자체를 매개로 다른 영화들을 연구하고 이렇게 해서 "시각적 연구"를 실현한 몇몇 감독의 제안은 특별히 시사적인 방식으로 여기에 응답한 것이다(Brenez, 1996).

그러나 이미지가 가진 고유한 능력에 대한 성찰이 집중된 것은 **'형상성'**(figural)이라는 개념을 둘러싼 지점이다(Aubral & Chateau, 1999). 이 신조어는 이미지에서 '형상적인 것', '비유적인 것'이 아니지만 '형상화할 수 있는 것'의 차원에 있는 것을 지칭하기 위해 리오타르가 제안한 것이다. 따라서 형상성은 어떤 이미지 모티프들의 수용이나, 은유적인 것이든 다른 것이든 있을 수 있는 이차적인 의미의 수용이 아니다. 이것은 뭔가를 재현하거나 의미하는 기능을 가진 것이 아니라, 그 자체로 가치가 있는 진정한 **이미지의 사건**을 이루는 것이다. 명시적으로 표명하든 아니든 모두 리오타르의 직관에 영감을 받은 이후의 작업들은, 장애가 된다고 판단해서 이 개념을 특히 프로이트의 개념적 토양에서 떼어내려고 애썼다. 가장 큰 영향을 미친 것은 질 들뢰즈의『감각의 논리』(Deleuze, 1981)와 조르주 디디-위베르만의『프라 안젤리코: 상이성과 형상화』(Didi-Huberman, 1990b)다. 전자는 프랜시스 베이컨의 회화들에서 모티프에 가한 변형으로 지각할 수 있는 '힘'의 현시를 부각한 것이다. 후자는 형상성과 연결된 상이성의 능력을 강조한 것인데, 이미지는 뭔가를 형상화하지만 자기 고유의 특성들, 넓이, 색채, 질료 들을 작동시킴으로써 여기서 결정적으로 멀어진다. 형상성은 유연하고 역동적인 이념이다. **형상성은 형상하지도 의미하지도 않으며, 이미지의 존재 자체라**는, 리오타르가 제시한 전제들만 공유한 채로 이를 파악할 수 있는 수많은 방식이 있다. 특히 이것은 개념이라기보다는 원칙이며 강화(強化)의 원칙이다(Vancheri, 2011).

이런 기반 위에서 일련의 분석들—그 각각은 이 이론적 자료군에서 자기에게 유용해 보이는 것을 다시 취한다—은 순전히 **영화적인** 형상성의 가능성, 다시 말해서 운동, 지속시간 또는 정확하게, 시간을 내포한 것의 가능성을 부각시킨다. 필립 뒤부아는 〈탕페스테르〉(장 엡스탱, 1947)에 나오는 폭풍을 예로 들어 그것이 "형식들을 불안정하게 하는 효과 때문에 매혹"을 불러일으킨다는 점에서 이 폭풍을 단지 **모티프뿐**만 아니라 **형상**으로 간주한다(Dubois, 1999). 회화에 대한 재현적인 도전으로서 폭풍의 형상화와 (에드먼드 버크의 '공포의 숭고'라는 의미에서) 폭풍을 숭고한 사건으로 파악한 긴 계보를 지적한 이후, 뒤부아는 여기서 이 영화가 "사물의 내면 자체에 있는" 시간에 대한 의식(意識)을 불러일으킬 수 있게 해주는 "시간적인 관점"의 경험을 읽는다(5장 3.3에서 우리는 이 분석을 다시 다룰 것이다). 회화가 아니라 음악과의 비교에서 출발해서, 에마뉘엘 앙드레는 이와 유사한 사건, 즉 〈바람〉(빅토르 셰스트룀, 1928)에 나오는 바람에서 변형의 의미 및 일종의 리듬 아래 시간적 질료를 부각시키는 의미 속에서 작용하는 형상적 특성 전체를 본다(André, 2007). 여기서 시간을 직접 찾든지, 이보다 더 간접적으로 시간을 그 조형적 가치에서 파악하든지, 형상성은 이미지에서 주어진 사실이 아니다. 그것은 넓게는, 이를 구성하고 각각의 새로운 경우에 그 존재를 증명하고 있음에 틀림이 없는 해석가에게 속한다.

여기서 선험적으로, 형상적인 분석이거나 형상성의 분석에 특히 적절하게 보이는 유형의 영화들에 따로 자리를 마련해주어야 할 것이다. 이는 때로 **추상 영화**라고 부르는 것들인데, 회화에 대해 [추상적이라는] 이 말에 주어진 의미—다시 말해서 형상적이지 않은 이미지들로 구성된 작품들—를 다시 취한 것이다. 이런 종류의 작품들 분석은 거의 없는데, 이는 아마도 여기에 내포된 수많은 어려움 때문일 것이다. 즉 형상적인 이미지들로 구성되지 않았기 때문에, 이런 작품들은 아주 힘들게만 내러티브적일 것이고, 아니면 부분적으로만 내러티브적일 것이다. 다른 한편, (회화를 포함해서) 추상적인 이미지 일반의 분석은 이론적인 노력을 거의 기울이지 않는다. 다른 데서도 그런 것보다도 더, 여기서는 분석이 항상 특이체질이고, 그 가치는 우리가 여기에 부여하는 일반적인 관점에 달려 있다.

2. 사운드 트랙 분석

2.1 사운드 트랙이란 개념과 그 한계

이미지 트랙을 분석하고 난 이후에 사운드 트랙에 대한 성찰을 제시함으로써, 우리는 시각과 청각이라는 완전히 다른 감각 양태 사이의 아주 오래된 분할을 영속화할 위험이 있다. 유성영화의 발명 이후—심지어 그 이전에도, 유성영화나 음악이 동반된 [무성]영화와 함께—에 영화 스펙터클은 시각적 감각과 청각적 감각을 동시에 포함하게 되었고, 이 둘 사이의 현상학적 차이는 확고부동한 것이 되었다. 일정한 범위를 가진 이 감각들 각각은 공간의 지각 및 시간의 지각에 다르게 결합하고, 또한 인과율 관계의 구축에 다르게 결합한다. 이들의 정서적 경로 또한 다르다. 요컨대 영화가 우리에게 신호를 보내고 우리의 감정을 건드리는 두 개의 경로가 있는 것이다.

그렇다고 해도 이 [감각과 청각의] 분할에 이의를 제기할 이유가 있고 이 분할이 너무 단순하다고 생각할 이유도 있다. 주요 비판은 어떤 영화의 청각적 사건들이 매우 많고 다양한데도, '사운드 트랙'을 단수로 이야기하는 습관은 지나치게 단순화된 것이라는 점을 지적하고, 어쨌거나 허구적인 이미지 트랙에 맞서 사운드 트랙을 "동맹을 이루는 일종의 블록"으로 생각하는 것이 허상이라는 점을 지적하는 것이다(Chion, 1985, 2003). 이는 몇 가지 이유 때문이다.

1) 경험적으로 말하면 영화 사운드에는 음성, 음악, 소음—또는 비언어적인 다양한 유사음향—이라는 최소한 세 종류의 요소들이 있다. 다른 한편, 경계에 있는 경우들을 고려하면 이 분할은 복잡해진다. 〈스타워즈〉(조지 루커스, 1977-2005)에서 알투디투(R2-D2)의 찍찍거리는 잡음은 선택에 따라 음성에 속하는 것으로도, 소음에 속하는 것으로도 결정할 수 있다. 이보다 흔하게 노래는 음악으로도, 음성으로도 간주할 수 있다. 히치콕의 〈새〉(1963)에서 새 울음소리처럼, 많은 영화는 소음을 거의 음악적인 요소로 취급했다.

2) 어떤 영화의 소리는 혼자서 지각되지 않고 영상과 동시에 지각되며, 영상과 자동으로 결부된다. 따라서 최초의 분할은, 보이는 것에서 바로 그 순간에 출처를 가정할 수 있는 소리와 이와 반대로 그런 출처가 없는 소리를 구분하는 것이다. 이것이 인(in) 사운드와 오프(off) 사운드 사이의 오래된 구분이며, ('인 사운드, 오프 사운드, 아웃 사운드, 스루(through) 사운드'라는 세르주 다네[Daney, 1977]의 4분할처럼) 이를 임시로 개선한 제안들도 있다. 이보다 일반적으로 시옹은, 어떤 영화의 사운드적 요소들이 관객이 보는 것과 맺는 관계에 따라 관객의 지각에서 즉각적으로 분석되고 배분된다고 지적한다. 이 '즉각적인 방향전환'에서 출발해서 몇몇 요소는 영화의 거짓 심도 속으로 '삼켜지거나' 내화면의 주변으로 치워지는데, 다른 요소들—영화음악과 보이스오버 내레이션—은 **프로시니엄 무대**(proscenium)에 비교할 만한 또 다른 가상의 장소로 향한다. 여기서도 또한 애매한 경우들이 있고, 나아가 위치를 결정할 수 없는 경우들—종종 사용되지만, 영화음악인 줄 알았는데 갑자기 내화면의 라디오에서 나온 소리로 밝혀지는 익살스러운 상황—이 있다.

3) 이보다 광범위하게는, 영화 사운드는 자율적인 소리도 근거 없는 소리도 아니며 항상 어떤 의미의 전달수단이고 어떤 출처의 표시다. 어떤 영화의 '사운드 트랙'은 믹싱이라는 복잡한 기술적 절차에서 나온 것인데, 이는 (촬영 중의 동시녹음, 대사의 더빙, 소음, 음악, 음향효과 등) 다양한 출처를 지니는 소리를 음대에 첨가하는 것에 만족하지 않고, 이 각각의 상대적인 중요성을 매순간 조제한다. 실제로 믹싱은 주로 극적이고 정서적인 효율성의 기준에 따라 다양한 소리의 균형을 잡으며, 순수하게 청각적인 기준에 따라 믹싱을 하는 경우는 드물다. 그 결과 완성된 영화에서 청각적 사건들은 십중팔구 디제시스와 관련해서 평가되고, 또는 디제시스에 대해 정보를 주느냐 주지 않느냐로 평가된다.

4) 마지막으로, 현재 상태 그대로의 영화에서 현재 상태 그대로의 관객에게는, 소리가 있고 그중에 특히 인간의 목소리가 있는 것이 아니다. 인간의 **목소리**가 있고, 그 나머지가 있을 뿐이다. 다른 말로 하면, 어떤 소리의 잡동사니 속에서도 "인간 목소리의 현존은 그 주위의 지각을 위계화시킨다"(Chion, 1982). 사운드 트랙에서 인간 목소리의 우위는, 우리가 앞서 영화 일반에서 픽션의 호소력에 대해 말한 것과 호응한다. 이것이든 저것이든 영화작품들은 실제 사건들의 다소간 우연적인 복제를 잔뜩 쌓아 올린 근거 없는 것들이 아니라, 세계 경험과 삶의 경험을 풍요롭게 해주는 인간 주체를 향해 있다는 점을 입증한다.

요컨대, 사운드 트랙은, 영화 장의 가상적 공간[내화면, 외화면 등]에 따라 분배되는 방식으로 자기 의미와 역동성을 발견하는 메시지, 내용, 정보, 감각 등을 다소간 조직해서 병치한 것이다. 어떤 영화의 사운드 트랙 분석이 거의 없는 것은, (관객들이 가장 적게 성찰하기 때문에) 즉각적으로 지각된다는 의심의 여지가 없는 근본적인 이유 때문이고, 주요하게는 사운드 트랙이 절대 혼자 있지 않기 때문에 그것을 분리하는 일이 흥미로운 분석 활동으로 여겨진 적이 없기 때문이다. 사운드 트랙을 분리하는 것은 원칙적으로 불가능한 것도 아니고, 이 점이 없지도 않을 것이다. 예컨대 고다르가 자신의 영화 〈누벨 바그〉(1990)의 사운드 트랙을 오디오 CD 형태로 발매했고, 그가 아마도 이것을 그 자체로 들을 가치가 있다고 판단했다는 것을 주목할 수 있다. 이보다 일반적으로는, 영상 없이 어떤 영화의 사운드 트랙을 듣는 것은 몇몇 경우, 최소한 그 영화 내의 새로운 관계를 지각할 수 있게 해주는 도구로서 극히 시사적일 수 있다. 이런 의미에서 이는 탁월한 교육 도구가 될 수 있다. 예컨대 영상을 접하기 **전에** 일군의 학생들에게 사운드 트랙만 들려주는 것은 영상에 대한 시차 효과를 낼 수 있고, 분석에 유용하다.

'기호학'의 시기에 영화언어를 약호들의 조합으로 보는 메츠의 이론은, 종종 약호의 관점에서 사운드 트랙—특히 소음과 앰비언스 음향—을 분석하기 위해 사용되었다. 〈뮤리엘〉(알랭 레네, 1963)의 사운드 트랙을 분석하면서 미셸 마리는 청각적 유사성의 약호들, 이 영화 특유의 소리 채집과 믹싱의 성격, 그렇게 획득한 '청각적 리얼리즘'에 대해 강조한다(Marie, 1974). 대사의 정확한 청취가 절대적으로 특권화되어 있고 전적으로 후시 녹음된 이 영화는 1960년대 초의 '직접 음향의 혁명'에서 획득한 것을 모순적으로 통합시킨다. 즉 관례적이지 않은 차원에서 재현된 소음들이 여기에 빈번하게 나타나는데, 이는 인 사운드 (차단기 조작음, 아파트 안에서 인물의 발소리)뿐만 아니라 오프 사운드(사이렌, 배의 모터 소리)도 그렇다. 분석가에게 "엘렌의 아파트는 마치 빈 소라껍데기 같고" 도시 전체를 축소한 모델이다. 항상 명확하게 들리는 길거리의 대화는 공격적인 기생음—클랙슨 소리, 앰블런스 사이렌 소리, 오토바이 모터 소리, 여판매원의 외침 소리, 확성기로 외치는 슬로건—으로 너무 자주 중단된다. 더욱이 이 영화의 사운드 트랙은 이런 소음들과 인물들의 대사를 (한스 헨체가 작곡한 아주 불연속적인 음악까지 포함하는) 전체적인 악보로 통합시킨다.

2.2 영화음악 분석

어떤 영화에서 음악은 독특한 위치를 차지한다. 그것은 비음성적인 사운드 요소에 속하지만, 특히 멜로디의 형태로 그 특유의 조직화가 이루어지기 때문에 음악은 종종 목소리와 가까워진다. 어떤 등장인물이 노래할 때 이 점은 특히 분명해

질 수 있다. 야외에서 수잔이 노래하는 〈살람보〉—〈시민 케인〉(오손 웰스, 1941)을 위해 버나드 허먼이 상상한 오페라—는 다른 어떤 대화보다도 이를 더 잘 말해 준다(Aumont, 1999). 〈게르트뤼드〉(카를 드레이어, 1964)에 나오는 슈만의 가곡은 중요한 정서적인 연출의 기회다(Revault d'Allonnes, 1990). 그러나 음악이 의미와 정서를 갖춘 담론의 가치를 갖기 위해 반드시 노래와 결합할 필요는 없다. 〈역마차〉(존 포드, 1039)의 음악을 위해 존 포드가 사용한 미국 전통음악 메들리는 제 역할을 하기 위해 꼭 노래로 불릴 필요는 없었다. 이것은 영화와 관객이 공유한다고 가정한 문화적 토대다(Buscombe, 1992). 관객이 미국인이 아니고 75년 후에 살고 있다면, 이런 참조지점들이 명백하지 않기는 하지만.

음악과 목소리의 잠재적 등가성은, 예컨대 〈쾌락〉(막스 오퓔스, 1952)의 세 개의 스케치 중 두 번째인 '텔리에 씨 집'에 나오는 음악 분석이 보여주는 것처럼, 정도에 따라 다양할 수 있다(Chion, 1985). 다양한 레퍼토리에서 빌려온 이 음악은, 텔리에 씨 집(거리의 목 좋은 곳에 있는 매춘의 집), 시골(매춘부들이 '첫 영성체'에 참석하기 위해 간 곳), 다시 텔리에 씨 집(여기서 '가게' 문을 닫고 축제가 열린다)이라는 이야기의 세 장소에서 불균등하게 배분된다. 시옹은 여기서 서로 다른 유형의 네 개의 음악적 요소를 구별한다. 1) 문 닫은 '가게'와 결부되어 있고, 19세기 경음악에서 빌려온 테마를 모은 메들리 댄스음악(또는 춤출 수 있는 음악). 이것은 테마나 **라이트모티프**가 아니고 차별화되지 않고 뒤섞인 일련의 멜로디로서, 생기 있고 간략하며 리드미컬한 동요(動搖)의 감정과 연결되어 있다. 2) 다른 19세기 작곡가 피에르-장드 베랑제의 노래 〈할머니〉. 이는 외설적 노래이며, 이 영화는 가장 하찮은 소절만을 사용하며, 젊은 시절의 후회라는 단 하나의 모티프에만 가락을 붙인 것이다. 음악적으로 이 테마는 추락과 후회, 소멸의 테마다. 이 테마는 처음에는 순전한 기악곡으로 나오다가 나중에는 콧노래로 흥얼거리다가 점차 가사를 갖게 되는데, '여주인'에 의해 다른 이들에게 퍼져나간다. 3) 당시 유명했던 가톨릭 성가 〈주여, 당신에게 더 가까이〉. 이 성가는 중심 부분만 제시되며, 처음에는 기악곡으로만 등장하다가 어린이 합창단의 노래가 덧붙여지며, 〈할머니〉가 나오는 하나의 경우를 뜻밖의 방식으로 중단시킨다. "이 성가는 세례처럼 쏟아지는데, 이것은 지금까지 억압된 종교적 감정의 세례다." 4) 마지막으로 18세기 말까지 거슬러 올라가는 '짧지만 숭고한' 모차르트의 단편 하나, 혼성합창단과 오케스트라를 위한 〈아베 베룸〉. 훨씬 더 흔한 예배음악이 나온 후에, 〈아베 베룸〉은 마치 성스러운 은총처럼 이 작은 성당에 내린다. 이 영화는 이 곡을 연주하는 연주자들을 우리에게 보여주지 않지만, 모두가 마치 이 음악의 벼락을 맞은 것 같은 효과를 겪는 성직자와 신자의 반응을 강조한다. 반면에 "카메라는, 하늘로 올라갔다 다시 내려오고 또 성당을 묘사하는 넓은 움직임으로 신자들 서로서로를 연결하면서 이와 동시에 하늘과 땅을 연결한다." 메들리 댄스음악은 주로 기능적이고, 베랑제의 노래와 성가는 주로 감상적이며, 모차르트는 주로 '숭고하다' 등과 같이 다양한 효과를 내는 음악의 좋은 표본이다. 그러나 약간 뒤로 물러나서 보면, 시옹의 정교한 분석에 다음을 덧붙여야 한다. 이 모든 음악은, 그 예술적 지위의 편차를 넘어 서구 음악의 동일한 시기[19세기]에 속해 있으며 음악은 일관된 목록 안에서 아주 능숙하게 유희한다는 점이다.

어떤 영화의 음악 분석의 문제 중 하나는 그 전문성이다. 음악 분석을 하기 위해 꼭 전문적인 음악학자가 될 필요는 없지만, 최소한의 지식이 필요하다. 즉 조성음악과 무조음악, 단조와 장조를 구별할 수 없다면, 관악기와 현악기를 구별할 수 없다면, 오케스트라 편성에 대해 아무것도 알지 못한다면, 묘사가 상당히 빈약해질 위험이 있다. 미조구치 겐지의 많은 영화에 나오는 일본 전통음악 가가쿠(雅樂)나, 사티야지트 레이의 몇몇 영화에 나오는 인도음악 라가(raga)와 같은 비서구 음악의 경우에는 상황이 더 복잡해진다. 악기가 다를 뿐만 아니라 음악, 음색, (서구의 12음계 음정과 다른) 적합한 음정, 음악 소절의 일반적인 구조 등이 록이나 베토벤을 습관적으로 듣는 사람들을 어리둥절하게 한다. 다른 한편 이 언급은 모든 영화에 대해서도 타당하다. 즉 어떤 영화의 음악 분석은 문화적인 영역에 속해 있으며 이런 자격으로 (영화 속의 회화 분석처럼) 고유한 소양을 요구한다는 것이다. 우리는 항상 개인적인 반응에 분석의 기반을 둘 수 있지만, 우리가 여기서 끌어낼 수 있는 것은 곧바로 한계에 도달한다. 음악에 대해서는 다른 곳에서보다 더, 우리는 그 영화의 레퍼토리가 되는 것에 대한 지식의 필요성을 벗어날 수 없다. 존 포드처럼 아일랜드 태생인 태그 갤러거는, 자신의 책에서 존 포드의 작품 여기저기에 흩어져 있는 전통음악과 대중음악의 수많은 인용을 알아내는 데 어떤 어려움도 없었다(Gallagher, 1986). 그러나 샤를 테송은 사티야지트 레이에 대한 저작에서 〈음악 살롱〉(1958)에 인용되거나 연주된 음악작품들을 식별하는 데 큰 노력을 기울여야 했다(Tesson, 1992).

2.3 현실적인 소리(소음, 앰비언스, 대사)의 분석

소음과 앰비언스와 대사를 하나로 묶으면서 우리는 은연중에 시옹의 입장을 따르고 있고, 시옹처럼 한편으로 인간의 목소리—알아들을 수 있는 대사—에, 다른 한편으로 음악에 독자적인 자리를 부여한다. 그러나 이런 묶음은 내적 차원—개별화될 수 없는 소음과 대사를 섞으면서, 내적으로 구조화된 소리의 통행을 포괄하는 '앰비언스'란 개념이 말하는 것처럼—에서뿐만 아니라 외적 차원에서도 아주 모호하다는 문제가 있다. 이들을 나누는 경계에 구멍이 많이 나 있기 때문이다. 많은 경우, 특히 대사를 알아들을 수 있는지 없는지—따라서 말한 것을 명확하게 지각될 수 있는 것으로 간주해야 하는지—를 물어야 하고, 아니면 해당 소리가 음악인지 소음인지를 물어야 한다. 이 마지막 지점에 대한 고전적인 예는 〈새〉(알프레드 히치콕, 1963)인데, 여기서 버나드 허먼의 음악, 녹음된 새소리, 전자적으로 작업해서 만들어낸 새소리 사이에 이루어진 공모는 식별하기 힘들 정도다. 자크 타티의 영화는 일반적으로 대사와 소음 사이에서 아주 드문 혼동이 일어나는 예다. 〈윌로 씨의 휴가〉(1953)나 〈나의 삼촌〉(1958)의 인물들이 말하는 것은, 많은 장면에서 아무런 적절성이 없기 때문에 말로 된 일종의 웅성거림이다. (이 체계는 〈플레이타임〉[1968]에서 정점에 이르는데, 여기서 잘 들리지 않는 탄성과 다소 알아듣기 힘든 의성어들이 분절된 드문 대사들을 압도한다.)

모든 사운드 트랙 중에서 소음은 1930년경[1927년]에 발명된 유성영화와 가장 많이 관련된 요소다. (영화 상영 중에 종종 곁들여진) 음악이나 (일부 자막으로 전사된) 대화와 달리, 소음은 사실상 무성영화에는 존재 자체가 거의 없었다. 이 시기에 나온 영화 중 많은 작품은 거의 실험적이었고, 특히 핍진성의 한계를 주저하지 않고 넘어서곤 했다. 〈M〉(프리츠 랑, 1931)과 같은 영화는 이런 차원에서 예외적인 풍요로움을 갖고 있고, 외화면을 상당히 체계적으로 특권화한다. 살인자가 처음 등장할 때부터 휘파람으로 들리는 라이트모티프, 길거리에서 지나가는 사람들의 외침, 엘지의 어머니 집에서 들리는 뻐꾸기시계 소리와 빈 계단에서 어머니가 엘지를 부르는 소리, 부랑자가 살인자를 발견할 때 살인자가 들어올리려고 애쓰는 걸쇠 소리 등등이 그렇다. 그러나 [1930년대라는] 이 이행기는 이런 관점에서 체계적인 연구의 대상이 되지 않았다.

다른 한편, 소음 일반 분석에 대해서는 전반적인 이론적 접근이 거의 없었다. 아주 특수한 대상(알랭 로브-그리예의 영화들)을 대상으로 이루어진 것이기는 하지만, 도미니크 샤토의 접근은 합리적인 유형학을 제시하고자 하기 때문에 여전히 흥미가 있고 때에 따라 다시 사용할 수 있다. 그는 연속적인, 아니면 교차된 이항대립을 통해 다음을 구분한다.

— (영상, 디제시스와) **연관된** 소리와 연관되지 않는 소리. 소리와 그 소리의 출처가 동시에 나올 때, 시청각적 조합은 연결된다. 아니면 자유로운 조합이라고 말한다.
— **음성적인**(phonique, 즉, 분절된) 소리와 비음성적인 소리.
— 음성적인 소리 안에서, **말을 이루는**(phonématique) 소리(구어로 된 담화)와 말을 이루지 못하는 소리(외침, 고함, 속삭임, 함성 등).
— **인간에게서 나온** 소리와 **인간 밖에서** 나온 소리.
— **자연적인** 소리와 **악기** 소리(악기 소리 중에서 샤토는 피에르 셰퍼, 피에르 앙리, 미셸 파노와 같은 음악가들에 의해 얼마 전에 등장한 전자적 소리에 별도의 자리를 부여한다).
— **구체적인** 소리와 (넓은 의미의) **음악적인** 소리.

이런 범주들은 배타적인 것이 아니고, 분명 해당 소리는 음악에 대해 살펴본 것처럼 이 범주들 몇 개에 속할 수도 있다. 샤토가 디테일에 이르기까지 정밀하게 분류했지만, 이 범주들은 계속해서 몇 가지 근본적인 문제를 제기한다. 예컨대 '연관'이라는 개념은 모호한 상황을 만들 수 있다. 우리가 듣는 소리가 우리가 보는 것의 소리인지를 명확히 아는 것이 항상 가능하지는 않기 때문이다. 영화가 (영상과 동시에 녹음한) 직접 음을 사용한다면, 이런 연관은 우선적으로 보증되지만, 촬영 조건과 별도로 연관을 파악한다면 이런 연관이 그럴듯한지 아닌지를 고려하면서 매번 가설을 세우게 된다. 샤토가 구분한 다른 매개변수들, 예컨대 '인간에게서 나온 것과 아닌 것'도 마찬가지다. (인간에게서 나온 것인지 아닌지는 특히 정확히 이런 의도로 만들어진 장르영화에서 항상 판별할 수 있는 것은 아닌데, 예컨대, 〈엔터티〉[시드니 퓨리, 1983]에서 초능력을 가진 보이지 않는 존재가 다양한 양태로 소리를 내는데, 이 소리는 진짜로 인간의 말을 사용하지 않지만 언어에 가까운 소리다.)

이 마지막 예는 순수하게 청각적인 대사의 특성들이 얼마나 흥미롭고 때로는 시사적인가를 잘 보여준다. 이를 확인하는 간단한 방법은 우리가 모르는 언어로 찍은 영화를 자막 없이 보는 것이다. 대사의 톤, 리듬, 목소리의 음색으로 전달되는 정보들의 수, 나아가 다소간의 음악성으로 생겨난 발성의 암시적 의미는 이때 훨씬 더 분명해진다. 일단 대사에서 의미론적 내용을 제거하면, 대사는 일종의 청각적 '이미지'로서의 특질을 드러낸다. 앙드레 바쟁은 오손 웰스에 관한 책에서 이를 지적했다(Bazin, 1950).

> "웰스는 라디오 제작 경험 때문에 영화 이미지의 사운드 부분을 혁신할 수 있었고, 사람들은 이때 [기존 영화의] 사운드 부분이 얼마나 밋밋하고 관습적이었는지를 알게 되었다. [⋯] 〈시민 케인〉이나 〈위대한 앰버슨가〉(1942)의 한 장면이 진행되는 동안 눈을 감는 경험을 해보라. 그러면 당신은 반향되는 목소리의 음색과 각 소리의 개별성에 놀라게 될 것이다."

이[순수하게 청각적인 대사의 특성]는 아직도 분석의 대상이 될 수 있는 영역이고 개발이 덜 된 영역이다.

2.4 대화와 목소리의 문제

앞서 지적한 것처럼, 대화는 사운드 트랙에서 유난히 중요한 부분이다. 한편으로 대화는 시옹이 지적한 특권을 누리고 있다. 즉 대화는 인간의 목소리가 낸 것이고, 따라서 무엇보다 먼저 우리의 관심과 공감을 끌어낸다. 다른 한편 대화는 다른 어떤 청각적 요소들보다도, 심지어 동기화가 가장 많이 이루어진 소음보다도 훨씬 명시적인 방식으로 의미를 전달한다. 따라서 대화 분석은 불가피하게 두 개의 측면을 갖고 있다. 하나는 말해진 텍스트 및 그 뜻과 결부된 의미론적 측면이고, 다른 하나는 이 텍스트가 말해지는 방식과 (단지 '누가 말하는가?'의 의미뿐만 아니라) 문자 그대로 그 발화작용에 관심을 가진 기호론적 측면이다. 글로 전사된 것에서 행해질 수 있는 텍스트의 분석은 언어학적 차원을 갖는다. 그것은, 외시(外示)를 이해하고 내포(內包)를 파악하며 발화 유희를 이해하는 다른 어떤 텍스트 분석과 유사하다. 이를 위해서 때에 따라 실제로 영화에서 말해진 대화의 채록을, 촬영 이전의 데쿠파주와 시나리오의 대화와 비교해보는 것도 흥미로울 것이다.

말해진 것으로서 대화 분석은 다른 현상들에 초점을 맞춘다. 대화는 등장인물의 몸에 의해 지시되고, 소음과 앰비언스와 함께 제시되며, 이들에게 즉각 영향을 미치는 청각적 특징들과 함께 우리가 아무것도 바꿀 수 없는 순서로 우리에게 도달한다. 프랑시스 바누아는 〈게임의 규칙〉(장 르누아르, 1939) 시작 부분에 나오는 대화를 이 영화를 따라가면서 분석한다(Vanoye, 1983). 이는 극적인 관점(등장인물들은 어떻게 우리가 그들이 누구인지 알기도 전에 말하는가?), 청각적 관점(목소리는 어떻게 '라디오에서 나온 것'이 되는가?), 정서적인 관점(쥐리유가 내뱉는 문장들은 어떻게 슬픔에서 분노로 가는 변화를 표현하고, 여자 아나운서의 문장들은 어떻게 그녀의 거북스러운 느낌을 표현하는가?)에서 이루어진다. 우리는 이보다 더 멀리 갈 수 있고, 대화 분석에서 구어가 나타내는 특징들을 특권화할 수 있다. 이렇게 해서 바누아는 『라방센 시네마』(*L'Avant-Scène cinéma*)가 대화를 전사한 책에서 이런 특징들이 수없이 누락된 것을 지적한다. 주저, 반복, 짧은 휴지기나 침묵에 의한 발화내용의 분절, 특수한 불변형의 사용, 빠른 발화 행위 때문에 생긴 '오류'가 그것이다. 그는 또한 구어의 요소, 음정의 요소, 동작의 요소에 의해, 그리고 시선에 의해 수행된 교환의 조정과 같은, 구어적 커뮤니케이션에 따라다니는 몇몇 화용론적 도구의 중요성에 주목한다. 〈소란〉(마르셀 파뇰, 1938)의 도입부 시퀀스에는 이런 구어성의 특징이 넘쳐난다. 삼촌과 조카가 격돌할 때 나오는 인칭대명사의 유희는 배우들의 발성법에 의해 강화된다. 삼촌의 대사에는 많은 반복, 주저, 비정형적인 통사론적 어법, 의성어, 반박과 관련된 화용론적 특징, 문장의 끝말을 강조하는 요소 등이 나온다…. 요컨대, 우리는 즉각적으로—또는 즉흥적으로, 물론 이 텍스트는 배우가 습득한 것이긴 하지만— 말하는 텍스트라는 느낌을 받는다. 바누아는 이들의 대사와 발성법을 배우들의 동작과 비교하는 데까지 나아가는데, 배우들의 동작은 예증, 감정 드러내기, 말의 흐름에 대한 조정 등과 같이 기능한다. 배우는 청각적인 물질성 속에서, 극적인 상황뿐만 아니라 신체적인 (나아가 생리학적인) 상황에서 분석된다.

바누아의 또 다른 연구는 폴 그리스의 '대화의 화용론'을 사용하여 네 개의 영화적 대화를 비교하는 것이다(Vanoye, 1985). 두 개는 픽션영화(피알라, 로메르)에서 나온 것이고, 다른 두 개는 인터뷰에 기반을 둔 앙케트 영화(고다르, 페로)에서 나온 것이다. (유명한, 좋은 대화의 '규범들'의 창안자인) 폴 그리스는, 하나의 대화가 자기 역할을 완수하기 위해서는 화자들 모두가 동의한 규칙들에 기반을 두어야 한다고 가정한다. 더욱이 대화는, 명시적인 외시에 덧붙여지는 명시적이지 않은 의미(**합의**의 차원)를 포함하고 있다. 이렇게 바누아는 〈프랑스, 일주, 우회, 두 아이〉(장-뤽 고다르, 1979)에서 고다르와 어린 소녀의 대화 중 하나를 분석한다. 즉 이 대화는 질문/대답 양태와 비슷한 발화내용의 쌍으로 구조지워져 있고, 화면 밖의 남성 목소리가 항상 대화를 시작한다. 어린 소녀는 설정된 상호작용 의례에 종속되어 있고 질문에 응답함으로써 '협력의 원칙'을 존중하고 있지만, 상호작용을 최소한(아주 짧은 대답)으로 줄임으로써 여기에 저항한다. 그녀의 목소리 톤은 대답에서 어떠한 개인적 특징도 보이지 않고, 시선은 거의 카메라 쪽으로 돌리지 않고 친구들이 놀고 있는 운동장 쪽을 향하고 있다. 인터뷰어 자신이 대답에 관심을 가지지 않는 것처럼 보이기 때문에, 이것은 완곡한 대화다. '교사/학생' 간의 대화와 훨씬 가깝고, 바누아에게는 교육적 상황 및 이보다 넓게는 '어른/아이' 관계에 내재한 폭력을 밝히는 것이다. 이 대화에서도, 그리고 다른 영화의 대화에서도 분석은 특수하게 영화적인 매개변수들—숏의 크기와 길이, 화면에 화자의 존재와 부재, 그리고 일반적으로 녹음된 말과 영화의 관계—을 개입시키면서 소통적인 상호작용에 대해 이루어진다. 이것은 (예컨대 돌차기 놀이를 하는 아이들의 대화를 녹음하고 분석한 미셸 드 포르넬에 의해) 1990년대부터 이루어졌던 담화의 화용론 연구와 그리 멀지 않다.

이와는 다른 생각에서 미셸 마리는 〈뮈리엘〉(알랭 레네, 1963)의 대사 체계를 분석한다(Marie, 1974). 이 '말이 많은' 영화는 언어를 풍요롭게 사용하지만, 극적 기능이 첫 번째가 아니고, 플롯의 진행에 불필요한 평범한 대화의 단편들이 빈번하게 끼어든다. 분석은 반복적인 구조들의 빈도, 어조와 리듬의 단절, 공통된 장소들의 풍부함, 언어적 영역 전체—대사, 미세 서사, 외화면에서 들리는 논평, 노래, 강한 리듬을 가진 장광설— 등을 부각한다. 마리에게 발성법과 발화행위 양태의 이러한 이질성, 이들이 서사의 전개와 다소간 강하게 취한 거리 등은 (연극적 대사에 맞서는) 영화적 대사의 특징을 이룬다. 더욱이 그는 이런 대사들이 내용의 차원에서 음식과 고문이라는 두 가지 테마 주변에서 초점 맞추기에 의해 결정된다고 지적하고, 이 영화의 의미에 대한 가장 확실한 접근로 중 하나라는 점을 보여준다.

어떤 영화에서 말로 한 대화들의 분석은 자신이 요청한 언어 이론들의 존재가 드러나는 영역이다. 1970년대의 구조 분석은 1980년대부터 화용론—오늘날까지도 이 유연한 이론들은 결코 완전히 폐기된 적이 없다—이나 이보다 예외적으로는 수사학으로 기울어졌다(Soulez, 2011). 수사학은 어떤 영화의 대화—이보다 넓게는 그 발화행위—에서 대화 상대뿐만 아니라 관객에게 말하고자 하는 의식과 염려를 드러내는 데 집중한다(프란체스코 카세티가 이미 주목한 이념, Casetti, 1986). 예컨대 기욤 술레즈는 〈히로시마 내 사랑〉(알랭 레네, 1959)의 유명한 첫 문장—"너는 히로시마에서 아무것도 보지 못했어"—을 분석한다. 이 문장은 (이후 그 말에 대답하는) 여주인공에게 하는 말일 뿐 아니라 (대답할 수 없는) 관객에게도 말하는 것이다. 그는 발성에서, (악센트를 들으면 프랑스인의 것이 아니라고 느껴지는) 목소리에서, '너'라는 말의 최초의 기이함에서, 이 목소리의 외화면 위치에서, 최소한 감춰진 '연단'(演壇)을 이루는 모든 것을 상세히 분석하고, 재현의 문제를 둘러싸고 이 영화의 수사학적 독해를 제안한다. 다른 많은 경우에서처럼 여기서도, 대화 분석은 특히 분석가와 영화 사이의 언어적 공동체를 전제한다는 점을 내친김에 지적해보자. 우리는 자기 언어로 찍은 영화와 외국어로 찍은 영화, 자기 언어지만 외국어 악센트로 말한 영화를 동일하게 분석하지 않는다. (퀘벡어가 프랑스어와 너무 멀어서 자막을 붙여야 할 것 같은, 페로의 영화를 볼 것.)

대사 연구는 목소리의 문제 모두와 관계되지만, 목소리의 문제가 중심대상이 되는 것은 아니다. 정의상 목소리를 연구한다는 것은 인물의 즉각적인 현시(顯示)를 연구한다는 것이고, 이 때문에 영화작품 분석에서 인간의 정신현상 이론이나 이보다 최근에는 몸 이론과 같은 인격(personne) 이론의 비호 아래서만 시도되었다. 다른 영역에서도 그랬지만 이 영역에서 정신분석은 오랫동안 부당하게 큰 몫을 차지했고, 영화작품 분석은 (1980년대까지는) 문학연구, 기호학 연구, 심지어 모든 시기의 사회적 연구 등의 강력한 경향을 뒤따라갔다. 게다가 정신분석의 거대이론 속에는 한 편의 영화처럼 의미 있는 생산물에 적용될 수 있는 텍스트들이 있었다. 『꿈의 해석』, 『농담과 무의식의 관계』(프로이트), 『잃어버린 편지』에 대한 세미나』(라캉) 등이 그것이다. 응용된 정신분석은, 다른 주체의 이론들보다도 스펙터클의 문제에 더 관심이 있었고(마노니[Mannoni, 1969]를 볼 것. 마노니의 영향은 오랫동안 강력했다), 일반적으로 시선의 문제에 관심이 있었다. 응용된 정신분석은 시선이 본 것도 아니고 감각도 아니며, 욕망—보고자 하는 욕망, 이보다 더 본능적으로는 보고자 하는 충동, 또는 **시관 충동**(pulsion scopique)—과 같은 어떤 것에 응답하는 정신적 행위라는 것을 결정적으로 증명하는 큰 장점이 있었다. 이보다 더 지엽적으로는, 결과적으로 설득력이 들쑥날쑥하지만 1970년대에 (특히 라캉적인) 정신분석, (특히 소쉬르적인) 언어학, 이데올로기에 대한 마르크스주의 이론(알튀세르에게 이런 만남에서 특히 정교하게 다듬어진 예[Althusser, 1970]를 볼 것) 등을 결합해서 일련의 이론들이 만들어졌다는 점을 덧붙일 수 있다. 마지막으로, 똑같이 1970년대 당시 대두하고 있던 페미니즘의 보호 아래 기도된 연구들은 무엇보다 크게는 이런 이론적 환경에 처해 있었다는 점을 주목해야 한다. 특히 시관 충동이란 개념이 수많은 분석의 중심에 있는데, 예컨대 (남성적인) 바라보는 것과 바라보여지는 것(멀비에게서 '바라보여짐'[to-be-looked-at-ness]이라는 개념)의 차이를 둘러싸고 이루어졌다(Mulvey, 1975).

그러나 이 모든 연구에서 시선(시관 충동)은 목소리('간청하는' 충동)보다 엄청나게 많이 연구되었다. 아마도 (목소리의 주요한 최초의 현시인) 대사가 시선보다 훨씬 더 단조롭게 순환하며, 양성의 사회적이고 심리적인 배분에 덜 두드러진다는 점 때문이다. 다시 말해서 목소리의 음색을 넘어서 젠더라는 관점에서 남성의 목소리와 여성의 목소리 사이의 차이가 정말 있을까? 우리는 이 질문을 열린 상태로 남겨두려 한다. 따라서 궁극적으로 목소리에 관심을 가진 기존의 분석들은 우리가 기대하는 것만큼 이론적이지는 않고, 최소한 이론의 상당히 경험적인 상태에 기반을 두고 있다. 프랑스에서 이 테마의 주요한 선도자인 미셸 시옹 자신은 우선 정신분석에 영향을 받았지만, 이는 단 하나의 저작을 통해서였다. 그 책은 단지 두 개의 임상적인 경우에 기반을 두고 있는 아동 정신분석학자의 저작이다(Vasse, 1974). 내친김에 언급하자면 이 책은 전형적으로 쉬운 저작이며, 정신분석에서 소수의 경험으로부터 이론을 아주 쉽게 끌어낸 것으로, 이는 때로 영화분석과 관련하여 도입되는 태도다…. 시옹은 이와 관련이 없고, 그가 (인간 목소리의 사용을 최초의 아기 울음의 발성과, 따라서 탯줄을 끊는 것과 연결하는) 드니 바스의 테제를 사용하는 것은 이 개념적인 틀에 엄격하게 머물러 있지 않은 만큼 더더욱 생산적이다. 그는 이로부터 스스로 또 다른 틀—음성존재(acousmêtre)의 이론, 즉 보이지 않은 채 목소리만 들리는 가상적 존재—을 발전시키는데, 이 덕분에 발성의 장소를 보지 않고서도 목소리 청취가 이루어지는 구체적인 경우들을 다룰 수 있게 된다. 이렇게 해서 그는 〈마부제 박사의 유언〉(프리츠 랑, 1933)과 같은 몇몇 고전적인 영화의 독해를 풍요롭게 하는데, 이 영화는 랑이 망명을 떠나기 전에 독일에서 찍은 마지막 작품으로서 유성영화를 옹호하는 '영화—선언'과 같은 영화다. 사실상 이 영화의 중심 아이디어는 처음에는 마부제를 말하지 않게 했다가 다른 사람의 입으로 말하게 하는 것이다. 이 다른 사람은 보이지 않고, 더욱이 그의 목소리는 녹음을 매개로 들리게 된다. "끔찍한 마부제 박사는 더 잘 지배하기 위해, 말 없는 몸과 몸 없는 목소리로 나누어진다." 악의 원리로서 마부제의 권력은, 등장인물들이 계속 자신들에게 부과하는 것, 즉 이름을 부를 수 없게 하고 가서 볼 수 없게 하는 금지에서 나온다. 그리고 관객은 자기 모험의 위임자인 호프마이스터란 등장인물—그는 마부제라는 이름을 발음하려 할 때 미쳐버린다—의 인도를 받아 (이 영화의 제목에 나오는) 이 이름이 말해지는 것을 듣고 싶은 욕망에 사로잡힌다.

분석의 간략한 역사

1. 영화의 유파들과 분석의 도가니로서 영화비평

분석 활동은 1920년대와 1930년대에, 주로 말이나 글의 형태로 주로 두 영역
—한편으로 영화비평 및 초창기 시네클럽, 다른 한편으로 [감독을 키워내는] 전
문교육, 더 크게는 예술교육 및 문화교육—과 연계되어 서로 다른 여러 나라에
서 발전했다.

1.1 교육자 감독들이 제시한 최초의 분석들: 세르게이 에이젠슈테인

우리는 이미 다양한 맥락에서 영화작품을 분석하는 전통이 오래되었음을 상기
시킨 바 있다. 그 두 개의 원천은 비평(1장을 볼 것) 및 교육의 실천이었다. 이 영
역의 선구자 중 한 사람은 젊은 영화감독 레프 쿨레쇼프인데, 그는 최초의 교육
자 중 한 사람으로서 1919년부터 모스크바 국립영화학교에서 영화를 가르칠 기
회를 얻었다. 그는 1929년에 『영화예술』이란 제목이 붙은 작은 책을 출간하는데,
여기서 10년에 걸친 교육 경험에서 얻은 이론적이고 실천적인 지식 중 가장 중요
한 것을 모아서 종합한다. 어쨌거나 그가 특정한 영화작품들을 분석하지는 않지

만, 이론적이면서도 실천적인 관점으로 시나리오에서 몽타주나 배우의 연기까지 영화예술의 주요한 문제들을 다룬다. 배우의 연기에 관한 그의 연구는 오늘날에 봐도 독창적인데, 그가 '프레임 안에 배우를 어떻게 배치하는가'(mise en cadre)에 대한 이론을 발전시키고 있기 때문이다. 이 덕분에 감독은 이 반역적인 재료[배우]를 미장센의 전체적인 계산에 굴복시킬 수 있게 된다. 쿨레쇼프는 카메라 앞에 있는 [배우의] 몸에 대해 생각할 수 있는 모든 움직임을 아주 분석적인 표로 제시한다. 이후 1930년대와 1940년대 나온 '영화의 문법'에 대한 저작들과 1960년대에 나온 분석들의 최소한의 예고편인, 시네클럽에서 나온 '영화기록 카드들'(fiches filmographiques)은 종종 이 쿨레쇼프의 이론서를 참조하게 된다.

그러나 1934년에 자신의 유명한 영화 〈전함 포템킨〉(1925)의 짧은 단편—14개 숏—을 분석해 출판한 세르게이 에이젠슈테인을 특히 영화작품 분석의 직접적 선조로 간주할 수 있다. 연속되는 숏들에 대해 이처럼 체계적인 분석에 몰두한 이전의 연구는 없는 것 같다. 다른 한편 에이젠슈테인의 분석은 1969년에야 프랑스어로 번역되었기 때문에 프랑스에서 아주 오랫동안 출간되지 않은 상태였다. 흥미로운 것은, 이 번역문이 이후에 우리가 살펴볼 히치콕의 〈새〉(1963)의 한 단편에 대한 레이몽 벨루의 최초의 '구조' 분석이 나오기 불과 6개월 전에 같은 잡지—『카이에 뒤 시네마』—에 게재되었다는 사실이다.

에이젠슈테인이 이 분석을 발표했을 때, '사회주의 리얼리즘' 미학—유성영화로의 이행 때문에 가능해진 리얼리즘의 형태—이 소련에서 주도권을 장악해 가던 순간에 그는 '몽타주 중심의 시인' 감독들과 '이야기 중심의 산문가' 감독들을 서로 적대하게 만든 이데올로기적 갈등의 한복판에 개입한다. 마지막으로 위대한 무성영화들이 나온 지 몇 년 되지 않아서 소련의 공식 비평가들과 감독들은 살아 있는 인간, 동시대의 인간, 일상생활 등의 '리얼리즘적' 재현의 요구란 이름으로, 위대한 무성영화에 들어 있던 은유적이고 비장한 함의를 비난했다. 따라서 에이젠슈테인에게는, 당시에는 암묵적이었지만 위험했던 형식주의라는 고발에 맞서는 것이 중요했다.

이 논문은 길지 않고, 에이젠슈테인은 처음으로 논지를 벗어나서 [자유롭게]

글을 쓰는 버릇을 완전히 버린다. 이는 그 스스로가 명확하게 규정하고 공고한 기획을 위한 것으로, 너무 많은 진부한 감독들이 몽타주에 대한 성찰로 얻은 지식—1920년대 말의 위대한 무성영화의 제작을 불러일으킨 지식—을 잊어버리기 위해 핑계로 이용한, 연극과 문학의 "고전들에 대한 회귀"의 과잉에 맞서 "영화언어의 순수성"을 옹호한다. 자기가 나쁜 영화라고 판단한 영화들을 비판하거나 분석하여 여기서 이데올로기적 함의를 끌어내기보다는 에이젠슈테인은 자신의 영화 중 하나의 단편을 **긍정적으로** 분석하기로 하고, 이 단편을 일종의 고급스러운 영화언어의 예로 간주하고 있다. 이는 자주 일어나지는 않은, 분석과 비평의 건설적인 방향설정이다.

에이젠슈테인은 글의 도입부에서 분석의 주요 논지를 명확하게 제시한다.

"연속되는 숏들의 조형적 상호의존성을 증명하기 위해 나는 일부러 충격적인 장면을 선택하지 않고, [4부의] 첫 번째 부분, 즉 '오데사의 계단'의 학살 이전의 장면에 나오는 연속적인 14개의 숏을 선택했다. 이것은 오데사의 주민들이 반란을 일으킨 전함에 생필품을 실은 요트들을 보내는 장면이다.

우정 어린 인사가 고양되는 모습은 다음 두 테마를 엄밀히 교차하며 구축된다.

—요트들이 전함을 향해 나아간다.

—오데사의 주민들이 우정의 신호를 보낸다.

마지막에 이 두 테마가 뒤섞인다. 구성은 본질적으로 배경과 전경이란 두 개의 차원에서 이루어진다. 이 테마 각각은 번갈아서 지배적인 테마가 되고 전경으로 이동하여 다른 것을 후경으로 밀어낸다.

구성은 1) (프레임 내부에서) 두 숏의 조형적 상호작용에, 2) 한 프레임이 다른 프레임으로 넘어갈 때 (몽타주에 의해) 심도를 가진 두 숏의 선(線) 및 형태의 변형에 기반을 두고 구축된다. 후자의 경우, 구성의 유희는 이전 이미지가 가진 조형적 인상들의 상호작용으로 이루어지는데, 이전의 이미지는 충격에 의해서든, 행위의 연쇄에 의해서든 다음 이미지에 합류한다."

도판 24. 〈전함 포템킨〉(세르게이 에이젠슈테인, 1925). 감독 자신이 분석한 요트들의 시퀀스.

곧바로 원칙 선언으로 이어지는 이 분석을 여기서 상세하게 되풀이할 수는 없다. 그 뒤로 이어지는, 에이젠슈테인이 직접 만든 사진 도판들과 도식들(도판 24)을 보면, 그가 자신의 분석프로그램을 어떻게 작동시켰는지 곧바로 파악할 수 있다. 예를 들어 2번, 3번, 4번, 5번, 6번 숏에서는 조형적 **테마** 하나가 나타나서 변형되는 것을 확인할 수 있다. 이것은 원주의 테마인데, 도식에서 분명하게 강조되어 있다. 마찬가지로 도식을 보면 아주 분명하게, 예컨대 프레임 내에서 움직임의 방향뿐만 아니라 외화면을 향한 시선의 방향—특히 1번, 2번, 3번, 4번, 5번 숏을 보라—에도 형식적 중요성이 부여되어 있음을 알 수 있다. 또한 이 글은 인물이 등장하는 숏들에서 특히 짝수와 홀수의 교차라는 요소를 상당히 강조하고 있음을 알 수 있다.

　이 분석에서 무엇보다 충격적인 것은 극도의 **형식적인** 성격이다. 에이젠슈테인은 여기서 숏 구성의 디테일, 프레이밍, 연속되는 프레임의 조형적 측면 등에 상당히 집착한다. 이것은 특히 서정적 힘과 혁명적 열광으로 칭송받은 한 영화에 대한 것이라서 놀랍게 보일 수도 있다. 이는 정확하게 이 영화의 서정성, 열광적 소통, 요컨대 그 정치적 효율성은 고유한 법칙들을 따르는 정교한 형식적 작업을 통해서만 획득될 수 있음을 증명한다. 그 고유한 법칙들을 위반하면, 영화가 더 많은 리얼리즘을 획득하기는커녕 오히려 밋밋해져버린다. 에이젠슈테인이 그렇게 많은 시간을 들여 원주, 수평선과 수직선, 홀수와 짝수로 된 집단들을 강조한 것은, 붉은 깃발의 숏—13번 숏—을 정치적으로도 형식적으로도 정확한 자리에서 더 잘 부각하기 위해서다.

　　"작은 돛들로 분산된 이후 거대한 돛으로 다시 집결한다. 그러나 이번에는 돛이 아니라 '포템킨' 위에 펄럭이는 깃발이다. 이 단편이 획득한 새로운 질(質)은 이 깃발이 정적이면서 동시에 동적이라는 것이다. 수직의 돛은 움직이지 않지만, 깃발은 바람에 펄럭인다. 형식적으로 13번 숏은 11번 숏의 반복이다. 그러나 돛을 깃발로 대체함으로써 조형적 연합의 원칙이 이데올로기적, 테마적 연합의 원칙으로 변형된다. 그것은 이제 구성의 다양한 요소를 조형적으로 결합하는 단순한 수직선이 아니다. 전함, 요트들, 연안(沿岸)을 결합하는 혁명적 깃발이다."

　이 예는 물론 많은 점에서 예외적이다. 자신의 예술이 가진 수단들을 가장 많이 의식하는 감독 중 자기 영화를 검토하면서 이 정도의 세심함에 도달한 감독은 1934년 이전에도, 그 이후에도 거의 없었다. 이 글은 아마 에이젠슈테인 자신에게도 체계적인 접근을 가장 멀리까지 밀고 나간 것이며, 그는 자신의 분석능력을 훨씬 더 자발적으로 회화나 문학에 적용하곤 했다. 에이젠슈테인은 오늘날에도 영화작품 분석의 선조 중 하나다.

1.2 바쟁과 시네클럽의 영화기록 카드

레프 쿨레쇼프나 세르게이 에이젠슈테인은 감독이면서 동시에 영화감독을 교육하는 전문학교의 틀 안에서 활동한 교육자이기도 했다. 프랑스에서는 프랑스 국립영화학교(IDHEC)가 설립이 되고[1943년] 제2차 세계대전이 끝난 이후에 이르러서야 비슷한 종류의 현상이 나타나기 시작했다. 동일한 역사적 시기, 즉 독일 지배로부터 프랑스가 해방된 시기에 시네클럽들이 급속도로 발전하게 되었고, 여기서 활동하던 문화활동가를 대상으로 전문적인 잡지들이 창간되었다. 바로 이러한 배경에서 '노동과 문화'라는 대중교육 단체의 지칠 줄 모르는 활동가였던 앙드레 바쟁은 자신이 숭배하는 영화들 몇 편을 열 번 가까이 제시할 기회가 있었고, 이 활동은 학교의 시네클럽뿐만 아니라 노사대표가 참석하는 기업운영위원회나 성당 소교구 등과 같이 매우 다양한 장소에서 이루어졌다. 이 강연들은 말로 진행되었지만, 먼저 속기술 판본으로 출간되고 이후 여러 번 수정되었던 〈여명〉(마르셀 카르네, 1939)을 보여주는 그의 분석은 '영화기록 카드'라는 형태로 이루어진 바쟁의 [영화]교수법을 보여주는 귀중한 증언이다.

이 영화기록 카드는 특히 20여 쪽이 넘는 분량으로 발전되었다. 바쟁은 고의로 영화기록 카드의 전통적이고 교과서적인 차원에서 벗어난다. 그는 이 글의 서문에서 이 영화의 "형식", 더 구체적으로는 이 영화의 극적 구성에서 출발하기로 했으며 "영화의 '주제'와 형식을 분리해서 취급하는 논평보다 더 위험한 것은 없다"라고 명시한다. 그는 "항상 영화기법을 논의해야 한다고 주장하는 시네클럽의 현학적인 바보들"에 대해 이같이 언급한다. 그로서는 "행위의 질

도판 25. 〈여명〉(마르셀 카르네, 1939). 자신의 방에 갇혀 있는 프랑수아가 노르망디식 가구 앞에 있고, 바쟁은 이에 대해 논평한다.

료에서 따로 떼놓고는 영화기법의 탁월함을 제대로 평가할 수 없다"라는 점을 〈여명〉으로 증명해 보인다는 것을 뜻한다.

바쟁은 이 영화의 구성상의 독창성—현재 장면들과 과거 장면들의 교차—에서 출발해서 영화 전체에 걸쳐 현재/과거의 전환을 이룰 수 있게 해준 영화적 수단들을 고찰한다. 그는 디졸브의 독창성과 음악의 사용을 연관시킨 예를 보여주고, 배경 장식의 요소들과 영화에 나타난 이들의 기능을 빠짐없이 열거한다. 소품들의 역할을 분석한 덕분에 바쟁은, 이 영화에서 장 가뱅이 연기한 프랑수아라는 인물에 대해 경찰에서 사용하는 의미의 진정한 인체측정 초상을 그려낼 수 있었다. 프랑수아는 "도시 세계에 걸맞은, 교외와 노동자 지역이라는 테베에 걸맞은 영웅이며, 여기서는 신(神)들도 맹목적이면서 단호한 사회의 요청들과 뒤섞인다." 이 논증의 전개과정은 교육적 방식의 탁월한 예인데, 이 글은 활기를 불어넣으려는 전략에서 청중에게 제기할 질문들로 가득 차 있기 때문이다. 우리는 여기서 바쟁이 발전시킨 두 개의 예 중 하나만을 요약할 텐데, 그것은 배경 장식의 예다(도판 25).

영화에서 프랑수아는 호텔 방에 갇혀 있는데, 그의 곁에는 대부분 사랑의 추억을 나타내는 소품들이 있다. 바쟁은 이때 청중에게 호텔 방의 배경 장식을 재구성해보라는 제안을 한다. 그리고 다음과 같이 열거한다.

- 가구. 분명하게 나오는 청중의 대답: 침대, 탁자, 벽난로, 거울, 일인용 등나무 소파, 의자, 노르망디식 가구. 나올지 안 나올지 불확실하지만, 1/4 정도의 비율로 나오는 대답: 세면기, 침대 옆의 소탁자.
- 다양한 사물. 분명하게 나오는 청중의 대답: 벽난로 위에 곰 인형, 브로치, 영화 끝에 나오는 권총, 신문으로 덮여 있는 전기램프, 축구공. 몇몇 청중은 자전거 페달을 언급할 것이다. 행위가 진행되는 동안 다양한 가구 위에 있는 또 다른 사물들: 새 넥타이, 재떨이, 담배 한 갑, 자명종, 빈 성냥갑 두 개, 벽에 걸려 있는 사진 두 장과 가뱅이 그린 데생, 거울의 양쪽에 붙어 있는 스포츠 사진들 등. 바쟁은 테이블 보, 침대 이불, 벽에 붙은 그림이 어떻게 생겼는지 청중에게 묻는다. 거의 모든 청중은 이들의 성격과 외양에 대해 대답할 것이다.

청중들은 예외 없이 스크린에 수도 없이 나온 가구 하나와 몇몇 소품을 잊어버린다. 즉 벽난로와 장롱 사이에는 상단이 대리석으로 된 서랍장 하나가 있으며, 이 서랍장 위에는 자전거 핸들 위에 고정하는 알루미늄 물통과 도시락을 담는 작은 가방 하나가 있으며, 바닥에는 서랍장에 기대어 있는 자전거 타이어 몇 개가 있다. 이 서랍장과 소품들은 유일하게 이 방 전체에서 어떤 순간에도 극적 기능이 없는 사물들이기 때문이다.

바쟁은 소품들 하나하나를 다시 거론하면서 프랑수아라는 인물의 성격에서 출발해서 이 소품들의 극적인 용도와 상징적 기능을 제시하고, 예를 들어 프랑수아가 방의 양탄자를 더럽히는 담뱃재를 [바닥에 털지 않고] 재떨이에 털려고 신경을 쓴다는 사실을 보여준다. "약간 편집증적으로 청결과 질서를 유지하려고 애를 쓴다는 것은 이 인물이 세심하고 약간은 노숙한 소년이라는 점을 보여주고, 풍속적 특징으로 관객에게 충격을 준다." 그는 성냥이 부족해서 가뱅이 줄담배를 피울 수밖에 없었다고 논평한다….

노르망디식 가구에 대한 논평의 몇몇 측면만을 주목해보자.

"가뱅이 문 앞에 밀어놓은 이 유명한 노르망디식 가구 덕분에 계단에 붙어 있는 작은 공간에서 경찰과 건물관리인 사이에 맛깔스러운 대사가 오가게 된다. […] 출입을 막으려고 가뱅이 문 앞에 밀어놓은 것은 서랍장도 테이블도 침대도 아니었다. 무덤을 덮는 거대한 평석(平石)처럼 가뱅이 밀어놓은 것은 바로 이 무거운 노르망디식 가구여야만 했을 것이다. 가구를 밀어놓은 동작이나 가구 자체의 형태를 보면 가뱅은 자신의 방에 바리케이드를 친 것이 아니다. 그는 여기에 격리된 것이다." 그리고 바쟁은 다음의 결론을 내린다. "〈여명〉의 완벽성은, 상징주의가 결코 리얼리즘을 앞서가지 않고, 마치 그 위에 가중(加重)된 것처럼 리얼리즘과 함께 간다는 점에 있다."

"가뱅은 누구인가?", "가뱅은 신화로서 무엇을 재현하는가?"와 같은 질문에 답변하기 위해, 바쟁은 방의 배경 장식이 제공하는 또 다른 지표들에 근거를 두고 **"가뱅의 삶과 성격을 재구성하기 위해 일종의 셜록 홈스식 조사"**를 이어간다.

앙드레 바쟁은 최상급의 영화작품 분석 감각을 갖고 있다. 이 글에 나타난 비평적 지성은 강연에서, 청중과의 직접적인 만남에서 실행된다. 바쟁이 가진 분석의 탁월한 기량 자체가 바로 이런 실천에서 비롯된 것이며, 바쟁이 말로 진행한 수많은 분석이 더 체계적으로 기록되어 출간되지 않았다는 점은 유감스럽다. (3장 1.1에서 언급한 것처럼) 장 두셰가 히치콕에 대한 자신의 저서에 대해 구어로 진행한 수많은 분석에서 같은 현상이 나타난다.

1.3 작가 정책과 해석적 분석

1950년대에 영화작품에 접근하는 특별한 방식이 생겨나서 비평의 역사, 그리고 그 귀결로서 분석의 역사에 강한 흔적을 남겼다. 그것은 『카이에 뒤 시네마』가 규정하고 실행한 '작가 정책'을 통해서인데, 1954년 알프레드 히치콕 특집호를 발행하면서 시작되었다. 이로부터 3년 후 클로드 샤브롤과 에릭 로메르는, 〈누명 쓴 사나이〉(1957)의 감독을 대상으로 프랑스에 출간된 영화감독에 대한 최초의 전문 저술 중 하나에서 작가 정책을 발전시킨다.

「누구의 잘못인가?」란 글에서 로메르는 명확하게 말한다.

> "트래킹, 프레이밍, 렌즈와 같은 말이나 스튜디오의 끔찍한 구속들 대신에 영혼, 신, 악마, 불안, 죄악 등과 같이 고귀하고 훨씬 더 거드름을 피우는 용어들을 대입해도 전혀 놀랍지 않다."

샤브롤과 로메르에게는 히치콕의 작품 전체에 잠재된 형이상학을 드러내고 나아가 이 형이상학을 형식에서 찾아내는 것이 더 중요하다.

> "심오함은 형식 속에서 적절하게 찾을 수 있으며 형식이야말로 형이상학의 자식이다."

이들은 이때 교차를 통한 구성과 왕복운동의 예를 드는데, 이 두 가지는 히치콕식의 서사를 특징짓고 그가 만든 추적 영화들의 기초가 된다. 이들이 보여주는 것은, 이 왕복운동이 히치콕 작품 전체에서 마주칠 수 있는 '교환'(échange)의 이념과 테마에 긴밀하게 얽혀 있으며 도덕적 표현(죄의식의 전이), 심리적 표현(의혹), 극적 표현(협박, 그리고 순전한 서스펜스) 또는 물질적 표현(서사의 리듬)을 찾아낼 수 있다는 점이다.

이 논증은 본질적으로 당시에는 거의 고려하지 않았던 히치콕의 미국 시기[의 영화들]에 기반을 두고 있다. "이전에는 단순한 특징이었던 **히치콕의 터치**(Hitchcock's touch)는 〈레베카〉와 함께 세계관이 된다." 그리고 이 세계관을 뒷받침하기 위해 이 두 비평가는 그의 영화작품들을 심층적으로 분석한다. 이 전문 저술에서 가장 깊은 연구가 이루어진 장(章) 중 하나는 '수(數)와 형상'이란 제목이 붙은 장으로 〈열차의 이방인들〉(1951)을 분석한 것이다. 이들은 형이상학을 형식 속에서 찾으면서 교환의 이념이 어떻게 반송(返送)과 왕복의 형상 속에서 물질화되었는가를 추적한다.

> "어떤 원의 선분을 차단하고 나선형 운동의 관성을 뒤흔들자. 이것이 우리가 구성한 형상이고 우리의 반응은 여기서 시작된다. 이 모태에서 나오지 않은 〈열차의 이방인들〉의 착상은 없다."

뒤이어 이 영화의 궤적에서 현기증, 속도, 순백색, 원 등의 모티프들이 아주 현란하고 설득력 있게 열거된다.

> "살인의 현기증이든, 음모 취향이든, 성적 타락이든, 병적 자만심이든 이 모든 흠결은 형상과 수의 유형으로 우리에게 약간 추상적이고 보편적인 방식으로 그려지는데, 이는 우리가 주인공의 강박관념과 우리의 강박관념 사이에서 본성의 차이가 아니라 정도(程度)의 차이를 설정할 수 있도록 하기 위해서다. 브루노의 범죄적 태도는 인간 존재의 근본적인 태도의 타락에 지나지 않는다. […]

히치콕의 예술은, 기하학적일 정도까지 정제된 모든 형상이 우리 각자에게 발휘하는 매혹을 통해 등장인물들이 경험하는 현기증에 우리가 참여하도록 하는 것이고, 이 현기증을 넘어 우리가 도덕적 이념의 심오함을 발견하도록 하는 것이다." 바로 몇 줄 뒤에서 이들은 이렇게 덧붙인다. "각각의 동작, 각각의 생각, 각각의 물질적 또는 정신적 존재는 비밀을 하나씩 담지하고 있으며, 이 비밀에서 출발해서 모든 것이 밝혀진다." 이 글은 이렇게 끝난다. "우리는 우주적인 인력(引力)의 소용돌이에 문자 그대로 덥석 물리게 된다. '유레카'란 말을 한 사람을 떠올리는 것도 무익하지는 않다."

당연하게도 작품 전체의 분석에 집중되지 않을 수 없는 작가 정책은 영화작품들에 대한 해석적 방법이다. 특정한 영화 한 편의 각 요소는 분석가가 규정한 세계관에 따라 해독되며, 따라서 히치콕의 작품 전체가 이 해석적 비평을 만들어낸 것은 우연이 아니다. 장 나르보니는 다음과 같이 정확하게 지적했다(Narboni, 1980).

"프랑스 논평가들의 눈에 히치콕 영화에서 모든 것이 기호로 나타난다면, 이는 아마도 히치콕 인물들의 눈에 사물, 풍경, 세계의 형상, 타자의 얼굴 등 모든 것이 기호로 기능하기 때문이며, 본질적으로 욕망의 존재인 이 인물들이, 영화에서 정서나 감정뿐만 아니라 해석적 열정과 해독의 열망에 의해서도 움직이기 때문이다. 이 해독의 열망은 히치콕의 가장 탁월한 영화들에서 하나의 세계를 만들어내고자 하는 망상으로까지 나아가서 현실의 원리를 파괴하기에 이른다."

(이와 동일한 해석적 맥락에서 3장 1.1에서 언급한 히치콕에 대한 장 두세의 책을 볼 것[Douchet, 1967].)

2. 텍스트 분석과 정지화면

2.1 영화텍스트 분석과 구조주의

처음에는 영화의 **구조** 분석, 이후에는 이른바 **텍스트** 분석으로 규정된 경향은, 비평과 문화적 활성화의 맥락에서 생긴 앞의 해석적 분석의 발전에 맞서 1960년 대에 등장한다. 텍스트 분석은 최소한 1980년대까지 분석이 급속히 발전하는 데 중요한 역할을 했다. 이 발전은 아주 특별한 이데올로기적 맥락, 즉 당시에 지배 적이었던 구조주의적 사유의 맥락에서 1960년대에 자리를 잡았다. 구조주의 운 동은 인류학자 클로드 레비−스트로스에 의해 시작되었고 그는 다음의 가설에 따라 방대한 분량의 신화적 서사를 연구했다. 즉 이 서사들은 종종 복잡하고 겉 보기에는 자의적으로 보여도 사실상 아주 강력한 규칙성과 체계성을 드러내며, 이 강력한 규칙성과 체계성이 이 신화들의 '심층적인' 구조적 특성이라는 것이다. 나아가 레비−스트로스의 저작들은 이런 식으로 파악된 **구조**의 이념이 다음의 귀 결을 낳는다는 점을 보여준다. 즉 의미를 가진 산물들이 겉보기에는 아주 분산 되어 보여도 사실상 동일한 구조를 공유할 수 있다는 것이다. 구조는 분석이 메 시지의 흐름에서 끊어내야 하는 간극들과 차이들의 체계다. 구조는 대개 이항 대 립의 체계로 파악된다.

따라서 구조 분석은, 신화에서 비롯되어 문학작품이나 예술작품—예컨대 영 화—처럼 훨씬 더 제한적이고 역사적으로 규정된 산물들을 거쳐, 무의식에 이 르기까지 의미를 가진 중요한 산물 모두에 적용된다. 가장 공공연하게 '레비− 스트로스적인' 영화작품 분석을 표방한 것은 프랑스어권에서는 〈2001년 스페 이스 오디세이〉(스탠리 큐브릭, 1968)에 대한 장−폴 뒤몽과 장 모노의 저작이다 (Dumont & Monod, 1970). 여기서 저자들은 "어휘론적이고 문법론적인 요소에 는 부차적으로만 의존하면서" 이 영화의 "의미론적 구조를 끌어내려고" 한다. 이들이 취한 분명한 입장은, 별의 기원에 관한 신화—이는 그 자체로 '신화− 테마적' 분석에 속한다—의 '새로운 판본'으로서 이 영화를 보는 이들의 관점에 부합한다. 이 입장은 이들의 작업 양태와도 일치하는데, 영화상영 중 직접 이루어진 저자들의 묘사적 논평과 영화의 사운드 트랙을 포함한 녹취본의 전사(轉寫)—이는 소리, 영상, 대사라는 세 개의 칸에 기입된다—에서 출발해서 분석 전체가 실현되었다. 이때부터 분석은 이 영화의 연대기적 전개를 따라가면서 이루어진다. 의미가 있다고 판단한 요소들은 '대립/차이'의 체계로 조직된다. 이 기획에 본질적인 것과 가장 전형적으로 구조주의적인 측면은 "궁극적 의미의 존재에 대한 방법론적 부정"에 놓여 있다. 저자들은 이 궁극적 의미를, "언어 내부에서 의미 있는 요소들 사이의 관계라는 관점으로" 파악한 의미작용으로 대체한다. 최소한 관계의 체계를 이렇게 설정하면, 결국에는 해석의 시도들을 뒷받침할 수 있다.

레비-스트로스 이외에도 텍스트 분석의 발전에 가장 뚜렷한 영향을 미친 학자들은 움베르토 에코, 롤랑 바르트, 그리고 물론 크리스티앙 메츠다. 에코는, 문학작품이나 예술작품을 포함해서 커뮤니케이션 및 의미작용의 현상들이 기호체계를 구성한다는 생각을 처음으로 제기한 사람이다(Eco, 1968). 그리고 이 기호체계는 각각의 작품—각각의 영화—을 그 송신과 이해[해독]를 결정하는 일반적 약호들과 연결함으로써 연구할 수 있다. '신중한 시선'이라는 소제목이 붙은 에코 저작의 두 번째 장은 이미지의 약호에 대한 정의와 이미지의 분절(articulation)에 대한 생각을 길게 전개하면서 시작되어 이후 (광고에서 추출한) 네 개의 시각적 '메시지'를 상세하게 독해하는 데까지 나아간다. 같은 시기에 바르트 역시 다른 광고 이미지를 분석한 텍스트에서 '이미지의 수사학'을 연구한다(Barthes, 1964). 그러나 에코와 달리 바르트는 커뮤니케이션의 차원보다는 의미작용(signification)의 차원을 강조한다. 예컨대 초록과 빨강이란 색채의 사용에서 '이탈리아성(性)'이라는 내포를 읽어내면서 그는 이미지의 내재적 의미작용의 망 속에서 이 내포의 자리에 특히 관심이 있지만, '독자-수용자'에 의한 이 메시지의 지각조건에는 거의 관심을 두지 않는다. 바르트는 1960년부터 『국제 영화학 잡지』에 실린 두 편의 논문에서 영화작품의 구조 분석 원칙을 제기했고, 이 논문 중 두 번째 논문에서 이렇게 썼다(Barthes, 1966).

"어떤 영화에서 의미작용이 이루어지는 지점, 의미작용의 형식, 의미작용의 효과란 무엇인가? 더 구체적으로는, 그 영화에서 모든 것이 의미작용을 하는가? 아니면 이와 반대로 의미작용을 하는 요소들은 불연속적인가? 영화적 기표와 영화적 기의를 통합하는 관계의 본성은 무엇인가?"

초기의 기호학은 바로 이 질문들에 체계적으로 대답하려고 시도했고, 이 대답은 하나의 중심 개념, 즉 **약호**(code)라는 개념을 발전시킴으로써, 영화작품 분석의 이론 및 실천의 초기에 지대한 영향을 미쳤다(2장 1.1.을 볼 것). 영화적 의미작용의 규칙성 및 체계성 현상 전체를 포괄하는 약호는, 영화에서 [소쉬르 언어학의] '랑그'(langue)를 대체하는 것으로 제시된다. 요컨대 약호 개념 덕분에 '영화언어'에서 의미작용의 복수(複數)적인 차원을 묘사할 수 있다. 그러나 몇몇 약호가 유사한 운동의 약호로서 다른 약호보다 '본질적'이라고 하더라도, 랑그가 수행하는 조직화의 역할을 수행할 수 없고, 나아가 랑그처럼 외시된 의미의 본질적인 것을 전달할 수도 없다. 어쨌거나 이렇게 규정된 약호 개념 덕분에 어떤 특정 영화작품에서 대다수 영화작품에 공통된 일반적 현상들—예컨대 형상적 유사성—이 하는 역할을 연구할 수 있다. 또한 약호 개념 덕분에 고전적 할리우드 영화의 '불가시 편집'과 같이 더 지엽적인 영화 현상이 하는 역할을 연구할 수 있으며, 장르 관습이나 사회적 재현과 같이 각기 현저하게 다를 수 있는 영화 외적인 문화적 규정들도 연구할 수 있다. 일반적이라서 강력한 분석적 연산자인 약호 개념은 단번에 영화학의 영역에서 전형적인 구조주의의 개념으로 등장했다. 약호는 각 텍스트 특유의 '텍스트적 체계'와 구별되며, 각각의 텍스트란 영화적 발화 구조의 한 모델을 가리킨다. 영화는 '영화텍스트'나 담론의 단위로 고찰된다. 그것은 '영화언어'의 약호들의 조합이다.

이 텍스트성(textualité)이란 개념이 영화작품 분석에서 중요한 것으로 판명된 것은 이미 여러 번 언급된 바르트의 저작『S/Z』의 매개를 통해서다(Barthes, 1970). 발자크의 단편소설 〈사라진느〉를 분석한 이 저작의 도입부에서 바르트는 작품의 '복수성'(複數性, pluriel)에 가치 부여를 해야 한다고 제안한다. 분석가의 임무는 텍스트를 '별 모양으로 에워싸서' 이 복수성을 명확하게 드러내는 데 있다. 이 분석적 독해의 주요한 도구는 내포(connotation)이고, 정당한 내포와 단순한 생각의 연합을 구분해주는 것은 독해의 체계성이다. 궁극적 해석으로 텍스트를 종결짓는 것을 더 잘 거부하기 위해 바르트는, 사실상 고전적 텍스트의 구조들의 '가역성'을 증명할 목적으로 텍스트를 한발 한발, 일종의 '느린 화면'으로 분석하기로 결심한다. 여기서 가장 중요한 것은 **어휘소**(lexie)라는 실천적 개념이다. 그것은 크기가 다양할 수 있지만, 분석가의 기대에 따라 판단에 맡겨진 텍스트의 작은 단편이다. 이때부터 분석은 이 어휘소 각각을 연속적으로 검토하고, 여기서 의미작용을 하는 단위들이나 내포들을 끌어내고, 이 각각의 내포들을 일반적 약호의 차원 중 하나에 결부시키는 데 있다.

이 분석의 방식은 〈M〉(프리츠 랑, 1931)의 시작 부분 분석에서 티에리 쿤젤의 방식에 직접 영향을 미친다(Kuntzel, 1972). 방법론적으로 말해서 최초의 충격을 주는 것은 쿤젤이 바르트가 밟은 절차 중 가장 눈에 띄는 절차를 적용하고 있다는 점이다. 즉 영화가 진행되는 연대기적 순서로 자신이 분석하는 텍스트를 '따라가는 것', 이 텍스트를 **어휘소**로 나누는 데쿠파주, 이 데쿠파주의 기준들의 자의성 등이 그것이다. 쿤젤은 모든 기술적, 연사(連辭)론적, 디제시스적 휴지부를 전혀 개의치 않고 자신이 분석하는 영화의 단편을 극히 불균등한 세 개의 어휘소―1) 영화의 시작자막 (그리고 특히 제목), 2) 디제시스적 첫 숏, 즉 〈검은 옷을 입은 남자〉라는 동요를 부르는 아이들과 세탁 바구니를 들고 있는 여인, 3) 이 시퀀스의 나머지 전부―로 나누는데, 이렇게 해서 그는 단번에 자신의 분석을 서사에 종속시키지 않는다는 것을 보여준다.

2.2 정지화면

쿤젤의 분석은 〈새〉(알프레드 히치콕, 1963)의 짧은 분절체에 대해 레이몽 벨루가 출판한 최초의 구조 분석 이후에 나온 것이다(Bellour, 1969). 벨루의 구조 분석은 이 예에 대해 "이미지로 만들어진 연속된 서사에서, 대칭과 비대칭의 논리적 진행에 따라 위계화된, 반복과 변주라는 이중적 구속에 의해 어떻게 의미가 탄생하는가"를 제시할 목적을 갖고 있었다. 벨루의 분석은 네 개의 칸으로 된 데쿠파주를 포함하는데, 이를 한 숏 한 숏씩 제시하고 이 데쿠파주를 고려해서 숏당 하나의 포토그램을 제시한다. 첫 번째 칸은 숏의 크기와 함께 숏을 간략하게 묘사하고, 다른 칸들은 '보는 인물/보이는 인물', '고정된 숏/움직이는 숏', '가까이서 본 숏/멀리서 본 숏' 등의 대립을 명시한다. 이 데쿠파주 앞에는 숏들을 계열로 묶는 도식이 나온다. 즉 3번~12번 숏=출발, 12번~14번 숏=A0 계열, 15번~24번 숏=A1 계열 등. 이 데쿠파주는 중심 A(A3 계열), 중심 B(B2 계열)라는 두 개의 중심을 둘러싸고 구축된다. 이 도식과 함께 나오는 지도에는 작은 만(灣)과 그 두 연안(沿岸)을 제시하고, 멜라니가 탄 보트의 왕복 궤적(**도판 26**), 선창에서 미치 브레너의 집까지 브레너의 자동차로 되돌아오는 궤적을 제시한다. 번호 붙이기는 3번 숏에서 시작하기 때문에 이 시퀀스는 81개의 숏으로 이루어져 있다. 이 데쿠파주는 이 영화의 철저한 관람, 그리고 35mm 필름 복제본 및 제작사(製作社)가 제공한 기술적 데쿠파주 자료에서 출발하여 몽타주 테이블에서 작성한 도면에 기반을 두고 이루어졌다.

벨루는 이 시퀀스를 선택한 것에 대해, 이 시퀀스가 별로 눈길을 끌지도 않고, 상대적으로 연속적이며, 거의 무성에 가깝고, 음악과 대사에서 거의 온전하게 자유롭지만, "유성영화 내부에서 무성영화에 들어 있던 양식적이고 설득력 있는 고도의 덕을 표출하고 있다"라고 설명한다. 이 시퀀스는 분명 인물들—처음에는 멜라니, 다음에는 미치—의 시선을 특권화시키고 있으며, 숏의 크기(가까이/멀리) 및 '고정된 숏/움직이는 숏'의 대립과 이어진 '보는 사람/보이는 것'의 교차를 특권화시키고 있다. 분석적 논평은 계열의 진행을 한 걸음, 한 걸음 따라가면서 이루어지지 않는다. 그것은 중심 A와 중심 B, 즉 32번~36번 숏, 56번~60번 숏이라는 두 중심에서 출발한다. 중심 A는 5개의 숏으로서, 멜라니가 집에 들어가서 여기에 새 두 마리가 든 새장과 봉투 한 장을 내려놓고 집에서 나오는 것을 보여준다. 중심 B는 미치가 보트의 시동을 걸려고 하는 멜라니를 쌍안경으로 지켜보는 숏들을 교차시킨다.

도판 26. 〈새〉(알프레드 히치콕, 1963)에서 멜라니 대니얼스가 보데가 만(灣)을 건넌다. 몽타주는 바라보는 인물과 그 시선의 대상을 번갈아가며 제시한다.

분석의 본론이 등장인물들—처음에는 멜라니, 다음에는 미치—의 시선의 교차를 논평한다면, 벨루는 이 논증의 끝에서 이 영화의 작가를 다시 도입한다.

"히치콕은 이미지로 만들어진 연속된 서사에 그 등장인물들의 시선을 개입시키는데, 모든 서사에 고유한 이중화 작업이 이 경우 형식 자체의 차원—여기서 이 감독은 자기 예술의 본질적인 것을 제시한다—에서 작동하는 만큼, 등장인물에게 더욱더 많은 권력을 위임하게 된다."

그는 이 텍스트의 마지막에서 다음의 결론을 내린다.

"히치콕은 멜라니가 던지는 시선의 의미를 묻는 미치와 동일시하고 이에 대해 기뻐하는 것은 의심의 여지가 없다. 그러나 히치콕이 눈에 환상을 품고 있는 멜라니와 동일시하는 것은 그렇지 않다. 순전히 나르시시즘적인 이 예술—그에게는 미장센의 예술—에서 히치콕은 이 환상의 효과들을 이야기하고 분석한다."

이 분석의 방식은 전통적인 비평적 접근에서 급격하게 멀어진다. 그것은 숏 하나하나를 해부하지만, 더욱이 분석가가 자의적으로 모아놓은 숏들의 작은 묶음인 계열에서 계열로 해부한다. 분석가는 자기 방식으로 한 걸음 한 걸음씩 나아가고, 계열들에 대한 자신의 해석으로 철저하게 되돌아온다. 〈전함 포템킨〉에서 요트들의 시퀀스를 분석한 에이젠슈테인만이 이런 방식의 개요를 그려냈다(5장 1.1을 볼 것). 벨루는 〈북북서로 진로를 돌려라〉의 비행기 공격 시퀀스를 분석한 텍스트에서 이러한 분석적 집착의 길을 이어간다(7장 1.2를 볼 것).

벨루의 분석이 나온 이후 알프레드 히치콕은 다소간 혁신적인 방식으로 계속해서 철저한 분석의 대상이 된다. 알프레드 히치콕의 작품 전체와 그의 개성은 분석적 접근의 마르지 않는 저수지다. 최근 30년간 출간된 책들이 이를 잘 보여주는데, 도널드 스포토(Spoto, 1976), 로빈 우드(Wood, 1989), 타냐 모들스키(Modleski, 1989), 마르탱 르페브르(Lefebvre, 1997), 장-피에르 에스크나치

(Esquenazi, 2001), 그리고 많은 사람의 저작들이 그렇다. 히치콕을 통해서 페미니즘 연구나 창조의 사회학에 이르는, 영화작품 분석의 다양한 방법의 발전을 그려낼 수도 있다.

3. 탈구조주의적 분석들

3.1 영화와 정신분석

우리가 이전 장들(3장 1.3, 4장 1.3)에서 언급한 것처럼, 1965년부터 구조주의의 영향권에서 생겨나 영화를 언어로 연구할 것을 권장하는 거대한 이론적 움직임이 있은 이후에, 이러한 '기호-언어학적' 접근들은 영화작품의 기능에서 본질적인 지점 하나를 간과하고 있다는 사실이 드러났는데, 그것은 언어 속에서 그리고 언어에 의해서 실행되는 주관적 효과였다. 주체의 이론이 영화의 기호학적 분석에 속하게 된 것은 상당히 필연적인 움직임이었고, 이론 그 자체에 의해 요청된 것이었다. 1970년대부터 주체 이론의 정신분석적 모델이 광범위하게 팽창했는데, 특히 프로이트-라캉의 정신분석이 그랬다. 그것은 프로이트-라캉의 정신분석이 말하고 생각하는 주체와의 관계에서 의미의 생산에 관심을 두었기 때문이고, 시선과 스펙터클의 문제에 관심을 두었기 때문이다. 옥타브 마노니의『상상계를 위한 열쇠』는, 연극공연이나 영화작품 같은 상상적 산물과 '주체-관객'의 관계 문제를 정면으로 다룬다(Mannoni, 1969). 앙드레 그린이나 장-루이 보드리와 같은 프로이트 학파—자크 라캉이 창립한 단체—의 정신분석가의 펜으로 스펙터클로서 영화 장치와 주체의 구조 사이에서 최초의 체계적 비교가 이루어졌다. 크리스티앙 메츠의『상상적 기표』(1977)와 같은 관객 이론에 관한 책에서 '기호-정신분석적' 전환을 목격할 수 있는데, 이 책은 영화작품 분석에서 멀어졌지만 이미 언급한 벨루나 쿤젤의 영화작품 분석에 영향을 미쳤다.

정신분석에 의존한 최초의 영화작품 분석들은, 영화텍스트 안에 주체 구성의 '심층적인 구조들'의 기입과 재현, 그리고 본질적으로는 오이디푸스와 거세에 관심을 가졌다.

오이디푸스와 거세, 아버지의 법: 〈젊은 링컨〉(존 포드, 1939)

1970년에 발간된 〈젊은 링컨〉의 분석에서 『카이에 뒤 시네마』 편집진들은, 이 영화가 재현하는 방식대로 진실의 담지자와 대문자 법(Loi)의 체현자로서 젊은 링컨의 형상을 어떻게 이 대문자 법의 가부장적 성격과 관련지어 읽을 수 있는지를 부각한다. 이 영화에서뿐만 아니라 정신분석 이론에서도 대문자 법은 사실상 '아버지의 이름'과 상징적으로 연계되어 있고, 따라서 대문자 법에 대한 모든 주체의 관계는 오이디푸스적 여정이라는 측면을 갖고 있다. 구체적으로 말해서 오이디푸스의 마지막 단계로서 아버지의 법을 수용하는 것은 상징계에 도달하는 일이면서 동시에 성인(成人)의 나이로 가는 이행의 마지막 단계 중 하나다. 상징계의 도달은 상징적 '거세'(去勢)(=주체가 자기 어머니의 정복을 포기한다)를 대가로 이루어진다. 분석은 이 영화의 다양한 차원에서 바로 이 구조를 발견한다. 그것은 우선 링컨을 초월적 법의 체현으로 제시하기 위해 쓰여진 시나리오의 수많은 디테일에서 이 구조를 발견하지만, 재현과 미장센에서도 발견한다. 헨리 폰다가 연기한 링컨은 특히 꼿꼿한 외양을 갖고 있는데, 그는 영화가 진행되면서 그의 시선에서 분명하게 나타나는 의지력—분석에서 [다른 사람을] '거세하는'이라고 특징지어진—을 보여준다. 수많은 디테일은 그가 법, 정의, 권리, 진실에 대해 친화성을 갖고 있음을 보여줄 뿐만 아니라, 그가 상징적으로 형상화하는 거세에 대한 그의 관계를 보여주는 것으로 읽을 수 있다. 여성 인물들에 대해, 그리고 특히 어머니의 서로 다른 얼굴들에 대해 링컨이 맺는 관계를 분석하는 데 특별한 자리가 할당된다. 이 분석의 가장 두드러진 특징은 등장인물들에게 심리적으로 성격을 부여하는 데 절대 의존하지 않는다는 점이다. 링컨의 형상은 거세와 법을 의미하는 것으로 보지만, 그것이 심리적이고 의식적인 체현이라고는 절대로 암시하지 않으며, 이 분석의 가장 주목할 만한 특징 중 하나는 인물과 '형상체'—다시 말해서 가시적 기표—를 절대 혼동하지 않는다는 것이다.

이 분석이 출간된 이후 정신분석적 영감을 받은 접근들은 영화작품 분석 내부에서 아주 다양한 방식으로 전개되었다. 이들은 다행스럽게도 아주 환원론적으로 영화감독의 생애를 정신 분석하려는 최초의 시도들―도미니크 페르낭데즈가 '정신 분석한' 에이젠슈테인, 도널드 스포토가 '정신 분석한' 히치콕, 페르난두 세사르만이 '정신 분석한' 부뉴엘, 그리고 이들 이후의 많은 사람―을 넘어서 영화작품들 자체에 관심을 두기 시작했다. 예컨대, 멜라니 클라인과 D. W. 위니콧의 테제들에 영감을 받아 프랑수아 트뤼포의 작품 전체를 한 편 한 편 분석한 안 질랭의 경우가 그렇다(Gillain, 1991/2014, 2019).

D. W. 위니콧의 관점으로 본 〈400번의 구타〉(프랑수아 트뤼포, 1959)와 〈여자들을 사랑한 남자〉(프랑수아 트뤼포, 1977)

위니콧의 성찰의 요점은 과도적인 공간에 대한 그녀의 이론인데, 이 이론 덕분에 공간적 재현과 모성적 형상이 〈400번의 구타〉(1959)의 가상적 논리에 엄밀하게 이어진다는 점을 보여줄 수 있다. 과도적 공간은 내적 현실과 외적 현실 사이에 놓여 있는 잠재적인 장소로서, 유년시절에 이를 어떻게 구성하는가가 우리가 세계와 맺는 관계의 미래를 결정한다. 〈400번의 구타〉에서 과도적인 공간과 감옥 같은 공간의 대립은 이 영화의 모든 시각적 역동성에 의해 강하게 나타나는데, 이 시각적 역동성은 놀이와 자유를 즐기는 취향이 표현되는 외부 장면들과 앙투안이 어른들의, 특히 어머니의 지속적인 위협에 맞서는 실내 장면들을 대비시킨다. 서사가 진행되는 내내 수많은 숏은 아이뿐만 아니라 다른 인물들도 보여주는데, 이들은 계단의 난간 뒤에서, 감옥의 창살 뒤에서, 새장의 철망 뒤에서, (이루어지지 못한 르네의 센터 방문 장면에서처럼) 단순하게는 유리창 뒤에서 찍힌다. 이런 재현들 전체에서 어머니와 아들을 대립시킨 문제들, 그리고 끝없이 억압되지만 독자적이고 자율적인 정체성을 이루기 위한 아들의 시도들이 최초로 투사되었다는 점을 보아야 한다. 다른 한편, 영화가 시작되자마자, 따라서 두아넬 부인이란 인물이 등장하기도 전에 위니콧이 놀이, 쓰기, 도둑질을 통해 규정한 문제의식을 정확하게 가리키는 일련의 활동들이 영화에서 제시된다.

안 질랭에게 〈여자들을 사랑한 남자〉(프랑수아 트뤼포, 1977)는, 프로이트의 모델을 따라 '발과 같이 있는 남자'로 부를 수 있는 경우—이것이 주인공의 주요한 강박관념이므로—에 대한 진정한 정신분석으로 제시된다(Gillain, 1991/2014). 그녀는 이렇게 쓴다. "발은 그에게 균형과 조화를 주면서 모든 방향으로 지구를 측량하는 컴퍼스다." 서사의 파편화와 연대기적 연속성의 부재는 기왕증(旣往症) 진행의 우회로를 만들어내는데, 이 우회로에서 환자는 공백이 많은 기억, 먼 과거의 일시적인 난입, 현재 시간의 표면으로 되돌아오기 등의 도움을 받아 자기 이야기를 재구성하려고 애쓴다. 그러나 대사에 부여한 엄청난 특권에 의해 이 영화는 [정신]분석을 상기시킨다. 영상은 끝없이 담론의 지배에 놓이는데, 이 담론은 영상에 순서를 부여하고, 거리를 두고, 영상을 몰아낸다. 말들은 영상이 표현한 환상의 폭력적인 힘을 끝없이 통제한다. 분석적 청취는 교육자로 나오는 준비에브라는 인물과 함께 영화 속에서 현존하며, 서사의 시작과 끝에서 준비에브가 외화면에서 하는 논평은 중심 부분에서 베르트랑이 하는 논평에 호응한다.

〈창 속의 여인〉(프리츠 랑, 1944)과 완리 교수의 꿈

영화에서 꿈과 악몽의 재현이라는 고전적인 테마를 다룬 것으로, 훨씬 더 보편적인 영향력을 지닌 책에서, 막심 샤인파이겔은 〈카도르 바위의 비밀〉(레옹스 페레, 1912)에서 〈분미 삼촌〉(아피찻퐁 위라세타쿤, 2010)에 이르기까지 수많은 영화작품 분석에 논증의 기반을 둔다(Scheinfeigel, 2012).

저자에 따르면 〈창 속의 여인〉은 영화적 서사 특유의 몽환적인 창조성과 유연성을 보여주는 탁월한 예증이다. 프로이트의 사유에 아주 민감한 프리츠 랑은, 프로이트가 꿈의 기능을 묘사한 대로 꿈의 형상적 작업의 프로토콜을 정확하게 모방하는 플롯을 구상했다. 다시 말해서 '꿈의 사유'의 이행 과정, 즉 압축과 전치(轉置)라는 두 본질적인 과정의 실행을 보장하는 것이다. 그리고 이 영화가 끝났을 때, 이 영화의 우여곡절을 뒤늦게 다시 떠올릴 때, 몇몇 디테일을 곰곰이 생각할 때, 관객은 랑이 다음의 기획을 구상했다는 사실을 짐작하게 될 것이다. 즉 꿈의 가공 작업에 대한 프로이트의 언어적 텍스트를, 적절한 전치를 거쳐 그 정확한 표본이 될 영화적 텍스트로 각색하는 것이다. 다른 말로 하면, 〈창 속의 여인〉은 어떤 꿈의 쓰기가 되기를 꿈꾸는 영화이며, 이는 아마도 레이몽 벨루가 다음과 같은 말로 이미 정식화한 것이다.

"랑에게서 영화는 어떤 의미에서 항상 만들어지고 있는 것으로 보인다. 우리는 그 노력, 가능한 것의 시도, 욕망과 그 대상 사이의 간극, 자기 힘을 확신하는 전형적인 쓰기로서 무엇인가를 느낀다(Bellour, 1979)."

어떤 것이 되었든, 이 영화의 처음에 나오는 세 개의 시퀀스는 이런 쓰기 구상의 기초공사를 한다. 이 시퀀스들은 몇몇 주목할 만한 요소를 보여주는 상황에서 조셉 완리(에드거 로빈슨)라는 겉보기에는 정상적인 남자를 제시한다. 관객들은 사후적으로 이 요소들이 '꿈의 사유'를 보여주는 주의를 끌 만한 지점들임을 알게 된다. 따라서 완리 자신과 그의 '꿈의 사유'는 이 영화의 맨 앞에 놓인 세 개의 시퀀스에서 밖으로 드러나게 된다. 모든 것이 여기에 있다. 즉 친구들—그 한 명은 민법의 대변자다—과 리비도에 대한 토론, 남성적인 시관 충동(pulsion scopique)이라는 쾌락에 페티시로서 제공된 초상화, (점잖은 사람, 좋은 교수, 좋은 남편이자 가족의 좋은 아버지인) 완리가 자기 자신에게 가하는 검열, 너무 예의 바르고 여성적 매력이 거의 없는 그의 부인 등. 더욱이 이 모든 것은 감독에 의해 강의실 칠판에 쓰인 이름과 함께 '지그문트 프로이트'의 표시 아래 놓이며, 프로이트의 저작 중 하나의 제목인 『일상생활의 정신병리학』은 완리가 그의 학생들에게 가르치는 범죄 정신병리학이라는 강의 제목으로 이중화된다. 따라서 이는 이윽고 꿈의 작업에 사로잡히게 될, 이 유명한 사유의 요인을 몇몇 구체적인 특징으로 압축한 것이다.

3.2 젠더 연구

정신분석적 연구의 또 다른 영향은 인물에 관한 연구든, 관객에 관한 연구든 젠더(남성/여성) 연구 안에 위치에 있다. 젠더 연구는 1970년대 초의 몇몇 강령적 텍스트에서 시작하여 주요하게는 영국과 북미권의 연구자들—대개는 여성 연구자들—에 의해 발전되었다.

페미니즘 연구는 욕망의 대상, 시관 충동의 대상으로서 여성의 재현에 대해, 그리고 시선의 역할과의 관계에 대해 남성과 여성 인물 사이의 위치 차이를 강조한다. 페미니즘 연구는 많은 학과의 분과적인 정향으로서 미국의 대학들 내부의 제도적인 틀에 의해 뒷받침되었다. 창립자적 가치를 가진 텍스트들 대부분이 영어로 출간되었고, 여전히 가장 유명한 것은 로라 멀비의 논문 「시각적 쾌락과 내러티브 영화」다(Mulvey, 1975, 3장 1.3을 볼 것). 이 논문은 영화 장치가 두 개의 주요한 주관적 메커니즘에 기반을 두고 있다고 기술한다. 그것은 **관음증**, 즉 타자를 대상으로 취하는 충동(다른 사람을 대상으로 본다는 사실에는 항상 에로틱한 기반이 있다)과 **동일시**(현재의 영화는 크기, 공간, 이야기 등 모든 차원에서 인간적 형식과 관련되어 있어서 우리에게 일종의 거울을 제공한다)이다.

이 텍스트가 제시한 방침에서 우리는 이전의 장들에서 언급한 두 개의 분석을 인용할 것이다. 그 하나는 히치콕의 여성들을 다룬 타냐 모들스키의 분석이고, 〈귀향〉(할 애슈비, 1978)에 대한 연구에서 출발해 미국 스크린에서 섹스의 재현에 대한 린다 윌리엄스의 분석이다.

타냐 모들스키가 바라본 〈이창〉(알프레드 히치콕, 1954)

히치콕의 영화 한 편[〈너무 많이 알았던 남자〉]의 제목을 반어적으로 돌려놓은 『너무 많이 알았던 여성들』이란 제목이 붙은 저작에서, 타냐 모들스키는 로라 멀비가 자신의 이론을 예증하기 위해 주로 이 감독의 영화 두 편, 즉 〈이창〉(1954)과 〈현기증〉(1958)에만 의존한다고 지적한다(Modleski, 1988). 이 두 영화는 여성 이미지와 결부된 거세 위협 때문에 서사가 진행되는 중에 여성을 물신화하고 통제할 필요가 있는, 남성 관객의 불안과 환상에 호응하려고 적절하게 재단된 영화들이다. 멀비에게 리사(그레이스 켈리)의 노출증은 의상과 유행에 대한 그녀의 집착과 자신을 고전적으로 완벽한 이미지로 만들고자 하는 욕망과 연결된다. 제프의 관음증과 직업적 목격자 활동은 모두 사진기자의 작업으로 설정되어 있다. 즉 그는 이야기하는 사람이자 이미지 사냥꾼이다. 이때 타냐 모들스키는 이렇게 묻는다. "그런데 바라보는 사람이 여성이라면 어떤 일이 벌어질까?" 다리에 깁스한 제프는 자신이 사랑하는 여성을 위험에서 구할 수 없다는 것이 드러나는 반면에, (멀비가 리사를 고전적 완벽성의 수동적 이미지라고 특징지었지만) 리사는 무기력하거나 무방비 상태는 결코 아니다. 모들스키가 제기한 문제는 여기에 있다.

처음 볼 때 리사는 전능한 존재로 느껴진다. 제프는 소파에서 자고 있기 때문이다. 영화에서 한편으로 리사와 쏘월드(살인자) 사이에서, 다른 한편으로 제프와 쏘월드의 부인 사이에서 집요하게 동종성이 설정된다. 이 동종성은 거의 지적된 적이 없는데, 양성 사이의 균열에 따라 존재하는 유사성, 다시 말해서 제프와 쏘월드 사이, 리사와 쏘월드 부인 사이의 유사성이 강조되었기 때문이다. 그러나 영화가 진행되면서 주인공보다 끝없이 육체적으로 우월한 것으로 제시되는 것은 여성이다. 그녀의 움직임뿐만 아니라 프레임 내에서 그녀의 지배성을 봐도 그렇다. 그녀는 제프와 함께 있는 거의 모든 숏에서 제프 위에 우뚝 서 있기 때문이다. 의상과 유행에 대한 리사의 집착에 관한 멀비의 언급을 강조하면서 모들스키는 다음과 같이 지적한다. "페미니즘 비평은, 여성의 활동에 대한 남성의 경멸에 동의할 위험을 무릅쓰고서라도 여성이 점유하고 있는 모순적 지위의 복잡성 자체를 무시한다." 이 영화는 점차 이중적 시점을 강조하게 된다. 역 숏에서 우리는 아파트 안마당 건너편에 사는 이웃들을 뚫어지게 지켜보고 있는 리사와 제프를 창틀 안에서 보게 되기 때문이다. 따라서 리사를 여성 관객의 대변자로 간주할 수 있게 된다. 그리고 리사를 통해 우리는 여성 관객이 수동적으로 남성적 시선을 받아들이는지, 아니면 이와 반대로 스펙터클이나 서사와 맺는 여성 관객의 관계가 남성 관객의 관계와 다르지 않은지를 스스로 물어볼 수 있다. 이 영화가 시작된 지 얼마 되지 않아서 제프는, 많은 남자를 맞아들이고 있는 이웃의 젊은 여성 댄서(미스 토르소)의 아파트가 리사의 아파트와 닮았다고 농담을 한다. 제프는 그녀가 "수벌 중에서 한 마리를 고를 수 있는 여왕벌 같다"라고 말하지만, 리사는 이렇게 대꾸한다. "저 같으면, 그녀가 여성의 일 중 가장 어려운 일을 하고 있다고 말하겠어요. 늑대들에게 적당한 거리를 유지하는 일이죠."

리사와 제프는 이렇게 에로티시즘과 잠재적인 폭력으로 가득 찬 이 시퀀스에서 여성의 욕망에 관해 아주 다른 해석을 내리고, 모들스키가 동일시에 의해 도달하게 되는 것은 리사의 해석인데, 이 영화는 마지막에 리사의 해석이 옳다고 인정하게 된다. 모들스키에게 영화는 살아남기 위해 차이가 필수적인 것이고, 따라서 차이는 절대 파괴되지 않고 단지 끝없이 부정당할 뿐이다. 바로 이것이 〈이창〉의 결말이 보여주는 것이다. 제프는 영화의 시작과 같은 자세로 다시 자고 있고, 그가 자신을 보고 있지 않다는 것을 확인한 후에 리사는 제프의 책을 정리하고 자기 잡지를 꺼내 든다. 이 동작은 중요하지만, 이보다 더 중요한 것은 영화가 마지막 시선을 리사에게 준다는 점이다. 이것이 시선으로 권력을 행사하는 남성의 시도를 그려내는 것으로 악명 높은 한 영화[〈이창〉]의 결론이다. "남성들은 자면서 축소된 세계에서 전능한 힘을 행사하기를 꿈꾸고 있을 때, 여성들은 남성들의 시선에 갇혀 주인의 인형으로서 집에 갇힌 죄수처럼 보이지만, 보이는 것과 같지 않다."

린다 윌리엄스가 본 〈귀향〉(할 애슈비, 1978)

『섹스를 촬영하기』(*Screening Sex*)에서 품은 린다 윌리엄스의 기획은 그보다 더 야심적이다. 그것은 특히 성행위 자체의 재현을 통해 **미국 스크린에 나타난 성의 역사**를 다루고자 하기 때문이다. 이 저작은 대략 10년 단위의 연속적인 세 시기로 나뉘어 있는데, 이 각각은 대규모 관객을 대상으로 한 영화에서 할리우드 검열의 자유화가 이루어진 단계 및 시기와 호응한다. 1968~1978년이란 시기는 베트남에 가서 전쟁을 하라고 탈진한 청년들을 동원하는 데 맞선 학생들의 반대시위 운동으로 특징지어진다. 이 시기의 제목은 유명한 구호를 다시 취해 "전쟁을 하지 말고 섹스를 하라"다. 윌리엄스는 특히 여성의 성과 오르가슴에 관한 지배적인 이론을 다룬 킨제이 보고서 및 매스터스 보고서, 존슨 보고서에서 출발해서 성의학 및 이 시기 성 정책의 맥락을 분석한다. 다음에는 〈바바렐라〉(로제 바딤, 1968), 그리고 〈클루트〉(앨런 퍼큘러, 1971)에서 맡은 역할을 시작으로 제인 폰다의 예시적인 필모그래피를 강조한다. 폰다는 브리 대니얼스 역을 맡았는데, 그녀는 고급 콜걸로서 불가사의한 살인자의 추격을 받는데, 클루트(도널드 서덜랜드)라는 이름을 가진 강력하고 말 없는 경찰이 그녀를 보호해준다. 이 영화가 직접 보여주는 것은 가장한 오르가슴, '나쁜' 오르가슴뿐이지만, 이 콜걸의 오르가슴은 실제든 연기한 것이든 서사에서 중요한 역할을 한다. 그러나 윌리엄스가 보기에 결정적인 전환점이 된 영화는 〈귀향〉이다.

저자는, 〈귀향〉이 1960년대 말의 반전(反戰) 영화가 아니지만, 이전 10년에 대한 회고적 시선을 가진 1970년대 말의 '평화주의적 애가'라고 지적한다. 제인 폰다는 베트남 전쟁 시기 캘리포니아에 사는 해군 장교의 젊은 부인 샐리 역할을 한다. 이 영화의 시작 부분에서 그녀는 베트남으로 떠나기 전에 작별인사를 대신해서 남편(브루스 던)과 열의 없이 사랑을 나눈다. 그가 열정 없이 그녀 안으로 들어왔을 때, 그녀는 움직이지 않고, 남편이 주는 것을 수동적으로 받아들인다. 소심한 샐리는 부부간의 의무에 굴복한 이 '나쁜' 섹스에 대한 반향으로 간통을 하면서 독립성을 되찾는다. 병원에서 자원 봉사를 하면서 그녀는 반항적인 하반신 마비의 퇴역군인 루크(존 보이트)와 우정을 나눈다. 그는 평화적 행동주의자로 활동하면서 베트남에서 패배했다는 자신의 좌절과 수치를 다른 방향으로 돌리는 법을 배운다. 병원에서 퇴역군인의 삶의 조건들에 맞서 싸우기 위해 해군 기지의 다리[정문]에 몸에 사슬을 묶고 싸운 이후, 그는 샐리의 초대로 그녀와 하룻밤을 보낸다. 윌리엄스가 재치 있게 쓰고 있는 것처럼, "'질 오르가슴의 신화'라는 앤 코트의 논문을 예증이라도 하기 위해 구상된 것 같은 장면에서 그녀는, 허리띠 아래로는 아무것도 느끼지 못하는 하반신 마비의 남자인 루크와 함께 첫 번째 오르가슴에 도달한다." 그리고 윌리엄스는, 할리우드 상투형(음악이 이어지면서 페이드로 처리된 숏들의 연속) 및 이 시기 포르노 영화의 지배적인 약호들에 맞서는, 두 주인공 사이에서 벌어지는 이 성행위 시퀀스를 상세히 분석하는 데 몰두한다. 이 시퀀스는 영화가 사유한 공감각의 교훈처럼 보인다. 루크는 샐리에게 그녀가 자신을 만질 때 자신은 아무것도 느끼지 못하지만 볼 수는 있다고 말한다. 보고 싶다는 것은 성행위 장면에서 관객의 욕구와 일치한다. 시각은 이렇게 부분적으로 촉각을 대신하고, 불을 켠 채로 행위에 몰두한다는 사실을 정당화한다. 이때 이 두 사람이 만지고 느끼고 보는 새로운 수단에 참여하는 교섭을 통해, 전체적으로 파악된 육체의 다형적 도착(倒錯)이 생겨날 수 있는 것 같다. 샐리와 루크가 맺는 관계는 절대 능동적인 강력한 남근이 수동적인 수용기와 맺는 관계로 나타나지 않는다. '좋은' 성행위의 새로운 정의를 제공한 이 장면은 〈클루트〉에서 브리 대니얼스가 고객들과 맺는 '빨리빨리'의 관계에 대한, 그리고 〈귀향〉의 시작 부분에서 남편에 대한 샐리의 수동성에 대한 대답을 제시하면서 10년의 시기에 매듭을 짓는다. 그러나 영화에 나타난 성행위의 재현에서 양성 사이의 더 큰 평등성을 향한 싸움에서 이기기 위해서는 어쨌거나 영화 한 편의 한 장면으로 충분하지 않다. 샐리는 남근적 성행위의 리듬과 목적성에서 멀리 떨어져서 지속적이고 연장된 즐거움을 경험하지만, 그녀의 성공은 거세된 군인에게 남성성과 비슷한 것을 다시 부여하게 된다.

준비에브 셀리에가 본 '남성 단수'의 누벨 바그

이 두 개의 분석은 북미권 연구자들이 수행한 것이다. [프랑스에서] 준비에브 셀리에는 젠더 연구 및 양성의 사회적 관계에 대한 관점에서 출발하여 누벨 바그에 대한 새로운 독해를 제시한다(Sellier, 2005). 그녀의 관점에서, 누벨 바그는 창조자의 주관성, 자기 작품에 대한 완벽한 통제, 문화적인, 나아가 도덕적인 규범의 위반 등을 결합하면서 작가영화의 모델이 되었다. 그러나 여기에는 명백한 역설도 있는데, 누벨 바그는 사회적 이의제기라는 강력한 후광과 함께, 전반적으로 정치적인 이의제기에서 거리를 둔 영화이기 때문이다. 그러나 누벨 바그가 태어나던 시기인 1950년 말경에, 이 새로운 영화는 우선 이 영화가 제시하는 젊음의 이미지와 사랑의 관계에 진정성이 있다는 평가를 받았다. 1957년부터 여성의 성적 해방의 욕구를 표현한 최초의 미디어 스타인 브리지트 바르도가 존재감을 드러낸다. 1970년대까지 피임과 낙태에 대한 모든 논의가 금지된 나라[프랑스]에서 이는 특히나 예민한 문제였다. 그러나 누벨 바그의 젊은 감독들이 거의 모두 남자라는 사실 때문에 이 부흥의 목표는 점차, 주관성의 표현과 형식적인 새로움의 숭배에 특권을 부여하기 위해 사회적 문제들을 몰아내는 예술적 자율성의 요구를 향해 이동하게 되었다. 누벨 바그의 영화들에서 여성들은, 남성 주인공에게 매혹적이고 치명적인 불변의 여성성의 새로운 화신이 아니면 종종 대중문화의 소외를 구현한다. 후자의 경우 여성들은 〈착한 여자들〉(클로드 샤브롤, 1960), 〈아 듀 필리핀〉(자크 로지에, 1962)에서와 같이 십중팔구 지배받는 계급 출신이지만, 항상 그렇지는 않다. 〈결혼한 여자〉(장-뤽 고다르, 1964)의 부르주아 여성, 〈사생활〉(루이 말, 1962)에 나오는 좋은 집안의 딸 역시 이에 못지않게 소외되어 있다.

이 가설들은 영화 시퀀스들 분석에 기반을 두고 있다. 〈사촌들〉(클로드 샤브롤, 1959)은 이렇게 남성 인물들과 여성 인물들 사이의 힘의 관계를 통해 독해된다. 샤를(제라르 블랭)과 플로랑스(쥘리에트 메니엘) 사이의 사랑 고백이라는 감상적인 에피소드 이후, 샤를의 냉소적인 사촌인 폴(장-클로드 브리알리)은 샤를의 부재를 이용해서 플로랑스에게, 그녀가 샤를의 사랑에 응답한다면 불행해질 거라고 그녀를 설득하려 한다. 이 시퀀스의 현대성은 폴이 플로랑스 앞에서 말로 그려내는 초상을 통해 나타나는 여성의 이미지에 있다. 이 장면은, 위대한 사랑을 추구하는 감상적인 젊은 여자의 상투형과 결별하면서, 시골 출신 샤를이 구현하고 있는 위대한 사랑의 환상에서 해방되어 이에 맞서는 젊은 여성의 형상을 제시한다. "인물들의 물리적이고 정신적인 동요를 따르는 카메라 움직임과 롱 테이크로 만든 미장센은 상황의 비장감을 느낄 수 있게 해준다." 그러나 이 장면은 또한 여성인물 자신이 [폴의 말이 맞다고] 수긍하게 되면서 남성들만이 여성들의 진정한 본성을 알고 있다고 우리에게 말한다. 이는 남성인물들이 대사와 시점을 독점하는 것으로 드러난다. 즉 플로랑스에게 그녀의 진실을 밝히는 것은 폴이고, 플로랑스는 명백한 증거처럼 여기에 굴복한다. 이것이 암시하는 것은, 여성들이 너무나 소외되어 있어서 혼자서는 자기 욕망의 진실, 자신의 심오한 본성의 진실에 접근할 수 없다는 뜻이다.

셀리에에 따르면, 우리는 이 장면에서 누벨 바그 특유의 현대성과 시대에 뒤떨어짐의 혼합을 보여주는 전형적인 예를 볼 수 있다. 즉 그것은 이전 세대의 [여성적] 행위 모델에서 완벽하게 거리를 취하는 젊은 여자의 불편함을, 오늘날에도 느낄 수 있는 놀라운 진정성으로 표현한다. 그러나 이 불편함은 샤브롤의 영화가 폴과 그의 멘토 클로비스 같은 인물들을 통해 완벽하게 떠맡는 남성 지배의 새로운 형태를 거칠게 확인시켜준다.

3.3 형상성 분석

우리는 이미 회화에서 물질적 신체나 인간 존재의 재현과 동일시되거나 동물이나 사물과 동일시되는 **형상**을 다룬 연구들을 언급했다(4장 1.3). '형상적'(figuratif), '비유적'(figuré), '형상화할 수 있는'(figurable), '형상화 가능성'(figurabilité)과 같은 **형상**(figure)이라는 말의 파생어들은 이미지를 일종의 고유한 활력을 가진 것으로 간주할 수 있는 방향들을 잘 보여준다. 이른바 '형상성' 분석의 기원은 장-프랑수아 리오타르의 저작 『담론, 형상』(*Discours, Figure*)에 있고, 이 책의 주요 테제는 당시 지배적이었던 구조주의적 사유와 소쉬르 언어학의 영향력에 맞서기 위해 프로이트의 꿈 해석으로 되돌아가는 데에 기반을 두고 있다(Lyotard, 1971). 리오타르는 담론뿐만 아니라 형상에도 존재하는 '형상성의 공간'을 규정하기 위해 세잔, 클레, 모노리의 회화 연구에 근거를 둔다. 리오타르에게는 "형상과 욕망의 급진적인 공모(共謀)가 있다." 그러나 예술적 현대성의 경험에 무지했고 이 공모를 단지 언어와 "좋은 형식"으로 환원하고자 했던 프로이트와는 반대로, 리오타르는 형상성을, 이미지 독해의 관습적인 약호들을 위반하는 힘이 넘치는 역동성과 비슷한 것으로 생각한다. 이렇게 해서 『담론, 형상』은 현대미술을 대상으로 전례 없고 강렬한 해석을 도입한다. 바로 이 형상성 개념은 아주 일찍 클로딘 에지크만의 저작 『영화-희열』에 영감을 주었고(Eyzykman, 1975),

이후에 들뢰즈와 디디-위베르만이 이 개념에 대해 다시 작업한 후 프랑스어권에서 대표적인 분석 경향이 되었다. 이는 이 개념을 종합적으로 제시하는 뤽 방슈리의 최근 저작까지 이어진다(Vancheri, 2011). 형상성은 재현, 텍스트, 이미지에 대한 비언어적 파악을 나타내는 이름이 되고, 이와 동시에 비평의 리비도적 힘으로 파악된 욕망의 사유에 쓰이게 된다. 방슈리는 이런 관점에서 피에르 파올로 파솔리니의 〈마태복음〉(1964)에 나오는 살로메의 춤 시퀀스를 "참수(斬首)의 우아한 형상화"로 연구한다.

뤽 방슈리가 바라본 〈마태복음〉(피에르 파올로 파솔리니, 1964)에 나오는 참수의 형상

이 시퀀스는 복음 사가[마태]의 텍스트 12개 절[마태복음, 14:1~12]을 상당히 가까이에서 따라간다. [영화에서는] 단지 춤추는 에피소드만 길게 관심의 대상이 되지만, 마태는 여기에 거의 관심을 기울이지 않는다. "그 무렵에 마침 헤롯의 생일이 돌아와서 잔치가 벌어졌는데 헤로디아의 딸[살로메]이 잔치 손님들 앞에서 춤을 추어 헤롯을 매우 기쁘게 해주었다. 그래서 헤롯은 소녀에게 무엇이든지 청하는 대로 주겠다고 맹세하며 약속했다"[마태복음, 14:6~7]. 그 이후는 회화의 전통에 의해 대중화되었기 때문에 잘 알려져 있다. 즉 살로메의 요구는 세례 요한의 참수였고, 마침내 세례 요한의 머리가 쟁반 위에 올려져 [살로메의 어머니] 헤로디아에게 전달된다. 파솔리니는 이 마지막 에피소드를 보여주지 않고, 외화면에서 찍은 참수로 이야기를 끝낸다. 이 감독에게 본질적인 것은, 감옥에 갇힌 세례 요한을 보여주는 몇 개의 숏 다음에 나오는 살로메의 춤이다. 방슈리의 지적에 따르면 이 작은 안무를 따라갈 때 충격적인 것은, 모든 사람의 관심이 집중되는 춤이, 제시되면서 동시에 거부된다는 점이다. 사실상 이 춤은 파솔리니의 미장센의 주요하고 중심적인 순간이다. 우리는 춤밖에 보지 못한다. 그러나 이 춤은 기이하게 찍혀 있는데, 춤이 진행되는 내내 살로메는 어깨 위로만, 다시 말해서 목에 닿을 듯이 프레이밍된다. 그녀의 무용은 거의 보이지 않는다. 따라서 꽃이 핀 가지로 춤을 추는 팔과 목의 우아한 움직임만을 볼 수 있을 뿐이다(**도판 27**). 방슈리는 이렇게 묻는다. "따라서 우아한 신체를 생략해버리고, 헤롯을 매혹시킨 유혹[몸]과는 아무 상관이 없다고 우리가 기꺼이 생각하게 되는 파솔리니 미장센의 의미는 무엇인가?" 우리를 벗어나는 것 앞에서, 우리가 보지 못하는 춤 앞에서 우리가 느끼지 않을 수 없는 실망을 어떻게 받아들일 것인가? 이 질문에 답하기 위해서는 우리에게 전체를 보여주기를 거부하고 단지 영광에 찬 살로메의 디테일만을 남겨두는 이 놀라운 프레이밍에 관심을 기울여야 한다. 살로메의 등장보다 먼저 세례 요한의 숏 몇 개가 나온다. 그런데, 이 죽음의 춤의 두 주인공을 보여주는 숏들에는 놀라운 아름다움이 들어 있지만 각기 동일한 크기의 피사체로 이어져 있다. 이들 둘 다 어깨와 목 위의 높이에서 찍었기 때문이다. 이 프레이밍은 두 인물을 짝지어주고, 머리를 남겨두며, 몸을 배제한다. 이런 형식적인 고집 때문에 이 동등한 크기가 효과로서 추구하는 것, 그것이 의미작용으로 알려주는 것을 우리가 고려하지 않을 수 없게 된다. 방슈리가 제시한 가설은, 프레임이 수행하는 절단과 세례 요한의 몸이 기다리고 있는 절단 사이에, 즉 프레임에 의한 절단과 참수의 절단 사이에 무엇인가가 행해지고 있다는 것이다. 눈길을 끌면서 동시에 실망감을 주는 이 미장센에서 프레임은 무엇에 관심을 두고 있는가? 그 것은 같은 공간에 있지도 않고 최소한의 대화 기회도 없는 두 인물 사이의 관계를 해석하는 것에 다름 아니다. 즉 모든 것이 협력해서 세례 요한과 살로메를 진정한 비극의 커플로 만들고 있다. 따라서 프레이밍은, 춤의 안무를 선별적으로 구성하기로 결정한 형식적 작업에 그치는 것이 아니다. 이 프레이밍은 아직 형태를 갖추지 않은 [살로메의] 요구, 그러나 이미 이미지 속에 있는 요구, 이미 **형상**으로 만들어진 요구를 해석하려고, 다시 말해서 이 요구를 **형상화하려고** 애쓰고 있다. 프레임에 의한 절단은 세례 요한과 살로메의 억압된 외화면, 즉 성자와 무용수의 보이지 않는 육체를 가리키지 않고, 침묵하게 해야 하는 사람[세례 요한]의 육체를 물리적으로 나누고 잘라낸 참수를 가리킨다. 마태복음에서 너무 많이 말하는 사람의 말을 자르는 것은 그에게서 머리를 자르는 것이다. 따라서 프레임은 참수를 생각하는 영화의 형식이고, 찍히는 인물들에게 폭력을 가하는 형상이다. 헤로디아와 살로메가 품고 있는 살인의 욕망에 대해 말하고, 이 두 여인

도판 27. 〈마태복음〉(피에르 파올로 파솔리니, 1964).: 살로메의 춤과 [프레이밍에 의해] '잘린' 세례
요한의 머리.

의 욕망과 헤롯 왕의 음탕한 욕망을 어쩔 수 없게 묶어주는 형상적인 폭력. 아직 표명되지는 않았지만, 그래도 역시 **형상화된**, 어떤 생각의 잠재적인 힘을 명료한 재현을 넘어서 넌지시 알려주는 **형상적인** 폭력.

필립 뒤부아가 바라본, 장 엡스탱(〈탕페스테르〉, 1947)에게서 폭풍의 형상

장 엡스탱의 [단편영화] 〈탕페스테르〉에 대한 연구에서 필립 뒤부아는 회화적 재현의 역사 및 엡스탱의 이 영화에서 폭풍의 형상화에 관심을 가진다(Dubois, 1998). 그에 따르면, 엡스탱의 작품 전체는 도상학적 모티프 하나(폭풍)와 이미지의 질료를 강렬하게 결합시키는 전형적인 형상적 작업을 보여준다. 엡스탱에게 영화가 우선 시간의 물리적이고 직접적인 경험이라면, 그는 몇몇 작품에서 끊임없이 자기 영화의 형식과 사유 속에 시간의 경험을 구현할 양태들을 찾았다. 이미지 자체에 그대로 기입된 시간 질료에 대한 추구는 수수께끼 같은 고착의 지점인 폭풍의 형상에서 시작해서 분석된다. 이 폭풍의 형상은 엡스탱의 영화 전체에 반복적으로 나타나는 것이며, 그의 다큐멘터리 영화들이나 브르타뉴 시기에 찍은 픽션영화들에서도 나타난다. 자연의 바람과 인간의 바람(탕페스테르의 날숨)이라는 두 개의 바람 사이의 대립을 형상화하기 위해, 외부 바다의 폭풍이라는 초인간적인 바람과, 등장인물이 유리공에 부는 날숨이라는 인간적이지만 마술적인 바람 사이의 대립을 형상화하기 위해, 엡스탱은 이 장면에 들어 있는 모티프의 효과를 영화적 표현의 질료 자체에 구현할 목적으로 영상과 소리에 대해 완전히 형식적인 작업을 선택했다. 그는 결국 시간이라는 영화의 질료 자체에 도달하게 될 것이다. 사실상 여기서 주요 작업을 하는 것은 필름을 돌리는 속도의 변주 —느린 화면, 빠른 화면, 역화면—다. 흐린 하늘에 구름이 지나가는 것을 보여주는 빠른 화면에서 시작해서 이 변주는 느린 화면이 커지는 방향으로 변화한다. 마치 물결의 움직임, 파도의 흔들림, 파도 거품의 폭발 등이 조금씩 조금씩 진정되는 것처럼, 마치 서로 맞부딪치는 힘들이 점차 신비로운 중화(中和)를 향해 나아가는 것처럼. 그리고 이 움직임은 역화면으로, 다시 말해서 영상을 거꾸로 돌리는 것을 통해서 폭풍의 힘이 자기 자신에게 되돌아가는 것으로 끝난다. 느린 화면의 작업이 폭풍을 거의 정지 상태로 이끌었다면, 여기서 중요한 것은 정지 상태가 아니라 이 '거의'다. 극도로 반사진적인 이 '거의'는 현저하게 커진 잠재적 힘을 내포하고 있기 때문이다. 즉 이 '거의'는 사실상 그 자체 안에, 분명 서로 상쇄되지만 무화되지는 않는 상반된 두 개의 힘을 포함하고 있다. 움직임이 느려지면 느려질수록, 우리는 더욱더 상반된 움직임의 응축 앞에 있게 되고, 따라서 어떤 것을 향해 가게 된다. 이 어떤 것은 실제로 상상을 초월하는 힘에서 나온 것이고, 말하자면 두 개의 폭풍, 즉 해상의 폭풍과 날숨의 폭풍(탕페스테르의 숨결)을 더해서 만든 것인데, 정확한 순간에 균형을 찾으면서 서로를 보강해주고, 이들의 특질을 잠재적으로 결합시킨다. 뒤부아의 결론에 따르면, 이것이 형상성(le figural)의 수수께끼 같은 지점이다. 형상성은, 점점 덜 움직이지만 점점 더 강렬해지는 두 폭풍에 내재된 힘의 과잉과 관계되기 때문이다. 폭풍은 과시적인 효과 속에서가 아니라, 보이는 것의 무의식으로 존재한다. 바로 이것이 형상성이다.

이 두 개의 분석은 형상성이 프레이밍이나 느린 화면처럼 아주 다양한 시각적 요소 속에서 나타날 수 있다는 점을 보여준다.

관객과 형상: 마르탱 르페브르가 본 〈사이코〉(알프레드 히치콕, 1960)의 샤워장면
몇몇 연구자는 **형상**이란 용어를 취하여 이를 다른 방향으로, 즉 때로는 수사학과 관련해서, 때로는 모티프 이론과 관련해서 발전시켰다. 마르탱 르페브르가 그런데, 그는 아주 유명한 단 하나의 짧은 시퀀스, 즉 〈사이코〉의 샤워 살인 시퀀스(도판 28)를 대상으로 한 권의 책을 쓰면서 형상을 관객의 위치나 '관객의 경험'(spectature)과 연결했다(Lefebvre, 1997). 이 시퀀스는 이 영화의 2분 39초인데, 비록 엄밀한 의미의 분석은 이 책의 14쪽밖에 되지 않지만 총 256쪽으로 논평이 되고, 이 시퀀스의 아주 짧은 46개 숏의 발췌에 기반을 두고 논평이 이루어진다. 이 분석 방식의 독창성은 이론적으로 확고한 입장을 취하고 있다는 데 있다. 르페브르는 관객의 경험에, 그리고 관객이 이 연속적인 경험에서 자기의 기억으로 간직하는 것에 근거를 둔다. 그에 따르면, 이 흔한 경험은 "관객과 영화 사이의

상호작용을 해결하고, 텍스트로서 영화적 대상의 구성을 보장하는 지각적, 논증적, 정서적, 상징적 과정의 총체로 구성된다." 이런 접근은, 영화가 어떻게 자기 관객에 대한 계획을 세우는가를 영화 **안에서** 찾는 서사학자나 기호학자들의 접근과 구별된다. 또한 그 영화의 **밖에서** 그 행위의 흔적—관객과 비평가의 반응—을 찾는 사회학자들의 접근과도 구별된다. 이를 위해 르페브르는 연속되는 세 개의 개념을 사용한다. 즉 관객과 영화의 만남으로 작동하는 인지적 환경에 관한 **내부-형식**(endo-forme), 관객이 구축한 것 그대로의 그 영화의 논증이 되는 **형식**, 그리고 관객에게 강한 인상을 주는 분절체와 형식의 가상적 통합을 드러내는 **형상**이 그것이다.

> "우리 모두가 사실상 내부의 작은 영화관을, 일종의 가상의 영화박물관을 가진 것은 아니지 않은가? 여기서 우리는 우리 내밀한 삶의 리듬에 따라 영화관에서 우리가 간직한 것, 우리에게 흔적을 남기고 우리에게 강한 인상을 준 것을 투사한다. 형상은 이런 박물관의 인공물이다. 우리에게 강한 인상을 준 것은 분절체와 형식의 가상적이고 기억적인 재현이다."

이 책은 세 개의 개념을 세 개의 장으로 발전시킨다. 형식을 다루는 장은 지식의 구조이면서 동시에 기억의 구조로서 인지과학이 규정한 그대로의 '장면' 개념에 근거를 두고 있다. 다시 말해서 여기에 있는 지식은 또한 기억이기도 하다. 장면은, 특수하게 전개되는 인지적 상황과 관련되는 '스크립트'와 구별된다. 샤워 아래의 살인은 이 장면의 이해를 결정하는 '모텔/샤워', '죽이기/칼'과 같은 일련의 스크립트에 따라 해독된다. 이런 독해는 '형상, 가상성'을 다룬 장에서 펼쳐진다. **형상**이란 용어는 다음과 같이 규정된다.

> "형상이 나타나고 영사되는 곳은 이와 반대로 관객의 정신이다. 이런 의미에서 형상은 그것이 지각된 영상과 소리에 부재한다는 점에서만 관객에게 현존한다. […] 따라서 형상은 관객을 영화와 통합시키는 관계에서 솟아나온다."

도판 28. 〈사이코〉(알프레드 히치콕, 1960).: 샤워실 살인 장면의 시작 부분.

관객의 기억 속에 이 **강박적인 형상**은 레이몽 벨루가 같은 영화를 다룬 텍스트에서 암시한 몇몇 궤적에서 출발하여 발전된다(Bellour, 1979).

> "[살인자의 이름인] 노-먼(Nor-man)은 남자도 여자도 아니다. 그는 다른 사람의 자리에 있는 사람이거나, 아니면 이 사람 또는 저 사람이며, 다른 사람 속에 있는 이 사람이기 때문이다. […] 매리언이 숙박부에 쓴 이름인 크레인(Crane, [학(鶴)이라는 뜻])은 또한 새의 이름이다. 이 이름은, 노먼에게 결핍이거나 과잉으로서 나타나는 기표를 매리언의 육체에 새긴다."

이때 르페브르가 제시한 분석은 크레인 가(家)와 베이츠(Bates) 가라는 두 성(姓)과 피닉스(Pheonix)라는 최초의 마을 이름의 대립에서 출발한다. 크레인은 육식의 섭금류로서, 이 때문에 식사와 식인풍습의 기호로 샤워 장면의 독해를 펼칠 수 있게 되고, 음식물과 요리의 쪽에 칼을 새길 수 있게 되고, 예기치 않은 방식으로 영상 및 노먼이 내리는 변기의 물소리를 조명할 수 있게 된다. 마지막 장은 〈사이코〉 연작물의 계보를 다룬 것이다. "관객의 기억이나 가상성처럼 유령 같은 형상이 어떻게 존재할 수 있는가를 보여주기 위해서, 그리고 연작물의 형태나 가상의 박물관과 같은 형태로 일련의 영화들의 전유와 상상적 통합에 기반을 둔 영화문화의 정교화에 이 형상이 어떻게 참여하는가를 보여주기 위해서", 〈사이코 II〉(리처드 프랭클린, 1983), 〈사이코 III〉(앤서니 퍼킨스, 1983)와 같이 문자 그대로 〈사이코〉의 속편부터 시작해서, 〈캐리〉(1976), 〈필사의 추적〉(1981)과 같은 브라이언 드 팔마의 영화들을 거쳐, 〈참극의 관〉(토브 후퍼, 1981)과 같은 고어 영화들과 〈할로윈〉(존 카펜터, 1978) 연작물을 다룬다.

장-미셸 뒤라푸르가 본 〈블랙라군에서 온 괴물〉(잭 아널드, 1954)

형상성 분석은 뿌리 깊은 경향이고, 최근에는 시네필의 합의에서 가장 경멸을 많이 받은 대중 영화들처럼 장르 규칙을 따르는 대중 영화에 속하는 영화들까지 다룬다. 〈투명인간〉(제임스 웨일, 1933), 〈블랙라군에서 온 괴물〉(잭 아널드, 1954)

과 같이 SF 영화에 속하는 B급 영화들의 경우가 그렇고, 괴기영화로는 〈늑대인간의 저주〉(테렌스 피셔, 1961)가 그러한데, 이 세 편의 영화는 장-미셸 뒤라푸르가 면밀한 관찰뿐만 아니라 때로는 해석적 망상에 이를 정도의 창작을 통해 분석한 삼부작이다(Durafour, 2017).

〈투명인간〉은 특수효과로 유명하고, 〈블랙라군에서 온 괴물〉은 흑백 입체영화로 찍은 최초의 픽션영화로 유명하다. 이 영화는 반은 물고기고 반은 사람인 종족에 대해 아마존 인디언들에게 떠돌던 전설에 기반을 두고 있는데, 이 종족이 '야쿠루나'(yacuruna)로서 수정으로 된 수중 도시에 살며, 물고기 비늘과 다색의 진주로 온몸이 덮여 있다. 이 물고기 인간은, 아마존에서 목욕하는 조심성 없는 여자들을 납치해서 불가사의하게 임신을 시키려고 일 년에 한 번 물 위로 올라온다. 이것은 〈시민 케인〉을 촬영할 때 가브리엘 피구에로아가 오손 웰스에게 전해준 전설이다. 웰스의 조감독이었고 1952년에 유니버설 스튜디오의 제작자가 된 윌리엄 앨런드는, 〈아웃 스페이스〉(잭 아널드, 1953)를 찍은 다음에 이후 〈블랙라군〉으로 제목을 바꾼 잭 아널드의 영화 시나리오를 썼다. 뒤라푸르는 자신의 논문에 「이미지의 동물학을 위한 오바드」라는 부제를 붙였고, 물고기 인간의 의상을 전면에 내세워 이를 상세하게 묘사했다. 괴물은 두 명의 다른 배우가 연기했는데, 수중 장면의 촬영에는 올림픽 수영선수 리쿠 브라우닝이, 땅 위의 장면에는 타히티 출신 무용수 벤 채프먼이 연기했다. 뒤라푸르는 이 영화가 결점(밋밋한 대사, 한계가 많은 배우들의 연기)이 없지 않다고 지적하지만, 그가 보기에 이 영화는 주인공의 형상, 즉 '아가미를 가진 인간' 때문에 영화사에서 가장 매혹적인 영화 중 하나다. 그가 보기에, 아널드의 협력자들은 놀라울 정도의 리얼리즘으로 이 존재를 기이한 실체에서 "적법하고 유물론적인 자연으로" 옮겨놓음으로써 동물학적 관점이나 도상학적 관점에서 믿을 만한 존재를 만들어냈다. 그는 생명체와 그 자연환경 사이의 관계의 과학인 '생태경제학'(éconologie)에 기반을 둠으로써, 일본의 영장류학자 이마니시 긴지에 따르면 "〈블랙라군에서 온 괴물〉을 연구한다는 것은 몇몇 생물학적 테제와 친숙해진다는 것을 전제로 한다"는 점을 증명하고자 한다.

뒤라푸르가 받아들인 의미의 '생태경제학'은 이미지를 생명체로 사유하는데 있는데, 이 생태경제학이 전제하는 것은 뒤따르는 세 개의 장에서 현기증이 날 정도의 박학다식으로 저자가 탐구할 몇몇 생물학 이론에서 다시 시작한다는 뜻이다. 생물학 이론들은 아비 바르부르크의 표현적인 시각적 형태와 비교되고, 1장 '지느러미'에서 생명수학자 아르시 톰슨의 동물학적 형태들의 조형적 형태발생이 논의된다. 2장 '물고기'는 형상인류학의 틀에 포함되고, 그 기원이 고대로 거슬러 올라가는 신화론적 양태와 진화론적 재현 양태가 구분된다. 마지막 장 '사이렌'은 이 영화의 유명한 시퀀스 하나를 분석한다. 이것은 물고기 인간이 처음으로 해부학적 전체를 보여주는 시퀀스이자 이 괴물과 여주인공 케이라는 인물을 이어주는 수중 발레 시퀀스인데, 그것은 "수태의 의식(儀式)이라는 외양을 한 일종의 혼례무용"이다. 초현실주의의 회화적 도상학, 에스더 윌리엄스, 리타 헤이워스와 다른 사이렌들을 두루 검토한 이후, 뒤라푸르는 잭 아널드의 영화를 〈호수의 이방인〉(알랭 기로디, 2012)과 정당하게 비교하는데, 이는 네스호 괴물의 변주인 호숫가에 사는 메기, 그리고 [수영을 잘하는] 인간 물고기이자 "끔찍하게도 스스로 먹히기를 승낙하는" 먹잇감들을 유인하는 매혹적인 살해자인 아름다운 미셸 등을 거론하면서 이루어진다. 뒤라푸르의 책을 읽는다는 것은 〈블랙라군에서 온 괴물〉을 완전히 다른 관점에서 다시 본다는 뜻이다.

4. 현재의 다른 경향들

4.1. 창조의 사회학

우리는 위에서 최근 30년 동안 대학 커리큘럼에서 영화 사회학을 발전시키고자 하는 시도들이 소심했다는 점을 확인했다. 최근 10년간 특히 **관객 사회학**의 쪽에서 몇몇 예외가 있었다. 이것은 작품 사회학의 전통에서 이루어진 접근인데,

이 분과에 속하는 접근에 따른 영화작품 분석은 상당히 드물었다. 우리는 히치콕의 영화 〈현기증〉에 대한(Esquenazi, 2001), 1960년대의 고다르 영화에 대한(Esquenazi, 2004), 그리고 장르영화인 '누아르 영화'에 대한(Esquenazi, 2012; 6장 2.1을 볼 것) 장-피에르 에스크나치의 분석이 보여주는 이례적인 상황에 상당히 중요한 자리를 할당할 것이다.

사회학적 분석이 엄밀한 의미의 영화작품 분석에 근거를 두는 경우는 드물다. 사회학적 분석은, 양적으로 상당히 많은 작품 집합에서 출발하여 영화작품 내부에서 관객과 사회적 재현을 분석한다. 에마뉘엘 에티스는 이렇게 영화사회학과 관객을 연구한 후에(Ethis, 2009), 미국 영화의 '하위 장르'에 할애한 작은 저작에서 '캠퍼스 영화'에 관심을 가졌다(Ethis & Malinas, 2012). 일련의 작품들의 집합인 이 캠퍼스 영화에서 행위는, 소설가 데이비드 로지의 표현에 따르면 "너무 작은 세계"[14]인 대학의 틀 안에 자리를 잡고 있다. 에티스와 말리나스는 캠퍼스 영화에서 사회세계의 우화를 보고, 예컨대 의학계, 법조계, 군대 속에 자리 잡은 픽션들과 같이 "전문적 직업 기반의 픽션들" 집합에 위치시킨다. 캠퍼스 영화의 가장 고전적인 내러티브 도식 중 하나는 대학에 한 번도 가본 적이 없는 관객이 서사의 주인공—자신이 막 등록한 기관[대학]에서 [학교의] 엄밀한 규칙들을 발견하는 학생 같은—과 함께 이 "전문적 직업 기반"을 발견하는 것이다. 논증은 대개 할리우드 영화들인 200편의 자료군에 기반을 두는데, 그것은 〈폭력 교실〉(리처드 브룩스, 1955)이나 〈너티 프로페서〉(제리 루이스, 1963)에서부터 〈아고라〉(알레한드로 아메나바르, 2009)나 〈엘리펀트〉(거스 반 샌트, 2003)에까지 이른다.

우리는 이미 3장 1.4에서 『할리우드 영화에서 삶의 교훈』이라는 쥘리에와 르브라토의 저작을 언급한 바 있다. 이들 성찰의 출발점인 〈브루클린에 나무 한 그루가 자란다〉(엘리아 카잔, 1945[한국어판 DVD 제목은 〈브루클린의 나무 성장〉])

---

14 [옮긴이주] 한국어판으로 『교수들』(공진호 역, 마음산책, 2009)로 소개된 데이비드 로지 소설의 원제는 『작은 세계』(*Small World*)다.

의 예를 언급하기 위해 여기로 잠시 되돌아가보자. 이들은 〈시민 케인〉에 대해 앙드레 바쟁이 쓴 문장, "모든 위대한 영화는, 여기서 시작해서 우리 모두가 잠정적으로 우리 삶의 의미를 구성하려고 애쓰는 출발점이다"를 상기시킨다. 이 문장은, 〈시민 케인〉이 한 사람의 인생으로 만든 영화고 우리에게 인생의 신비를 겪게 해주기 때문에 더 정확하게 맞아떨어진다.

로랑 쥘리에와 장-마르크 르브라토가 본, 삶의 교훈으로서 〈브루클린에 나무 한 그루가 자란다〉(엘리아 카잔, 1945)

〈브루클린에 나무 한 그루가 자란다〉에서 가난한 한 가족의 아이들은 한 마디도 이해를 못 해도 매일 밤 셰익스피어의 시구를 읽는다. 우리가 이 기이한 의식을 알게 되는 순간, 열두 살이고 삶에 큰 갈망이 있는 이 영화의 여주인공 프랜시는 [셰익스피어의] 『트로일루스와 크레시다』의 4막 2장을 읽는다. 셰익스피어의 대사를 듣는 것에 대해 회의(懷疑)가 거의 없는 어머니는 어쨌거나 두 아이에게 그것이 "어딘가 너희들에게 도움이 될 수 있고, 심지어 언젠가 직업을 구하는 데라도 도움이 될 거"라고 단언한다. 이 대목[『트로일루스와 크레시다』의 4막 2장]은 셰익스피어 작품에서 우연히 선택한 것이 아니다. 훨씬 더 그럴듯하게는, 이 대목은 어린 프랜시와 그 아버지를 이어주는 관계의 은유인데, 이는 비현실적인 약속으로 가득 차 있지만 강렬한 애정의 관계고, 이 관계는 아버지가 알코올 중독이 되면서 이어지지 못한다. 이 독해의 가설을 인정한다고 해서 이 영화텍스트에 큰 폭력을 가하는 것은 아니다. 이것은 해석적 주장이지만, 아버지의 임박한 죽음이라는 모티프는 여러 번에 걸쳐 반복되기 때문에 이 영화의 내적 일관성에 근거를 두고 있다. 어쨌거나 『트로일루스와 크레시다』의 독해가 남동생의 적의에 찬 언급("이거는 심지어 영어도 아냐")의 결과로 중단되었을 때, 지금까지 말이 없었던 할머니가 독일어 액센트가 강한 말투로 발언을 시작해서 이들을 받아준 나라[미국]에서 배움 덕분에 사회적 신분 상승이 일어날 가능성에 대해 장광설을 늘어놓는다. "이렇게 해서 상황이 더 나아지는 거야. 그리고 이것은 배움과 관련이 있어. 애들아, 계속 읽으렴…."

이때 쥘리에와 르브라토는 이렇게 질문을 던진다.

"만약 우리가 이 가련한 프랜시의 브루클린을 떠나 할머니의 담화가 '모든 픽션 작품—따라서 영화작품들—이 셰익스피어의 희곡들과 같은 자격으로 더 높이 올라가기 위한 질료를 준다'는 점을 생각해보라는 초대라고 확신한다면, 만약 우리가 픽션에서 완전히 벗어난다면, 어떤 일이 벌어질까?"

사실상 할리우드 고전 영화들을 삶의 교훈으로 간주하는 것은, 의견의 일치가 전혀 이루어지지 않은 해석적인 입장을 취하는 것이다. 그러나 비유적인 의미에서 '독해'라는 용어를 씀으로써, 작품들의 해석 문제를 계속해서 읽어나가라는 격려로 바꾸는 것은 시도할 만한 일이 아닐까? 이런 관점에서 프랜시의 할머니는 옳다. 고전은 전혀 낡은 것이 아니며 매일 고전에 대해 새로운 해석들이 나온다. 예전에는 구조주의적인, 정신분석적인 독해, 오늘날에는 다른 무엇이 오기를 기다리면서 문화연구적인, 젠더적인, 사회학적인 독해가 이루어지기 때문이다. 독해는 절대 끝나지 않는다. 이 영화를 해석하려고 애써야 할 때 〈브루클린에 나무 한 그루가 자란다〉[에 나온 대사]를 쓰는 것은 아닐까? 이 영화의 '독해들'이 그 어떤 측면, 즉 이 영화가 말할 수 있는 것을 해명한다는 확신에 만족해야 하는데도, 이 영화가 말하고자 하는 것—그런 것이 존재한다고 가정한다면—을 밝히는 최고의 독해를 설정하고 이 영화의 '독해들'을 위계화한다는 것인가? 이 경우 저자들은 사회학적 관점, 그리고 삶의 교훈으로서 작품 독해의 연구에 특권을 부여하는 일을 선택했다.

할리우드 스튜디오 내에서 창조의 사회학: 〈현기증〉(알프레드 히치콕, 1958)의 예
스튜디오 시스템 안에서 알프레드 히치콕이 이루어낸 창조에 가치를 부여하기 위해 장-피에르 에스크나치가 시퀀스 하나하나를 세밀하게 분석하는 작품은, 아주 특별한 누아르 영화고 컬러로 찍은 영화 〈현기증〉(1958)이다. 그는 히치콕이 1957-1958년에 이 영화를 제작했을 때, 어떤 점에서 〈현기증〉이 **창조적인** 영

화이며, 어떤 점에서 히치콕의 작품에서 전환점이 되는지, 그리고 그것이 왜 스타시스템에 기반을 둔 할리우드 제작 시스템에 대한 일종의 주해(paraphrase)인지를 증명하려고 한다. 이 저작의 이론적인 부분인 1부는 예술 영역에서, 더 구체적으로는 할리우드 제작의 틀 안에서 창조가 무엇인지를 규정한다. 에스크나치는 그가 할리우드 환경이라고 부른 것, 그리고 히치콕이 직면한 창조의 조건들을 사회학적 용어로 규정한다. 그는 이 영국인 감독을 [할리우드 시스템에] 지나치게 적응한 전문가지만, 또한 천의 얼굴을 가진 남자로 특징짓는다. 그는 좌절한 빅토리안 시대의 청교도지만, 사생활에서는 계획적인 인물이다. 마지막으로 위대한 전문가 감독이면서, 홍보 천재이기도 한 작가감독이다. 〈현기증〉의 생성에 대한 분석은 이 세 가지 심급 사이의 힘의 관계에 기반을 둔다.

〈해리의 소동〉(1955)과 〈누명 쓴 사나이〉(1957)로 잇달아 관객 동원상의, 그리고 비평상의 실패를 겪은 이 감독에게 1957년은 결정적인 해였다. 미국의 메이저 스튜디오들은 몇몇 감독의 독립 의지와 텔레비전과의 경쟁을 혹독하게 겪고 있었고, 장르 및 스펙터클 형태의 쇄신에 대해 질문을 던지고 있었다. "따라서 〈현기증〉이 어떤 장르의 조리법을 적용하는 데 만족하지 않고, 이 영화의 서사 그 자체 안에서 장르의 조리법을 성찰하는 것은 놀라운 일이 아니며, 자기 고유의 '스펙터클성'을 내러티브의 목표로 삼고 있는 것도 놀라운 일이 아니다." "자신이 원하는 스펙터클을 얻기 위해 한 남자는 무엇을 할 수 있을까?"는 〈현기증〉을 떠도는 질문이지만, 그만큼이나 주인공 스코티뿐만 아니라 그 작가 히치콕을 사로잡은 질문이다.

> "그러나 이 영화는 또한 그 인물[매들린]이 쓰고 있는 지나친 장식을 낱낱이 벗겨내는 데까지 나아감으로써, 할리우드와 그 스타들 사이의 관계를 보여주는 수수께끼 같은 인물—팜므 파탈(femme fatale)의 인물—을 충격적인 방식으로 장악한다."

매들린 역할에 킴 노박이라는 젊은 스타를 히치콕에게 강요한 것은 스튜디오다. 이 여배우에 대한 히치콕의 공공연한 적개심은 이 영화가 여주인공을 다루는 방식인 잔인함으로 나타난다. 히치콕이 고전적인 탐정 시나리오를 일종의 체험기로 바꾸고 싶었던 것은 이 때문이었다.

> "여기서 히치콕은 영화를 성공시키기 위해 한 여자를 세공한다는 어렵고도 때로는 비열한 작업에, 서사를 구축하는 자기 방식대로 몰두한다. 남성들의 법칙을 여성들에게 강요하는 남성의 의지를 재현함으로써, 자기 묘사를 끝까지 밀고 나가는 것도 주저하지 않는다."

이 때문에 감독은 소설의 종결부를 수정함으로써 영화의 의미를 완전히 바꾸는 결정을 하게 된다. 영화의 2부가 시작될 때, "스튜어트가 적갈색 머리를 한 여자[주디]를 만나기 시작할 때, 저는 곧바로 진실을 드러내려고 결심했지만, 관객에게만 알려주기로 했지요. 즉 주디는 매들린과 꼭 닮은 여자가 아니라, 매들린 **자체**입니다"라고 히치콕은 트뤼포에게 설명한다. 제작사는 이 결정을 이해하지 못했다. 이 결정은 종결을 짓기 오래전에 서사의 열쇠를 드러냄으로써 서스펜스 규칙을 위반한 것이다. 그러나 작가는 자기 영화를 이런 식으로, 즉 서스펜스 규칙을 넘어서 기획했다.

> "여기서 할리우드의 관습이 투명하게 나타나고, 이 영화가 영화의 메카[할리우드]에 달아놓은 주해는 강렬하다. 결과적으로 우리 눈앞에 벌거벗은 채로 나타나는 것은 미국의 영화기업으로서 할리우드 그 자체다."

이 테제를 증명하기 위해 에스크나치는 자기 저작의 2부에서 이 영화의 배치를 한 걸음 한 걸음씩 따라간다. 그는 이 영화가 세 번에 걸쳐 한 여자를 대면한 한 인물(스코티)을 제시한다(**도판 29**)는 사실을 상기시킨다. 이 여자는 아마도 같은 여자일 수도 있고 다른 여자들일 수도 있다. 이 영화는 이 여자의 출현부터 가짜든 진짜든 그녀의 죽음에 이르기까지 세 번에 걸쳐 자기 방향을 잡는

도판 29. 〈현기증〉(알프레드 히치콕, 1958).: 매들린 및 주디와 마주한 스코티.

다. 이 때문에 묘사는 이 '삼중성'의 의미를 파악하기 위해 세 번에 걸친 매들린의 죽음에 이르는 내러티브 전개를 묘사함으로써, 이 여정을 따라가는 세 부분을 포함하게 된다. 그녀의 첫 번째 죽음은 '측면 도상'과 그 유령, 즉 카를로타가 된 엘스터의 부인 매들린의 죽음이다. 두 번째 죽음은 스코티와 매들린 사이에 생겨나는 광란의 사랑—그녀의 죽음 및 스코티에게 현기증의 재발로 끝나는 움직임—의 테마에 이어지는 순박한 여자의 죽음이다. 매들린의 세 번째 죽음은 매들린의 세 번째 얼굴인 주디의 절망과 이어져 있고, 남성 조사관[스코티]의 살인적인 광기와 이어져 있다. 에스크나치는 여러 개의 칸에 맞춰 시퀀스의 흐름을 따라간다. 즉 시퀀스의 **묘사**, 수수께끼 영화 및 공상적인 영화부터 누아르 영화까지 거치면서 이 영화가 결부되는 **장르**, 이 영화가 재현하는 방식 그대로의 **스타**, 이 영화가 구축한 허구적 **세계**, 마지막으로 시퀀스들, 나아가 이 영화 전체에 특징적인 **양식**이 그것이다.

> "감독들이 구성한 모습 그대로의 영화적 담화는, 그 영화의 관객들에게 그들이 하는 해석의 기반이 되는 영화적 세계의 가설을 촉발한다. 담화에 특유한 구성 효과는 허구 세계에서 연관, 대조, 인과율의 집합을 가정하도록 인도한다. 따라서 어떤 영화를 해석한다는 것은, 가설과 추론을 조작함으로써 담화와 가상 세계 사이로 나아가는 것이다."

히치콕이 만든 영화는 할리우드 제작의 통상적인 절차들을 받아들인 것처럼 보인다. 이 절차들은 그가 전개하는 논증의 재료이기 때문이다. 할리우드의 관습적인 문법을 문자 그대로 받아들임으로써 이 영화는 결국 이를 해결하는 논리의 의미가 전면에 나타나게 한다.

"이 영화의 창의성은 이 영화의 '흑심'(黑心)이 불러일으킨 매혹에 사로잡히지 못한 누군가에게라도, 할리우드의 관용어법에 스며 있는 삶의 형식들의 의미를 제시하는 데 있다. 다시 말해서 〈현기증〉을 만들어낸 형식의 관습적인 유희 속에서 할리우드를 만들어낸 힘과 지배의 관계를 읽을 수 있다.

4.2 '문화연구'의 분석들

문화연구(cultural studies)는 앞서 말했듯이 정의상 학제 간의 것이고, 사회학, 문화인류학, 철학, 민족학, 문학, 예술을 가로지른다. 이 사유의 경향은 주로 '반(反)분과적인' 것으로 제시되는데, 문화들과 권력 사이의 관계들에 관해 아주 강력한 비판적 차원을 갖고 있다. 문화연구는 영국에서 1960년대 초에, 즉 리처드 호가트가 버밍엄에 '현대문화연구소'를 만들고, 영국에서 민중 계급의 삶의 양식에 관한 연구인『교양의 효용: 노동자계급의 삶과 문화에 관한 연구』를 출간한 시기에 나타났다(Hoggart, 1972). 문화연구는 민중문화, 소수자문화, 대항문화를 특권적으로 연구한다. 1968년 이후 북미의 대학들에서 많이 발전했고, 프랑스에서는 아주 최근에 발전했다. 진짜로 문화연구를 표방하는 것은 아니지만, 그 정신에서는 여기에 포함되는 점점 더 많은 영화작품 분석이 있으며, 우리는 이 중 두 개를 제시한다.

이스마일 사비에르가 분석한 글라우베르 로샤
이스마일 사비에르는 글라우베르 로샤가 처음 찍은 장편영화 두 편—〈돌개바람〉(1961), 〈검은 신, 하얀 악마〉(1964)—을 브라질의 역사와 민중 문화라는 맥락 속에 넣고, 또한 주제는 비슷하지만 전통적 기법으로 찍은 두 편의 영화—〈산타 바바라의 맹세〉(안셀무 두아르테, 1962)와 〈야성의 순정〉(리마 바레토, 1953)—과 비교함으로써 로샤의 영화 두 편을 분석한다. 이 연구는 이 감독이 선택한 양식적 특성 전체와, 연속된 행위들—[자연스럽게] 이어지고, 인물들의 속셈의 변화를 완벽하게 보여주는 행위들—을 명확하게 제시하려고 하지 않는 로샤의 거부를 분석한다. 〈검은 신, 하얀 악마〉에서 스펙터클의 규칙은 이와 완전히 다르다. 이어지는 영상들은, 보이스오버로 들리는 코르델(cordel, [낱장문학]) 노래의 리듬과 조성에 순응시키는 방식으로 인물들의 행위를 도식화해서 제시한다. 예컨대 영화

도판 30. 〈검은 신, 하얀 악마〉(1964).: 종합적이고 불연속적인 몽타주로 글라우베르 로샤가 재현한 마누엘, 세바스티앙, 그리고 죽음의 안토니우

의 시작 부분에서 대령[마누엘의 고용주]이 살해될 때, 이후에 마누엘과 세바스티안이 만날 때, 불연속적으로 이어지는 움직임의 교차에서 우리는 동작의 단편들, 행위의 특별한 순간들만 볼 수 있을 뿐이다.

　죽음의 안토니우와 코리스쿠 사이에서 벌어지는 최후의 결투 장면의 연극성, 그 기사도적 측면, 특히 "민중의 권력이 더 강하다"를 외치면서 손에 칼을 든 채 두 팔을 벌리고 쓰러지는 코리스쿠의 죽음의 양식 등은 사비에르의 눈에 다음의 분명한 증거다. 즉 이 영화에서 영상들을 조직화하는 방식은 노래가 제시하는 자연적 행위의 톤을 추구하지 않는다는 것이다. 모든 담화는 전설(傳說)의 좌표에 의해 규제되는 것처럼 보이는데, 마치 가수가 노래하는 가사들과 일련의 영상들이 모두 동일한 관점의 산물인 것과 같다. 코리스쿠가 죽는 에피소드에서 코르델의 성찰은 급진적으로 행해진다. 반자연주의적 형식으로 이루어진 데쿠파주의 불연속적인 전보(傳報)적 양식은, 주류 영화산업의 전형적인 몽타주에서 멀어진 수공업적 조직화를 시도하면서 노랫말의 음조가 열어놓은 가능성을 영상의 차원에서 탐색한다. 〈검은 신, 하얀 악마〉는, 전설로 변형된 역사적 사실들에 대한 성찰을 영상과 소리의 조직 자체에서 실행하는 형상적인 언어를 탐색한다. 이 영화는 브라질 북동부의 역사에 실제로 일어난 재판과 투쟁에 대한 논의에 집중하지만, 외양의 정확한 재구성을 거부하고 특정 사실들의 전개를 과거에 일어난 그대로 제시해야 한다는 요구도 거부한다. 이렇게 이 영화는, 엄청난 예산을 들여 역사적 재구성에 기반을 둔 스펙터클 영화에서 멀어진다. 이러한 거부에서 이 영화는 하나의 움직임 속에서 글라우베르 로샤의 '굶주림의 미학'의 기본 원리들을 분명하게 드러낸다. 그것은 영화 양식이 단숨에 그 제작의 조건들에 부합하고, 지배적인 영화에 미적−이데올로기적인 대립을 드러내며, 자기를 조건 짓는 저개발 상태를 영화의 조직 자체에서 드러내고, 장애물이 될 수도 있는 기술적 불안정성을 풍요로운 의미작용의 원천으로 변형시키는 움직임이다.

　이 많은 작업을 실현하면서 〈검은 신, 하얀 악마〉는 화자의 개입에, 그리고 그 이데올로기적 토론의 핵심을 이루는 의례에 넓은 공간을 열어줌으로써, 당시 [브라질에서] 진행되던 논의의 요구에 따라 종합적 재현에 특권을 부여한다. 그 성찰의 움직임은 연속적으로 전개되는 서로 다른 단계들 속에서 짜여지고, 다른 순간들을 통합하며 이들을 한눈에 조망하게 된다. 이 움직임은 두드러지게 나타나는데, 여기에 발언권을 주는 몽타주 양식이 있기 때문이다(도판 30).

명시적인 담화에서 관객과의 직접 대화는, 이 영화의 중심적 내러티브 심급 중 하나인 가수의 존재에 많은 것을 빚지고 있다. 제시된 세계에만 속하는 전통적인 시인상을 구현함으로써, 이 영화는 역사적인 좌표와 아주 특별한 관계를 맺게 된다.

> "로샤의 양식은 [실존 인물들인] 코리스쿠, 람피앙, 안토니우 콘셀례이루, 베아투 로렌수, 파드라 시세로 및 다른 역사적 인물들에 대해 말하고자 하는 일에 완벽하게 부합된다. 개별 인물들이나 이들과 관련된 사건들의 재현은, (박학다식한 서적들이나 공식 문화가 날짜를 기록하고 자료로 뒷받침을 한) 역사에 대한 엄밀한 충실성을 지향하지 않은 채로."

매개된 상징적 형상화를 선택하면, 과거의 사실들은 (그 안에, 선별한 단편들이나 변모된 인물들의 잔재만을 허용하는) 가상성의 층으로 뒤덮인 참조지점으로 변형된다. 이 가상성은 역사의 이야기꾼이 구전으로 전승한 전설의 지위를 맡게 됨으로써 교훈적인 역사로 조직된다. 이 이야기꾼의 목적은 지나간 일들에 대한 충실성이 아니라 충고의 전승에 있다.

> "이렇게 다시 작업한 역사적 과정은, 본질적인 것만 제시하기 위해 그 요소들을 정련해서 알레고리 영역에 투사되고, 화자의 관점에 투사되고, 코르델 문학에 영감을 받은 시적 서사가 정돈한 변형 속에 투사된다."

이렇게 해서 사비에르는 설교자 세바스티안이 역사적으로 서로 다른 신자(信者)들의 요인들을 어떻게 집약했는지를 상세하게 제시한다. 동일한 이름을 가진 흉악범에 영감을 받은 코리스쿠는, 실존했던 다른 흉악범들의 특징을 통합한 이 영화에서 상징적 지위를 획득하지만, 죽음의 안토니우는 이 영화에서 순전히 허구적인 창작이다. 이 말은 글라우베르 로샤의 영화에 대한 세심한 독해가 암시적인 문화적 참조지점들에 대한 심층적 지식을 전제로 하며, 또한 이 영화가 이 전설적인 재료들에 가한 변형 과정에 대한 심층적 지식을 전제로 한다는 뜻이다.

로랑 쥘리에가 본 영웅담 〈스타워즈〉(조지 루커스, 1977~2019)

아마도 로랑 쥘리에가 분석한 영웅담 〈스타워즈〉보다, 이스마일 사비에르가 해부한 글라우버 로샤의 영화들에서 가장 멀리 떨어진 영화는 없을 것이다(Jullier, 2005/2015). 이 말은 문화연구의 다양성을 뜻하는 것으로, 문화연구는 급진적 미학을 가진 '시네마 누보'의 영화들뿐만 아니라 전 지구적 흥행을 한 아주 대중적인 작품들도 대상으로 취할 수 있다.

〈스타워즈〉는 우선 조지 루커스가 1977년에 제작하고 연출한 선언적 장편영화다. 이는 일련의 장편영화 연작물 중 첫 번째 영화로서, 이 영화들의 총 제작 기간은 아주 긴 시간에 걸쳐 있다. 쥘리에의 분석은 이렇게 시네필의 전통적인 팡테옹에 포함된 영화가 아니라 엄청난 대중적 성공작을 대상으로 한다. 다른 한편, 이 분석은 한 에피소드, 한 시기에서부터 다른 에피소드, 다른 시기로 넘어가면서 영화비평이 내린 아주 경멸적이거나 논쟁적인 판단들, 모순적인 판단들에 관한 연구에 몰두한다. 〈스타워즈〉는 "한 편의 영화 이상의 것"으로 간주된다. 즉 그것은 한 편의 영화도, 하나의 영화 연작물도, 달러를 긁어모으는 기계도 아니다. 쥘리에에게 그것은 다른 무엇보다, 해석에 맡겨져 있고 가장 다양한 [관객의] 정서적 투여에 열려 있는 유연한 대상이다. "우주의 팽창"이라는 제목이 붙은 마지막 장은, 팬클럽, 컴파일링이나 등급 매기기 활동, 기술 자료나 족보나 지도나 연대기 등의 작성 등을 통해 이 연작물이 만들어낸 온갖 종류의 갈래만들기 활동들을 보여준다. 이렇게 해서 가상 세계와 관련된 지식을 보존하고 공유하며 지속적으로 발전시켜가는 백과사전들이 만들어진다. 이 가상 세계는 진지한 활동에 가능한 세계의 유효성을 빚지고 있으며, 팬들은 진지하게 이 세계를 카드로 만든다.

그러나 분석의 본론은 크게 "내적 분석"과 "외적 분석"이란 제목이 붙은 전통적인 두 개의 부분으로 나뉘어 있다. 첫 번째 내적 분석은 인물들, 이야기, 에피소드들 등의 연구다. 그는 〈스타워즈〉를 연속극과 연작물의 시나리오라는 관점에서 본다. 두 번째 외적 분석은 이 영화의 양식, 프레이밍과 몽타주의 선택, 음악의 기여 등을 다룬다. 특별한 시퀀스들은 〈스카라무슈〉(조지 시드니, 1952)의 결투나 〈벤허〉(윌리엄 와일러, 1959)의 전차 경주 같은 고전적인 영화들의 시퀀스들과 비교된다. 그러나 문화연구적 특성이 가장 두드러진 부분은 가장 다양한 차원에서 "인유(引喩)의 미궁"인 〈스타워즈〉의 상호텍스트성에 초점을 맞춘 부분이다. 서사는 '아버지/아들'의 대립과 오이디푸스 도식에서 출발해서 곧바로 여기서 벗어나는데, 프랭크 허버트의 〈사구〉(데이비드 린치, 1984; TV 연속극, 2000)의 서사와 비교된다. 물론 〈스타워즈〉는 스탠리 큐브릭의 창시적인 영화 〈2001, 스페이스 오디세이〉(1968)와, 〈비는 사랑을 타고〉(스탠리 도넌 & 진 켈리, 1952)와 같은 수많은 할리우드 고전 영화의 유산 속에 있으며, 타잔이나 푸 만추[색스 로머의 소설에 나오는 중국인 악당]에 나오는 남녀들과 〈머펫 쇼〉[TV 프로그램, 1976~1981]의 꼭두각시 등과 아이로니컬한 관계를 맺기도 한다. 쥘리에는 [인터넷 영화정보 사이트] IMDb가 제공한 참조영화들의 유형학에 기댄다. 이렇게 해서 〈스타워즈〉 연작물의 제목 중 하나를 직접 암시하는 영화들의 목록이 거론된다. 예컨대, 〈스타워즈 4, 별들의 전쟁〉은 1977년 이후 1,250편 이상의 영화에 인용되었다. 거꾸로 〈스타워즈 1, 보이지 않는 위험〉은 40편 이상의 영화들을 암시하는데, 그것은 〈메트로폴리스〉(프리츠 랑, 1927)에서 시작해서 〈금지된 행성〉(프레드 윌콕스, 1956), 〈스파르타쿠스〉(스탠리 큐브릭, 1960), 〈클레오파트라〉(조셉 맨키위츠, 1963), 〈가케무샤〉(구로사와 아키라, 1980), 〈블랙 레인〉(리들리 스콧, 1989), 〈로스트 인 스페이스〉(TV 연속극, 1965)를 거쳐 〈제5원소〉(뤽 베송, 1997)에 이른다. 다른 유형의 참조작품들은 패러디, 발췌본의 직접 인용, 인물들의 재기용과 관련된다. 쥘리에가 제시한 가장 독창적인 접근은 테오필 고티에의 『프라카스 장군』[아벨 강스에 의해 1943년에 이 제목으로 영화화됨]에 관한 것인데, 이 소설이 〈스타워즈〉의 에피소드들과 겹치는 것은 당혹스럽지만, 이보다는 시대의 아이러니이고 관습들에 거리를 취한 것이기도 하다. 〈스타워즈〉는 사실상 작품 **외부에 있는** 관객의 위치와 작품 **내부의** 위치 각각이 주는 즐거움들 사이의 균형으로 특징지어지기 때문이다.

쥘리에는 이렇게 영웅담 〈스타워즈〉가 복합적 차원에 걸친 문화적 대상이고 가장 창의적인, 때로는 가장 역설적인 해석에도 아주 유연한 대상이라는 점을 증명한다. 이 연작물은 현대의 신화라는 지위를 다시 말해서, 쥘리에가 보기에 세계를 이해할 수단의 지위를 얻었다.

4.3 영화작품 분석과 작가들에 대한 전문연구서

영화작품 분석의 가장 현재적인 경향들 내부에서, 1960년대와 1980년대가 지나면서 이 범주에 속하는 전문화된 주요 총서들이 사라진 이후 영화감독들에 대한 전문연구서들이 다시 나타나서 끈질기게 지속되고 있다는 점을 강조해야 한다. [영화감독을 다루는] 이런 접근들의 한계는 [한 감독의] 영화작품들 전체를 하나씩 하나씩 다시 보아야 하며 종종 아주 오래된 기억에 만족해야 하는 어려움과 관련되어 있었다. 디지털 판본들은 이런 조건을 근본적으로 바꾸어 놓았는데, 수많은 감독의 영화작품 목록이 때로는 복원된 완본판으로 접근할 수 있게 되었기 때문이다. 최근에 나온 두 개의 연구는 작가들의 영화 한편 한편에 대해 아주 다른 관점에서 접근하는 새로운 사례를 보여주는데, 안 질랭이 수행한 프랑수아 트뤼포에 대한 접근(Gillain, 2019)과 에마뉘엘 뷔르도가 수행한 빌리 와일더에 대한 접근(Burdeau, 2019)이 그것이다.

안 질랭이 분석한 『트뤼포의 모든 것』

안 질랭의 전문연구서 제목은 그녀의 야심을 보여준다. 그녀는 트뤼포의 단편영화 〈개구장이〉(1958)에서부터 그의 마지막 장편영화 〈일요일이 기다려진다〉

(1983)에 이르기까지 이 감독의 영화작품 전체를 분석한다. 질랭이 쓴 이전의 저작은, 〈피아니스트를 향해 쏴라〉(1960)와 〈부드러운 살결〉(1964)에 대해 사기(詐欺)의 테마와 같이 테마적인 접근에 따라 두 편씩 짝을 지어 장편영화들을 분석했고, 이론적 참조는 프로이트의 정신분석과 D.W. 위니콧의 개념, 특히 과도적인 공간에 기대고 있었다(앞서 5장 3절에서 제시된 〈여자들을 사랑한 남자〉에 대한 분석을 볼 것). 이 『트뤼포의 모든 것』은, 앙투안 드 베크와 세르주 투비아나가 1996년에 출간한 트뤼포의 전기(De Baeque & Toubiana, 1996), 그리고 영화작품들의 시나리오, 제작, 촬영에 대한 주목할 만한 발생론적 분석인 카롤 르 베르의 『작업 중인 트뤼포』가 제시한 새로운 정보들을 통합한다(Le Berre, 2004). 그러나 질랭이 제시한 영화작품들 한편 한편에 대한 분석은, 1970년대의 텍스트 분석의 방법론, 특히 (어떤 단편의 연구와 그 영화 전체에 기반을 둔 전반적인 접근을 연결하는) 레이몽 벨루의 방식에서 자유롭게 영감을 받은 것이다. 영화 발췌본들의 선택은 극히 다양하다. 왜냐하면 〈화씨 451〉(1966)에서는 5개의 짧은 숏, 〈아델 H의 이야기〉(1975)에서는 2개의 숏과 같이 아주 짧은 대목에서부터, 〈미시시피 인어〉(1969)에서는 숏/역 숏으로 찍은 32개의 숏, 〈사랑의 묵시록〉(1973)에서는 41개의 숏—그중 23개의 사진 인서트는 아주 짧다—, 〈포켓 머니〉(1976)의 가족 식사의 시퀀스 때는 50개의 숏 등을 통합한 훨씬 긴 대목에까지 걸쳐 있기 때문이다.

선택의 다양성 때문에 안 질랭은 지속시간, 데쿠파주의 매개변수들, 접근 각도를 변화시키는 시퀀스 분석에 교훈을 준다. 그녀의 목표는 관객이 움직이는 방향을 포착하는 것인데, 이는 각기 느낀 감정들에서 출발해 관객을 매혹시킴으로써 관객의 관심을 사로잡는 것이다. 그러나 그녀는 또한 레이몽 벨루가 스스로 대니얼 스턴의 작업을 참조하면서 『영화의 몸』에서 발전시킨 관객 이론에 기대고 있다(Bellour, 2009a). 스턴은 구어(口語)를 완벽하게 통제하기 이전과 이후에 나타나는 인간 발달의 두 상태를 구별하는데, 이를 트뤼포의 미적 방식과 비교하면 스턴의 분석은 아주 생산적인 것으로 나타난다. 〈와일드 차일드〉(1970)의 서사 및 재현 체계는 확실히 그 주제의 선택에서 스턴과 벨루의 가설들과 가장 가까이 있다. 즉 숲에 버려진 아이는 언어 이전의 단계에 머물러 있고, 의사 이타르는 이 아이가 구어 및 기호의 인식에 접할 수 있게 해주려고 한다. 벨루에게 이 영화의 물리적 세계, 조명, 카메라의 움직임, 색채, 몽타주의 리듬은 관객의 몸에 직접 말하는 것이고, 관객의 몸은 어떻게 보면 이 영화의 데쿠파주, 숏의 변화, 프레이밍, 영상의 리듬에 의해 몽롱해진다. 안 질랭에게 트뤼포가 마지막에 찍은 영화들에서 보여준 통제는, 그가 에른스트 루비치 감독의 생략된 우주에서 찬양한 몽롱한 관계—그가 '위대한 비밀'로 규정했던 것—의 탐색과 부합한다. 아이들의 눈높이에서 찍었고 2개 국어를 사용하는 영화 〈포켓 머니〉(1976)에서 구어와 신체 언어가 공존하며 이 때문에 두 개 차원의 독해가 가능하다. 이 영화의 탁월한 시퀀스들은 아이들의 말 없는 행위 언어에 기반을 두고 있기 때문에 무성이고, 모리스 조베르의 음악과 함께 제시된다. 〈이웃집 여인〉(1981)과 함께 이 감독의 양식은, 탁월한 효율성으로 관객을 동원할 목적으로 세운 미장센 전략 덕분에 가장 높은 형식에 도달한다.

트뤼포의 영화작품 목록은 예외적인 제작조건 때문에 부인할 수 없는 동질성을 보여준다. 이 감독은 첫 번째 장편영화이며 칸 영화제에서 미장센상을 받았고 (〈마지막 지하철〉(1980)과 함께) 그의 경력에서 가장 많은 관객을 끌어모았던 〈400번의 구타〉(1959)의 예기치 못한 성공 덕분에 제작조건의 혜택을 입을 수 있었다. 그의 영화작품들 전체는 첫 장편영화를 찍을 때부터, 그의 양아버지였고 제작자이자 배급자였던 이냐스 모르겐스턴의 지원을 받아 트뤼포가 1959년에 설립한 카로스(Carrosse) 영화사가 제작한 것이다. 따라서 트뤼포는 첫 영화부터 마지막 영화에 이르기까지 자기 시나리오와 발전시킬 주제를 자유롭게 선택했는데, 이것은 영화산업에서 예외적인 상황이다. 나치에서 도망치기 위해 파리에서 짧게 체류—최초의 장편영화 〈나쁜 피〉(1933)를 촬영한 시간—한 이후 미국으로 이민간 오스트리아 출신감독 빌리 와일더의 경우는 이와는 전혀 다르다.

『중력』: 에마뉘엘 뷔르도가 본 빌리 와일더
와일더는 1934년에 할리우드에 가서 수많은 독일 이민자들과 합류했고 시나리오 작가로 데뷔했으며 찰스 브래킷과 팀을 이루었다. 1942년에 이르러서야 그는 미국에서 자신의 첫 번째 영화 〈다수와 소수〉(1942)를 연출할 수 있었다. 그의 첫 번째 누아르 영화는 〈이중배상〉(1944)인데, 이 영화는 그에게 상당한 명성을 안겨주었다. 에마뉘엘 뷔르도는, 그의 연구서 제목이기도 한 중력(重力)이라는 독창적인 관점으로 와일더의 영화작품 목록을 횡단하자고 제안한다. 그가 중력이라는 말로 뜻하는 것은, 몸을 땅에 붙들어두는 지구의 인력을 가리키는 이 단어의 본래적 의미다. 뷔르도는 와일더 작품의 가장 유명한 두 가지 이미지에서 출발하는데, 〈7년만의 외출〉(1955)에서 지하철 통풍구에서 불어온 바람에 치마가 들어올려진 메릴린 먼로 다리 이미지가 그 하나고, 〈선셋 대로〉(1950)의 시작 부분에서 수영장에 떠 있는 조 길리스(윌리엄 홀든)의 몸 이미지가 다른 하나다. 뷔르도에게는 이 두 이미지 모두가 와일더의 영화 전체에 대한 일정한 인식을 요약해주는 것인데, 바람이 들어올린 치마는 이 감독의 꿋꿋함을 간결하게 표현하는 것으로서, 그의 감독 경력은 그가 하나씩 하나씩 제거해야 했던 일련의 기나긴 금지들로 점철되어 있다. 〈선셋 대로〉에서 익사한 사람 또한 어쨌거나 상징적이고 기발하다. 이 기발함은 여기서 두 개의 충격을 음산한 세계관과 결합시키는데, 보이스오버 내레이션으로 말하는 사람은 죽은 사람이고, 그가 [죽은 상태에서] 관객에게 털어놓는 것은 아이러니에 진하게 물들어 있기 때문이다. 이 시나리오 작가[극 중에서 조 길리스의 직업]는 자신의 인생이 그렇게 끝나는 것이 어딘가 필연적이라고 언급하는 데 만족한다. 즉 생애 전체를 통틀어 조는 수영장을 갖기를 소망했다. 따라서 허가와 관련된 자유는 〈7년만의 외출〉의 이미지와 〈선셋 대로〉의 이미지가 공유하는 것이다. 〈7년만의 외출〉에서 상승의 역설, 그리고 〈선셋 대로〉에서 추락의 역설은 또한 움직임과 부동성의 역설이기도 하다.

"공기의 바람과 물결의 출렁임은 이동을 만들어낸다기보다는 진동의 균형을 보장해준다. 이 이미지들에서 작동하는 힘은 중력이라는 단순한 이름을 갖고 있다. 아무것도 벗어날 수 없는 지구의 힘, 물리적 인력의 현상."

도판 31. 〈키스 미 스투피드〉(빌리 와일더, 1964).
빌리 와일더의 가장 냉소적인 영화 중 하나에서, 감상적 노래를 팔 수 있게 해주는 상업적 합의에서 교환의 조건으로
사용되는 부인과 트레이너.

물질적이든 정신적이든, 정서적이든 도덕적이든 중력은 그 단어가 뜻하는 어떤 의미에서 와일더 영화의 핵심으로 나타나고, 이렇게 규정된 개념은 이 감독의 냉소주의, 육중함 또는 속물성 등에 대한 비평적 상투어를 넘어서 그의 영화작품들의 독해를 쇄신하는 데 특히나 유용하다. 따라서 문자 그대로의 육중함을 제외하고 은유적 육중함을 잊어버린 채로 그의 영화들을 다시 봐야만 한다. 이 문자 그대로의 육중함은 〈키스 미 스투피드〉(1964, **도판 31**)에서 명확하게 제시된다. 딘 마틴이 연기한 음탕한 크루너 가수 디노는 폴리 더 피스톨(킴 노박)의 몸무게가 몇 킬로인지 말하지 못하는 반면, 콜걸은 그를 직접 들어보지도 않고 파운드 단위만 빼고 그의 몸무게를 정확하게 짐작한다. 딘 마틴은 여기서 자신의 역할을 그대로 연기하는데, 디노는 그가 태어났을 때 이름이고 라스베이거스에 출연하며, 유혹과 무엇보다 충동적이라고 할 만한 관계를 맺는다. 네바다에서 클라이맥스로 우회한 디노는 피아노 선생과 주유원 때문에 늦어지게 되는데, 주유원은 이들이 작곡한 노래를 그에게 팔려고 그의 자동차에 손상을 입힌다. 이들은 계략을 쓰려고, 저녁 시간에 피아노 선생의 부인을 대체해야 하는 트레이너 폴리에게 도움을 청한다. 플롯의 구조를 이루는 엇갈림 때문에 커플들의 전도가 이루어지는데, 피아니스트는 트레이너와 하룻밤을 보내게 되고, 가수는 피아니스트의 부인과 하룻밤을 보내게 된다.

"이 영화는 음악을, 팔기 위해 뻔뻔하게 이용하는 상품으로 연출한 와일더의 유일한 작품이다. 음악을 팔기 위해 매춘과 비슷한 수단들에 의존한다."

자신의 가설을 확립하기 위해 뷔르도는 처음에 〈비장의 술수〉[또다른 제목으로 〈빅 카니발〉](1951)에 기대는데, 이 영화는 그 안에서 행해지는 미디어에 대한 냉혹한 풍자와 예언적 성격 때문에 이 감독의 영화치고는 드물게 흥행에서 참패한 영화 중 하나다. 이것은 연민도 희망도 없는 영화다. 이 이야기에서 양심 없는 기자는, 팔아먹으려고 동굴에 인디언 항아리를 찾으러 갔다가 동굴이 붕괴하면서 놀란 상인[리오 미노사]과 대립한다. 기자 찰스 테이텀(커크 더글러스)

은 한마디로 출세주의자이고, 그의 출세주의는 전적으로 정보의 유통을 독점하고자 하는 강박관념으로 규정된다. 지하에 갇힌 희생자 리오 미노사는 몸이 꼼짝달싹 못하게 되면서 [활발하게 움직이는] 기자와 대립한다. 움직임과 마비라는 이중주가 제기하는 대조와 상호 포함관계는 완벽한 쌍을 이룬다. 미노사는 더 이상 숨을 쉴 수 없게 되어서 죽는다. 영화의 마지막 장면에서 미노사의 부인에게 [그 전에 가위에 찔려] 부상을 입은 테이텀은 앞으로 넘어지면서 "몸을 쭉 펴서, 심지어는 자신의 무게를 전부 실어서" 쓰러지는데, "중력은 이번에 결정적인 발언을 한다." 뷔르도는 이후 〈비장의 술수〉를, 스포츠계의 사회면 기사를 발전시킨 또 다른 사기극 〈포춘 쿠키〉(1966)와 비교하고, 다시 〈특종 기사〉(1974)와 비교한다. 그러나 그는 또한 〈뜨거운 것이 좋아〉(1959)가 〈비장의 술수〉로 10여 년 전에 자리잡은 움직임의 구조에 급진적인 쇄신을 가져왔다고 지적한다. 두 개의 극(極)에서, 심지어 두 개의 장면에서 순환 운동이 모두 나타나지만, 이 이중화는 다시 이중화된다. 각 장면에서 한 명이 아니라 두 명의 인물이 있고, 이중주 각각은 운동성과 부동성의 관점에서 동시에 묘사될 수 있기 때문이다. 〈당신에게 오늘 밤을〉(1963)에서처럼 〈뜨거운 것이 좋아〉는 이 둘 사이에서 왕복한다. 그러나 이 왕복 운동은, 〈당신에게 오늘 밤을〉의 경찰관 네스터 피투처럼 여기서 건강을 잃을 뻔한 한 인물에 의해 보장되는 것이 아니다. 이 왕복 운동은 미장센에 의해서만 보장된다. 이보다 더 정확한 표현은, 이 왕복 운동이 미장센의 도구 중 하나가 아니고 미장센 그 자체에 의해 보장된다는 점이다. 〈뜨거운 것이 좋아〉의 마지막 부분[중간 부분]에서 한편으로 다프네와 오스굿, 다른 한편으로 슈거와 주니어 사이에서 유혹의 장면을 교차하기 위해 바다에서 땅으로, 땅에서 바다로 가는 카메라의 급속한 움직임[빠른 패닝]은 이것을 보여준다.

"이렇게 해서 어쨌거나 100미터가량의 거리가 있는 두 장소 사이에 근접성, 나아가 연속성의 인상이 생겨난다. 이 기법[빠른 패닝]은 두 이미지를 연결하는 데 있지 않고, 그것이 하나인 것처럼 가장하는 데 있다. 그리고 이 가장은 가속과 감속의 독특한 조합과 비슷하다."

에마뉘엘 뷔르도의 연구서가 성공한 것은 최초의 해석적 가설의 다산성(多産性) 때문이고, 와일더의 영화 전체 사이에서, 즉 가장 유명하고 극찬을 받은 영화작품들과 지금까지 평가절하된 영화작품들 사이에서 그가 아주 엄밀하게 그려내는 순환 운동 때문이다. 이 재해석에 풍부함과 견고함을 제공하는 것은 그방법으로서의 영화작품 분석이다.

5. 전문연구 총서와 영화에 의한 분석

5.1 전문연구 총서

영화작품 분석의 선구적인 저작 중 하나는 레이몽 라바르가 1962년에 〈히로시마내 사랑〉(알랭 레네, 1959)을 대상으로 총괄한 저작이었다(Ravar, 1962). 이 저작에뒤이어 알랭 레네의 또 다른 영화 〈뮈리엘〉에 대한 집단 연구가 나왔다(Bailblé *et al.*, 1974). 그 뒤 십 년 동안 에릭 로메르의 〈파우스트〉(프리드리히 빌헬름 무르나우, 1926) 분석, 미셸 부비에와 장-루이 뢰트라의 〈노스페라투〉(프리드리히 빌헬름무르나우, 1922) 분석, 다니엘 데이양의 〈역마차〉(존 포드, 1983) 분석(Dayan, 1983)등 단 한 편의 영화에 대한 분석들이 늘어났다. 이런 분석들은 앨프리드 구제티의 〈내가 그녀에 대해 알고 있는 두세 가지 것들〉(장-뤽 고다르, 1967)의 논평적재검토에서 완성의 지점에 이르렀다(Guzzetti, 1981). 이런 분석들은 이후 훨씬 더일반적인 접근들—작가의 작품들, 장르영화들, 형상들— 속으로 분산된다.

어쨌거나 영화작품 분석은 한 편의 영화를 다루는 작은 분량의 전문연구 총서들로 이어졌다. 이런 분석들은 제도적인 두 가지 현상과 함께 일어났다. 한편으로 비평계, 감독협회들, 시네마테크 등이 세운 작품들의 팡테옹에 대한 유효성의 인정, 다른 한편으로 몇몇 나라—주로 영국과 프랑스—에서 영화작품들이 학교 교육 프로그램 및 선발시험에 포함된 것이다.

최초의 총서들은 1980년대 말경에 나온다(옐로우 나우[Yellow Now] 출판사의 '장편영화 총서', 나탕[Nathan] 출판사의 '시놉시스' 총서, 영국영화연구소(BFI)가 펴낸 '고전영화' 총서). 이 총서 중 몇몇은 사라졌고, 다른 총서들은 2000년대에 만들어져서 여전히 지속된다. 오늘날에는 때로는 같은 총서 안에서 찾을 수 있는 두 유형의 전문연구를 구분할 수 있다. 즉 전형적인 구상과 전통적인 분석적 범주들을 가진 솔직하게 교육적인 접근, 그리고 거꾸로 어떤 영화에 대한 개인적 에세이에 속하는 접근이 그것이다. 물론 몇몇 분석은 교육적 방식과 에세이라는 두 가지 방법을 뒤섞을 수 있다. 영화작품들의 선택도 마찬가지다. 지배적인 방식은 대개 공식적 제도들이 선정한 작품들을 분석하지만, 또한 훨씬 더 놀랍고 독창적인 영화들을 받아들일 수도 있다. 우리는 이 큰 경향을 보여주는 두세 가지 예만을 제시하고자 한다.

프로스페로 일레레가 본 〈충실한 마음〉(장 엡스탱, 1923)

실험영화 전문가인 프로스페로 일레레는 장 엡스탱의 〈충실한 마음〉(1923)을 분석한다(Hillairet, 2008). 이 저작의 부제는 "하늘과 땅이 불탄다"다. '소설/사진'의 1부는, 이 감독의 아주 특별한 양식에 대한 논평과 함께 이 영화의 내러티브 전개를 한 걸음 한 걸음씩 따라간다. 1부는 묘사와 분석을 교차시킨다.

> "영화가 시작되자마자 손 하나가 컵받침, 남은 식사, 식탁의 덮개를 외화면으로 치우고, 그리고 잔을 치우고 꽁초를 던진다. 더럽혀진 식탁. 마치 서정적인 추상화 같다. 그리고 손이 행주를 움직여서 식탁 위의 흔적과 얼룩을 지운다. 떨어짐의 역(逆) 또는 와이핑. 그리고 정면에서 바짝 잡은 여자의 얼굴 하나. 큰 눈을 뜨고 있고 움직이지 않는다.
>
> 영화가 시작되자마자 이미 엡스탱의 양식이 드러난다. 디테일, 파편, 동작, 그리고 손, 컵받침, 컵, 꽁초, 식탁, 얼굴, 병과 같은 사물들. '손/얼굴'로 축소된 잘린 몸, 그리고 치우기, 던지기, 닦기, 붓기와 같은 단순한 동작들. 여기서는

인간의 형상이 사물에 대해 우위를 점하지 못한다. 전체적인 모든 상황이 나오기 전의 파편, 동작. 모든 엡스탱의 영화."

"이야기가 없다"는 제목이 붙은 2부는 일련의 시각적, 테마적 모티프들을 논평한다. 이 모티프들은 "세상은 회전목마다", 클로즈업으로 본 세계, 틀과 문, 사랑에 빠진 남자, 알코올 중독자, 마리아와 마리아의 아이. 일레레가 이 영화와 맺는 관계는 감정이입이다.

"흰 표면, 검은 표면, 얼룩진 식탁의 표면, 조각난 거울, 흐린 화면, 이중 인화, 불분명한 공간, 빠른 화면. 온갖 추상적인 것의 유형학이 이 영화를 관통한다. 따라서 형태는 활성화(빠른 화면), 수축(이중 인화), 왜곡(느린 화면)을 통해서 세상으로부터 추상된다. 그러나 추상은 세상으로부터 물러선다는 뜻이 아니라 세상의 과잉이나 과잉된 세상을 뜻한다. 엡스탱에게는, 항상 세상 속에 다시 빠져들어야 하고, 세상의 질료들에 젖어 들어야 하며, 세상의 움직임을 연장해야 한다."

결론은 훨씬 더 고전적인 것으로서 이 영화를 세계 영화사 속에 위치시키고, 이 작품의 계승자들을 언급한다.

지베르 라스코가 본 루이 푀이야드의 〈뱀파이어〉(1915~1916)
동일한 총서에서 라스코가 루이 푀이야드의 연작물을 다룬 저작은 이보다 더 개인적이다(Lascault, 2008). 이 저작은 주로 2인칭으로 쓰였고, 에피소드식 연속극의 방식으로 역사적이고 주제적인 탈선(脫線)을 반복한다.

"〈뱀파이어〉(1915~1916) 덕분에, 루이 푀이야드(1873~1925) 덕분에, 뮈지도라(1889~1957) 덕분에 너는 방황하고 길을 잃고 동시에 너 자신을 발견해. 이 영화의 장면들은 환상들, 이미 알려진 꿈의 단편들이고, 미래를 대상으로 한 거야. 〈뱀파이어〉의 잡다한 에피소드들과 그 비상식적인 논리 때문에 너는 방향을 잃지만 그것들이 너를 인도하기도 해. 그것들이 네가 길을 잃게 만들고 또 너를 이끌기도 하지. 당황하게 하면서 문제를 해결하고, 일탈시키면서 조정해주고. 이 영화의 잡다한 에피소드들과 그 비상식적인 논리는 불합리한 것 속에서 엄밀성을, 착란 속에서 방법을, 불확실한 것의 정확성을, 혼돈의 통제를 상정한 거야. 너는 상상할 수 없는 것의 궤적, 반쯤 열린 관능성의 길, 희열과 공포의 우회로를 따라가지. 너는 기대와 한기(寒氣)를 만나는 거야."

논평자가 이렇게 추구하는 것은 이 에피소드들의 연속 관람이 불러온 [자신의] 인상을 복원하는 것이다.

"집합으로서의 영화는 네게 모호한 쾌락과 억제된 불안을 제공하지. 서사들은 가상적인 것의 호흡이고 숨결이고 박동이야."

이 글이 진행되는 내내 라스코는 한 에피소드에서 다른 에피소드로 가면서 다시 나타나는 페티시 오브제의 목록을 조사한다. (버들가지, 나무, 가죽으로 만든) 트렁크, 검거나 흰 가면, 브르타뉴 하녀의 머리쓰개, 독 묻은 편지, 장의사 모양을 한 높은 깃발, 독 묻는 가시가 있는 장갑, 검은 비단으로 만든 스타킹, 복면, 사람을 죽이는 반지 등등. 그는 초현실주의적 가상성과 루이 아라공, 자크 바셰, 앙드레 브르통의 반응 등을 참조지점들로 제시하고, 막스 에른스트의 판화들을 되풀이해서 보여주지만, 또한 보노(Bonnot)의 갱단, 에피소드의 촬영 동안 길어지고 있던 전쟁[제1차 세계대전], 피비린내 나는 사회면 기사가 나오는 『프티 주르날』(Petit Journal)의 1면과 같이 이 영화와 동시대에 벌어진 사건들을 반복적으로 제시한다.

이 두 개의 예에서 일레레와 라스코는 쓰기의 선택에 기반을 둔 개인적 독해에 특권을 부여한다. 이는 전자의 경우에는 영화의 흐름에 따라, 후자의 경우에는 관객의 반응과 자신의 자유연상의 흐름에 따라 이루어진다. 이들은 둘 다

일반화될 수 있는 접근을 제시하려고 하지 않는다.

교육총서

교육총서는 본질적으로 선발시험—교원자격시험(agrégation)—이나 국가학위시험—대학수학능력시험(baccalauréat), 학사학위—에 등록된 영화들을 대상으로 한다. 고등학교 3학년 학생이나 대학생을 독자로 하는 교육총서는 훨씬 더 제도의 기대를 충족시키는 접근을 제시한다. 어떤 의미에서 교육총서는, 우리가 앞서 프랑스국립영화학교의 영화기록 카드나 〈여명〉에 대한 바쟁의 연구(5장 1.2.를 볼 것)를 소개할 때 언급한 시네클럽이나 영화잡지들이 제시한 영화작품 분석의 뒤를 따르고 있다.

이 총서들 각각은 감독의 경력, 제작의 맥락, 영화의 탄생과 수용에 대한 정보적인 지표들을 제시한다. 이들 각각은 대개 시퀀스들의 목록, 연구한 영화의 극적 구조 분석, 등장인물들과 테마 연구, 양식적 접근들, 특정 시퀀스들에 대한 훨씬 더 상세한 연구들을 제시한다. 이런 도식은 특히 제도적 규범에 제약된, 처음 발간된 총서들의 특징이었다. 시간이 가면서 저자들의 선택들도 다양해지고 분석된 영화들의 독특한 성격에 맞춰갔다. 예컨대 〈라콩브 루시앙〉(루이 말, 1974)에 대한 저작은 이 영화의 논쟁적인 수용과 '복고 취향'에서 출발한다(Nacache, 2008). 이 책은 '악의 평범성'과 모호성이라는 테마, 감독과 [원작]소설가 파트릭 모디아노의 만남, 모디아노가 감독에게 미친 심층적인 영향을 논평한다.

올리비에 메야르의 〈롤라 몽테스〉(막스 오필스, 1955)

메야르의 〈롤라 몽테스〉 분석은 주인공, 그리고 감독이 제기한 환멸의 전략에 초점을 맞춘다(Maillart, 2011). 롤라는 서커스에 갇힌 여인이고, 그녀[의 인생]를 이야기하는 이어지는 서사들의 희생자다. 에로틱한 차원과 멜랑콜리를 연결하는 시선은 특히 잔인하다. 그러나 롤라는 또한 '비어 있는 인물'이고 일종의 히치콕적인 맥거핀이기도 하다. 그녀는 그녀가 피우는 시가, 새장, 스카프, 그녀가 등장한 연속적인 장소들에서 빈번하게 나오는 계단, 거울, 샹들리에 등과 같은 몇몇 사물과 배경의 요소들로 축소된다. 올리비에 메야르는 오퓔스가 제시한 서사 속에서 피란델로적인 모델의 중요성과, 바로크에 대한 오퓔스의 미학의 관계를 증명한다.

메야르가 보기에, 〈롤라 몽테스〉는 자유를 갈구하는 여주인공을 무대에 올렸다는 점에서, 그녀의 도약이 남자들이 거의 배타적으로 대변하는 사회에 의해 산산조각난다는 점에서 "여성영화"다. 이 영화의 마지막 이미지인 감옥에 갇힌 여성 이미지는 이 슬픈 운명의 잔인한 상징이다. 이런 결말에 이르기 전에 롤라는, 최소한 그녀가 화려하던 시절에는 끝없이 장벽, 한계, 규칙, 군중, 바다와 협로를 넘는 여성으로 관객에게 제시되었기 때문이다. 그녀는 프란츠 리스트 에피소드가 보여주는 것처럼, 자기가 좋을 때 떠나기 위해 사륜마차 없이는 애인과 여행하지 않는 여자다. 그녀는 자기의 뜻에 반해 어머니가 파리의 오페라 건물에서 부유한 은행가와 하기로 해놓은 결혼에서 달아나며, 다음에는 변덕스러운 술꾼 남편에게서 벗어나서 을씨년스러운 스코틀랜드 거주지에서 달아난다. 그리고 그녀는 바비에르 왕에게 가려고 말을 타고 길을 가다가 군사 행진을 중단시킴으로써 마침내 뮌헨에서도 달아난다.

> "이 영화의 마지막 숏이 보여주는 수감은 이 작품 전체에 잠재된 상황을 가슴 절절하게 구체화한 것일 뿐이다."

롤라의 삶은 그녀가 말하는 것이 아니라 그녀를 고용한 서커스가, 피터 우스티노프가 연기한 곡마사란 인물이 말하는 것이기 때문이다.

5.2 영화에 의한 분석

마지막으로, 오늘날 디지털 때문에 훨씬 더 쉽게 접근할 수 있는 시청각 기술의 가능성 덕분에 영화에 의한 영화의 분석이 있다. 몇몇 텔레비전 프로그램은 때로 몇몇 영화의 분석을 방영하기도 했다. 앙드레 라바르트와 자닌 바쟁이 담당한 〈우리 시대의 감독들〉 연작물에서 방영된 몇몇 감독의 초상이 이런 경우다. 국가에서 진행하는 시험에 영화가 포함되어서 (숏들의 인용, 프레이밍이나 몽타주 형식 분석, 다양한 유형의 이미지와 비교하는 분석과 같이) 영화의 수단들로 제작된 몇몇 영화작품 분석이 나오기도 했다. 장 두셰는 이렇게 "이미지는 이미지로"라는 기획에 〈게임의 규칙〉(1939), 〈M〉(1931), 〈시민 케인〉(1941) 등과 같이 중등교육에서 '영화' 선택과목에 포함된 최초의 영화들에 대한 분석을 제시했다. 국립영화센터(CNC)는 '영화' 선택과목에 포함된 영화들과 함께 시청각 형태로 교육 자료의 제작을 진행했다. 알랭 베르갈라는 영화 시퀀스들의 시청각적 분석을 포함하는 DVD 시리즈를 주도했다. 미국에서는 '크라이티어리언'(Criterion) 사(社)가 아주 많은 부가자료를 곁들여서 영화의 복원판들을 DVD로 제작했고, 여기에는 영화 시퀀스들의 시청각적 분석들이 포함되어 있다.

알랭 베르갈라가 논평한 〈문플릿〉(프리츠 랑, 1955)

CNDP 사(社)가 2001년에 DVD로 발매한 〈문플릿〉은 두 개의 영화작품 분석이 들어 있다. 베르나르 에상시츠가 실행한 첫 번째 영화작품 분석은 프리츠 랑이 시네마테크 프랑세즈에 기증한 자료들에 따라 이 영화의 생성과정을 상세하게 연구한다. 그는 시나리오의 서로 다른 판본들과 특히 기술적 데쿠파주와 감독 손으로 기록한 작업 계획을 비교한다. 매우 상세한 바닥 도면은 배경 속에서 카메라의 위치와 각도를 지시한다. 이는 아주 주도면밀한 랑의 미장센을 부각하는 아주 좋은 방식이다.

　알랭 베르갈라는 "지하의 시련"에서 특히 영화가 진행되는 중에 어린 존이 겪는 입문(入門) 시련을 분석한다(**도판 32**). 존은 여러 차례에 걸쳐 땅 아래로, 지하로 들어간다. 프리드리히 1세의 관이 있으며 밀수업자들의 창고로 이용되는 교회의 지하 납골당, 프리드리히 1세가 요새에 숨겨놓은 다이아몬드가 있는 우물 등이 그렇다. 분석은 분석된 시퀀스들, 지하 납골당으로의 추락같이 선별된 숏들, 해적들이 도착할 때 어린 소년이 몸을 숨기는 '작은 방' 등과 같은 영

도판 32. 〈문플릿〉(프리츠 랑, 1955). 어린 존 모헌의 입문(入門)과 밀수업자들의 동굴에서 그의 궤적: "연습은 쓸모가 있었어요, 아저씨".

화 이미지를 제시하면서 외화면에서 진행하는 논평에 기반을 두고 있다. 묘지를 가로지르는 첫 번째 장면에서 존은 하얀 눈을 가진 불길한 천사의 조각상과 마주친다. 동화에서 그런 것처럼, 그는 일련의 끔찍한 시련들과 맞서야 하고, 한밤중에 묘지를 가로질러야 하며, 지하 납골당에 떨어지고, 관에서 해골과 함께 정신을 차리게 될 것이다. 분석은 이런 시련들을 조직하는 신부의 역할을 부각하는데, [결과적으로] 존을 보내서 묘지를 가로지르게 하고 프리드리히 1세와 함께 묻힌 그의 보물을 일깨워주는 이가 신부이기 때문이다. 존은 다이아몬드를 찾아서 어머니의 성(城)을 복원해야 한다는 고정 관념에 사로잡혀 있다. 이 고정 관념이 그를 공포에서 보호해주고 거의 어떤 것에도 굴하지 않게 해준다. 그러나 또한 "이 고정 관념은 그를 지하로 인도하는 빛의 다발로 물질화된다." 이 장면에서 우리는 때로 배경을 비추는 것이 존의 시선이라는 인상을 받게 된다. 존은 "마치 그의 시선이 마술의 빛다발인 것처럼, 자신의 의지에 복종하는 일종의 레이저 광선"을 지배한다. 지하 납골당 시퀀스에서 랑의 프레이밍은 커다란 눈의 형태를 만들어내는데, 이는 〈니벨룽겐의 반지〉(1924)에서부터 〈벵갈의 호랑이〉(1959)나, 독일 건축가가 거대한 조각상에서 보는 시퀀스들이 나오는 〈인도의 무덤〉(1959)에 이르기까지 그의 영화에 반복적으로 등장하는 이미지다. 이런 관찰들의 이점은, 어떤 움직임들을 반복시키거나 정지화면을 사용할 때는 정지시킨 채로, 영화 이미지들과 아주 구체적으로 함께 한다는 점이다. 시청각적 수단들은 어떤 영화의 대목들을 인용할 때는 대체할 수 없는 가치를 지닌다.

시청각 분석의 미래

DVD 기반으로 복원된 영화 판본들은 대개 영화 그 자체와 함께 훨씬 다양한 정보적 요소를 담고 있는 '보너스'를 제공한다. 그러나 분석은 거의 대부분 감독이나 아니면 비평가, 역사가, 복원가가 영화를 틀어놓고 하는 구어적 논평이다. 시청각 형태를 취한 이런 영화작품 분석이 디지털 기술이 제공한 가능성에도 불구하고 훨씬 더 눈부신 발전을 이룩하지 못했다는 사실을 인정해야 한다는 점은 상당히 역설적이다. 디지털 기술은 이미지의 포착, 화면삽입, 훨씬 다양한 형태로 이미지의 계열화, 모자이크화면, 이중인화 등을 쉽게 할 수 있기 때문이다. 이런 부가자료들은 분명 (이를 실현하는 것은 일정한 예산이 필요하지만) DVD 편집자들만 누릴 수 있는 특권이 아니다. 영화작품의 시청각 분석이라는 길이 미래에는 발전할 수 있고 심지어는 일상화될 수 있으리라고 기대해야만 한다.

그러나 잘라내고 몽타주하고 동시녹음하고 촬영하는 도구들이 편리해짐에 따라, 영화작품 발췌본의 유희적인 사용이 최근 십년 동안 놀라울 정도로 증가했다. 온갖 차원의 개인적 분석들이 시네필의 아주 젊은 세대의 블로그에서, 나아가 훨씬 나이든 비평가 세대의 블로그—예컨대 장-미셸 프로동이나 필립 루예의 블로그—에서 나타난다. 이런 움직임은 메타-추론적인 태도를 증대시키고, 따라서 저자의 지적인 야심에 따라 훨씬 미세한 분석의 기획을 증대시킨다.

영화작품 분석과 영화사

1. 1980년대 이후 생겨난 역사에 대한 새로운 감수성

1.1 역사에 대한 불신과 거대 국가사의 쇠락

우리가 이미 몇 번에 걸쳐 강조한 것처럼, 영화작품 분석은 구조주의가 급격히 팽창하던 시기인 1960년대 중반에 등장한다. 이 사유의 흐름은 통시성을 감안하지 않고 항상 공시적 관계들에 특권을 부여했다. 그것은 역사학이라는 분과에 대해, 인식론적 성격을 가진 일련의 유보(留保)에서 출발해서 발전했다. 이는 정치사, 경제사, 심성사, 미시사 등 역사학의 모든 차원에 걸친 유보였다. 따라서 1960년대 말에 쓰여진 영화사(映畫史)는 국가별 영화사, 위대한 감독들의 역사, 걸작사, 양식적 흐름의 역사 등과 같이 관례적인 범주들에 기반을 둔 전통적인 접근을 지나치게 드러내는 것으로 나타났다. 역사적 담론이 영화에 접근할 때는 너무 저널리즘적 접근과 연결되었고 자의적 가치 판단에 의해 결정되는 것으로 나타난다. 물론 이런 인식은 희화적이고 논란의 여지가 있지만, 당시 새롭게 대두되는 영화 이론의 영역에서 광범위하게 공유된 인식이었다. 「기술과 이데올로기」연작에서 장-루이 코몰리의 논쟁적인 논문들이 증언하는 것도 이런 인식이다(Comolli, 1971~1972). 여기서 그는 조르주 사둘이나 장 미트리가 기술한 영화의 일반사에 내재된 선입견들을 정당하게 공격했다.

이 전통적 영화사들은 최소한 네 가지 심각한 한계가 있다. 1) 이 영화사들은 연구자의 개인적 기억이나 [영화제작] 주역들의 증언에 의존하는 것처럼 부적절한 연구도구를 사용하지만, 자료적 출처는 이보다는 훨씬 넓은 것이고 비판적인 방식으로 유효성을 검증해야 한다. 2) 이 영화사들은 유파, 운동, 시기 등의 범주와 같이 제한된 분석 범주들을 설정했다. 또는 그 작가들로 작품을 설명하거나 거꾸로 그 작품들로 작가를 설명하는 식으로 동어반복에 기반을 두고 작업했다. 3) 역사적 현상들은 훨씬 더 모순적이고 훨씬 더 꾸불꾸불한데도, 이 영화사들은 인간의 생애를 선형적인 연대기로 모방하는 '탄생', '발전', '성숙', '쇠락'과 같은 기본적 재현 형식을 받아들였다. 4) 마지막으로 네 번째 한계는 영화작품 분석의 측면에서는 오히려 훨씬 긍정적이다. 영화는 훨씬 더 복잡한 기계—그 안에서 생산된 작품들로 요약되지 않는 기술적, 경제적, 사회적 요인들이 개입한다—인데도, 이 전통적 영화사들은 영화작품에 초점을 맞췄기 때문이다. 따라서 영화사에 참조해야 하는 틀은 영화작품들 자체의 지평보다 훨씬 더 넓다.

이 영화사의 모델은 사실상 교과서 판본의 문학사(文學史)다. 이 모델은 1935년에 모리스 바르데슈와 로베르 브라지야크가 각 나라의 유파들, 주목할 만한 감독들과 영화들에 기반을 둔 『영화사』와 함께 설정한 것으로, 이 저서는 1970년대까지 영화사가들에게 지속적으로 영향을 미쳤다. 사둘의 『일반사』는 1945년까지만 다루고, 미트리의 저서는 1960년대까지만 다룬다. 발명 특허증과 같은 기본적 출처들로 되돌아가는 특징을 가지고 있는 새로운 유형의 영화사는 자크 델랑드와 자크 리샤르의 『비교사(比較史)』와 함께 등장하지만, 영화작품 분석과 거리가 멀고 1906년까지만 다룬다.

백과사전적이고 국제적인 거대사(巨大史)들이 사라지거나 이와 반대로 풍요로운 화보와 함께 '대규모 독자'를 대상으로 한 책의 형태(예컨대 아틀라스 출판사의 『영화』는 20권으로 나와서 영어로 번역되고 번안되었고, 영화 100년을 계기로

1995년경에 출간된 온갖 역사적 연감도 있다.)로 진로를 변경하던 순간에, 최초의 영화작품 분석들이 나타난다. 또한 미국, 이탈리아, 스페인 등의 저자들이 팀으로 작업한 집단적 역사들도 외국에서 출간되지만, 이들은 엄밀한 의미에서 영화작품 분석을 제시하지는 않는다.

1.2 출처로의 회귀

두 권으로 나온 델랑드와 리샤르의 『비교사』는 엄밀성에 대한 고민과 당시의 출처들로의 철저한 회귀—이것이 모든 역사적 방식의 첫 번째 규칙이다— 때문에 그 이전에 나온 영화사들과 구분된다(Deslandes & Richard, 1966, 1968). 영화 발명의 시기와 20세기 첫 몇 년(1900~1906)에 제한되어 있기는 하지만, 조르주 멜리에스와 에드윈 포터의 영화들의 경우 이들은 실제로 영화작품들 자체에 접근한다.

그러나 '초기 영화들'의 시기는 새로운 영화사의 실험실이 되는데, 이는 방식의 엄밀성, 출처로의 회귀, 역사와 이론적 성찰 사이의 연관에 대한 실제적 고민 등과 같은 몇 가지 특성으로 나타난다. 1979년에 출간되었고 앙드레 고드로가 총괄한 『카이에 들라 시네마테크』(Cahiers de la Cinémathèque) 특별호는 이런 방식에서 징후적이다. 이 특별호는 역사가들의 새로운 세대, 특히 톰 거닝, 존 펠, 찰스 머서 등과 같은 북미권 연구자들을 모았고, 평행몽타주의 탄생에 대한 특집호 총괄자의 논문(「영화적 서사의 우회로: 평행몽타주의 탄생에 대해」)이 실려 있다. 이 글은 가장 많이 알려진 '원시' 영화 중 한 편이며, 루이스 제이 컵스, 조르주 사둘, 자크 델랑드, 바텔르레미 아망갈 등이 이전에 이미 분석한 〈어느 미국 소방관의 생애〉(에드윈 포터, 1903)를 숏 하나하나 분석한다. 고드로는 그 전임 연구자들의 접근에 대한 비판적 분석에 몰두해서 이들의 모순들을 부각한다. 그는 두 개의 판본(워싱턴의 '저작권 판본'과 뉴욕의 '유사 판본')을 숏 하나하나 상세하게 묘사한다. 그리고 이 두 개의 판본을, 그만큼이나 유명한 포터의 또 다른 영화 〈대열차강도〉(1903)와 비교하는데, 이 영화도 포토그램을 곁들여서 숏 하나하나를 묘사한다. 이 비판적 분석은 이 영화들의 보존된 판본들 전부뿐만 아니라 제작사 카탈로그에 나오는 이 판본들의 묘사와도 비교한다.

이 논문은 당시에는 새로운 특징들을 제시한다. 저자는 전통적인 이론적 논쟁인 평행몽타주와 교차몽타주의 대립에서 출발한다. 여기서 그는 당시까지 출간된 영화사들 속에서 이 논쟁의 기원을 찾는다. 그는 묘사의 주목할 만한 차이들과 서로 다른 판본들의 존재를 찾아내고, 배급의 심급[영화관 경영인]에서 영화들의 재편집 가능성이라는 가설을 제기한다. 영화작품의 복수성─원판은 신화다─의 분석 속에서, 철저한 발생론적 연구─영화작품들은 수많은 갈등과 힘의 관계들 내부에서 제작되고 연출되며, 따라서 타협의 산물이다─ 속에서 발전됨으로써 '영화의 새로운 역사'는 이 모든 특징을 1980년대 내내 펼치게 된다.

1.3 문화변동과 문화재

영화사 일반의 인식론적 지위 변동은 광범위한 문화적 변화와 함께 이루어지게 되고, 영화와 그 역사는 문화재의 대상이 된다. 이렇게 영화는 (예컨대 미국에서 복원할 영화의 연간 목록을 만드는 연방위원회에 의해) 복권되고, 복원되고, 국가적 팡테옹[15]에 들어간다. 이 역동성은 영화작품 분석의 방법들에 영향을 미친다. 이 때문에 연구할 작품에 이미 들어 있다고 가정된 진정성에 대해 경계심이 커지게 된다. 그러나 또한 국가 제도가 선별한 작품들의 폭이 줄어들게 되고, 따라서 인정을 덜 받은 작품들을 희생시키면서 선별된 작품들에 대한 새로운 독해가 나오게 된다.

---

15 [옮긴이주] '대가의 반열에 오른 작가' 또는 '걸작이나 정전의 지위에 오른 작품'을 뜻하는 말이다. 파리의 팡테옹에는 볼테르, 루소, 위고, 퀴리부인 등과 같이 프랑스를 대표하는 80명이 넘는 인물들이 묻혀 있다.

이런 움직임과 함께, 국립 아카이브나 사립 시네마테크들이 큰 예산으로 복원한 영화들에 가치를 부여하고자 하는 경향이 생겨난다. 이 시네마테크들은, 이 엄청난 규모의 부활한 문화재를 새로운 관객에게 알리려고 방대한 집합의 영화를 체계적으로 상영하는 프로그램을 늘리게 된다. 물론 시네마테크들은 1950년대부터 회원들에게 감독들, 누아르나 서부영화 같은 장르영화, 국가 제작사나 폭스, 워너 브라더스, 파라마운트 같은 영화사들, 아니면 특정 시기들 등에 대한 상영프로그램을 제공했다. 그러나 1970년대 이전에 이런 상영프로그램은, 보존되어 있고 사용할 수 있는 영화작품들의 수에 의해 제한되었다. 주요 시네마테크들이나 국립 아카이브가 대규모로 상당수 영화작품의 보존과 복원작업을 수행한 후에 이런 회고전들이 늘어났고 다양화될 수 있게 되었다. '되찾은' 영화들의 영화제는 1980년대 초에 포르데노네 영화제('무성영화제')나 볼로냐 영화제('되찾은 영화제') 등과 같이 특히 이탈리아에서 만들어졌다. 이런 상영프로그램 덕분에 영화사가들은 영화제작의 특정 시기 전체를 짧은 시간 동안 체계적으로 볼 수 있게 되었다. 비타그래프 사의 영화들, 1910년대 스칸디나비아 영화들, 볼셰비키 혁명 이전의 러시아 영화들, 몬터 벨이나 렉스 잉그램과 같은 몇몇 감독이나 레옹스 페레 같은 몇몇 배우-감독이나 루돌프 발렌티노 같은 배우 등의 무성영화들이 그렇다.

　이 온갖 영화 상영프로그램 덕분에 영화사 및 영화들의 독해에 대한 체계적인 재검토가 생겨났는데, 이때부터 영화들은 고립적으로 파악되지 않고 같은 시기, 같은 감독, 같은 제작사, 같은 장르 등과 같이 다른 많은 작품과의 관계 속에서 파악되었다. 이런 상영프로그램이 열리면서 종종 드문 자료들이나 테마별 접근에 따른 미간행 연구들을 모은 풍요로운 카탈로그들이 나왔다. 이보다는 더 드물지만, 이런 카탈로그들에 뒤이어 영화작품 분석을 포함하는 집단적 연구들이 나왔다.

2. 영화사에 기여하는 분석

구조주의의 위대한 시기에 그랬던 것처럼, 어떤 특정한 영화작품을 그 자체로 파악해서 심층적 분석을 발전시키는 일—예컨대 벨루가 분석한 히치콕의 〈새〉, 베블레, 마리, 로파르가 분석한 레네의 〈뮈리엘〉, 로파르와 소를랭이 분석한 '역사적' 영화 에이젠슈테인의 〈10월〉—과 집단으로서의 영화(cinéma)를 둘러싸고 역사적인 담론을 구성하려고 애쓰는 일은 본래 모순적으로 보일 수 있다. 사실상 영화사 분야의 학술지들은, 영화작품 분석 자체를 문학적 또는 미학적 방식에 속하는 것으로 생각해서 오랫동안 자기들의 영역에서 배제해왔다. 그러나 이 대립은 아주 자의적이고 오늘날에는 지나간 것처럼 보인다. 학술지 『1895』에 출간된 알베르 카펠라니 감독에 관한 연구에서 편집위원들은, 이렇게 〈제르미날〉(알베르 카펠라니, 1913), 〈93〉(알베르 카펠라니 & 앙드레 앙투안, 1914~1920) 등에 대한 영화작품 분석들 곁에, 「SCAGL의 예술감독 알베르 카펠라니, 또는 작가의 탄생」, 좀 더 솔직하게는 「미국 스튜디오 시절의 알베르 카펠라니」, 또는 「미국에서의 알베르 카펠라니」와 같은 엄밀하게 역사적인 연구들을 모았다.

　베아트리스 드 파스트르는 논문 「문학 전통에서 영화적 현대성으로」에서 〈제르미날〉을 탄광에 대한 시각 문화의 계보 속에 위치시킨다. 그녀는 에밀 졸라의 소설이 먼저 대중적 신문 『질 블라스』(Gil Blas)에 연재소설 형태로 등장했고 이후 두 번에 걸쳐 연극으로 각색되었다는 사실을 상기시킨다. 〈제르미날〉은 파테 영화사(映畵社)가 이전에 제작한 몇몇 영화, 특히 〈검은 나라에서〉(페르디낭 제카 & 뤼시앵 농게, 1905)에 뒤이어 제작되었다. 이 영화는 갱내 가스폭발 이후 마지막 순간에 구조되는 광부들의 내면을 그린 여덟 개의 연속적 묘사로 광산 서사의 모태를 이룬다. 또한 이 영화에 앞서 '교육적 연작'에서 〈랑스의 광산〉(1913)과 13번째 '파테 뉴스'인 〈광산 케이블의 제조〉(1913)라는 두 개의 다큐멘터리가 나온다. "파테 영화사 카탈로그에서 발췌한 이 세 편의 영화는 〈제르미날〉을 수용할 때 관객의 눈과 정신을 미리 준비시켰다." 이 분석은 광부촌 집의 원형으로서 마유 가족의 집안 장식처럼 실내 장식의 중요한 역할을 강조하는데, 서사가 진행되는 중에 사물들과 가구들의 변화는 파업과 아버지의 죽음 뒤에 삶의 조건이 악화된다는 것을 뜻한다. 이 실내 장식은 광산 소유주의 실내 장식과 대립되는데, 후자는 짙은 벽지, 골동품, 식물과 꽃들, 책더미, 편안한 안락의자들과 쿠션이 있는 긴 의자 등으로 가득 찬 실내 장식인데, 이 모두는 무위도식을 위한 공간적 요소들이다. "이렇게 이 감독은 실내 장식의 물질성에 기입된 작은 터치들로 졸라의 정치적 분석들을 집약시킨다." 그러나 졸라의 소설이 19세기에 대중화시킨 것처럼, 실내 장식과 다큐멘터리적 이미지들이 광산의 세계를 재구성하는 데 기여한다면, 카펠라니는 자신이 사는 시대에 뿌리를 둔 각색을 하는데, 이 시대는 광부들의 삶이 더 이상 소설가가 묘사한 시대와 같지 않다. 그리고 감독은 소설의 정신을 배반하지 않은 채 이런 변동을 아주 섬세하게 기록한다.

2.1 역사적 양식의 기술(記述)을 위한 방대한 자료군의 분석

우리가 방금 영화 문화재의 팡테옹화에 대해 상기시킨 것처럼, 영화작품 분석의 테크닉들은 1980년대 이후 방대한 영화들의 집합을 반영해야만 하는 기획들에서 사용되었다. 이런 연구들은 수행하는 데 막대한 수단들—특히 100여 편 영화들의 철저한 관람 시간—이 필요했음에도 불구하고 최근 몇십 년 동안 발전되었다. 이 연구들은 독특한 영화 한 편의 분석과 영화적인 것에 대한 이론이나 영화사 사이에서 매개적 단계를 이룬다. 십중팔구 **역사적으로나 형식적으로 동질적인 자료군**을 대상으로 하는 이 연구들은 영화작품 분석의 발전에서 끌어낸 몇몇 테크닉과 결과물에서 다소간 명시적으로 영감을 받았다.

이 방식들은 복수의 작품들과 관련되기 때문에 이른바 '텍스트 분석'에서 벗어난다. '약호적' 차원은, 비록 이 단어가 예외적으로만 사용되지만, 고립된 영화작품 분석에서보다 훨씬 더 두드러진다. 이는 전혀 놀라울 것이 없다. 즉 수천 개의 단위까지 헤아릴 수 있는 일정한 영화군 전체를 고찰하려면 사실상 이 모든 영화에 공통된 것으로 가정한 최소한의 축들[약호들]을 갖고 있어야만 하며, 이런 축들만이 신속하고 효율적인 분석을 할 수 있을 것이다. 사실상 오늘날까지도 이런 유형의 집합에 속하는 모든 영화를 하나씩 하나씩 체계적으로 분석하는 것은 불가능하다.

초기 시대의 영화

컴퓨터 같은 수단들의 사용과 유능한 자료관리원 팀의 구성 덕분에, 상대적으로 단순한 자료군에서 시작해서 이런 분석을 발전시킬 수 있게 되었다. 이와 관련해서 퀘벡의 라발 대학교, 이후에는 몬트리올 대학교에서 앙드레 고드로가 주도한 영화작품 목록 분석이라는 기획을 언급해보자. 초창기 10년가량(1900-1908)의 영화제작에 관한 이 연구 프로그램은 아주 방대한 자료군을 남김없이 분석하고자 하는, 가장 야심에 차고 가장 급진적인 시도 중 하나다. 그것은 10년 가까운 기간 동안 전 세계의 [모든] 영화제작을 다루기 때문이다. 이 캐나다 연구자들이 [전 세계의] 다른 영화 아카이브들에서 오늘날까지 복제본이 남아 있고 이용할 수 있는 모든 영화로 체계적으로 묘사하려 하기 때문에, 이 자료군은 어쨌거나 복제본의 보존이라는 우연에 의해 제한된다.

이 기획은 거의 전 세계에서 동시다발적으로 일어나고 있는 (우리가 조금 전에 언급한) 다양한 시네마테크가 수행한 복원작업 및 아카이브 작업의 발전과 이어져 있다. 다른 한편, 런던 국립영화 아카이브(NFA)에서 일하는 시네마테크의 영화보존가 데이비드 프랜시스가 1978년 브라이턴에서 1900년부터 1906년 사이에 제작된 600편 이상의 영화를 상영하는 자리를 조직하겠다는 생각을 했는데, 이것이 바로 이 연구들의 출발점이다. 앙드레 고드로 팀은 브라이턴 상영회가 끝난 후 FIAF와 함께 우선 영화들을 묘사한 548개의 짧은 영화카드들을 포함해서 최초의 분석적 필모그래피를 출간했다. 그 이후 상당히 확장된 이 기획은 이 각각의 묘사를 다시 취해, 전 세계 시네마테크를 하나하나 돌아다니면서 보존된 영화들을 몽타주 테이블에서 본 후 이를 보충하고 나아가 전 세계에 보존된 영화를 하나도 빠짐없이 포함시켜 이 묘사를 확장할 생각을 했다. 지금까지도 시사적인 이 연구의 첫 단계 덕분에 이들은 사용된 몽타주의 주요

형식들에 대한 유형학을 세울 수 있었고, 1900년과 1908년 사이에 몽타주의 발전에 관한 연구, 영화적 내러티브성의 발전에 미친 몽타주의 효과에 관한 연구를 진행할 수 있었다. 이후 출판된 저작들은 이 가설들을 '시점 영화와 시선의 재현'이라는 영역(Gaudreault, 1988)과 파테 영화사(映畫社)의 분석적이고 부분적인 영화작품 목록의 영역(Gaudreault, 1993)에서 검증하는 것이다.

현재의 시기에 공공 기관들은 아주 방대한 자료군에 대한 묘사적 자료목록들을 정리했다. 연구자들이 아주 방대한 다큐멘터리의 데이터베이스에 접근할 수 있게 해준 프랑스 국립시청각연구소(INA)의 경우가 그랬다. 또한 퐁피두센터는 베르나르 스티클러가 구상한 영화작품 분석 소프트웨어─'리뉴 데탕'(Lignes des temps)이라고 불리는─를 제시했다. 〈빅토르 에리스/압바스 키아로스타미: 교류〉라는 전시를 계기로 개시된 이 소프트웨어는 상호작용적 분석 기반인데, 관객이 영화에 대해 세부적 탐색부터 몽타주에 이르는 온갖 종류의 조작을 할 수 있게 해준다. 디지털 몽타주 작업대에서 일상적으로 사용되는 '타임라인스'(Timelines)에 영감을 받은 이 소프트웨어로 영화에 대한 그래픽적 재현을 할 수도 있는데, 분할된 선(線)이 숏이나 시퀀스로의 데쿠파주를 보여준다. 이때 사용자는 이 선에서 출발해서 자기에게 관심 있는 영화의 부분들에 직접 접근할 수 있고, 이 부분들을 다시 보거나 여기에 주석을 달거나 다른 색으로 표시를 하거나 옮기거나 잘라낼 수도 있다. 따라서 이 소프트웨어는 비평적 접근이나 교육적 접근에 물질적 기반이 된다.

고전적 할리우드 영화

데이비드 보드웰과 그 동료들은 훨씬 더 특화된 영화학적 관점에서 할리우드 '고전' 영화라는 문제를 정면으로 다루고자 했다(Bordwell et al., 1985). 이를 위해, 그리고 이미 잘 알려져 있었지만 한 번도 검증된 적이 없었던 오래된 가설들─특히 이미 언급한 '투명성[불가시편집]'이라는 개념이 중심에 놓여 있는 가설─의 반복을 피하기 위해, 이들은 전적으로 경험적 방법을 도입한다. 물론 연구한 자료군이 남김 없이 분석할 엄두도 내지 못할 만큼 엄청난 규모─수만 편의 영화─

였기 때문에, 이들은 순전히 우연적 방식(제비뽑기)에 따라 전체 자료군에서 일정 부분을 공제하기로 했다. 다른 한편, 이후 상세하게 연구할 200편가량의 영화를 선정하는 단계에서부터 균형을 맞추기 위한 절차들이 개입되고 있다는 점을 주목할 수 있다. 이 절차들은 어떤 유형의 영화도 [자료군을] 과잉대변하거나 과소대변해서는 안 된다는 것을 보장할 목적으로 만들어진 것이다. 결과적으로 이 최초의 선별에서부터 이미 전체 자료군의 구성—분명한 것만 말하자면 가령 장르영화의 관점—에 관한 선입견이 작동하고 있으며, 상상할 수 있는 온갖 예방책에도 불구하고 이 분석이 자료군 전체의 분석을 전적으로 대체할 수 있다고 생각해서는 안 된다. 선정한 영화들에 대한 엄밀한 의미의 영화작품 분석에 대해서이 분석은 '형식적' 특성에 집중하고, 영화작품 분석의 결과를, '할리우드 고전 영화'라는 개념으로 불리는 암묵적이고 약간 모호한 모델과 대비시키겠다는 의도를 천명하고 있다.

이 저자들은 영화제작의 양식과 양태로서 할리우드의 관행이 1910년대부터 1960년대까지 규범과 모델로서 전 세계에 부과되었다고 주장한다. 따라서 여기서 '고전적'이란 말은 우선 '하나의 규범에 부합한다'라는 말과 동의어로 쓰인다. 분석의 목표 중 하나는, 상당히 짧은 기간에 영화산업이 어떻게 일정한 영화적 관행들—스크린에서 그 결과를 보자마자 관객이 받아들인 관행들—을 체계화하는 데 성공했는지를 보여주는 것이다.

"공간이나 인물의 심리나 이들의 동기를 묘사하기 위해 사용한 관습들은 처음에는 아마도 단순한 관습들이었지만, 관객이 이 관습들을 규범으로 받아들이자마자 더 이상 단순한 관습들이 아니었다."

이 규범은 체계적인 적용에 불과할 뿐이고 리얼리즘과 큰 관련이 없다. 이 연구자들이 보기에 "고전적인" 체계를 만들어낸 것은, 이 체계가 안정적이고, 통일성과 내적 일관성에 중요성을 부여했으며, 스스로를 보편적이라고 주장할 수 있었다는 사실 때문이다. 한 장(章)에서 다른 장으로 전개되면서 이 저작은 이야기를 가능한 한 가장 효율적으로, 가장 충격적인 방식으로 전달할 필요성 때문에 고전적 양식의 다양한 요소가 결정되었음을 증명한다. 즉 연속 편집, 공간과 관련된 관습들, 평행하게 진행되는 행위, 장면들의 데쿠파주, 나아가 숏과 숏 사이의 연결, 카메라의 움직임, 시점의 구조 등이 그것이다.

이 저자들은 "기능적 등가성"의 원칙을 정립하는데, 이를 통해 말하고자 하는 것은, 예컨대 카메라의 움직임, 조명, 음악 또는 색채 등과 같이 서로 다른 형식적 또는 기술적 기법들이 서로를 대체할 수 있다는 것이다. 이 기법들은 규범을 위반하거나 통일성과 일관성을 깨트리지 않고서도 동일한 임무를 수행할 수 있기 때문이다. 이 원칙은 제작의 표준화를 내포하고 있는데, 미국 영화산업의 이어지는 모든 단계에서 분석되는 제작의 표준화는 변화와 연속성을 결합시키고, 예컨대 소리의 도입과 같은 기본 테크놀로지의 변화를 결합시킨다. 이 변화들은 급진적인 것도 비약적인 것도 아니지만, 한편으로는 순응성과 보존, 그리고 다른 한편으로는 차별화 사이에서 균형을 유지할 목적으로 요인들의 급격한 변동과 새로운 조합을 구성한다.

이 '할리우드의 고전 영화'라는 모델에 대해 장-루 부르제가 이의를 제기한다(Bourget, 1998). 보드웰과 그 두 공저자는 1910년대 말부터 1960년대까지라는 긴 시간 동안 고전주의의 역사적인 적응력을 고집함으로써, 고전주의의 구성적 규범들을 통계적으로 규정하고자 한다. 부르제는 이 시기가 유성영화로의 이행과 함께 1930년대에 시작된다고 주장함으로써 이 시기를 단축한다. 그의 저작은 대략 1,400편의 영화들을 언급하는데, 보드웰 저작의 자료군보다 훨씬 더 규모가 크다. 그는 보드웰과 그 동료들의 방법론적 선입견을 비판하는데, 즉 이들이 제작 양태를 특권화하고, 나아가 제작 양태가 영화작품들의 형식 자체를 결정한다고 전제하고 있다는 것이다. 이 접근은 "할리우드 고전주의"를 과도하게 신비화시키는데, 그 시기 구분 자체도 문제적이다. 1920년대부터 광범위하게 자리를 잡은 이 체계는 헤이스 법안(1934)이 실질적으로 적용될 때부터 이론적 모델에 맞게 기능하기 시작했을 뿐이고, 1960년대 이전에, 검열에 대처하기 위해 1950년부터, 그리고 양식적 기준들과 누아르 영화를 고려한다—이를 고려하는 것이 바람직하다—면 심지어 그 이전부터, 심층적 변동의 다양한 신호를 보여준다. 물론 할리우드의 제작 양태는 반복과 상투형을 결정한다. 다른 모든 고전주의처럼, 할리우드 고전주의는 배제, 검열과 자기검열, 억압, 생략과 암묵적 발화내용으로 특징지어진다. 그러나 그것은 또한 포섭의 양태나 심지어 이것저것 다 끌어모으는 양태로도 기능한다. 즉 이 고전주의에는 도가니(melting pot) 같은 것이 있어서 여기에 빠져드는 모든 것을 할리우드적인 것으로 만든다. 할리우드는 다른 곳에서 오는 형식들로 끝없이 양분을 섭취한다. 부르제가 저작 전체에 걸쳐 기술하려고 애쓰는 것은 이 다른 곳들, 이 변방 지역들, (때로는 할리우드가 용인해주고, 때로는 부활시킨) 이 이국 취향들, 이 다양한 형식—할리우드 고전주의 이전에, 할리우드 이전에, 영화의 탄생 이전에 독일에서, 영국에서, 무성영화에서, 고딕에, 성경에서, 셰익스피어에서 온 형식들—이다.

이 저작은 3부로 나뉘어 있고 각기 할리우드 시스템, 이데올로기적 문화적 맥락, 고전주의의 가장자리를 다룬다. 할리우드 시스템은 장르영화로의 분할, 스튜디오의 조직, 검열 법과 스타시스템의 역할에 의한 정치적 통제에 기반을 두고 있다. 이 분석의 가장 독창적인 부분은, 예컨대 독일적, 스칸디나비아적, 러시아적 형식 등과 같이 다른 나라 영화기술의 영향을 통해 이 고전주의의 가장자리들의 중요성을 강조한 것이다. 그는 수많은 예에 기대서 이 고전주의가 만화영화, 영화의 시작자막, 환상적 시퀀스들, 내러티브 영화 안의 광학적 유희 속에서 발전시킨 수많은 미적 가장자리를 제시한다는 점을 증명한다.

1930년대 프랑스 영화

레이몽 시라가 1975년에 카탈로그의 첫 권과 둘째 권을 출판한 이래 1930년대의 프랑스 영화와 독일점령 시기의 프랑스 영화는, '역사와 영화'의 관계라는 문제의식을 둘러싸고 수많은 연구가 나올 수 있는 계기가 되었다. 프랑수아 가르송은 이렇게 1936년부터 1944년 사이에 제작된 프랑스 영화들을 치밀히 연구하는 데 전념했다(Garçon, 1984). 그는 이 영화들과 비시 정부의 공식적 담론의 테마를 대비시키기 위해 이들을 이데올로기적이고 테마적이며 자료적인 전체로 다룬다. 그는 비시 정부의 유명한 세 가지 표어 즉 '일, 가족, 조국'을 다루면서 1940년의 재앙[독일에 의한 프랑스 점령] 이전과 이후의 영화들에서 대립의 망을 부각한다. 외국인들, 특히 영국인의 재현 연구는 참신한 관찰을 보여준다. 저자는 이 "이미지 속으로의 여행"을 통해 다음의 역설적 명제에 도달한다.

> "순수하게 이데올로기적이고 도덕적으로 비난할 수 없는 영화의 출현이 프랑스가 가장 어두운 시기에 접어드는 때와 일치한다. 이념의 모든 전달체—거대 언론, 라디오, 상당히 많은 소설—가 가장 비열한 경향에 빠져 있던 순간에, 영화는 침묵했다. 영화는 영국에서처럼 유대인, 외국인 혐오증과 같은 문제에 침묵했다. 그런데 영화는 이 문제에 대해 그 이전까지는 아주 막힘없이 말했던 것이다. 잔인하다."

세 명의 프랑스 연구자들, 즉 한 사람은 문학 기호학자, 다른 두 사람은 역사가인 마리−클레르 로파르, 미셸 라뉘, 피에르 소를랭은 구조적이고 테마론적인 분석 방법을 1930년대의 프랑스 영화에 적용함으로써 이 방법을 시험하려 한다. 〈여명〉(마르셀 카르네, 1939)이나 〈위대한 환상〉(장 르누아르, 1937)과 같은 30년대 말의 몇몇 영화는 특히 앙드레 바쟁에게 일정한 프랑스 고전주의의 모델로 사용되었지만, 프랑스의 영화제작은 미국과 달리 유일하게 지배적 규범들을 체계화할 수 있는 산업적이고 표준화된 조직화를 결코 겪은 적이 없었다. 프랑스 영화는 "스토리를 이야기하는 기계"였던 적이 한 번도 없었고, 프랑스 영화의 예술적 독창성과 경제적 취약성은 바로 여기서 나온다.

1986년에 출간된 집단저작 『1930년대 작품목록』은 1937년에 집중한다. 여기서도 또한 표본 선정에서 자의적 부분이 드러난다. 할리우드 고전 영화의 분석과 달리 이 분석은, 실제로 영화제작의 경제적 조직화를 다루지 않고 일련의 영화들에 대한 내적 접근에 만족한다. 저자들은 이를 이렇게 설명한다.

"우리는 먼저 맥락 파악의 부족함과 나올 수 있는 결과에 대한 회의 때문에, 영화제작과 경영에 관련된 것을 대거 배제했다. 영화제작 체계가 극도로 세분화되어 연구에 불필요한 비용이 많이 들었기 때문이다. 1930년대부터 1935년 사이에 일 년에 열두 편 정도의 영화를 개봉한 파테(Pathé) 영화사(映畫社) 주변에는 한두 개 정도의 릴을 촬영하고 사라지는 백여 개의 작은 회사가 있었다. 자금조달, 촬영, 배급에 대한 어떤 흔적도 남아 있지 않다. 지방신문들을 하나하나 뒤지는 엄청난 조사를 하면 이런 회사들의 경영에 접근할 수 있을 것이다. 이로부터 영화프로그램에 대해 개괄할 수 있겠지만, 영화관 방문 빈도나 관객의 취향에 대해서는 어떤 것도 끌어낼 수 없을 것이다."

어쨌거나 이 분석의 이점은 대상이나 방법론적 면에서 다양한 접근을 확대한다는 점에 있다. 첫 번째 장은, 시퀀스의 단위에서부터 발화행위의 형식적 지표들과 등장인물들의 목록에 이르는 서사학적 '도구들'을 제시한 후에, 영화사가들뿐만 아니라 시네필까지 완전히 잊고 있는 표준적 영화 〈약속, 샹젤리제〉(자크 우생, 1937)에 대해 방법을 시험한다. "가장 진부한 졸작 중 하나를 선택하면서 우리는 이 영화가 어떤 공간에서 움직이는지를 파악하려고 했다." 이들은 섬세하지 않은 대상[졸작]을 다루지만, 상당히 고전적으로 테마적 접근과 구조적 접근을 극도로 섬세하게 대비시킨다. 테마적인 계열은 행위의 시작으로서 재정적 빈곤, 놀기 좋아하는 건달―쥘 베리가 연기한 막심―이 사랑에 의해 '부르주아'의 일을 시작하면서 도덕화되는 것, 그가 민중 계급을 발견하는 것, 모든 것을 조롱이라는 배경 위에 놓는 것 등을 상당히 느슨하게 연결한다.

그러나 "뒤집기의 기능에 필수적인 조롱은 느슨하게 남아 있는 양식에까지 이르지 못하고 실업자, 사회적 갈등, (주인의 재탄생에 필수적인) 가족의 여성화 등을 은폐한다."

구조적 분석은 44개의 시퀀스―이 중 31개의 시퀀스는 단순히 여백을 메우는 관행에 속하는 구조화할 수 없는 집합이다―를 구별함으로써 '양식의 모호성'을 검증한다.

이 저작의 두 번째 장은 네 개의 영화 집합을 하나의 텍스트로 다루는데, 두 개는 '고전'―〈무도회 일지〉(쥘리앵 뒤비비에, 1937), 〈엄격주의자〉(제프 뮈소, 1937)―이고 다른 두 개는 익명의 '졸작'―〈사라진 브롤로크 씨〉(로베르 페기, 1937), 〈되돌아온 충격〉(조르주 몽카 & 모리스 케룰, 1937)―인데, 어떤 영화도 개별적으로 파악되지 않는다. 이어지는 두 개의 장은 서로 완전히 다른 두 종류의 영화들, 즉 '전쟁영화'와 '식민지영화'를 다룬다. 마지막 접근은 배우들―특히 가비 모를레, 조슬린 가엘, 아리 보어, 샤를 바넬―의 등장 빈도에 대한 통계적 일람표에서 출발해서 역할과 배역을 서사학적으로 다룬 것이다.

노엘 버치와 준비에브 셀리에가 자신들의 저작에서 젠더 연구라는 해석적 체를 적용한 것은 1956년에까지 이르는 프랑스 영화의 좀 더 넓은 시기다 (Burch & Sellier, 1996). 이들의 자료군은 330편의 약간 상세한 분석을 포함하는데, 독일점령 시기가 중심으로 특화된다. 1930년대는 총 1,300편의 영화에 대해 62편, 독일점령 시기는 총 220편의 영화에 대해 134편, 제2차 세계대전 이후부터 1956년―로제 바딤의 영화 〈그리고 신은 여자를 창조했다〉가 나온 해―까지는 134편의 영화들을 분석한다.

이 기획은 야심찬 것인데, 제도적 역사 아니면 주목할 만한 감독들의 경력 연구에 훨씬 더 기반을 두고 있는 프랑스 영화사에는 이와 비슷한 기획이 거의 없다. 버치와 셀리에의 저작에서는 300편이 넘는 영화들이 분석되는데, 이 영화 중 대다수는 이전의 역사가들이 그때까지 논평한 적이 거의 없다. 비록 제2차 세계대전이 특히 1930년부터 1956년까지의 시기를 특징지었고 이 시기를 뒤흔들어놨지만, 이 저자들은 처음에 정치―사회적 역사와 영화사(映畫史) 사이에 일정한 독립성이 있다는 가설을 세웠다. 이전의 영화사가 장―피에르 장콜라는 1930년부터 1944년까지 제3 공화정의 영화와 페탱 원수의 프랑스국가의 영화 사이에서 연속성을 강조하기 위해 "1930년대의 15년"이라고 말하기도 했다. 그런데『양성(兩性) 사이의 기이한 전쟁』을 쓴 저자들[버치와 셀리에]의 결론은, 영화적 재현이 그 상징적 영역에서도 그 시기를 갈라놓은 두 개의 거대한 정치적 격변—1940년의 [독일 군대에] 패주, 이후에는 해방—에 대거, 즉각적으로 반응했다는 점을 부각시킨다. 이들이 수행한 조사는 프랑스 영화가 정치사의 우여곡절에, 사적이고 '젠더'적인, 그리고 그 재현들의 영역에서 극도의 정치적 감수성을 보여준다는 점을 확인해준다. 이들의 분석대상은 내러티브적이고 테마적인 것인데, 이 대상은 프랑스 영화의 이어지는 세 시기—즉 1940년 이전, 독일점령의 시기와 비시 정부의 프랑스(1940~1945), 해방 이후의 10년 가량(1945~1956)—의 영화적 재현에서 찾아낼 수 있는 남성 인물들과 여성 인물들 사이의 권력과 유혹의 관계에 관한 것이다.

이 책은 3부로 나뉘어 있다. 1) 1930년대 또는 아버지의 지배. 2) 점령기 (1940~1944) 또는 아버지의 쇠퇴와 전후(1945~1956). 3) 결산. 이 3부 각각에는 영화작품 분석이 이어지는데, 1930년대와 1950년대에는 5편, 점령기에는 8편 —〈랑게 공작부인〉(자크 드 바롱셀리, 1942)에서부터 〈마리 마르틴〉(알베르 발랑탱, 1943)과 〈네 눈을 내게 줘〉(사샤 기트리, 1943)를 거쳐 〈주름장식〉(자크 베케르, 1945)에 이르기까지—을 대상으로 한다. 여기서 볼 수 있는 것처럼, 단 4년 동안 220편의 장편영화를 제작한 점령기의 영화 산업이 특권적으로 취급되고, 그 이전의 시기들과 이후의 시기들은 훨씬 더 종합적이고 선별적인 방식으로 접근한다.

전쟁 이전, 즉 1930년대의 영화에서 이들은 60여 편이라는 제한된 영화 표본만을 선정하는데, 여기서 가장 눈에 띄는 점은 이들이 "근친상간 커플"이라고 부른 것으로, 나이가 들고 가부장적인 영향력을 가진 남자와 (그 남자가 지배자나 주인이 되고자 하는) 훨씬 더 어린 여자로 이루어진 커플이다.

"건장한 어깨와 풍풍한 윤곽을 가진 레뮈, 바넬, 베리, 블랑샤르 같은 배우들이 사람 좋거나 야만적인, 자기희생적이거나 교활한, 장애가 있거나 음탕한 아버지의 형상을 구현한다. 이들은, 억눌러야 하는 위험한 자율성을 갖고 있고 다소간 영악스러운 여자애들을 장악한다. 못된 여자—미레이 발랭, 지네트 르클

314

레르—, 또는 천진난만한, 교활한 또는 순진한, 당시에 수많은 젊은 여자를 매혹시킨 다니엘 다리외와 같이 확실하게 현대적인, 이 자유분방한 여자들은 반페미니즘의 폭발을 불러일으켰는데, 이 반페미니즘은 이 여성들의 초상을 그릴 때의 터치에서, 역사가 미셸 페로가 서문에서 쓴 말에서도 상기할 수 있는 것처럼, 이 여성들이 제정신을 차려야 한다고 서사가 이들을 호되게 비판하는 방식에서도 느낄 수 있다."

그러나 134편의 영화를 통해 연구한 이 저술의 강점인 점령기의 영화는, 양성 사이의 상호 위치를 역설적으로 뒤바꾸어 놓는다. 프랑스적 남성성이 와해되고 군사적으로 실패하고 남자들이 포로가 되고 부재하던 이 시기에 가부장제는 더 이상 통용되지 못한다. "거세된 아버지는 용기라는 어머니 앞에서 지워지고, 체제는 어머니를 예찬한다." 결과적으로 점령기의 영화는 비시 정부의 고결한 표준에 전혀 부합되지 않는다. 우리가 생각하는 것보다 더 풍요롭고 더 복잡한 점령기의 영화는 전쟁 이전의 가부장적 관점에 해체의 요소들을 도입하고, 성적 역할과 형상의 전복을 성공적으로 그려낸다. 그런데 해방 때문에 그 이후가 없어졌다. 이와 반대로 해방은, 상식을 벗어난 여성 혐오의 폭발과 함께 질서로의 회귀를 보여준다. 마치 [독일 남자와 내통했다고 공적으로] 머리가 깎인 여성의 신드롬이 여배우들과 이들이 재현한 여성 주인공들에게까지 확장된 것 같다. 죄 많은 여성과 희생자 남성, 이것이 해방기 영화의 순응주의적 메시지다. 해방기 영화는 전쟁영화나 레지스탕스 영화에서 남성적 에너지와 우정을 구원자로 예찬했고, 〈레일의 전투〉(르네 클레망, 1946)와 〈조용한 아버지〉(르네 클레망, 1946)는 그 원형이다. 이 상식을 벗어난 여성 혐오와 머리 깎인 여성의 신드롬은 1959년에 〈히로시마 내 사랑〉에서 알랭 레네와 마르그리트 뒤라스에 의해 의문에 부쳐졌지만, 이 영화는 전쟁이 끝나고 한참 후에 나왔다.

프랑스 영화의 방대한 자료군에서 출발한 이 책의 역사적 연구 덕분에 이 저자들은 심성사의 영역에서 전례 없는 결론들을 내릴 수 있었고, 통념에 맞서고, 또는 (같은 시기의 언론, 문학 또는 연극처럼) 다른 출처들에서 출발하여 만들어진 가설들에 맞설 수 있었다. 그런데, 이 시기에 영화가 관객이 가장 빈번하게 이용하는 대중적 여가활동이었기 때문에 이 결론들은 중요하다. 이 결론들은 영화가 진짜로 정치사와 사회사에 기여할 수 있다는 점을 증명한다.

장르 분석: 서부영화, 누아르 영화

초기 시대의 영화, 할리우드의 고전 영화, 1930년대부터 1950년대까지 프랑스 영화는 연대기에 따라 구분된 영화사의 시기들을 가리킨다. 영화작품 분석은 또한 영화사를 관통하는 장르들의 연구, 예컨대 서부영화, 탐정영화, 그리고 가장 유명한 그 하위장르로서 '누아르' 영화에 관한 연구가 될 수도 있다. 장-루이 리외페루와 앙드레 바쟁의 표현 대로(Rieupeyrout & Bazin, 1953) "가장 전형적인 미국영화 장르"인 서부영화연구는 누아르 영화연구(Borde & Chaumeton, 1955)만큼이나 가장 오래된 연구 중 하나다. 서부영화연구는 1980년대 영국인 연구자 에드워드 버스컴(Buscombe, 1988)과 프랑스 연구자 장-루이 뢰트라(Leutrat, 1985 sq)에 의해 쇄신되었다. 뢰트라는 무성영화 시기의 서부영화의 기원에 관심을 가져서 이 시기를 그의 저작 『깨어진 동맹』(1985)에서 다루었고, 유성영화 시기의 서부영화를 다룬 이후의 저작들에서 다시 그 이후의 시기를 다루었다.

　1,895편의 영화가 1920년대의 '서부영화'를 만들었는가? 첫 번째 문제는 자료군을 규정하는 문제다. 즉 '1930년대의 프랑스 영화'나 심지어 '미국의 고전영화'와 같은 표현이 영화적 대상의 '집단'을 규정하는 데 충분하다면, '서부영화'란 딱지는 전혀 그렇지 않고 (모든 장르영화의 딱지가 그런 것처럼) 항상 규정해야만 하는 것이다. 하물며 장르 자체가 진정으로 정립되어 있지 않은 시기에 대해서는 더 말할 것도 없다. 다른 한편, 뢰트라가 자기 자료군에 속하는 것— 여기서도 소속 기준을 규정하는 데 적지 않은 선입관의 대가를 치러야 한다— 으로 조사한 1920년대 1,895편의 미국의 무성영화는 모두 남아 있는 것이 아니다. 심지어 몇몇 영화는 오래전에 사라져버렸다. 따라서 연구는 특별한 형태를 띠게 되었는데, 왜냐하면 뢰트라는 **모든** 자료군을 연구하고자 했지만 적은 비율의 영화밖에 볼 수 없었기 때문이다. 이로부터 예컨대 외적인 '이차적' 출처

—특히 비평—에 대거 의존하게 되었고, 형식 분석에 상대적으로 큰 중요성이 부여될 수 없었다. 그러나 여기서도 이 목표가 영화작품 분석을 상당히 넘어선다는 것은 분명하다. 즉 이 목표는 최소한 서부영화 장르라는 전통적 개념을 시험하거나 반박하는 것이고, 최대한 이 예를 통해 재현, 신화, 역사 사이의 관계를 연구하는 것이다. 따라서 이 작업은, 같은 저자가 쓴 보완적 저작에서 구체적으로 쓴 것처럼 전적으로 "한 장르의 고고학"에 속한 것이다(Leutrat, 1987). 어쨌거나 서부영화 장르는 뢰트라가 서부영화를 다룬 일련의 저작들에서 총체적으로 탐사되는데, 처음에는 혼자서 연구하다가 이후 『서부의 지도』(1990)에서부터 『서부영화의 영광』(2007)에 이르기까지는 쉬잔 리앙드라-기그와 함께 연구했다(Leutrat & Liandrat-guigues, 1990, 1997, 2007). 이 저자들의 관점은 백과사전적이다. 이들은 〈퍼플 세이지의 라이더들〉(린 레이놀즈, 1925)에서부터 〈브로큰 트레일〉(TV 시리즈, 월터 힐, 2007)까지 서부영화 장르의 모든 역사를 다루고자 하기 때문이다. 이들은 미국의 영토에서 출발해서 서부영화 장르를 탐구하고(『서부의 지도』), 한 책에서 다른 책으로 넘어가면서 서부영화가 문학, 역사화(歷史畵), 나아가 음악과 맺은 동맹들, 그리고 동화, 만화, (환상 장르와 가까운) '쇠락한 서부영화'(crépusculaire) 등처럼 주변의 밀접한 장르와 맺은 동맹들 등을 다루면서 새로운 길을 연다. 탐구는 서부의 신화들에서 인디언들의 재현까지, 로이 로저스에서 신세계까지 서부영화의 모티프들과 형상들의 자유로운 횡단의 형태를 띤다. 여기서 영화작품 분석이 소환되는 것은 이 장르에서 일관성 있게 되풀이되는 모티프들과 형상들을 제시하기 위해서다.

그러나 장-루이 뢰트라는 또한 몇몇 서부영화를 별도로 분석했는데, 특히 존 포드의 〈수색자〉(1956, **도판 33**)와 〈리버티 밸런스를 쏜 사나이〉(1962)에 대해 두 편의 전문연구서를 냈고, 『서부의 지도』의 3장에서 〈역마차〉(존 포드, 1939)를 가까이에서 분석한다(Leutrat & Liandrat-guigues, 1990). 이 3장은 모뉴먼트 밸리로 끝난다. "바위로 된 참신한 형태들, 언덕과 봉우리 등의 덩어리가 육중한 메사[용암층으로 이루어진 테이블 모양의 고지]들과 번갈아 나온다. 포드는 한 영화에서 다른 영화로 가면서 그가 자기 영토로 만드는 공간을 구성한다."

도판 33. 모뉴먼트 밸리 주변에서 감독이 특권화시킨 장소들을 보여주는 〈수색자〉(존 포드, 1956)의 처음과 끝에 나오는 16개의 이미지.

『〈수색자〉: 나바호 족의 타피스리』는 부제가 보여주는 것처럼 타피스리의 모티프를 발전시킨다(Leutrat, 1990). 이는 등장인물들이 추구하는 것을 분석함으로써 이루어지는데, 영화의 시작 부분에서 에단과 마틴이 집으로 돌아올 때 가족 집단의 재구성된 통일성에서 시작해서 개인들, 백인들, 혼혈들, 뉴멕시코의 나바호 족 인디언들을 갈라놓는 인종적인 균열의 선들에까지 이른다.

"〈수색자〉를 독해하려면 동전의 앞면과 뒷면을 머릿속에 동시에 간직해야 하며, 나바호 족의 직조공은 그들이 만든 제품들에 항상 결함을 남긴다는 점을 잊지 말아야 한다. 이들에게 완벽은 죽음을 뜻하기 때문이다. 아르헨티나 작가(보르헤스)가 성서에 따라서 말하는 것처럼, 우리의 상상력은 상반되는 색깔로 이루어진 '울긋불긋한 외투'에 지나지 않기 때문이다."

"내적 흉터"의 테마가 이 영화를 가로지르고 있다는 가설에 따라 뢰트라는 이 영화에서 균열이 일반적이라고 지적한다. 데비와 마틴은 틀림없이 여동생과 오빠이며, 닮았지만 다르다. 인물들은 거의 모두가 두 개의 이름을 갖고 있다. 인디언 스카(Scar)에게 에단은 "큰 어깨"이고 마틴은 "뒤따르는 자"다. 우리는 데비의 인디언 이름을 절대 알 수 없지만, 그녀는 마틴에게 말할 때 두 개의 언어를 번갈아서 사용한다. 스카는 독특한 경우다. 그는, 에단과 마틴이 인디언 캠프에 갔을 때 에단이 마틴에게 절대로 발음해서는 안 된다고 주의를 주는 이 하나의 이름[스카]으로만 알려진 것 같다. 영화의 끝 무렵에 관객은, 스카가 이 영어단어를 번역한 스페인 이름인 시카트리스(Cicatriz)라는 다른 이름이 있다는 사실을 알게 된다. 따라서 스카는 인디언 이름이 없지만 거울처럼 "백인"의 두 이름이 있는데, 이는 이 영화의 문제의식을 드러낸다. 이 경우 백인 배우인 헨리 브랜던이 인디언 추장 역할을 맡았다는 점이 완벽하게 정당화된다. 그러나 뢰트라에게 〈수색자〉는 인종들을 나누는 분수령에, 따라서 혼혈의 테마에 역점을 두지 않을 뿐만 아니라, 결코 완전하게 아물지 않는 내적인 상처에도 역점을 두지 않는다.

누아르 영화의 목록도 서부영화의 목록만큼이나 풍요롭다. 1955년에 '누아르'라는 장르의 라벨을 만들어낸 창립자적인 저서는 이미 언급한 레이몽 보르드와 에티엔 쇼므통의 책이다(Borde & Chaumeton, 1955). 누아르라는 라벨은 이어지는 시기에 비평가들과 영화사가들이 다시 취했고, 선집이나 카탈로그에서 세밀히 분석되었지만, 이 장르의 경계가 분명하게 확정된 것은 아니었다(Vernet, 1993; Naremore, 1998; Buss, 2001; Kearney, 2011). 장-피에르 에스크나치는 사회정치적인 유형에 속하는 개인적 관점을 발전시키기 전에, 이전의 모든 분석을 종합하고 독창적인 성찰을 제시한다(Esquenazi, 2012). 앞서(5장 4.1) 언급한 이 저작의 1부는, 니노 프랑크와 장-피에르 샤르티에 의한 '프랑스적 누아르의 발명'에서부터 1980년대에 누아르가 '기념비적인 것'이 되기까지, 그리고 그 가장 현재적인 주석에 이르기까지 누아르 영화에 대한 이어지는 해석들에 관한 연구다.

> "누아르 영화가 탄생하고 발전하는 것을 엿볼 수 있는 탄탄한 역사적인 토대가 제시되지 않았기 때문에 누아르라는 범주는 취약하고, 그 불안정한 기원에 대해 온갖 의문이 생겨난다. 할리우드 역사에 엄밀한 시선을 던질 때만이 누아르 영화의 생성 테제가 신임을 얻게 될 것이다. 따라서 우리는 몇몇 흩어진 조각을 모으려고 애쓰는 비평가의 변화무쌍한 시선을 버려야만 하고, 할리우드 산업 내에서 누아르의 점진적 구축으로 되돌아가야 한다."

이것이 에스크나치가 2부 "예술적 운동의 역사"에서 설정한 프로그램이다. 이 역사는 "훌륭한 네 편"의 영화, 즉 〈이중배상〉(빌리 와일더, 1944), 〈환상의 여인〉(로베르트 지오드마크, 1944), 〈로라〉(오토 프레밍거, 1944) 〈창 속의 여인〉(프리츠 랑, 1944)에 의해 시작된 것으로서 이 모두는 1943년에 할리우드에서 제작되었고, 서로 다른 네 개의 스튜디오에서 거의 동시에 준비한 영화들이다.

> "이 네 편의 영화는, 갱도 액션도 나오지 않는 동일한 범죄적 구조를 갖고 있

고, 동일한 동시대 밤의 도시 세계를 그리고 있으며, 기이한 여인을 둘러싸고 동일한 질문을 던지고, 사랑은 거의 없고 관능성이 넘치는 동일한 쓰디쓴 감정을 갖고 있다."

다음으로 에스크나치는 이 영화들의 생성과정, 젊은 제작자들의 전략, 이들과 대기업 대표들과의 관계, 각색한 소설들의 기원, 시나리오 작가들의 작업, 그리고 빌리 와일더, 로베르트 지오드마크, 오토 프레밍거, 프리츠 랑처럼 대개는 독일이나 오스트리아 출신인 감독들의 역할 등에 대한 치밀한 조사에 몰두한다. 그는 세계대전이라는 복잡한 시기에 검열법의 변화를 연구하고, 할리우드 환경을 관통하는 정치세력들의 관계 및 좌파나 극좌파 시나리오 작가들에 대한 구체적인 초상을 그려낸다. 3부는 내러티브 형식들과, 누아르 영화를 특징짓는 독특한 미학을 다룬다. 훨씬 더 분명하게 사회학적인 4부는, 할리우드의 이민자들 및 미국 공산당과 이들의 근접성에 관심을 둔다. 이 저작은 도시 및 누아르 영화의 세계와 맺고 있는 벤야민과 크라카우어의 관계 속에서, 이들이 제시하는 테제들을 좇아 현대성 비판으로 끝난다. 그러나 이 연구자의 궤적 전체는 영화작품들에 대한 상세한 분석에 기반을 두고 있다. 이 영화들은 우선 앞서 언급한 창립자적인 네 편의 영화들, 다음으로 이 장르의 발전에서 중요한 자리를 차지하고 있는 20편가량의 다른 영화들인데, 〈다크 코너〉(헨리 해서웨이, 1946), 〈욕망의 상속자〉(존 크롬웰, 1947), 〈우회로〉(에드거 울머, 1945), 〈길다〉(찰스 비도르, 1946) 등이 그렇고, 전체 자료군의 범위는 220편의 장편영화를 넘어선다.

에스크나치는 〈이중배상〉(빌리 와일더, 1944)을 창립자적인 영화로 보고, 상당히 예외적인 그 생성과정을 연구한다. 당시 '영화제작규정' 때문에 할리우드에서 각색이 금지된 작가인 제임스 케인 소설을 각색하려고 주도한 사람은 파라마운트사의 젊은 제작자 조셉 시스트롬이었는데, 그는 감독 경력을 시작한 지 얼마 되지 않은 빌리 와일더를 고용한다. 와일더는 영화제작의 모든 단계에 참여할 수 있었는데, 이는 경험 없는 감독에게는 거의 허락되지 않는 것이었다. 빌리 와일더가 직접 바버라 스탠윅과 프레드 맥머리를 캐스팅하고, 이 캐스팅은 스튜디오의 경영진들에게 큰 논란을 불러일으킨다. 제작과정은 영화 제작규정 집행사무국(PCA) 책임자 조셉 브린과의 길고도 어려운 의견교환으로 특징지어진다. 영화제작규정 집행사무국은 1935년에 "절대 이 소설을 받아들일 수 없게 하는 천박함과 비열한 특성" 때문에 케인의 『우편배달부는 벨을 두 번 울린다』를 격렬하게 비난했지만, 이때에는 케인 소설의 각색을 받아들인다. 이 각색은 암시와 중의법을 사용하던 레이먼드 챈들러가 영화의 대사를 쓰기로 한 덕분에 가능해졌다. 와일더는 또한 슈퍼마켓 장면과 같이 야외에서 찍은 몇몇 시퀀스를 가능한 한 가장 리얼리즘적인 방식으로 찍을 수 있었고, 볼품없는 월터 네프의 방을 재구성할 수 있었다. 월터 네프는 프레드 맥머리가 '어울리지 않는 배역'으로 연기했는데, 그는 이전에는 코미디 영화에 출현했었다.

에스크나치는 〈환상의 여인〉(로베르트 지오드마크, 1944)에 대한 상세한 분석을 전개하는데, 이는 장르적 관점에서 이 영화의 독창성을 강조하기 위해서다. 이 영화는 사실상 그 발생론적 기원들을 가장 노골적으로 드러내기 때문이다. "그 기원들은 여기서 쉽게 드러나고 즉각적으로 읽을 수 있다." 이 영화가 제시한 몽타주는 독창적인 구성이지만, 아직 완전히 그 기원들을 벗어난 새로운 장르로 융합되지 못한다. 〈환상의 여인〉은 서로에게 간신히 의존하는 수많은 이야기를 담고 있고, 아니면 이 이야기들은 동일한 인물들을 함축하고 있다. 첫 번째 이야기는 가장 분명하게 코넬 화이트 특유의 영감에 빚지고 있는데, 이 영화는 그가 쓴 소설 중 하나를 각색한 것이기 때문이다. 이 이야기는 자기 부인을 죽였다고 기술자 헨더슨을 체포하는 것으로 끝나는데, 그는 탁월한 일련의 알리바이를 가지고 있지만, 이는 터무니없는 일련의 우연에 의해 모두 깨진다. 두 번째 이야기는 분명하게 '고딕적인' 것이거나 더 정확하게는 고딕적인 플롯을 탁월하게 전치시킨 것이다. 이 이야기는 음탕한 밤의 세계가 순수하다는 것을 증명하기 위해 밤의 세계를 돌아다녀 보고 싶다는, 젊은 고딕 여자의 전형인 비서 캐럴 리치먼의 결심으로 시작되는데, 그녀는 자기 사장을 사모하고 있다. 세 번째 이야기에서 우리는 진짜 살인자 말로우의 고백 역할을 하는,

구어로 된 사후적인 내레이션만을 듣게 된다. 말로우는 팜므 파탈 역할을 하는 헨더슨 부인 때문에 욕망으로 미쳐서 그녀를 죽인다. 이는, 〈우편배달부는 벨을 두 번 울린다〉(테이 가넷, 1946)나 〈이중배상〉의 시나리오와 비슷하게 될 수도 있는 시나리오를 사전에 봉쇄한 것이다. 이 영화의 내러티브 메커니즘은 완벽하게 기능한다. 즉 헨더슨이 모르는 여자에게 자기 옆에서 부인의 역할을 해달라고 부탁하는 동안, 말로우는 헨더슨의 부인 옆에서 헨더슨을 대체한다. 부인의 실종 때문에 헨더슨은 말로우의 광기의 희생자가 될 위험에 처하게 된다. 캐럴 리치먼은 이때 조사를 위해 헨더슨을 대체함으로써 놀이 속으로 슬그머니 들어간다. 그녀가 성공할 때, 헨더슨 부인의 자리를 차지할 수 있게 된다.

> "이 영화의 세 플롯은 이렇게 하나의 이야기가 다른 이야기로 미끄러져 들어감으로써 서로에게 스며들고, 고딕적인 것과 하드보일드 소설 사이에서 흠잡을 데 없는 내러티브의 양립 가능성을 증명하며, 이것이 누아르 소설에서 이들의 혼합에 영감을 준다."

방대한 자료군의 분석, 역사, 약호 연구

지금까지 다룬 작업들이 역사학자의 작업이거나 역사적 관점으로 이루어졌다는 점은 분명 놀라운 일이 아니지만, 이는 미적, 영화언어적, 이론적 문제들의 연구가 재현과 관련된 훨씬 더 사회학적이고 이데올로기적 문제들에 관한 연구로 눈에 띄게 이동했다는 점을 보여준다.

우선 상당히 역설적인 상황을 지적할 수 있다. 즉 1990년대 이전에는 방대한 자료군에 접근하기가 훨씬 더 어려웠다. 그런데 [오늘날에는] 디지털이나 가상의 배급 수단 덕분에 이용할 수 있는 영화들의 공급이 지극히 풍요로운데도, 방대한 자료군의 분석이 활성화되지 못한 것처럼 보인다는 점이다. 또한 이 방대한 자료군에 대한 연구들은 이질적이다. 어떤 연구들은 오히려 양식, 형식, 구조적 형세, 재현 양태나 영화적 관행의 양태 등의 개념들에 집중하지만, 다른 연구들은 재현의 내용에 집중하고 있다. 어떤 의미에서 이 모든 연구는 '약호적인 것'—이 용어를 광의적이고 유연하게 사용한다면—으로 특징지을 수 있다. 미국의 고전 영화는 이렇게 프레이밍, 몽타주, 조명 등과 같이 가장 특화된 약호들의 관점에서 연구될 수 있다. 1930년대 프랑스 영화는 시퀀스들 사이의 관련, 초점설정, 발화행위의 형식적 지표들, 등장인물들의 기능, 시간성과 같이 내러티브적 약호와 발화행위의 관점에서 연구될 수 있다. 이와 반대로 1920년대 서부영화는 인민전선기, 독일점령기, 해방기의 프랑스 영화처럼 사회적 재현들에서 출발해서 관찰될 수 있다. 이런 현상들 또한 광범위하게 '약호화된' 것이지만, 형식들이 훨씬 더 느슨하게 나타나는 영화들보다 더 특화된 것은 아니다.

따라서 ['약호'라는 말을] 이런 용법으로 사용하면, 그것은 일반적 범주다. 통합된 이론을 발전시킬 때, 그리고 셀 수 없이 많지만 또한 중요한 현상—가령 영화에서 조명과 '남성/여성'의 대립—을 같은 차원에 놓을 때, 물론 이 일반적 범주도 소중하다. 그러나 다룰 때 민감한 범주라서 종종 탈선하거나 기계적으로 적용할 위험이 있다. 약호라는 범주는 정의상 영화의 사회적 외부를 가리키고, 사회 일반에서 벌어지는 재현적이거나 이데올로기적인 '약호화'를 가리키며, (이 사회가 사회로서 존재할 수 있게 하며, 이 사회가 일정 유형의 영화들을 만들게 하며, 관객이 영화 제도와 동일시하게 만드는) 일반적이거나 특별한 관습을 가리키기 때문이다. 이 말의 뜻은 언젠가 영화에 특화된 주요 약호들에 대해 크게 불완전하지 않은 목록을 만들겠다는 꿈을 꾼다 해도, 문화적 약호들의 목록을 통제할 수 있을 거라는 생각이 도무지 헛되다는 점이다. 왜냐하면 이 문화적 약호들은 항상 수적으로 무한할 것이고 이를 규정하는 일은 영화분석가가 아니라 언제나 역사가, 사회학자, 인류학자의 영역일 것이기 때문이다.

2.2 주목할 만한 영화들의 분석: 각 시대는 어떻게 자기의 걸작들을 규정하는가?

분석은 영화 단편들로 시작해서 이후 다양한 각도에서 총체적으로 포착한 작품들로 확장되었다. 물론 영화작품들의 선택은 연구자의 목적이나 취향에 달려 있고, 선발시험이나 교육프로그램을 위해 제시된 영화들의 경우에는 제도적인 권유에 달려 있다. 1930년대 이후 잇달아 쓰여진 영화사(映畵史)들은 형식의 발전, 시나리오의 독창성, 몽타주의 쇄신, 아니면 단순하게는 때로는 예외적인 대중적 이력 등의 이런저런 이유로 다른 영화들보다 훨씬 더 두드러진 영화들을 선정했다. 이렇게 해서 조르주 멜리에스의 〈달나라 여행〉(1902)에서 카를 드레이어의 〈잔다르크의 수난〉(1928)까지 무성영화가 제작된 35년은, 초기 시네필들의 눈에 D.W.그리피스의 〈국가의 탄생〉(1915), 로베르트 비네의 〈칼리가리 박사의 밀실〉(1920), 에이젠슈테인의 〈전함 포템킨〉(1925), 아벨 강스의 〈나폴레옹〉(1927)처럼 고려하지 않을 수 없는 영화들로 점철되어 있었다.

1920년대부터 전문적인 저널리스트들은 영화사에서 가장 탁월한 영화들의 목록을 작성했고, 이 현상은 1930년대 초 최초의 영화 아카이브들이 설립된 기원이다. 이는 1932년에 뤼시엔 에스쿠베의 기사들(『푸르 부』[Pour Vous]에 실린 "목록이 될 만한 영화들을 구하자")에서 알 수 있는데, 그녀는 무성영화의 수많은 주요 작품들이 파괴되거나 유실되었다고 확인해준다. 이렇게 역사적인 순위표를 작성하는 관행은 수십 년이 지나 오늘날까지도 이어지는데, 1950년대 이후 위계의 변화를 관찰하는 일은 흥미롭다. 〈전함 포템킨〉이 오랫동안 이 순위표의 맨 위에 있다가 이후 〈시민 케인〉으로 대체되었고, 이 영화 또한 오랫동안 부동의 1위를 차지하고 있다가 〈현기증〉으로 대체되었다. 참조할 만한 것으로 간주되는 유명한 순위 매기기는 대개 브뤼셀에서 1958년에 엑스포가 열릴 때 117명의 국제적 비평가들을 모아서 조직한 것이다. 6위까지의 영화는 〈전함 포템킨〉, 〈골드러시〉(찰리 채플린, 1925), 〈자전거 도둑〉(비토리오 데시카, 1949), 〈잔다르크의 수난〉, 〈위대한 환상〉(장 르누아르, 1937), 〈시민 케인〉이었다. 영국영화연구소(BFI)는 동일한 원리로 가장 탁월한 영화들에 대해 10년마다 순위표를 조직한다. 〈시민 케인〉이 2012년 이전까지 수십 년 동안 순위표의 맨 위에 있었고, 2012년에는 〈현기증〉으로 대체된다. BFI의 현재 순위는 다음과 같다. 〈현기증〉, 〈시민 케인〉, 〈동경 이야기〉(오즈 야스지로, 1953), 〈게임의 규칙〉

(장 르누아르, 1939), 〈일출〉(프리드리히 빌헬름 무르나우, 1927).

　이런 관행은 시네필의 놀이에 속하는 것이고, 취향의 변화, 장르 상의 위계, 몇몇 국가영화의 지배, 전 지구적으로 배포되는 할리우드 영화의 특권화 등을 부각시킨다. 가장 어린 시네필들은 1950년대와 1960년대 미국영화를 위해 〈시민 케인〉, 〈수색자〉, 〈2001년 스페이스 오디세이〉(스탠리 큐브릭, 1968)를 순위에 올림으로써 이 위계를 수정했다. 오늘날의 시네필들은 〈블루 벨벳〉(데이비드 린치, 1986), 〈멀홀랜드 드라이브〉(데이비드 린치, 2001)나 〈장고: 분노의 추적자〉(쿠엔틴 타란티노, 2012)와 같이 훨씬 더 동시대적인 영화들을 언급한다.

〈경멸〉(장-뤽 고다르, 1963)의 경우

우리는 장-뤽 고다르의 〈경멸〉을 프랑스 영화의 독특한 경우로서 고찰하려고 한다. 이 영화는 1963년에 제작된 것으로 앞서 언급한 순위표에서 자주 언급되며, 계속 이어지는 분석들이 영화사에 어떻게 기여할 수 있는지를 증명하는 좋은 예가 된다.

　장-뤽 고다르의 다섯 번째 장편영화인 〈경멸〉은 스타 배우(브리지트 바르도)가 나오는 그의 첫 번째 국제적 초대작(超大作) 작품이지만, 또한 영화사(映畫史)에 대한 가장 성찰적인 영화이면서 동시에 1960년대 고다르 작품의 1부에 나타난 영화사의 미래이기도 하다. 알베르토 모라비아의 소설을 각색하면서 고다르는 할리우드의 전제적 제작자[잭 팰런스], 『카이에 뒤 시네마』의 유명한 작가 정책을 체현한 작가감독[프리츠 랑], 주문을 받아 일하는 '시나리오작가/각색자'—그의 소명은 오히려 연극 쪽에 기울어 있다—를 대결시킨다. 미셸 마리는 이 영화에 관한 연구에서 인물 하나하나를 거론하면서 캐스팅으로 촉발된 영화적 참조작업의 끈을 펼쳐 보이려 한다(Marie, 1990). [미국 배우] 잭 팰런스 덕분에 고다르는 모라비아 소설에서는 이탈리아인이었던 제작자의 국적을 [미국으로] 바꿀 수 있었고, 제러미 프로코시[이 영화에 나오는 제작자 이름]를 자기반영적 미국영화—〈비운의 백작부인〉(조셉 맨키위츠, 1954), 〈거대한 칼〉(로버트 올드리치, 1955)—에 재현된 할리우드 제작자의 초상과 결부시킬 수 있었다.

그러나 팰런스는 또한 장르영화, 특히 성서 영화와 사극 영화의 배우이기도 했다. 〈이교도의 표시〉(더글러스 서크, 1954), 〈바라바스〉(리처드 플레이셔, 1962), 〈몽고인〉(앙드레 드 토스, 1961)과 같은 영화들에서 그랬다. 이 자본주의의 포식자는 [〈경멸〉에서] 로마 황제처럼 행동하고, 자기 노예[통역자]의 등에 대고 수표에 서명하며, 유럽 휴머니즘의 마지막 흔적들까지 없애버린다. 창조자를 재현하기 위해 프리츠 랑을 찾음으로써 고다르는 소설에 없는 근본적 차원을 모라비아의 작품에 더한다. 랑은 나치의 독재뿐만 아니라 할리우드의 기계장치에도 저항했고, 모든 종류의 타협을 거부한 자유로운 예술가다. 그는 현인의 형상을 구현하고 또한 단테, 횔덜린, 브레히트, 코르네유를 인용하는 문화인의 형상을 구현하는데, 고다르는 랑을 호메로스의 형상과 동화시키기에 이른다.

모라비아의 소설에서 독일인인 감독만 제외하고 모든 등장인물이 이탈리아인이다. 이들에게 미셸 피콜리와 브리지트 바르도의 국적을 부여함으로써, 고다르는 이들을 로마에 온 프랑스인으로 변형시킨다. 누구도 이탈리아어나 영어로 말하지 못하고, 프로코시는 영어밖에 할 줄 모른다. 이 때문에 통역가 비서인 프란체스카 바니니라는 인물이 창조되는데, 그녀 덕분에 인물들이 소통할 수 있게 된다. 이 간략한 예들은, 누벨 바그의 늘임표(⌒)이자 "고전적 제작[방식]"의 큰 부분의 소멸 증명으로서 〈경멸〉의 분석을, 영화사의 구체적 순간에 기입할 절대적 필요성을 증언한다.

〈경멸〉에 대한 주석작업은 이 영화의 첫 배급시기인 1963년과 새로운 판본으로 재개봉된 1981년 사이에 일정한 공백이 있다. 이 재판본은, 1986년에 장-뤽 고다르를 다룬 『르뷔 벨주 뒤 시네마』(Revue Belge du cinéma)의 특집호가 출간된 이후 비평적 연구와 분석의 두 번째 세대가 나오게 되는 기원이 된다. 알랭 베르갈라, 도미니크 파이니와 다른 사람들의 논문들 이외에도, 대학의 맥락에서 니콜 브르네즈, 자크 오몽, 장-피에르 에스크나치, 마르크 스리쥐엘로가 이 영화를 분석하고, 마침내 최근의 앵글로색슨 비평가들이 분석한다(McCabe & Mulvey, 2012).

장-피에르 에스크나치는 저서 『고다르와 1960년대 프랑스 사회』에서 고다르의 궤적에 대한 사회학적 접근을 선택한다(Esquenazi, 2004). 〈경멸〉을 다룬 장의 제목은 "예술적 계보학의 구성"이고, 그는 이 영화를 이 감독의 경력에서 전환점으로 파악하며, 미국의 대중 영화와의 결정적 단절이면서 "고전적인" 예술적 태도의 채택으로 특징짓는다. 저자에 따르면, 작가 폴과 제작자 프로코시, 감독 랑이라는 이 영화의 핵심적인 세 인물을 구축하기 위해, 고다르는 상당히 당혹스런 일련의 권력 행사에 의존하는데, 이는 오늘날에는 눈에 띄지 않을 정도로 완벽하게 통용되는 것이다. 유해하고 부패한 악마로서 영화제작자로 나오는 "못생긴 미국인"에 대한 비타협적인 재현이 가능하게 된 것은, 한편으로는 "할리우드를 버린" 1963년의 『카이에 뒤 시네마』의 비평적 전환 덕분이고, 다른 한편으로는 그 시대의 사회학자들이 대중문화를 비타협적으로 단죄한 덕분이다. 거꾸로 고다르는 자기 영화에서 신비로운 인물을 구축하기 위해, "아버지를 상상하기" 위해 프리츠 랑의 형상을 이용한다. 이때 에스크나치는 〈경멸〉의 등장인물로서 프리츠 랑이, 개인적이면서도 다수 대중에게 열려 있는 제품들을 만들어내기 위해 [독일 스튜디오] 바벨스베르크의 경영자들과, 나중에는 할리우드의 경영자들과 항상 타협할 줄 알았던 '실제' 프리츠 랑과 부분적인 관계만이 있다는 점을 확실한 근거를 들어 증명한다. '실제' 프리츠 랑은 문화산업의 논리, 다시 말해 스펙터클의 논리 안에서 영화를 만들기 위해 항상 타협하는 데 관심을 쏟았다. 그가 찍은 마지막 영화들이 개봉할 때 언론과 가진 인터뷰에서 그는, 고다르가 자기 영화에서 그에게 채택하게 했던 상과는 다른 영화의 상을 개진한다.

"영화는 대중들에게 직접 도달합니다. 이 때문에 영화는 민중의 예술이지요."

2006년에 펴낸 저작에서 마르크 스리쥐엘로는 1963년에 이 영화의 제작 맥락, 제작자들과의 갈등, 이들의 요구에 대한 고다르의 반응 등을 다시 검토한다(Cerisuelo, 2006). 그는 시작자막으로 들리는 앙드레 바쟁의 유명한 문구의 뜻을 밝히는 데 긴 분석을 하고, 다음에는 이 영화의 핵심적인 시퀀스들을 연구한다. 스리쥐엘로의 가장 독창적인 새로운 독해는, 이 영화의 시작 부분에서 〈오뒷세이아〉의 러시 필름을 영사하는 시퀀스 및 "영화는 미래 없는 발명이다"[루이 뤼미에르의 말]와 같이 실제적인 또는 가상적인 인용들의 사용을 밝힌 것이다.

"여기서 고다르는 보기 드문 능숙성을 보여주는데, 그의 목적은 이 시퀀스가 진행되는 내내 각색의 문제를 중심으로, 서구 문화사와 영화사 사이의 관계를 설정하는 데 있다. 수수께끼 같은 두 쌍의 삼인조를 구성하는 것으로 담론이 생성된다. 즉 '호메로스/단테/횔덜린'이 한편, '뤼미에르/랑/고다르'가 다른 한편이다. 의미 있는 짝의 형성으로 이 삼인조 각각이 연대기적 관계를 맺는 것으로 담론이 이어진다. 첫 번째 짝인 '호메로스–뤼미에르'는 신화의 시기, 집단예술의 시기, 그 최초의 침잠이나 발명의 시기를 상기시킨다. 여기에는 집단을 (마치 스테이크에 대해 말하는 것처럼) '사로잡은' 고유명사의 역설 효과가 있다. […] 멀리서 가장 흥미로운 두 번째 짝은 프리츠 랑이 『오뒷세이아』의 정신과 텍스트에 대한 충실성을 주장할 때, 그는 호메로스의 관점을 대변한다기보다는 서구 문화의 또 다른 본질적 순간을 대변한다는 것을 보여준다."

영어 저작 『고다르의 〈경멸〉』은 같은 영화를 중심으로 처음 발표된 19편의 논문을 모은 것이다(McCabe & Mulvey, 2012). 이 각각의 논문은 특히 공간, 아파트 건축, 호메로스의 인용, 모리스 블랑쇼와 앙드레 바쟁과 맺은 관계 및 특히 고다르, 르바인, 팰런스, 미넬리 사이의 관계 등과 같이 독특한 측면들에 접근한다. 로라 멀비가 맨 마지막에 쓴 텍스트는 이 영화와 영화사의 관계를 다룬 것이다. 그녀는 우리가 이 영화에서 찾을 수 있는 참조작품들의 총체로 되돌아가면서 고다르의 전략을 "인용의 공장"으로 해석한다. 즉 〈슬픔이여 안녕〉(오토 프레밍거, 1958)과의 관계, 그리고 고다르의 이후 영화들, 다시 말해 〈누벨 바그〉(1990), 〈영화의 역사(들)〉(1989~1999)과의 관계, 〈율리시즈〉(마리오 카메리니, 1954), 〈왕중왕〉(니컬러스 레이, 1961)과 〈북경의 55일〉(니컬러스 레이, 1963)과 같은 대규모 스펙터클 사극영화 및 할리우드 영화들과의 관계, 〈이탈리아 여행〉(1954), 〈바니나 바니니〉(1961)와 같은 로베르토 로셀리니 영화들과의 관계 등이 그것이다.

이 모든 연구가 고다르의 이 영화가 누리고 있는 '걸작'으로서의 지위를 드높일 뿐이며, 작품들의 팡테옹에서 이 영화의 지위를 강화할 뿐이라는 점은 명백하다.

3. 분석과 사회들의 역사

영화작품 분석은 분명 그 자체로서의 역사적 연구, 사회들의 역사 및 사회적 재현들의 역사에 아주 유용할 수 있다. 영화가 처음 발명될 때부터 볼레슬라브 마투셰프스키와 같은 저널리스트들은 다큐멘터리 영화나 뉴스영화뿐만 아니라 픽션영화들까지 포함해서 영화가 "역사의 새로운 출처"라는 점을 이해했다. 마르크 페로가 소련영화에 관해, 그리고 제2차 세계대전 시기에 나온 선전 영화들에 관해 쓴 최초의 논문들에서 바로 이 길을 개척했다. 그는 영화가 "사회에 대한 대항 분석"이라는 가설을 발전시켰고(Ferro, 1973), 두 편의 소련영화—〈두레 렉스〉(레프 쿨레쇼프, 1926)와 〈차파예프〉(세르게이 바실리예프 & 게오르기 바실리예프, 1934)—에 대해 자신의 방법을 시험했다. 이 분석들은 영화가 언론, 공증된 아카이브, 출생기록부 등과 같은 자격으로 역사적 출처가 된다는 점을 입증한다. 과거에 다르게 질문을 던진다는 조건에서 영화적 출처는 과거에 대해 독특하고 다른 곳에서 찾을 수 없는 증언을 한다. 페로에게는 이렇게 〈위대한 환상〉(1937)의 한 시퀀스가 1937년에는 적어도 장 르누아르 감독에게는 의외인 잠재적 영국혐오를 드러내고, 캐럴 리드의 〈제3의 사나이〉(1949) 각색은, 1949년에 본질적으로 반소련주의자였던 그래이엄 그린의 소설에는 없는 미국혐오를 드러낸다.

이 초기 연구들이 나온 이후 이 방향의 연구는 훨씬 많이 발전했고, 대개는 〈로마, 무방비도시〉(로베르토 로셀리니, 1945), 〈밤과 안개〉(알랭 레네, 1955), 제1

차 세계대전(1914~1918)을 다룬 몽타주 영화들, 알제리 전쟁이 진행되던 중에 제작된 군인들의 영화 등과 같이 역사적 성격을 가진 영화들을 중심으로 이루어졌다. 마르크 페로가 1970년대 초에 권장한 것처럼, 새로운 세대의 일반사가들은 영화를 새로운 출처로 받아들였다. 우리는 피에르 소를랭이 분석한 〈로마, 무방비도시〉, 실비 랭드페르가 분석한 〈밤과 안개〉, 로랑 베레가 분석한 세계대전의 대한 아카이브 영화라는 세 개의 예에 기대고자 한다.

3.1 〈로마, 무방비도시〉(1945) 또는 이탈리아 레지스탕스의 증인 로셀리니

연구대상으로서 이 상당히 치밀한 역사적 분석은 이런 경향을 가진 연구의 기원이다. 소를랭에 따르면, 〈로마, 무방비도시〉는 이탈리아 레지스탕스에 대해 상당히 비관적인 관점을 갖고 있다(Sorlin, 1972). 이 영화의 시퀀스 구성 때문에 사건들에 대한 준엄하고 연속적인 전개가 결정된다. 주도권을 치밀하게 쥐고 있고, 완벽하게 냉담한 상태로 탁월한 효율성을 발휘하는 쪽은 독일군이다. 그러나 이 영화는 명시적인 정치적 참조 전체를 지워버린다. 즉 실제로 나치즘이 문제가 되지 않으며 히틀러의 초상도 등장하지 않는다. 딱 한 장면에서만 독일군들이 자기를 설명할 기회를 준다. 마찬가지로 무솔리니도 파시즘도 이 영화에 나오지 않는다. 이들의 협력자는 거의 없고 정치적 동기도 없으며, 이들의 결점들만이 이들의 [정치적] 선택을 설명한다.

> "뚱뚱하고 다정한 체하는 검찰관은 직업적 충복이고, 친독 의용대원은 여자들을 쳐다볼 생각만 하는 비쩍 마른 위선자다. 이 낙오자들 집단의 정점은 젊은 여배우다. 빈민가의 궁핍에서 벗어나기 위해 그녀는 어떤 일이라도 한다. 본래의 환경을 떠나면서 그녀는 길을 잃었다. 입만 열면 거짓말이고 성질을 잘 내며 지나치게 민감하고 마약중독에다가 거의 동성애자인 그녀는 온갖 악덕을 갖추고 있어서 아무 가책 없이 배신한다."

대다수의 이탈리아인은 기꺼이 독일 점령군에 맞섰다. 그러나 자기 특유의 운동에서 생겨난 레지스탕스는 나타날 필요도, 자기를 정당화할 필요도 없었다. 레지스탕스가 온갖 곳에서 활동하고 있다는 것을 보여주는 이 영화는 이를 해명하기 위해 아무것도 하지 않는다. 소를랭은 시나리오작가들이 상상한 에피소드, 즉 독일군대의 트럭들을 공격하는 파르티잔의 선봉에 선 만프레디를 보여주는 에피소드가 불합리하다고 평가한다. 그에 따르면, 엄청난 무기를 가진 지하조직이 어딘가에 있다는 것을 이탈리아인들에게 상기시키는 것이 이 장면의 기능이다.

　　"저항군이 구성되지만, 자신들이 여기에 대해 아무것도 모르고 있다는 사실에 모든 로마인은 혼란을 느낀다."

　전쟁의 의미작용과 점령의 원인을 건드린 단 하나의 설명이 있을 뿐인데, 이는 사제가 하는 말이다. 레지스탕스는 정치적 선택이라기보다는 정신상태다. 이 영화는 레지스탕스를 실패로 귀결시킨다.

　　"전국적이든 지역적이든 레지스탕스는 본래 패자(敗者)다. 영화가 이를 분명히 말하지는 않지만, 이 영화의 구조, 영화가 두 진영을 제시하는 방식을 보면 여기에 관한 한 어떤 의문도 없다. 로마는 절대 혼자 힘으로 해방되지 않을 것이다."

　본질적으로 도덕적 성격을 띤 저항군의 전투는 실제적 중요성이 없고 단지 피해자의 존엄성을 구제하는 데 쓰일 뿐이다. 소를랭은 역사가가 개입할 지점이 [역사적] '진실'에 대한 다소간의 충실성을 확인하는 것이 아니라 바로 여기라고 논평한다. 즉 독일점령 치하의 로마인의 삶에 대한 이 독특한 관점을, 그것이 구상되었던 시기와 맥락 속에서 어떻게 해석할 것인가? 이 영화의 염세주의는 문제를 제기한다. 그것은 해방에 뒤따른 안도의 분위기 속에서 폭발하기 때문이다. 소를랭은 이 염세주의를, 파시즘 치하에서 영화작업을 시작한 감독 로셀리니와 그의 협력자들 대다수의 변화로 해명한다. 〈돌아온 비행사〉(로베르토 로셀리니, 1942)에서 전쟁이 남성성의 학교이자 민족적 단결의 효소(酵素)로 나타난다면, 〈십자가를 짊어진 남자〉(로베르토 로셀리니, 1943)에서부터 이 전투적 신화학은 사라지고 〈로마, 무방비도시〉에서 전쟁은 설명할 수 없는 악몽이 된다. 전쟁은 의미가 없고 이 때문에 전쟁의 기원도 알 수 없다. 이 급격한 방향전환은 1943년의 정치적 변화와 맞아떨어진다. 〈로마, 무방비도시〉는 1944년 가을에 극도로 격렬하게 전개된 역사청산에 대한 광범위한 토론과 함께 구상되었다. 알도 베르가노는 몇 개월 뒤에 〈태양은 다시 뜰 것이다〉(1946)에서 계급분석에 기반을 두고 대독 협력을 규명하려 했다. 〈로마, 무방비도시〉에서 독일에 협력한 유일한 부르주아는 로마 검찰관인데, 이는 [실존 인물인] 그 이전의 로마 총독 카루소를 분명히 암시한다. 이 영화에 나오는 또 다른 대독 협력자들은 민중 출신이다. 즉 빈곤과 불안정한 성격 때문에 낙오자 가운데서 배신자들 대부분이 나오게 된다. 점령군에 동조한 지식인은 소수의 고립적 현상이었다. 이 영화를 만든 사람들은 독일군이 로마에 손을 뻗친 순간에서 시작해서 심층적 변화가 완수되었음을 시사하고 있다. 광범위한 역사청산은 이런 조건에서 정당화되는 것 같다.

소를랭에게 〈로마, 무방비도시〉는 우선 아무 주저 없이 자연스럽게 파시즘 체제를 받아들인 일군의 지식인들의 변화, 망설임, 저의(底意)를 보여주는 영화다. 이 지식인들은 파시즘의 주장들과 신화들을 지지했지만 7월 23일 이후에는 방향을 바꾸었고, 독일점령 때문에 큰 충격을 받았지만, 대개는 레지스탕스에 적극 가담하지 않고—이 영화의 공동 시나리오작가인 세르조 아미데이는 예외다— 독일인들에 대한 공통의 적개심으로 모든 이탈리아인과 이어져 있다고 느꼈다. 〈로마, 무방비도시〉는 염세주의를 통해, 민족주의에 대한 거부를 통해, 그리고 친독 협력을 지우고 이탈리아의 도덕적 통일성을 보여주고자 하는 의지를 통해 1943년 여름의 위기로 만들어진 탈환상의 규모뿐만 아니라 해방 시기에 지식인들을 충격으로 몰아넣었던 혼란까지도 증언한다.

이 영화에 제시된 대로 전쟁은 일종의 속죄다. 독일군의 장화 아래 견뎌야 했던 고통은 그 이전의 역사를 폐기했다. 이탈리아와 독일이 협력한 몇 년의 시기는, 독일점령이 만들어낸 단절과는 멀리 있었기 때문에 상기할 필요가 없었다. 레지스탕스는 자기 스스로에 대한 발견이었고, 용기에 대한 약간의 교훈 이외에는 미래에 참조할 만한 어떤 모범도 남겨주지 않았다. 반정치주의, 지하투쟁의 상대화, 로마인들이 겪은 가난에 대한 강조 등은 일관된 전체를 이룬다. 일부의 여론은, 파시즘과 반파시즘을 똑같이 무시하고자 했고 가장 비참한 일상적 현실에서 출발해서 이탈리아의 통일성을 다시 찾고자 했다. 1944년 가을에 이미 느낄 수 있는 이 경향은 이후 이 나라의 변화에 큰 영향을 미치게 된다.

3.2 〈밤과 안개〉(알랭 레네, 1955), 역사 속의 영화

알랭 레네가 1955년에 연출한 32분짜리 단편영화 〈밤과 안개〉는 분명 영화사에서 가장 유명한 영화 중 하나다. 이것은 나치의 대량학살 강제수용소에 대해 주문제작으로 만든 영화이고, 이 영화의 탄생 과정은 길고도 지난했다. 랜드페르가 모범적인 엄밀성으로 해독한 것은, '제2차 세계대전 역사위원회'(CHDGM)가 세운 기획이 실현되는 전 과정이고 이 연구는 1956년에 이 영화의 대한 논쟁적인 수용과 그 후계자들까지 다룬다(Lindeperg, 2007). 그녀는 앙리 미셸과 올가 워름서에 의한 '제2차 세계대전 역사위원회'의 창립과 아를레트 라자르와 폴 아리기가 세운 단체 '기억의 망(網)'까지 거슬러 올라간다. 이 두 조직이 『강제수용의 비극』(1954)이라는 저작이 출판된 원천이고, 1954년 11월에 파리에서 공개전시회 '저항, 해방, 강제수용'이 열린 원천이다. 집단수용소 체제에 대한 영화 한 편을 만들자는 아이디어가 나온 것은 이 전시 안에서였고, 벌써 오래된 그 이전의 영화는 단 두 편만 있었다. 1945년에 제작되고 배급된 프랑스 뉴스영화들의 몽타주로 만든 다큐멘터리 〈죽음의 수용소〉가 그 하나였고, 이전에 아우슈비츠에 수용되었던 완다 야쿠보프스카의 폴란드 장편 픽션영화 〈마지막 단계〉가 다른 하나였다. 이 전시를 가장 먼저 방문한 사람 중 하나는 폴란드 출신 젊은 제작자 아나톨 도망이었는데, 그는 앙리 미셸의 발의에 우호적으로 응답하고, 오히려 이

도판 34. 〈밤과 안개〉. 알랭 레네는 사진 자료들, 역사영화의 발췌본들, 1954년에 컬러로 찍은 이미지
들을 번갈아서 제시한다.

기획의 예술적 야심을 강화시켰다. 도망은 알랭 레네에게 제작을 의뢰하자고 제안했는데, 레네[와 크리스 마커]의 영화 〈조각상들도 죽는다〉는 바로 전해의 검열에 의해 금지된 상태였다. 계약서는 1955년 5월에 서명되었고, 제작자는 수많은 제도권 기관의 재정을 끌어모으고 세 회사—코모 필름, 코시노르, 필름스 폴스키—를 묶었지만, 이 기관들의 관점은 때로는 상반되었는데, 특히 재향군인청의 관점이 그랬다.

레네와 그의 팀이 수행한 다큐멘터리적 연구는 세 가지 유형의 자료를 모았다. 즉 전시된 자료들의 도판—도면, 오브제, 포스터, 사진—, 시네마테크가 제공한 영화 아카이브 발췌본의 몽타주, 강제수용소들 자체에서 직접 촬영한 3부(**도판 34**). 이 연구에서 1955년 5월에 한 암스테르담 여행이 결정적인 계기가 되었는데, 레네는 여기서 [네덜란드에 있는] 베스터보르크 강제수용소와 [파리 북동쪽에 있는] '네덜란드[유대]인들이 수용된 드랑시 수용소'—레네는 자기 영화에서 그 시퀀스 하나를 채택하게 된다—에 대한 자료를 발견했기 때문이다. 그는 또한 하인리히 힘러가 1942년 7월에 아우슈비츠를 방문한 사진들도 찾아낸다.

역사가로서 랭드페르의 작업은 "검은 상자"에 대한 발생론적 연구에 그치지 않는다. 그녀는 영화적 양식을 상세하게 분석하고, 배급의 우여곡절에 대한 새로운 조사로 이를 보완한다. 이 영화는 1955년 12월에 검열위원회에 제출되고, 위원회는 특히 피티비에 캠프 수용소에서 프랑스 군인의 시각적 재현을 금지한다. 이 영화는 1956년 칸 영화제에 출품되어서 독일 연방 대표의 격렬한 항의를 불러일으킨다. 서로 다른 판본의 보이스오버 내레이션으로 이 영화를 본두 독일[서독/동독]에서 토론들이 벌어진다. 레네의 단편영화는 스위스, 일본, 미국—미국에서는 대규모 청중을 대상으로 한 텔레비전 방송에서 단편들만 방영된다—에 배급될 때 곧바로 "휴대할 수 있는 기억의 장소"가 된다. 이 영화는 1961년 예루살렘에서 아이히만 재판에는 증거물로 쓰인다.

최초로 프랑스에서 배급된 이후 시네클럽에서 이력을 쌓은 이 영화는 학교 제도와 CNDP가 비용을 부담하게 된다. 〈애국자〉(1979)의 알렉산더 클루게나 〈납의 시간〉(1981)의 마르가레테 폰 트로타 같은 독일 감독들이 이 영화를 인용하게 되고, 같은 주제를 가진 이후의 다른 영화들—〈카포〉(질로 폰테코르보, 1960), 〈쇼아〉(클로드 란츠만, 1985), 〈쉰들러 리스트〉(스티븐 스필버그, 1993)—과 함께 시네필들과 역사가들의 논쟁의 중심에 서게 된다. 그러나 실비 랭드페르의 작업은, 시나리오의 정교화 작업과 이 감독의 방식에 대한 합의라는 점에서 이전까지 잘 알려지지 못한 올가 워름서의 역할을 밝혀낸다. 올가 워름서는 자신의 연구와 〈밤과 안개〉의 자료수집에 대한 자신의 기여를 직접 작성한 논문으로 1968년 5월에 박사학위를 취득한다.

실비 랭드페르의 저작이 가진 주요 이점은, 이 영화의 생성과정에 관한 연구와 그 대중적 이력을, (이 영화의 몽타주에 대한, 영상과 보이스오버의 텍스트와 음악적 구조 사이의 변증법에 대한) 아주 엄밀한 내적 분석과 지평으로서 이 작품의 미학적 가치평가와 끊임없이 결합시킨다는 점이다.

3.3 역사와 대면한 아카이브 이미지들

〈밤과 안개〉와도 직접 관련된 아카이브 영화라는 개념은, 다큐멘터리든 픽션영화든 다른 영화들이나 사진 기반에서 나온 이전의 이미지들을 사용하는 영화를 가리킨다. 1920년대에는 '몽타주 영화'라는 표현이 주요하게 사용되었다. 이 표현은 뉴스영화 이미지들—특히 제1차 세계대전의 이미지들—을 통합시킨 영화들을 가리키기 위해 생겨났다(〈베르됭, 역사의 관점〉[레옹 푸아리에, 1928]). 소비에트 러시아에서 에스피르 슙은 이런 종류의 영화들에 전문성을 갖고 있었다(〈로마노프 왕조의 몰락〉[1927], 〈니콜라이 2세와 레프 톨스토이의 러시아〉[1928]). 몽타주 영화에서 아카이브의 처리에 대한 저작에서 로랑 베레는 이미지의 재활용에 대해 네 가지 큰 범주를 구분한다(Véray, 2011).

— 지시체의 현실성을 증명하기 위해 뉴스영화의 이미지들을 픽션영화에 통합시키는 것(예컨대 〈녹색의 방〉[프랑수아 트뤼포, 1977]에서 1914년 전쟁의 이미지들).

— 〈마드리드에서 죽기〉(프레데리크 로시프, 1960)에서처럼, 예전의 광경들을

모으는 고전적 양식에 속하는 다큐멘터리 영화들.

— 〈파리 1900〉(니콜 베드레, 1947)이나 〈공기의 기반은 붉다〉(크리스 마커, 1977)와 같이 에세이 영화의 차원에 속하는, 혁신적 양식에 기반을 둔 다큐멘터리 영화들.

— 개념적인 것과 형식적 처리에 몰두하는 실험영화들. 예를 들면 예르반트 지아니키안과 안젤라 리치 루치의 삼부작—〈전쟁포로들〉(1995), 〈정상에선 모든 것이 고요하다〉(1998), 〈오, 인간〉(2004)—이나 고다르의 〈영화의 역사(들)〉(1988~1998)의 8개의 에피소드가 그렇다.

특별히 이 저작의 2부는 엄밀한 의미에서의 '몽타주 영화'를 다룬다. 로랑 베레는 영화의 계보학을 정립하는데, 그것은 앙리 데퐁텐의 〈프랑스의 군사력〉(1917)과 같은 '혼합 영화'에서부터 〈혁명 기념일〉(1919)이나 〈키노-프라우다〉 13번이나 〈레닌을 위한 세 개의 노래〉(1934)와 같은 지가 베르토프의 에세이 영화들에서 시작된다. 뉴스영화 이외에도 그는 르포르타주, 아마추어 영화들, 이전의 다큐멘터리들, 픽션영화의 발췌본들에 근거를 둔다.

3부 "다큐멘터리적 에세이에서 실험적 형식까지"에서 베레는 "영화예술이 아카이브에 기여할 수 있는 것"(Véray, 2011, p.275)을 증명하기 위해 장-뤽 고다르의 〈영화의 역사(들)〉에 기댄다. 이 저자가 보기에, 이 감독은 우리를 시간 여행에 초대한다. 1987년에 시작되었고 10년 후인 1998년에 끝난 고다르의 창조적 행위는 20세기 이미지들을 혼합하려는 거대한 기획이다. 온갖 종류의 영화에서 선별한 이미지들은 이 감독의 그래픽 팔레트 위에서 재활용할 수 있는 표면들, 겹쳐 놓을 수 있는 시공간의 지층들이 된다. 그 결과 이런 이미지들의 본성 자체가 변한다. 즉, 이미지들이 재현적 체제에서 미적 체제로 이행하는 것이다. 고다르 작업의 역사적 가치는, 특히 어떤 이미지들이 다른 이미지들 또는 과거나 현재를 재현하는 다른 형식들을 접하면서 활성화되는, 이른바 이미지들의 관계 맺기와 긴장에서 나온다. 이것은 고다르가 시간 조작의 위험을 무릅쓰고, 또 상당한 시대착오 효과를 만들어낼 위험을 무릅쓰고 괴리, 당혹스러운 일치, 공모, 자극적인 시각적 충돌 등을 만들어내기 위해 병치하고, 겹쳐

놓고, 다른 예술의 영역에서 온 요소들과 대면시킨 이미지들이다. 이것은 "절대적인 것의 화폐"라는 제목이 있는 부분에서 특히 두드러지는데, 여기서 고다르는 〈영화의 역사(들)〉이 20세기 역사—여기서 그가 주로 간직하는 것은 전쟁이다—에 대한 정치적 입장의 지점이 되게 함으로써 자신의 성찰을 확장한다.

4. 분석에 기여하는 역사

특히 영화사가 그런 것처럼, 역사 일반은 분명 분석을 풍요롭게 하고, 어떤 영화의 내적 연구를 밝혀준다. 지난 20년 동안의 연구들은 어떤 영화가 그 시대, 그 제작환경, 그 지배적 양식, 다른 많은 역사적 요인에 따라 이해된다고 전제함으로써, 제작의 맥락에 대한 분석이 늘어났다. 발생론적 유형의 분석들은 수많은 출처—제작사의 아카이브, 기술자들이나 감독들의 아카이브, 서한들, 행정적 아카이브 등—에 새로이 접근할 수 있는 덕분에 확대되었고, 시네마테크들은 이런 출처들을 '비–영화'(non-film)라고 부른다.

4.1 제작과 수용의 맥락: 제라르 필립의 〈장난꾸러기 틸의 모험〉 (1956)의 예

몇몇 영화는 특히나 길고 혼란스러운 제작과정으로 특징지어지는데, 이 제작과정이 이 영화들의 분석과 수용에 영향을 미칠 수 있다. 〈장난꾸러기 틸의 모험〉은 1956년에 제라르 필립이 유일하게 감독한 장편영화다. 이 영화는 프랑스 영화사에 큰 흔적을 남기지 못했고, 그만그만한 대중적 성공과 비평상의 실패를 겪었다. 그러나 이 영화의 준비작업에서 생긴 우여곡절은 아주 시사적이어서 그 분석을 시도할 수 있다. 이 우여곡절은 최근의 연구들로 밝혀졌다(Laurent Marie, 2012; Sébastien Layerle, 2013; Camille Beaujeault, 2014).

[신화적인] 배우인 제라르 필립이 1947년 벨기에의 크노케–르–주트 영화제

에 〈육체에 깃든 악마〉(클로드 오탕-라라, 1947)에서 맡은 역할로 남우주연상을 타러 갔을 때, 초현실주의 화가인 펠릭스 라비스는 샤를 드 코스테르가 1867년에 쓴 『장난꾸러기 틸의 플랑드르 전설』을 그에게 준다. 클로드 오탕-라라의 영화 덕분에 그는 프랑스에서뿐만 아니라 외국에서 위대한 스타가 되었다. 그때 필립은 그 소설에 매혹되었고 배역을 맡기로 했다. 그런데, 제작 기획은 1947년과 1956년 사이에, 결국 이 배우가 프랑스-독일 합작으로 요리스 이벤스와 함께 이 영화의 연출을 결정할 때까지 끝없이 계속되었다. 최초의 기획은 라비스, 벨기에 제작자 폴 아에세르를 연결하고, 주연배우는 제라르 필립, 연출은 비토리오 데시카였다. 데시카는 곧바로 그만두었고 벨기에의 다큐멘터리 감독 앙리 스토르크가 바통을 이어받았다. 이번에 제작은 또 다른 벨기에 회사(P. G. 판 헤케)와 프레드 오랭의 아모르 필름스가 합작하는 형태였고, 시나리오는 샤를 스파크에게 위임되었다. 그 사이에 제라르 필립은 크리스티앙-자크 감독의 역사영화 〈팡팡 라 튈리프〉(1952)에서 연기했고, 이 영화는 큰 성공을 거두었다.

알렉상드르 므누슈킨의 회사 아리안 필름스가 시나리오작가 르네 휠러와 함께 〈장난꾸러기 틸의 모험〉의 기획을 맡기로 했고, 앙리 장송이 대사를 쓰기로 했다. 1952년 말에 이 기획은 다시 난관에 봉착한다. 1953년 가을에 네덜란드 다큐멘터리 감독 요리스 이벤스는 파리에 들러 조르주 사둘의 세계영화사에 참여하고, 동베를린의 국가회사인 DEFA는 이벤스에게 장난꾸러기 틸에 대한 영화의 연출을 맡기고 싶어한다. 제라르 필립의 친구인 사둘은 그를 요리스 이벤스에게 소개시켜준다. 이들은 1955년 중에 이 영화를 공동으로 연출하기로 한다. 이들은 르네 휠러의 각색에서 다시 시작한다. 필립은 이때 므누슈킨과 접촉을 재개하는데, 므누슈킨은 1956년 초로 예정된 영화 한 편을 DEFA와 공동 제작하는 계약서에 서명한다. 필립은 주연배우였고, 휠러와 공동 시나리오작가였으며, 르네 바르자벨 및 이벤스와 공동 각색가였고, 이벤스와 공동 연출가였다. 이 모든 과정을 거치면서 시나리오는 "서사시 판본"과 "영웅 판본" 사이에서 끝없이 다시 수정되었다.

이 영화는 스웨덴, 니스, 벨기에, 동독, 파리 등에서 1956년 2월 27일과 7월 13일 사이에 촬영되었다. 그러나 요리스 이벤스는 곧 공동 연출가의 자리를 그만두고 필립에게 완전히 연출을 맡긴다. 이 영화의 시사회는 1956년 11월 7일에 열렸다. 비평의 반응이 증언하는 것처럼, 이 영화에 대한 반응은 아주 대조적이었다.

원작 소설은 15세기 플랑드르 지역에 대한 스페인의 압제를 고발한 것이다. 틸은 반역자이고, 민중 출신으로서 당시 권력을 최초로 비판한 사람 중 하나고, "자유에 열광하는 사람"이다. 평화운동의 책임자였고 당시 프랑스 공산당과 아주 가까웠던 제라르 필립은 틸의 전설을, 외국의 점령―중세 때는 스페인, 1940년에는 독일―에 맞서는 저항의 우화로 읽었다. 이 독해가 이 소설의 각색 과정 전체와 이 영화의 제작과정을 이끈다. 그러나 제작이 늦어지면서 이 영화의 수용에서 이와 완전히 다른 맥락이 생겨난다. 1956년 11월에 이루어진 이 영화의 배급은 소련이 부다페스트 주민의 반란을 제압하기 위해 탱크를 보낸 시기와 맞아떨어진다. 헝가리에 대한 소련의 군사적 침략은 10월 30일에 일어났고 소련군대는 11월 4일에 부다페스트를 점령한다.

> "이 사건들은 국제적 언론을 '하나'로 만들었고, 민중들 사이에서 사회주의적 이상과 평화를 예찬하는 〈장난꾸러기 틸의 모험〉의 휴머니스트적인 테제들은 우파언론이든, 비공산주의적 좌파언론이든 프랑스 일간 신문에서 예상치 못한 [최악의] 반응을 불러일으켰다(Beaujeault, 2014)."

장난꾸러기 틸은 1947년과 1956년 사이에 실제로 진영을 바꿀 시간이 있었다.

4.2 발생론적 분석

발생론은 우선 유전(遺傳)의 과학이다. 이 말의 의미를 확장하면, '문학적 발생론'은 최종 원고가 나오기까지 서로 다른 창조의 단계들을 분석함으로써 작품들의 창조과정을 연구한다. 이 연구의 전제는 수고(手稿)의 보존과, 거기에 대한 접근이다. 이 비평 방식은 제작자들, 시나리오 작가들, 스크립터 같은 몇몇 기술자, 감독들 등의 작업자료에 접근할 수 있게 된 순간부터 영화에 적용되었다. 어떤 영화의 준비에는 수많은 단계가 있는데, 어떤 영화작품의 구상은 대개는 상당한 자본을 동원하고, 구상하는 사람들, 시나리오 작가들, 편집자들에 이르기까지 연속적인 단계가 필요하기 때문이다. 발생론적 비평은 각각이 개입하는 부분을 밝히고, 특히 감독과 제작자의 마지막 책임을 밝혀준다. 프리츠 랑, 알프레드 히치콕, 미켈란젤로 안토니오니, 파트리스 셰로, 프랑수아 트뤼포 등과 같은 몇몇 감독은 감독 경력 내내 제작 준비단계와 촬영의 수많은 자료를 보존했다. 이들의 영화는 발생론적 비평의 특권화된 영역이었다. 시네마테크 프랑세즈에 기증된 프리츠 랑의 수고, 서류, 데쿠파주, 작업자료 등은 출처의 풍부함 덕분에 정교한 발생론적 연구들을 낳았다. 이를 잘 보여주는 것은, 〈빅 히트〉(프리츠 랑, 1953)에 대한 브리지트 데비슴과 제라르 르블랑의 선구적인 저작들, 〈인간사냥〉(1941)에 대한 분석(Eisenschitz, 1992)부터 『작업하고 있는 프리츠 랑』(Eisenschitz, 2011)까지 베르나르 에상시츠의 저작들이다. (이 2011년의 저작은 영화감독의 아카이브를 탐색한 총서에 포함되어 있는데, 이미 언급된 히치콕, 웰스, 트뤼포, 고다르에 대한 저작들이 여기에 포함된다.)

올리비에 퀴르쇼가 본 장 르누아르

프랑스에서 이런 방식의 주요 대표자 중 한 사람은 올리비에 퀴르쇼다. 그는 즉흥 연출로 유명한 한 감독이 만든 영화들의 발생과정을 아주 철저하게 분석했다(Curchod, 1999, 2012). 이 감독이 장 르누아르인데, 그는 주로 〈시골에서의 하루〉(1936~1946), 〈위대한 환상〉(1937), 〈게임의 규칙〉(1939)과 같은 1930년대 영화들에서 즉흥 연출로 알려져 있었다.

이 세 영화는 아주 다른 운명을 겪었다. 〈시골에서의 하루〉의 촬영은, 1936년 8월 중순에 르누아르가 〈밑바닥〉(1936)을 연출해야 했던 시기에 중단되었다. 이 영화의 최종 몽타주는 10년 후인 1946년에 마르그리트 우예-르누아르가 1936년에 촬영하지 못해서 몇몇 숏이 부재한 상태로 보존된 러시 필름에서 장 르누아르의 참여 없이 수행한 것이다. 〈위대한 환상〉의 기획은 르누아르가 전쟁 탈옥수로 유명한 팽사르 대령을 만났던 시기이자 〈토니〉의 촬영 시기이기도 한 1934년까지 거슬러 올라간다. 처음에는 1935년에 르누아르가 혼자 썼고, 이후에는 샤를 스파크와 함께 쓴 이 영화의 시나리오는 1937년 2월 촬영 때까지 몇 개의 단계를 거친다. 예산은 상당히 컸고, 아주 구체적인 기술적 데쿠파주와 함께 이루어진 준비작업은 치밀했다. 그러나 배우로서 에릭 폰 슈트로하임[중요한 무성영화감독]의 예기치 못한 캐스팅 때문에 르누아르는 이전에 준비한 방식이 아닌 다른 방식으로 독일군 장교들의 역할을 바꿔야 했다. 슈트로하임이 자신의 영화에 참여하는 장면들을 풍요롭게 만들기 위해 르누아르는 첫 시퀀스의 대위, 다음에는 감옥의 사령관 폰 라우펜슈타인이라는 두 인물을 한 인물로 만든다. 또한 제작과정 중에 한편으로 보엘디외 대령(프레스네)과 폰 라우펜슈타인 사령관(슈트로하임), 다른 한편으로 마레샬 중위(가뱅), 로장탈(달리오) 사이에서 배역의 중요성을 재분배하게 된다.

〈게임의 규칙〉을 준비하는 과정에서 생긴 우여곡절은 이보다 더 파란만장했다. 르누아르는 1938년 내내 배역을 배분하고 시나리오의 전반적 구성을 변경한다. 그는 누벨 에디시옹 프랑세즈(NEF)라는 독자적인 영화사를 만들어서 이 영화를 스스로 제작하고, 이 영화를 준비하는 마지막 단계에서 스스로 주요 배역 중 하나인 옥타브 역을 맡는다. 이 영화의 제작 기간은 당초 예상을 한참 넘어섰는데, 그것이 1939년 2월 22일부터 6월 중순까지 이어지기 때문이다. 최초의 편집본은 98분이었고, 르누아르는 몇몇 시퀀스를 촬영할 금전적인 여력이 아예 없었다. 이 최초의 편집본은 배급 첫날 이후에는 80분으로 줄어든다. 이 영화는 1958년부터 시작되어 복원되고, 최근의 디지털 복원에 이르러 새롭게 완성된다.

퀴르쇼는 〈게임의 규칙〉의 시나리오 집필을 네 시기로 구분한다(Curchod, 1999).

— 〈인간 야수〉(1938)의 촬영과 몽타주 이후 1938년 10월부터 12월까지 르누

아르는 알프레드 드 뮈세의 『마리안의 변덕』을 현대화된 각색으로 구상한다. 그는 혼자서 연속적인 세 개의 시놉시스를 쓴다.

— 1939년 1월, 그는 조수 앙드레 즈보바다와 함께 마를로트의 집에서 작업하고, 플롯의 새로운 핵심을 마지막 시놉시스에 요약하고, 이로부터 100쪽 분량의 대화가 기록된 콘티를 작성한다. 이 콘티는 규모나 구체성에 비춰 볼 때 핵심으로서, 시나리오 작성 이후를 좌우하게 되며 최종 상태의 영화를 미리 나타내게 된다.

— 1939년 2월 초 그는 부르제 공항에서의 시작 부분과 사냥 장면의 마지막까지 10개 시퀀스의 첫 데쿠파주를 확정하고 97개의 숏을 포함시킨다. 이 제본된 82쪽의 텍스트가 스탭에게 배포된다.

— 2월 말 촬영의 순간이 온다. 크랭크 인 이전의 며칠 동안 르누아르는, 주앵빌에서 재구성된 라 셰니스트의 독특한 호텔에서 찍을 최초의 시퀀스들을 공들여 준비한다. 또한 그는 이후 솔로뉴에서 촬영해야 하는 최초의 시퀀스들의 준비에 착수한다. 이때부터 빠른 속도의 경주에 진입한다. 그가 시간을 나누어 쓰지 않으면 안 되었기 때문이고, 촬영 만기일이 다가옴에 따라 시퀀스들의 최종수정에 들어가야 했고, 1월부터 최초 상태로 남아 있던 축제 이후 이 영화의 마지막 부분을 재작업하지 않을 수 없었고, 계속해서 촬영해야 했기 때문이다. "따라서 이 미친 다시 쓰기의 일정이 그때부터는 촬영의 마지막까지 작업계획의 일정에 투사되게 된다."

퀴르쇼가 가진 분석의 목표는 르누아르의 즉흥신화를 의문에 부치는 것이다. 이는 그의 영화들의 준비와 촬영에 대한 아주 구체적인 연구를 위한 것인데, 퀴르쇼는 이를 '르누아르의 방법'이라고 명명한다. 이때 그는 이 즉흥이 1950년대에 『카이에 뒤 시네마』의 젊은 비평가들과 가진 인터뷰 때 감독에 의해 사후적으로 형성된 전설이라는 것을 밝힌다. 「프랑스의 르누아르」라는 비평문과 함께 이 신화의 기원이 된 사람은 앙드레 바쟁이다(Bazin, 1952). 트뤼포와 리베트는 이 감독의 호의에 찬 동조와 함께 이 테제들을 발전시키게 된다. "요컨대, 당신은 현장에서 [이미 준비한] 모든 것을 버리겠다는 생각으로 작업을 준비하시네요…. /전적으로 그렇습니다." 퀴르쇼의 조사는 감독과 스크립터가 적어놓은 〈게임의 규칙〉의 최종 시나리오까지 포함해서 보존된 수많은 작업자료에 대한 분석에 기반을 두고 있는데, 이 "버린다"는 말에 상당한 뉘앙스를 부여해야 한다는 점을 증명한다. 르누아르는 항상 네 단계에 걸쳐 촬영을 정교하게 준비했다. 〈게임의 규칙〉의 특이성은 세 번째 단계가 시간이 없어서 제 기간 내에 이루어지지 못했고 네 번째 단계는 "재앙에 가까운 위급한 상황에서" 성공적으로 이루어졌다는 점에서 나온다. 그러나 이 감독이 촬영과 시나리오 다시 쓰기를 병행한 조건들은, 르누아르가 몇몇 다른 영화를 찍을 때 이미 보여준 아주 예외적인 작업 속도와 각색의 능력을 증언한다.

알랭 베르갈라가 본 작업하는 장–뤽 고다르

즉흥가로서의 장–뤽 고다르의 명성은 분명 장 르누아르의 명성만큼이나 높다. 고다르는 많은 인터뷰에서 자신의 창조작업에 이런 측면이 있다고 강조했다. 특히 1960년대 그의 영화 중 가장 유명한 작품 중 하나인 〈미치광이 피에로〉(1965)의 촬영이 이런 경우다.

> "이 영화에 대해 말하기는 어렵습니다. 제가 영화작업을 안 했다고는 말할 수 없지만, 이 영화를 미리 생각한 것은 아닙니다. 모든 것이 동시에 왔어요. 이 영화는 시나리오도 없었고 몽타주도 없었고 믹싱도 없었습니다… [전체적] 구성이 디테일과 동시에 떠올랐습니다. 처음부터 조직되어 있던 첫 부분과 달리, 마지막 장면 전체는 현장에서 만들어낸 것입니다. 이것은 일종의 해프닝이었지만, 통제되고 지배된 해프닝이었지요. 이 말은 이 영화가 전적으로 무의식적인 영화라는 뜻입니다"(Godard, 1965).

베르갈라는 1960년대 고다르 영화들의 발생에 관한 연구에서 이 즉흥이 상당히 신화적인 것이라는 점을 확실한 근거에 기반을 두고 증명한다. 이 영화가 제공한 극도의 창조적 자유라는 감정은 고다르가 아마도 이 영화의 촬영을, 매일매일 한 숏 한 숏씩 형식과 디테일의 끊임없는 창조로 경험했다는 점에서 기인한다. 그러나 베르갈라가 지적하듯이, 이 자유의 감정은 미리 써놓은 시나리오를 실제로 한 줄 한 줄 따라가면서 의상의 디테일에 이르기까지 치밀하게 계획한 촬영에서 발전되었다. 〈미치광이 피에로〉의 촬영은 기이하게도 1960년대 가장 전문적인 촬영 중 하나다. 이는 조직의 차원에서도 그렇고, 작업 계획, 스탭들의 이동, 수많은 배경의 제어 등의 통제를 받아들인 제작의 차원에서도 그렇다. 다른 한편, 고다르는 번호를 붙여 시퀀스별로 데쿠파주된 시나리오를 촬영 오래전에 써놓았고, 베르갈라는 이 시나리오 전체를 자기 책에 그대로 게재한다. 이 시나리오는 상세한 27개의 시퀀스를 포함하고 있고, 이 영화는 아주 구체적으로 이를 답습한다. 이것은 리오넬 화이트의 탐정소설 『11시의 악마』의 각색이고, 고다르는 그 내러티브 구성을 미국에서 프랑스로 옮기면서 아주 가까이에서 따라간다.

1960년대의 모든 영화 중에서 〈미치광이 피에로〉는 스크립터인 쉬잔 시프망이 도서관에 기증한 작업자료 덕분에 우리가 그 발생에 대해 알 수 있는 것과 이 영화의 신화 사이의 간극이 가장 큰 영화다. 즉흥적으로 연출되었다는 명성이 자자한 이 영화는, 리오넬 화이트가 저작권 양도 계약서에 서명한 시기인 1964년 3월, 즉 촬영 시작 15개월 전에 고다르가 이미 작성한 시나리오와 제작의 관점에서 보면, 사실상 미리 숙고하고 준비한 영화였다. 완성되고 편집된 영화는 연대기적 전개와 장면의 내용에서 모두 시나리오—그 자체로 각색한 소설에 충실한 시나리오—에서 기술된 대로의 이야기에 철저하게 충실한 영화다. 이 시나리오에 부재한 유일한 것은 분명 [레바논의] 아이샤 아바디 공주, 새뮤얼 풀러, 레이몽 드보스와 같이 촬영 시기에 만나거나 감독이 [촬영현장에] 초대한 실제 인물들뿐이다. 몽타주나 촬영 중에 부과되었다고 생각할 수 있는 구조적 요소들은 최초의 시나리오에서 이미 예정된 것들이다. 두 인물의 죽음 이후 어떤 순간부터 이들이 현재에 겪고 있는 것을 보여주는 사건들을 교대로 논평하는 보이스오버 목소리가 그렇다. 도주하는 연인들이 프랑스를 횡단하는 8번 시퀀스에서 고다르는 다음과 같은 노트를 쓴다.

"마리안과 페르디낭의 목소리로 번갈아서, 외부적이면서 또한 내부적인 일종의 논평을 [사건의 전개와] 동시에 듣게 된다." 시나리오는 이 영화의 보이스오버 목소리로 미래 시제 문장들을 제시하게 된다. 예컨대 다음과 같이. "마리안은 페르디낭에게 복잡한 이야기를 하는데, 그 결과 그녀가 사람들을 이미 알고 있었다는 점이 드러난다⋯. 그녀는 그에게 모든 것을 설명해주게 될 것이다⋯. 나쁜 꿈에서 벗어나기."

하루하루, 한 테이크 한 테이크를 찍은 이후 스크립터가 기록한 아주 구체적인 공책과 편집기사의 몽타주 플랜 덕분에, 베르갈라는 촬영의 일정, 살아남은 테이크들, 몽타주의 순서, 다른 테이크들과 소리의 겹침이나 치환 등을 아주 구체적으로 재구성할 수 있었다. 이 영화는 1965년 5월 24일 월요일과 7월 17일 토요일 사이에 8주간 촬영되었다. 이것은 1960년대를 통틀어 고다르의 가장 긴 촬영 중 하나다. 그 주요 이유는 서로 다른 배경들의 수가 너무 많았고 촬영 장소들이 상대적으로 서로 멀리 떨어져 있어서 너무 복잡했기 때문이다. 이 때문에 이야기의 전개와 아무런 직접적 관계가 없이 제작의 절대적 필요성에 따라 엄밀한 계획을 세우지 않을 수 없었다. 서비스 고지서를 보면, 숏들 사이의 잘못된 연결을 피하고자 미래의 몽타주에서 시퀀스의 위치에 따라 두 주인공이 입어야 하는 의상들을 매일 미리 준비해두었다는 것을 알 수 있다. 스크립터의 노트는 예컨대 피에르가 자동차를 바다에 버리기 바로 전에 마리안이 일기에서 피에로 부인의 선언을 피에로에게 읽어주는 장면이나, 페르디낭[=피에로]의 부부 생활의 이미지들처럼 인서트 형태로 제시된 몇몇 순간적인 장면은 로케이션의 관점에서 고다르가 결정한 것이며, 그는 자동차 장면을 바루아즈 해안에서 찍었지만 이 장면은 원래 파리에서 촬영하기로 했었다는 점을 입증해준다. 다른 한편, 촬영은 영화의 순서와는 반대로 두 기간에 걸쳐 이루어졌는데, 즉 남쪽 장면을 먼저 찍고 파리 장면을 나중에 찍었다. 스크립터의 보고서는 피에로가 철길 위에 앉아 있는 장면과 같은 몇몇 숏은 며칠 후에 다시 찍었다는 사실을 보여주며, 또한 고다르가 찍거나 최종 몽타주에서 나중에 넣은 회화, 사진, 책의 표지 등의 인서트 숫자를 상세하게 알려준다.

이 모든 정보는 이 영화의 제작과정, 감독의 선택, 촬영 이전에 한 준비의 규모 등에 관한 것이라서 귀중하다. 이 정보는 즉흥에 대한 의례적인 담론을 반박하고, 전에 없던 각도로 이 감독의 창조 행위를 밝혀주며, 이렇게 이 영화의 분석을 (그것을 대체하지는 않지만) 풍요롭게 해준다.

4.3 발생론적 분석의 회귀

장-루 부르제가 다시 본 〈레베카〉(알프레드 히치콕, 1940)

최근 몇 년간 다소간 고전적인 발생론적 분석으로 눈에 띄는 회귀가 이루어지고 있는데, 이런 상황이 전개된 것은 출처들이 점점 더 풍요로워지고 훨씬 더 쉽게 사용할 수 있게 되었기 때문이다. 제작자 데이비드 셀즈닉의 요청을 받아 히치콕이 1940년에 미국에서 처음으로 연출한 영화 〈레베카〉에 대한 장-루 부르제의 최근 저작이 이런 경향 안에 있다(Bourget, 2017). 이 영화의 발주와 제작에 관해 접근 가능한 자료들이 너무 많아서 '〈레베카〉의 작가는 누구인가?'라는 단순한 질문에 대답하기가 어렵다. 부르제는 이 영화가, 결과적으로는 창조적인 협력으로 드러났지만 세 명의 강력한 인물 사이에서 이루어진 갈등 많고 위계화된 협력의 산물이라는 점을 증명함으로써 이 질문에 답한다. 그 세 인물은 각색한 소설의 원작자인 대프니 듀 모리에, 제작자[셀즈닉], 감독[히치콕]이고, 그 당시는 할리우드 시스템이 절정에 올라 있을 때다. 오스카 최우수영화상은 사실상 1941년에 히치콕이 아니라 셀즈닉에게 수여되었다. 그러나 이 제작자는 당시 〈바람과 함께 사라지다〉(빅터 플레밍, 1939)를 완성하느라 아주 바빴고, 따라서 자신이 원하는 것만큼 촬영현장에 자주 갈 여유가 없었다. 감독은 놓치지 않고 이러한 상황을 충분히 활용했다. 당시의 광고 자료를 분석해보면, 히치콕의 이름은 나오지도 않거나 셀즈닉, 로런스 올리비에[〈레베카〉의 남자주인공], 조앤 폰테인[여주인공]의 이름보다 더 작은 글씨로 나온다.

1938년 8월에 출간된 듀 모리에의 소설은, 이보다 백여 년 전에 출간된 샬럿

브론테의 소설『제인 에어』의 현대판이다.『레베카』는 명확하게 고딕 소설의 계보에 속하고, 당시 할리우드에서는 수많은 고딕 소설의 각색이 이루어졌다. 히치콕은 [할리우드에 오기 전에] 영국에서 1939년에 듀 모리에의 또 다른 역사소설을 상당히 자유롭게 각색한 〈자마이카 여인숙〉을 막 연출한 참이었다. 셀즈닉은 히치콕이 두 명의 시나리오 작가와 공동으로 쓴 〈레베카〉의 첫 번째 각색을 거부했고, 이 소설이 가진 독창성을 존중해야 하고, 레베카가 영화에 나오지 않아야 하며, 여성 서술자는 익명이어야 한다고 집요하게 주장했다. 이 익명의 여성 서술자는 결코 그 자체로 명명되지 않으며 자기 이름도 없는데, 이는 그녀가 일인칭 서술자이기 때문이지만, 또한 그녀 자신이 "어디에나 존재하는 레베카의 부재"에 의해 지배당하고 짓밟혔으며 자기 의지와 자기 고유의 정체성을 빼앗겼기 때문이기도 하다.

부르제는 연구의 결론으로서 세 가지 현상에 가치를 부여한다. 첫 번째는 가능한 온갖 출처, 이 영화를 만들어낸 다양한 기여, 그리고 히치콕 자신이 이후에 찍은 영화뿐만 아니라 [많은 다른 감독들의] 이후의 영화들에서 〈레베카〉가 불러일으킨 인용들이 실타래처럼 복잡하게 얽혀 있는 현상이다. 이는 할리우드 꿈의 공장 내부에서 이루어지는 창조의 집단적 성격으로 설명된다. 두 번째는 우리가 이 연구의 매순간 셀즈닉, 히치콕, 듀 모리에의 이름을 만나게 된다는 현상인데 이 세 이름에, 같은 소설을 라디오 방송으로 각색한 오손 웰스와 이 영화의 여주인공 조앤 폰테인의 이름을 덧붙여야 한다. 마지막으로, 앞서 밝혔듯이 〈레베카〉의 소설적 출처인『제인 에어』는 영국뿐만 아니라 미국에서도 일어난 브론테 자매—특히 샬럿에 대해서지만 에밀리도—의 저작 전체와 생애에 대한 이 시기의 광범위한 관심의 경향 속에 있다.『제인 에어』와『레베카』각색의 직접적인 계보에서, 골드윈에서 제작하고 1939년에 윌리엄 와일러가 연출한『폭풍의 언덕』의 맥락상의 중요성을 강조해야만 한다. 부르제가 보기에는 셀즈닉이 제작하고 그의 통제를 받은 히치콕이 연출한 〈레베카〉는, 너무 저평가되고 잘 알려져 있지 않은 히치콕의 영국 시기와 (조앤 폰테인이 다시 나오는) 〈서스피션〉(1941)의 할리우드 경력—1972년에 〈프렌지〉를 찍기 위해 런

던으로 돌아올 때까지— 사이에서 히치콕 영화 전체의 주축이 되는 영화다.

『장-뤽 고다르와 정치적 영화의 발명』: 다비드 파루가 본 〈이탈리아에서의 투쟁〉과 〈만사형통〉

앞서 6장 4.2에서 언급한 고다르의 1960년대 영화작품들에 대한 알랭 베르갈라의 발생론적 접근(Bergala, 2006)은 다비드 파루의 발생론적 접근 『고다르: 정치적 영화의 발명』에 의해 완성된다(Faroult, 2008). 이 저작에서 파루는 〈다른 영화들과 같은 영화〉(1968)에서부터 〈여기와 저기〉(1974)에 이르기까지 유명하지만 잘 알려져 있지 않은 자료군, 즉 액티비스트적인 고다르의 영화작품 목록을 연구한다. 1968년 여름과 1974년 사이에 고다르는 이전 10년과 동일한 리듬으로 영화작품들을 만들어내는데, 주변부에서 제작하고 16mm 필름으로 찍은 이 영화들은 〈만사형통〉(1972)만 제외하고 아주 선별적인 액티비스트의 틀 속에서 배급되었기 때문에 본 사람이 많지 않다. 다른 한편, 이 감독에 대한 전문연구서들은 이 시기의 영화작품들에 주변적인 위치만을 부여하고 있다. 파루의 접근이 가진 독창성은 바로 여기서 나온다. 즉 이런 영화들을 복권시키려고 하거나 아니면 사람들이 이 영화들을 발견하도록 하기 때문이다. 각 영화의 분석 앞에는 이 영화들의 발생, 제작조건, 주문자의 역할, 대개는 갈등이 심하고 때로는 혼돈스러운 집단제작에 참여한 단체들의 우여곡절—고다르가 잔 마리아 볼론테, 안 비아젬스키, 다니엘 콘-벤디트, 글라우베르 로샤 등과 함께 했고, 적대적인 몇 개의 파벌들이 충돌한 1969년 여름 이탈리아에서 이루어진 〈동풍〉(1970)의 촬영현장이 보여주는 것처럼—에 대한 자료적 연구를 수행하는 아주 엄밀한 작업이 나온다.

이 정치적인 자료군에 속하는 열두 편가량의 영화작품 중에서 우리는 두 편의 영화, 즉 가장 이론적이고 가장 추상적인 〈이탈리아에서의 투쟁〉(1971)과, 스타들이 나오며 광범위한 관객을 대상으로 한 기획으로서 〈이탈리아에서의 투쟁〉과 역(逆)을 이루는 〈만사형통〉(1972)만을 다루고자 한다. 다비드 파루는 〈동풍〉(1970)을 지가 베르토프 그룹의 선언적 영화라고 보고, 〈이탈리아에서의 투쟁〉을 이 그룹이 제시한 정치적 영화의 새로운 형식을 보여주는 '모델과 같은 영화'라고 본다. 이 영화는 'RAI 실험영화 방송프로그램'을 위해 이탈리아 공중파 텔레비전 RAI가 의뢰하여 만든 것이다. 당시까지 출간되지 않았던 루이 알튀세르의 논문 「이데올로기와 이데올로기적 국가장치」에 기반을 둠으로써 하나의 이론을 영화로 찍는 것이었기 때문에 이 기획은 야심차다. 이 그룹의 주요 지도자였던 장-뤽 고다르와 장-피에르 고랭은 이 이론적인 영화로, 지가 베르토프의 유명한 영화 〈카메라를 든 사나이〉(1929)가 했던 방식으로 "모든 분야에서 이런 접근을 증진시키는 영화를 제작함으로써, 촬영의 관습적인 관행들에 대한 혁명적 변형을 전개"하고자 했다. 이 영화는, 잘 알려진 마르크시즘적 방식에 따라 영화 구조의 제시, 이에 대한 비판, 이 비판에 대한 비판 등을 통합시키는 닫힌 장치로 제시된다. 여기서 말은 어디에나 있고, 준엄한 이론적 어휘를 동원한다. 〈이탈리아에서의 투쟁〉은 "계급의 관점에서 주관성을 사유한다"와 "재현의 부르주아적 관념을 비판한다"는 〈동풍〉의 기획을 다시 취한다. 이때 이 영화는 영상들이 서로 맺을 수 있는 관계의 유형들을 조정하기 위해 제한된 숫자의 단순화된 영상들을 제시한다. 이 영화는 (이미 〈동풍〉의 여배우였던 크리스티아나 툴리오 알탄이 연기한) 이탈리아 젊은 여대생 파올라의 일상생활을 재현하는데, 이 영화의 끝에서 파올라는 이 영화가 초점을 맞추고 있는 마르크스-레닌주의 투사로서가 아니라 이탈리아 텔레비전에서 말하는 여배우로서 제시되며, 그녀가 이 텔레비전에서 차지하는 위치에 대해 스스로 질문을 던지고 에필로그 앞에 나온 이 영화의 세 부분을 변증법적으로 요약하는 여배우로서 제시된다. 파올라의 일상생활의 모든 요소는 프티 부르주아적 삶의 양태를 가리키는데, 항목의 형태로 된 데쿠파주는 논문 2부의 이데올로기적 국가 장치(대학, 가족, 과학, 섹슈얼리티 등)에 대한 알튀세르의 발표를 예견한다. 프레이밍의 구조와 개요 및 사용된 기술적 수단들은 아마추어적 조건에서 상영할 수 있는 영화의 수단들을 찾음으로써 전투적 모범이 되고자 하는 이 영화의 야심을 강조한다. 이 영화는 스스로 이론이 주요한 임무가 되는 계기라고 선언하며, 이데올로기의 정의를 끈질기게 반복한다. 즉 "인간의 사회적 존재가 그들의 생각을 규정하기 때문에" 이데올로기는 "너와 네 실제적 존재

조건들을 연결하는, 어쩔 수 없이 가상적인 관계"라는 것이다. 이 영화의 담론은 1968년 이후 액티비스트 영화를 특징지은 이 시기의 온갖 논쟁을 한 시간으로 압축한다.

〈이탈리아에서의 투쟁〉에서 발전된 이론적 성찰은 고다르와 고랭이 수행한 완전히 다른 유형의 제작에서 다시 취해지는데, 그것이 〈만사형통〉으로서 일반적인 상업 영화에 준하는 예산을 가지고 35mm로 찍었고, 1972년에 정치적 참여로 이미 유명한 제인 폰다와 이브 몽탕이라는 두 국제적 스타가 협력했다. 시작자막이 나올 때 배우들, 이 두 감독들, 그리고 모든 제작팀 등의 인장이 상세하게 제시되는데, 예상치 못했던 비용에서부터 사회보장 부담금에 이르기까지 이 영화의 제작에 필요한 수표들에 서명하는 모습이 클로즈업으로 제시된다. 어떤 영화가 제작에 들인 비용을 그렇게 정확하게 보여준 것은 처음 있는 일이다. 이 영화는 임시로 결성된 액티비스트 그룹의 이름을 제시하지 않고 두 명의 감독[고다르와 고랭]이 공동연출한 것이라고 제시한다. 이 영화는 공장의 사무실들, 수많은 팀, 다수의 단역들, 불에 탄 자동차들을 보여주는 배경을 스튜디오에 지어서 1972년 초에 두 달 동안 촬영되었다. 이 영화는 마랭 카르미츠의 〈공격을 위한 공격〉(1971)과 같은 당시 액티비스트 영화들의 도식을 그대로 취하는데, 한 공장에 파업이 일어나고 사장을 감금하는데, 스타 커플, 즉 광고영화 감독(이브 몽탕)과 미국 기자(제인 폰다)가 여기에 들어간다. 또한 예고편이 보여주듯이 이 영화는 "현실적인 사랑 영화"로 제시되는데, 이는 "〈러브스토리〉를 다른 식으로 만들기 위해서"다. 이 영화의 전반부에서는 파업 중인 공장에 인물들이 들어가는데, 이들 중에서 기자 수전[제인 폰다]은 사장을 인터뷰하러 왔다. 2부에서 맨 앞에 제시되는 것은 커플의 문제다. 이때 "혁명적 지식인의 역할에 대해 질문하기 위해, 감금과 함께 이루어지는 계급 투쟁의 급진화가 어떻게 인텔리겐차 출신의 인물들—여기서는 스타 인물들—에 영향을 미치는가"가 중요하다. 이 방식은 여덟 개의 독백, 여덟 개의 움직이는 숏—긴 수평 트래킹—을 중심으로 이 영화를 구조화한 미장센의 급진적 선택에 기반을 두고 있는데, 이 트래킹의 수평적 전개는 주어진 순간에 세력 관계의 상태를 보

도판 35. 〈만사형통〉(장–뤽 고다르 & 장–피에르 고랭, 1972).: 이 공장의 배경, 사장, 노조 대표, 파업 중인 노동자들. 스타 커플, 즉 감독과 여기자. 슈퍼마켓에서 수평트래킹.

여준다. 이 수평트래킹 중 여섯 개는 공장 안에서 이루어지고, 3부에 있는 수평트래킹은 어떤 슈퍼마켓의 계산대를 보여주며, 마지막 수평트래킹은 에필로그에서 철길을 따라 움직인다. 공장 안에서 움직이는 첫 번째 수평트래킹이 특히 눈길을 끄는데, 배경의 절단면을 보여주고 연극화된 인위성을 드러내기 때문이다. 이는 제리 루이스의 〈레이디스 맨〉(1961)이나 자크 타티의 〈나의 삼촌〉(1958) 나아가 〈플레이타임〉(1967)에서와 같다. 따라서 이 수평트래킹은 철저하게 세력 관계를 드러내는 데 반해, 독백은 인물들이 정치적으로 특화되는 방식—사장, 노동자, 노조 대표, 기자, 감독 등─을 표현한다. 이 영화는 스톤과 샤르뎅의 노래─"프랑스에는 햇살이 비치네. 나머지는 중요하지 않지"─가 나올 때 이와 동시에 이인칭 관객들에게 던지는 마지막 호소로 끝나는 반면, 남성 보이스오버 목소리는 다음과 같이 선언한다. "각자가 자기 고유의 역사가가 될 수 있기를. 이때 그 사람은 더 많은 배려와 더 많은 요구사항을 가지고 살게 될 것이다." 남성의 목소리와 여성의 목소리가 섞인 두 개의 목소리가 그 뒤를 따른다. "나. 너. 그. 그녀. 우리. 당신!" 이 화려하고 터무니없는 결말은 1968년의 무정부주의적 운동을 특징지었던 환상들의 매장을 나타낸다. 반어법으로 제시된 이 영화의 제목은 이를 명확하게 확인해준다. 다비드 파루의 이데올로기적 독해가 가진 이점은 이 영화에 대한 면밀하고 논증적인 분석에 기반을 두고 있다는 것이다. 이 시기가 그렇게나 멀어지게 되었지만, 이 시기에 대한 엄밀한 맥락 부여와 함께.

분석의 파장

1. 분석의 목표들

1.1 문화적 목표와 대상의 선택

우리는 이미 2장에서 엄밀하게 말해 분석의 대상은 영화작품이라기보다는 지적인 차원의 질문이라고 지적했다. 그러나 우리가 5장과 6장에서 살펴본 것처럼, 이 대상 선택의 문제는 또한 한 작품이나 여러 작품의 선택 문제까지 포괄하며, 한 작품이나 여러 작품에서 출발해서 제기할 문제를 결정하게 되고, 이후 분석에 들어가게 된다. 무엇을 선택할 것인가? 어떻게 선택할 것인가? 그리고 왜 선택해야 하는가?

　이 질문들에 대한 대답은 지난 반세기 이후 상당히 변화했다. 초창기에 시네클럽의 대중적 전통 및 이와 동시에 문학텍스트 연구의 (학문적) 전통을 상속받은 영화작품 분석은, 중요하고 나아가 고전적이라고 간주된 작품들의 연구에 집중하는 경향이 있었다. 시네클럽은 영화예술의 이념을 장려하기 위해 만들어졌고, 그 기준들이 달라질 수는 있어도 어쨌거나 '품격 있는' 작품들을 선정한다는 목표가 있었다. 문학연구의 경우에는 주요 텍스트—문학, 시—와 부차적 텍스트—탐정소설과 같은 대중적 장르—, 저속한 텍스트—기차역에서 파는 여행용 소설(romans de gare), 외설 문학……—와 같은 위계화에 익숙해 있었다. 이렇게 '영화의 고전'과 같은 이념이 분석할 대상의 선택을 오랫동안 인도했다.

> "모든 진지한 영화작품 분석이 보여준 […] 오랜 인내는 몇몇 위대한 영화작품이나 위대한 영화가 등장한 위대한 시기를 위한 것이다"(Noguez, 1979).

그러나 기호학의 시기가 시작될 때부터 이와 반대되는 경향이 생겨나, 분석이 미적 가치나 어떤 영화의 '고전적' 성격에 전념해서는 안 되며 기호학적 과정이 근본적으로 모든 영화에 똑같다는 생각을 옹호했고, 이에 따라 걸작에 대한 분석만큼이나 예술적 야심이 전혀 없는 영화의 분석도 생겨나기 시작했다. **문화연구**가 발전하면서 최근에 이런 입장이 강화되었는데, 문화연구에서는 정의상 모든 문화적 대상이 시사적이며, 주류 상업영화와 작가영화에 대한 이론적 관심이 동등하기 때문에 어떤 영화도 분석할 권리가 있다고 주장했다. 이는 때로는 사회학적 입장들에 숨겨진 도덕적 선입관을 고려해서 문화에서 '엘리트주의'와 싸우기 위함이었다.

경쟁하는 이 두 입장 모두 각기 가치를 부여하는 논거들이 있지만, 이 두 입장은 이와 밀접한 완전히 다른 문제, 즉 취향의 문제 때문에 훨씬 더 복잡해진다. 부르디외와 그 학파들의 작업 이후 타인의 취향은, 우리에게 아무리 혐오스러워 보여도 어쨌거나 **그들에게는** 좋은 것이라는 점이 분명해졌다. 즉 우리는 거대한 문화적 상대주의의 시기에 살고 있으며, 이 상대주의는 시네마테크 프랑세즈처럼 가장 두드러진 제도들의 절충주의 때문에 더 강화된다. 이 기관은 수년 전부터 아방가르드 영화들과 난해하다는 평판이 있는 작품들뿐 아니라 'B급 영화'(cinéma bis)와 그 졸작들에 상영시간을 마련해주고 있다. 그러나 모든 것이 절대적으로 값어치가 같은 것은 아니고, 아니면 (예술적이거나 문화적인 산물의 '가치'라는 개념이 모호하기 때문에) 모든 것이 같은 용도와 같은 효과를 가진 것이 아니라는 점은 명백하다. (때로는 우민 정치에 가까운) 민주주의에 대한 욕망이 어떻든 간에, 몇몇 작품은 다른 작품보다 더 **풍요롭다**. 즉 더 많이 창조하고, 관습적인 선택을 하지 않고 더 혁신적이다. 요컨대, 동일하거나 진부한 것의 연장이 아니라 **사유의 행위**라는 면모를 더 많이 가지고 있다.

여기서는 신중해야만 하는데, 영화작품의 최근 역사가 학술적인 '가치'의 경계를 흐리는 데 상당히 기여하고 있기 때문이다. 장르영화가 무조건 이류로 간주되지 않고, 어떤 블록버스터 영화가 어쩔 수 없이 단순한 것으로 무시당하지 않기 때문이다 등등. 모든 것은 마치 사실상 **분석할 대상의 선택이 이미 분석 과정의 일부가 된 것**처럼 진행되고 있다. 즉 내가 어떤 영화를 선택하는 것은, 그 영화가 명성이 있는 고전이어서도 아니고, '작가'로 분류된 어떤 감독의 작품이어서도 아니고, 이런저런 장르에 속하거나 성공을 거두었기 때문이 아니라, 내 생각에 이 영화는 뭔가 **흥미롭고 독창적인 것**을 말하고 있기 때문이다. 이 마지막 조항은 피할 수 없는 것이다. 규칙성—그 희화적인 한계는 통계적 연구다—을 세우고자 하는 몇몇 대량 연구의 틀을 제외하면, 이득도 없고 독창성도 없는 작품의 분석에 시간과 지적 에너지를 쏟는 것은 불합리하기 때문이다. 내가 〈택시 3〉(제라르 크라프치크, 2003)보다 〈화니와 알렉산더〉(잉마르 베리만, 1982)를 분석하기로 한다면, 이는 베리만의 아우라나 프랑스식 코믹 영화 장르에 대한 경멸 때문도 아니고, 〈화니와 알렉산더〉가 40년 가까운 '나이'로 우리를 위에서 내려보기 때문이 아니라 내가 여기서 성찰의 재료를 더 많이 찾기 때문이다. (이 '나'라는 말은 제라르 크라프치크의 영화[〈택시 3〉]에 열정을 가질 근거가 있는 또 다른 주체에 의해 반박될 수도 있다. 그러나 '내'가 이런 영화를 선정한 내 자신의 근거를 밝힐 준비가 있는 것처럼, 단지 '나'는 그가 그의 근거를 밝히기를 기대할 권리가 있다.)

예컨대 로랑 쥘리에가 한 것처럼 안톤 코르베인의 〈컨트롤〉(2007)의 한 시퀀스를 분석한다는 것은, 영화의 주요 관심사가 전기적인 차원에 있으며, 이 영화가 거둔 성공이나 '펑크' 애호가들에게서 '컬트' 영화로서 누리는 이 영화의 지위가 상당 부분 도발적이고 화려한 주인공[이안 커티스]의 이력에서 나온다는 것을 안 보고도 믿을 수 있는, 어떤 영화를 대상으로 취한다는 뜻이다(Jullier,

2002/2019). 그런데, 이 두 가지 가능한 동기—특정한 목표에서는 이들 각자가 흥미로울 수 있다—를 소홀히 하지 않으면서도, 쥘리에는 특히 형식적 분석, 더 정확히 말하면 다음의 상세하고 구체적인 분석에 몰두한다. 한편으로 시선의 유희 및 카메라의 위치와 카메라 움직임의 관점에서 이루어지는 시선의 주관화를, 다른 한편으로 영상과 사운드 트랙—특히 음악—의 관계를 분석한다. 그는 이렇게 우리가 분석가에게서 기대할 수 있는 것을 정확히 행하는데, 그것은 분석된 영화가 어떤 점에서 독창적인가, **이 영화(film)가 어떤 점에서 집합으로서의 영화(cinéma)를 가공하고 있는가**, 아주 단순하지만 잘 선택된 수단을 사용하는 형식적인 작업이 여기서 어떻게 이 영화의 '메시지'에 기여하는가를 말하는 것이다.

마지막으로, 부차적이지만 분석가의 머릿속에 항상 있는 마지막 기준은 그 영화의 **배급**이다. 영화는 수많은 배급망을 공유하고 있으며, 파리에서의 개봉은 빙산의 일각에 지나지 않고, 영화제, 텔레비전 방영, DVD나 VOD 판매는 그만큼이나 중요한 빙산의 또 다른 면들이다. 우리가 흥미로워서 분석하고 싶어지는 어떤 영화를 영화관 이외의 장소에서 보는 일이 점점 더 자주 일어난다. 이때 문제는 **가시성**의 문제다. 소수의 관객만 이 영화를 봤다면, 독자가 이 영화를 알지 못해서 분석을 따라가기 어려울 가능성이 있다. 주로 이런 이유 때문에 분석—특히 출간된 분석—이 택한 작품들은 대다수 알려진 영화들이고, 오래되었거나 박스 오피스에 의해 인정된 영화들이다. 분석가가 잘 알려지지 않은 영화에 주의를 끌기를 기대하는 일도 일어날 수 있다. 〈광대 앞에서〉(잉마르 베리만, 1997)에 대한 장 나르보니의 분석(Narboni, 2008), 〈터키의 우리 부인〉(카르멜로 베네, 1968)에 대한 자크 오몽의 분석(Aumont, 2010)이 이런 경우다. 그러나 알려지지 않았거나 아주 적게 본 영화들은 일반적으로, 이 영화들의 예기치 못한 성격들이 이득이 될 수 있는 교육적 맥락에 한정되어 있다.

요컨대, 우리는 분석에서 기대하는 것에 따라, 그러므로 이 대상에서 흥미로운 특성을 목격함으로써 어떤 대상—영화 한 편, 영화의 단편, 몇몇 영화나 몇몇 단편—을 선택한다. **이 선택은 분석에 앞서 일어나는 것이 아니라, 분석의 첫**

번째 시기[분석에 이미 포함된다]다. 비록 이 질료가 분석가들이나 이들의 기획에 따라 크게 달라질 수 있어도, 이 선택은 **분석할 질료**를 확보했다는 데 있다. 심리학적 차원에서 다양한 〈배트맨〉 연작의 악당들을 분석한다는 것은, 〈크리스마스 이야기〉(아르노 데플레생, 2008)의 가족구성원들이 서로에게 하는 못된 짓이나 홍상수의 어떤 영화에서 등장인물들의 어긋난 [성적] 희롱을 분석하는 것과 동일한 종류의 관심사가 아니다. 도구들은 부분적으로 같을 수 있지만, 목표가 너무 다르다. 항상 공통된 유일한 지점은 분석가가 자신의 연구대상이 **노력한 보람이 있다**고 생각하는 것이다. 이 연구대상이 영화적인 것에 대해 뭔가를 가르쳐줄 것이고, 아무리 작은 것이라도 독창적인 아이디어들을 밝혀줄 것이기 때문이다. 단지 미적 선험성, 개인적 취향, 그리고 기존의 비판적 범주들을 강화시킬 뿐이라면, 분석은 큰 기여를 하지 못할 것이다.

요컨대 분석은 초창기나 지금이나 성찰을 만들어내고, 영화적 '의미작용의 과정'(semiosis)을 더 잘 이해시켜주고, 간접적으로는 어떤 문화적(이고/이거나 역사적인) 현상에 대한 지식을 심화시키는 것을 목표로 한다. 영화의 배급기반이 다양화된 덕분에, 접근방식들과 방법들이 다양화된 지적 맥락에서 분석의 기반인 영화(들)의 선택이 아주 개방적으로 되어가고 있지만, 최소한 무분별한 것이 될 수는 없다.

1.2 분석과 이론(계속)

우리는 이전 장에서 분석의 창조적 측면과 분석의 원칙적인 독창성에 대해 강조했다. (해석에 대해서는 7장 3.1에서 다시 다루게 될 것이다.) 영화작품 분석은 항상 **어떤 영화**의 분석이고, 그 성과들은 우선 분석이 밝히는 것과 관련해서 평가된다. 그러나 우리는 또한 분석의 대상은 분석이 몰두하는 경험적 대상에 제한되지 않으며 또한 다소간 일반적 파장이 있는 추상적인 질문에 있다는 점을 강조했다. 이 두 번째 관점에서 분석이 항상 이론적 기획과 다소간 명확한 관계를 맺는다고 말할 수 있다. 이에 대해 1장에서 언급했고, 여기서 남김 없는 파노라마를 제시할 수는 없다. 우리는 단지 분석적 활동과 이론적 활동이 유지할 수 있었던 관계의 몇몇 시사적인 예만을 제시하고자 한다.

우선 '이론'이라는 말의 뜻에 대해 합의가 이루어져야 한다. 영화연구에서 이론의 자리와 역할은 지난 반세기 동안 아주 많이 바뀌었기 때문이다. 이를 간략하게 다시 말하자면, 이론적 접근—기호학—의 지배로 특징지어진 한 시기가 가능한 접근들의 폭발로 특징지어진 또 다른 시대로 이어지는데, 이 시기는 이미 설립된 분과학문들에 의존하든지 다소간 적절한 '임기응변'에 의존한다. 이 모든 것에서 **이론**의 상은 항상 같은 것이 아니었다. 특히 두 가지 판본의 이론이 점점 더 대립하게 되었다. 즉 이론을 사실에 의한 검증이 중시되는 실험 과학과 연결하는 판본과, 이론으로 일종의 추상적인 사변을 만들거나 내적 논리, 나아가 개념적 매력이 중시되는 판본이 그것이다. 아마도 우리는 그 특성을 약간 과장하고 있다. 영화에 대한 이론까지 포함해서 모든 이론은 항상 합리적이고 추상적인 구성의 측면과 경험적 검증의 측면을 결합시키기 때문이다. 그러나 많은 경우에서 이 둘 중 한 측면이 너무 두드러져서 다른 측면은 거의 잊히게 된다. 지난 50년 동안 수행된 분석의 이론적 정향을 검토하면, 우리는 이 두 극점 중 때로는 이것, 때로는 저것이 앞에 나와 있다는 점을 발견하게 될 것이다.

경험주의가 지배적인 철학적 기반인 앵글로색슨 연구자들에게 빈번하게 나타나는 첫 번째 태도는, 분석이 분명 어떤 이론의 **증명**이 아닌데도 분석을 **검증**의 시간으로 간주하는 데 있다. 가장 명확한 예는 보드웰과 톰슨의 **신형식주의적** 기획이다. 이들은 한편으로 일반적이고 보편적이고자 하는 개념의 집합을 구성하려고, 다른 한편으로 이를 사실들로 뒷받침하려는 의도로 모두 이 개념의 집합에 관련되는 아주 많은 분석을 실현하려고 체계적으로 작업했다. 여기서 감독들—드레이어(Bordwell, 1981), 오즈(Bordwell, 1988), 에이젠슈테인 (Bordwell, 1993)—의 대한 전문연구서들뿐만 아니라, 훨씬 더 광범위한 주제를 다루는 저작들의 장—고전적 할리우드 영화(Bordwell, 1985), 미장센(Bordwell, 2005)—을 언급할 수 있다. 이 모두는 (어떤 작가, 어떤 시기, 또는 몇몇 작가의) 영화작품들의 상세한 분석과 '신형식주의적' 모델을 중심으로 조직된 이론적 결론 사이의 왕복이라는 동일한 모델 위에서 구상된 것이다. '신형식주의적' 모델은 어떤 작품의 분석은 그 **형식**의 분석이라고 전제하는데, 이는 파블라(fabula)와 슈제트(syuzhet)—대략 이야기와 서사— 사이의 구분이나, 파블라와 슈제트 체계를 증가시키는 '과잉'과 비슷하다고 생각한 **양식** 개념과 같은 도구의 도움을 받아서 이루어진다. (이 모델은 영화에서의 서술[narration]에 대한 1985년의 이론적 저작에서 수차례에 걸쳐 아주 분명하게 제시되었다.)

검증의 차원에 대해서는 특히 이론에 대한 일정 수의 **오류 증명**(falsification)을 언급할 수 있다. 인식론적으로 어떤 이론의 '오류를 증명한다'(falsifier)는 것은, 잘못을 만들어내는 것이 아니고 이론이 검증될 수 없는 반례를 찾아냈다는 뜻이라는 점을 상기해보자. 이것은 원칙적으로 이론이 타당하지 않다는 것을 증명하는 데 충분하다. 또한 오류 증명은 '정밀' 과학(science 'dure')—심지어 극단적으로는 오류 증명이 절대적 원칙인 수학에서만—에서나 효과적이라는 점도 떠올려보자. 과학에서는 새로운 현상들의 발견이 지배적인 이론의 변화로 이어지는 일이 종종 벌어진다. 반면에 어떤 영화작품 분석가가 다른 분석가가 사실적인 오류—훨씬 드물게는 추론의 오류—를 범했다는 점을 증명했을 때, 이 때문에 첫 번째 분석의 오류를 완벽하게 증명한 것이 아니라 이를 단지 부분적으로만 의문에 부친다. 분석은 순수하게 논리적인 구성이 아니기 때문이다. 예컨대 에드워드 버스컴이 심도화면에 대해 앙드레 바쟁의 오류 하나를 수정했을 때, 이 정정(訂正)이 이론적 고찰의 실체에는 거의 영향을 미치지 않았다(Buscombe, 1992). 이 이론적 고찰은 구체적인 논증 하나를 잃었을 뿐이지 정합성을 잃은 것은 아니었다. 이런 예들을 통해 볼 때, 분석과 이론은 상당히 모호한 관계 속에 있다. 경험적 자료는 기존의 분석의 개선을 도울 수 있지만, 우리가 원하는 모든 경험적 자료들은 몇몇 사람이 생각했던 것과 달리 그 자체로는 이론을 이루지 못하기 때문이다. (예컨대 배리 솔트가 그랬는데, 그는 다른 사람들의 사실적 오류를 고발하는 전문가였지만, 그 스스로는 어떤 영화에 대해 최소한의 생각도 만들어내지 못했다[Salt, 1983]).

이와 반대로, 추상적 구성은 그것이 아무리 매력적이어도 어떤 경험적 검증도 없다면 하나의 이론을 만들어내지 못한다는 점을 상기해보자. 일반적으로 이론가들은 이를 의식하고 있었으며, 경험적 시간에 전혀 의존하지 않는 이론은 거의 없다. 영화의 '언어 생성' 기호학을 구축하려고 시도한 미셸 콜랭의 접근처럼 추상적인 접근조차도, 몇몇 예를 제시하지 않고 이루어질 수는 없었다(Colin, 1985). 비록 이 예들이 실제로 (때로 적절하게 선택했다는 인상을 주는) 아주 적은 수의 영화작품에서 나온 아주 적은 수의 시퀀스에 제한되어 있다고 해도 그렇다. 이 질문은 오히려 '기호-언어학'의 연이은 변이체들에 들어 있던 형식적 과시도, 개념적 과시도 없었던 이론적 접근들에 대해 제기될 수 있다. 특히 '기호-정신분석'이라는 이름을 가진 1970년대의 접근은 대개 교조적인 교리집을 전면에 내세웠는데, 이 교의는 프로이트나 그 계승자들의 저작에 들어 있던 가장 분명하게 이론적인 측면들—특히 오이디푸스의 이론—에 기반을 두고 있었다. 여기서 (이미 5장에서 기술했던) 오래되었지만 둘 다 한 영화를 파악할 때 오이디푸스의 도식을 핵심적으로 적용한 두 개의 분석을 간략하게 언급해보자. 『카이에 뒤 시네마』 편집진들의 〈젊은 링컨〉(존 포드, 1939)에 대한 집단적 분석(1970)은 가난한 젊은 변호사의 견습 서사를 다음의 상징적 관점으로 읽는다. 즉 그것이 대문자 법(Loi)에 도달하는 것, 다시 말해 프로이트에게서 빈번하게 나타나는 이념에 부합되게 오이디푸스의 마지막 단계에 도달하는 것, 성인의 나이로의 이행이라는 것이다. 그런데 프로이트에게 이 단계는 상징적 '거세', 자기 어머니를 소유하고자 하는 (남자)아이의 포기를 전제하고, 분석이 이 영화에서 찾아내려고 애쓰는 것은 대문자 법에의 도달과 '거세'의 이중적 흔적이다. 이를 위해 분석은 젊은 링컨이 여성 인물들과 맺는 관계에 집중하고, 특히 그의 행동에서 은유적으로 거세하는 권력에 속하는 모든 것에 집중한다. 여기서 우리는 전형적으로 검증할 수 없는 작업 앞에 있다. 즉 분석가들은 자기들이 어떻게 할지 모르는 일정 수의 요소를 옆으로 젖혀 놓지만, 이들이 수행한 구성 작업은 일관되고 이들의 묘사는 대개 정확하다. 이 분석을 비판하는 태그 갤러거는 오류를 범했다는 측면에서 이를 비판하지 않고, 포드가 그려낸 링컨의 형상이 그가 보기에는 잘못 평가되었기 때문에 이를 비판한다 (Gallagher, 1986). 그는 논증을 대신해서 감독 자신이 표명한 말들에 의존하는데, 이것이 꼭 설득력이 있는 것은 아니다. 우리가 이 분석에 내리는 판단은 본질적으로 프로이트의 이론적 틀에 대한 신뢰에 달려 있고, 이 분석은 하나의 **예증**이다.

이와 동일한 이론적, 개념적 틀 속에서지만, 레이몽 벨루의 〈북북서로 진로를 돌려라〉(알프레드 히치콕, 1959)의 한 시퀀스 분석—비행기가 손힐을 공격하는 장면—은 약간 다르게 진행된다(Bellour, 1975). 이 방식은 많은 점에서 다르다. 즉 그것은 무엇보다 이 영화의 아주 짧은 단편을 대상으로 아주 상세한 분석에 집중하는데, 이 분석의 주요 목표 중 하나는 이 영화—그리고 이 영화를 넘어서 모든 고전 영화—에서 '상징적 봉쇄' 효과라고 가정한 것의 존재를 밝히는 것이다. '상징적 봉쇄'는, 분석만이 접근할 수 있는 심층적 차원에서 전개되는, 그 영화 전체의 구조와 그 미세 구조 사이의 교류다. 전체적 차원에서 이루어진 이 영화의 독해는 오이디푸스적 도식에 따라 이루어지는데, 이는 분석가가 보기에 픽션상의 커플이 형성되게 되는 주인공의 궤적과 일치한다. 비행기 장면의 분석은 [이 영화에서] 운송수단들이 맡은 역할의 중요성을 부각하는데, 바로 이로부터 이 미세 분석이 거세를 나타내는 상징들의 행렬을 부각하는 것으로 귀결될 수 있다. 여기서도 또한 이 면밀한 분석에 아주 적은 사실적 비판을 할 수 있을 뿐이다. 이와 반대로 그의 해석들에 동의하지 않을 수도 있다. (무작정 예를 들자면, 손힐이 아주 작은 여성용 면도기로 면도한다는 사실에서 벨루가 거세를 읽어낼 때, 우리는 분석가가 과장한다고 생각할 수 있다.) 그러나 벨루의 방식은 그 고유한 기반 위에서 일관되며, 판단은 분석의 질에 대한 것이라기보다는 그 이론적 전제들의 유효성에 대해 내려질 것이다.

이 분석들, 그리고 같은 시기에 나온 다른 많은 분석은 당시에 광범위하게 받아들여진 하나의 기반[정신분석]에서 출발해서 이루어졌다. 공통의 인식론적 기반(épistémé)으로서 프로이트의 이론적 구상이 이후에 겪은 운명은, 이 두 개의 분석—좋은 것이든 나쁜 것이든 둘 다 오늘날에는 시대에 뒤떨어졌다—뿐만 아니라 어떤 이론을 주장한 모든 분석에 대해서도 상황을 변화시켰다. 가장 명백한 것은, (포스트모던에 대한 리오타르의 설명에 따르면) '거대이론의 종말' 이후 모든 새로운 이론적 기획은, 일관된 개념적, 논리적 전개를 해야 할 뿐만 아니라 또한 최소한이더라도 실험적 기반을 갖춰야 한다는 명을 받았다는 점이다. 이런 정신에서 광범위하게, 또한 주요하게 분석 작업에 의해 지원을 받는 이론적 목표를 가진 기획들이 등장하게 되었다. 즉 이미 있었던 개념들—오이디푸스, 상징적 거세, 기표/기의의 관계—에서 출발해서 이를 해당 영화에 적용하지 않고, 만들어지고 있는 어떤 이론을 뒷받침하기 위해 분석적 데이터에서 출발하는 것이다. 이 방식은 같은 것이 아니지만—이 방식은 다른 방식의 역[逆]이다—, 여기서도 우리는 이런 이론적 기획들이 과학성과 증거의 문제를 진정으로 해결했다고 말할 수 없다. 우리가 이미 5장 3.3에서 언급한 저작에서 마르탱 르페브르는, 그에 따르면 다섯 개의 계기나 요인—지각적, 인지적, 정서적, 논증적, 상징적 과정—으로 구성되는 '관객의 경험'(spectature)의 독창적인 정교화를 뒷받침하고자 〈사이코〉의 샤워장면을 이용한다(Lefebvre, 1997). **서로 다른 관객 각각**의 어떤 영화에 대한 반응의 개별적 성격을 설명하려고 하는 그의 기획은, 장치의 단면 아래 그 영화에서 나온 의미를 수동적으로 받아들이는 **발생론적 관객**만을 연구했던 이전의 모델들과 결정적으로 구분된다. 그의 기획은 이와 반대로 영화에 하나의 의미를 **부여하기** 위해 이 영화 앞의 관객이 **하는** 모든 것을 강조하기를 제시한다. 그러나 그가 적용으로 넘어가서 샤워장면에 대한 자기 **고유의** 파악을 예로써 제시할 때, 그는 독창적이고 예기치 않은, 그러나 순전히 개인적인 해석을 하지 않을 수 없다. 마찬가지로, 몽타주에 대한 자신의 에너지 이론을 발전시키기 위해 테레사 포콩은 수많은 분석에 의존하지만, 그 논리는 모두 같다(Faucon, 2002). 즉 분석들은 증거가 아니며, 이로부터 출발해서 개념의 구축을 발전시킬 수 있는 **주목할 만한 경우**인 것이다. 다른 한편, 이 분석들은 끝까지 밀고간 것은 아닌데, 이론에 포함되는 현상만을 부각할 목적만 갖고 있다. 〈거울〉(안드레이 타르콥스키, 1974)의 시작 부분에서 예컨대 '시간의 압축'이라는 타르콥스키의 개념을 예증하고 이를 통해 유려한 몽타주가 될 수 있는 것을 이해하게 해주는 것만을 취한다. 〈일식〉(미켈란젤로 안토니오니, 1962)의 마지막 시퀀스에서는 이와 반대로 이 흐름을 막고, 그 정지를 촉발하며, '시간의 유령'이라는 인상을 불러일으키는 것을 취한다. 여기서 영화작품들은 이론적인 상상력을 위한 동력들이며, 분석된 영화작품의 선택이 어느 정도로 분석의 중요한 부분을 이루는가를 다시 한번 확인시켜준다.

마지막으로, 검증의 훨씬 더 구체적인 역할은 때로는 일반적인 이론적 기획들의 틀 속에 있는 적절한 분석들에 주어졌다. 우리는 여기서 아주 넓은 파장과 상당히 높은 추상의 정도를 소명으로 삼은 이론들을 겨냥한다. 역사적인 예로 '대통합체'가 있다(2장 1.2를 볼 것). 이를 만들어낸 크리스티앙 메츠는 비정형적인 영화인 〈아듀, 필리핀〉(자크 로지에, 1962)에 대해 스스로 그 실행의 실천적인 예를 제시했다. 이 작업의 가장 큰 부분은 완벽한 분절에 있었는데, 이 영화의 모든 분절체를 약호 속에서 규정된 7개의 거대 유형 중 하나와 결부시키고 분절체 사이의 구획을 규정짓는다. 메츠는 분절체들의 경계를 설정하고 모호하지 않은 방식으로 이들을 특징지을 때 마주치는 일련의 어려움을 지적한다. 그가 이를 명확하게 말하지는 않지만, 이 이론가가 분석가로 변함으로써 자기 모델의 실제적 한계들을 헤아려보았고, 일정 시기의 영화—대략 고전주의적 영화—에 대한 고찰에서 출발해서 넓게는 그것이 역사적인 성격을 지닌 약호의 문제라는 직관을 얻었다는 느낌을 준다. 메츠는 결론적으로 어떤 영화 안에서 다양한 대통합체 유형의 분포가 이 영화의 양식을 평가하는 도구의 역할을 할 수 있을 것—이 생각은 신형식주의적 절차에서 크게 먼 것이 아니다—이라고 예상하기까지 한다. 그러나 여기서 **검증**은 애매한 결과를 낳았다. 즉 이론은 작은 왜곡들을 대가로 치르고 나서야 적용할 수 있는 것이 되며, 이 이론을 다시 봐야 하는지, 완성해야 하는지, 그 적용 영역을 제한해야 하는지에 대해 결론을 내리기는 어렵다.

최근에 영화의 수사학을 제안하면서 기욤 술레즈는 수사학이 영화작품의 수사학적 독해를 가능하게 하는 것을 목표로 한다고 단번에 선언함으로써 이 암초를 피한다(Soulez, 2011). 그는 수사학적 독해가 사회문화적 독해나 (특히 형상성의 문제에 대한) '시적' 독해와 다르지만 동일한 일반적 차원에 자리 잡고 있다고 본다. 그에게 이 차이는 내재적인 독해—형식적 분석의 독해—와 (자신의 독해인) 실용적 독해 사이의 차이다. 그는 이렇게 말한다. "의미는 영화 속에 있지 않다. 자기가 보고 듣는 것에서 출발해서 의미를 만들어내는 것은 관객이다." 다른 한편, 술레즈는 수사학적 독해가 모든 영화에 똑같이 들어맞는 것이 아니고, 몇몇 영화가 다른 영화들보다 더 잘 들어맞는다고 지적한다. 포콩처럼, 그는 자신의 논제를 예증하는 일정 수의 영화 단편을 소환한다. 〈쥘과 짐〉(프랑수아 트뤼포, 1962)의 에피소드 하나는 몇 개의 수사학적 심급—보이스오버 내레이션, 위임을 받은 등장인물—과 관객의 서로 다른 세 형상을 부각시켜준다. 다른 한편, 대통합체적 형식에 대한 치밀한 논의에 근거를 둔 〈환송대〉(크리스 마커, 1962)에 대한 수사학적 관점 덕분에, 그는 이 영화에서 재현에서 장치로 가는 (일반적으로처럼 그 역[逆]으로 가는 것이 아니라) 그 관객에 대해 주목할 만한 파장을 지닌 영화를 볼 수 있게 된다. 이런 예들이 진정으로 증명의 가치를 가질 수는 없지만—우리는 어떤 이론을 이런 식으로 증명할 수는 없다—, 이들은 성찰과 밀접하게 통합되는데, 이 성찰은 이것으로 **논거**와 같은 것을 만들어낸다.

주지하다시피 분석은 종종 이론의 대기실이며, 때로는 그 하인이며, 훨씬 더 드물게는 그 재판관이다. 그러나 이론이든 분석이든 항상 서로와 관계를 맺고 있고, 절대 서로를 무시할 수 없다.

2. 분석은 어떤 가치가 있는가?

우리가 언급한 분석들과 우리가 상기시킨 방법들은 모두 합리성의 욕망이 있지만, 이들이 과학성에 대한 진정한 보장이 되기에는 어림도 없다. 우리는 이런 분석 중 몇몇이 어느 정도까지 분석가의 상상력에 도움을 청했으며, 어느 정도까지 자의성에 문을 열어두었는지를 지적했다. 어떤 분석이 어떤 가치가 있는가를 묻는 것은 분석이 동조하거나 존중해야 하는 이미 만들어진 (완벽한) 모델과 이 분석을 비교하는 것이 아니다. 동일한 작품에 대한 서로 다른 분석들을 비교하는 것도 아니고, 탁월한 분석에서 나쁜 분석까지 등급 매기기를 하는 것도 아니다. 그것은, 1) **자기만의 기준들과 자기가 선택한 절차들에 근거해서** 분석이 제대로 수행되었는가를 알기 위한 것이고, 2) **어떤 이유에서 이런 기준들과 절차들을 선택했는지,** 아니면 다른 것들을 선택하는 게 더 타당하지 않았는지를 알기 위한 것이다. 다른 말로 하면, 어떤 분석의 가치를 판단하는 데에는 성공과 이점의 정도를 구분할 수 있게 해주는 **내적 기준들**과 **외적 기준들**이 있다.

2.1 외적 기준들

외적 기준들이 훨씬 더 객관적으로 보일 수 있다. 대상 그 자체에 고유한 성찰보다는 따라간 방법과 획득한 성과에 우선적으로 집중하고 있기 때문이다. 어쨌거나 완벽하게 객관적인 평가의 가능성을 과장해서는 안 된다. 그 분야에서의 판단들은 측정할 수 있는 성과들이나 규격화될 수 있는 절차들에 근거를 두고 있는 것이 아니기 때문이다. 본 저작 전체에 걸쳐 자주 했던 언급으로 되돌아가면, 어떠한 보편적인 방법도 없으며 방법들, 도구들, 절차들은 항상 부분적으로만 적절하다.

사실적 자료의 검증과 관련해서, 불가피하게 이루어지는 어떤 유형의 평가를 몰아내는 것으로 시작해보자. 어떤 분석의 창의성, 지성, 파장이 어떤 것이든 이 분석이 잘못된 사실확인에 기반을 두고 있다면 이 분석의 가치는 취약해질 위험이 있다. 이 사실적 자료들은 역사적, 문화적, 현실적 등 몇 가지 차원에 걸쳐 있고, 이 영역들 모두에 정확성이 요구된다. 탁월한 분석들도 언젠가는 오류를 범하고, 이 오류가 어떤 영화에 대한 이들의 논평을 얼룩지게 할 수 있지만, 가장 탁월한 경우에는 이 논평이 의문시되지 않는다. 바쟁은 종종 사실적 오류—예컨대 윌리엄 와일러의 영어 문장의 오역—를 범했다고 비난받았지만, 이 오류들은 그가 품은 비평의 상 그 자체에 결코 심각한 타격을 주지 않았다. 어림짐작, 특히 영화의 시나리오[영화 줄거리]에 대한 어림짐작은, 십중팔구 분석가가 DVD 복제본을 소장하고 있어도 오늘날에도 여전히 일어나는데, 영화비평에 아주 많다. 그러나 어림짐작 그 자체만으로 흥미로운 관점을 방해하는 경우는 드물다. 어떤 분석은 정의상 그 영화의 내밀한 구조와 그 섬세한 디테일을 다루고 있기 때문에 이런 일이 일어나기는 쉽지 않지만, 지시체들의 식별에서 일정 수준의 망설임이 거의 불가피한 영화들이 있다. 예컨대, 루이스 부뉴엘에 대한 면밀한 학술적인 저서에서 샤를 테송은 〈부르주아의 은밀한 매력〉(1972)의 남미의 젊은 액티비스트의 납치 장면이 [파리의] 마스페로가(街)에서 벌어졌다고 주장한다(Tesson, 1995). (이 이름은 동판 위에서 선명하게 보인다.) 그는 이때 이 성(姓)을 이 영화가 나올 당시에 좌파이면서 국제주의자라는 정치적 선택으로 유명했던 편집자 프랑수아 마스페로의 성과 결부시킨다. 테송은 이로부터 부뉴엘의 멕시코 체류에서부터 그의 정치적인 호감을 거쳐 하나의 망(網)을 엮는다. 어쨌거나 파리에 마스페로가가 실제로 있지만, 이 거리는 위대한 이집트학자 가스통 마스페로를 기리기 위해 명명한 것이고, 만약 이쪽의 길을 따라간다면 그것이 이끄는 연상작용은 아주 다른 것이 될 것이다. 다른 한편, 가스통 마스페로와 프랑수아 마스페로의 중간 세대인 부뉴엘은, 의식적으로 이 두 개의 내포를 사용하고, 그가 자주 그렇게 하듯이 자기 영화의 의미를 열어두고 이를 본래 정할 수 없게 만들었을 수도 있다. 따라서 테송의 분석은 모든 분석이 그렇듯이 불완전하지만, 그렇다고 그것이 일관되지 않거나 타당하지 않은 것은 아니다.

우리는 6장에서 이미 분석이 1970년대 말부터 영화사(映畫史)의 쇄신과 굳게 맺어져 있다는 것은 살펴보았다. (포르데노네 영화제나 볼로냐 영화제와 같은 제도들의 주목할 만한 작업 덕분에도) 지식이 훨씬 더 많아지고 훨씬 더 구체화 되어 가면서 역사적 사료 분야에서 요구사항이 점차 많아지게 되었다. 이렇게 해서 작가감독들이나 제작자들, 또는 스튜디오들에 대한 전문저술서들 곁에, 분석과 사료 조사를 뒤섞는 일정 수의 작업들이 나타나게 되었다. 우리가 이미 몇 번 언급한 것처럼, 『카이에 뒤 시네마』[출판사]가 출간한 '작업하고 있는' 감독들에 관한 탁월한 연구 총서가 그렇다. 이런 종류의 기획들은 자기 고유의 규칙들을 널리 알리는데, 여기서는 정확성, 나아가 면밀성이 가장 단순한 최상의 규칙이다. 여기서 성공의 기준은 수집한 자료의 양에 있다기보다는, 이들을 타당하게 배치하는 데 있다. 이것은 발전 가능성이 아주 많은 길이고, 이를 평가하는 기준들은 상대적으로 명확하지만, 여기서 분석은 어쩔 수 없이 몇몇 한계를 안고 있다.

또 다른 객관적 평가 기준은 (아니면 그것이 될 수 있는 것은) **방법론**(méthodo-logie)이다. 이 기준이 무엇을 뜻하는지 반드시 잘 알고 있지는 못해도 오늘날 대학에서 방법론이 부각되었다. 이 접미사[–logie]가 가리키고 있는 것처럼, 이 용어는 **방법에 대한 성찰**을 가리킨다. 예컨대 방법론은 양적 방법과 질적 방법을 구별하고, 마찬가지로 분석적 방법과 체계적 방법을 구별한다. 그러나 이런 일반 인식론적 성찰들은 어떤 분석을 평가하기에는 대부분 너무 추상적이고 실제적 파장이 거의 없다. 따라서 필수불가결한 **방법에 대한 고민**이 드러나려면 훨씬 더 구체적인 다른 형식들을 찾지 않을 수 없다. 대체로 우리는 하나의 분석에 대해 다음의 것을 요구할 수 있다. 1) 분석은 자기 방식을 의식해야 하며, 이를 드러낼 수 있어야 하고, 자기가 사용한 절차들을 규정하고 정당화 하는 법을 알아야 한다. 2) 분석은 자기의 방법들과 절차들이 어떤 점에서 동일한 대상에 대해 사용할 수도 있었을 다른 방법이나 절차들보다 더 바람직한지—더 선호되었던 것인지—를 말할 수 있어야 한다. 아주 적은 분석만이 이 기준들을 충족하며, 대부분 방법이 기껏해야 공표될 뿐이지 여기에 대해 질문을 던지지 않는다는 점을 인정해야 한다. 절차들에 대해서는, 아주 적은 분석들만이 이를 그 자체로 기술하고 대부분은 이 절차들을 적용하거나 아니면 은연중에 짐작하게 하는 데 만족한다. 여기서 주요한 예외는, (신형식주의적 시도나 대통합체처럼) 그 자체로 방법론적 처방들과(/이나) 절차들을 내포하고 있는 어떤 이론의 틀 내에서 시도된 분석들이다. 반면에, 방법론적 고민은 커다란 비판적 무기였고, 이 덕분에 몇몇 사람은 부정확하거나 받아들일 수 없는 방법의 사용이란 이름으로 (훨씬 더 드물지만 이런 방법을 잘못 사용했다는 이유로) 이런저런 분석의 자격을 박탈할 수 있었다. 미국의 출판에서 이에 대한 수많은 예를 찾을 수 있는데, 미국에서는 자기 동료들의 잘못된 버릇을 고발하기 위해 책 한 권을 쓰는 것이 비정상적인 일이 아니다(여기에 전문성을 가진 노엘 캐럴을 볼 것). 이런 종류의 기획은 토론을 불러일으킨다는 건전한 측면이 있지만, 옹호하기 힘든 과학성이라는 선입견에 기반을 두고 있다는 부정적인 측면이 있다. (캐럴은 다른 모든 접근보다도 가장 탁월한 접근, 이와 대립시킬 수 있는 하나의 접근이 있다고 확신한다. 이보다 덜 극단주의자인 보드웰도 자신의 방법이 다른 방법들보다 덜 추상적이고 더 큰 이점이 있다고 생각한다.)

방법론적 평가와 함께, 어떤 분석을 평가하기 위한 가장 분명한 기준은 그 **수익성**이다. 이 용어가 충격을 줄 수는 있지만, 어떤 연구 작업이 자기 목표에 도달했는지―이는 대개 결정하기 어렵다―, 최소한 성과를 얻었는지 묻는 것이 정상이다. 어떤 분석의 **성과**가 될 수 있는 것에 대해 합의를 해야 하지만, 이 분야에서 견해는 다양하다. 어떤 분석에서 지식과 앎의 진보, 어떤 영화적 현상을 다채롭게 밝혀내기, 어떤 양식이나 어떤 시기를 특징짓기, '어려운' 어떤 영화에 대한 결정적인 설명 등을 똑같이 기대하는 것은 아니지만, 이는 모두 분석 스스로가 정당하게 제시할 수 있는 목표다. '이것을 어디에 쓰지?'라는 질문은 수익성의 관점에서 이 접근이 제기하는 것이고, 이런 형태로 이를 평가 기준으로 만드는 데서 생기는 어려움뿐만 아니라 이 질문을 절대 포기하지 않아야 하는 필요성을 잘 볼 수 있다. 목표가 어떤 것이든 이 순간은 분석가 스스로가, 사후적으로는 이를 읽는 독자들이 어떤 것에 잘 도달했는지를 물어야 하는 순간이다. 이점에 관해 급하게 내린 어떤 결론이 분석에 포함되는 경우는 드물고, 이는 유감스런 일이 될 수 있다.

이런 기준 중 이것이나 저것이나 분석들 서로 간의 이해의 길로 접어든다. 우리는 잠시 후에 이를 다시 다루겠지만, 비교가 잘 이루어지면 비교 그 자체가 분석들의 평가수단이란 역할을 할 수 있다는 점을 지적해보자. (이것은 물론 분석들의 등급 매기기를 하는 것은 아니며, 오히려 어떤 분석이 기여할 수 있는 것을 파악하기 위해 다른 분석을 사용하는 것―그 역도 마찬가지다―이다.)

2.2 내적 기준들

내적 기준들에 의한 어떤 분석의 평가—우리는 '검증'이라고 말하지 않는다—의 정도는 도입한 방법의 유형에 따라 상당히 달라진다. 어떤 방법들은 고유한 기준들을 내포하고 있다. 모델이나 형식적 도식의 구성을 제안하는 방법들의 경우가 그렇다. 이 구성은 명시적인 규칙들을 따르며, 우리는 이후 이 규칙들이 존중되었는지 아닌지를 자문할 수 있다. 그러나 어떤 접근을 따라갔든 **일관성**과 **체계성**이라는 이중의 기준이 있다. 일관성에 대한 요구는 최소한의 것인데, 어떤 분석이 여기서 벗어날 수 있다는 점을 상상하기 힘들기 때문이다. 물론 이 말이 단지 분석에 내적 모순이 있어서는 안 된다거나 분석의 서로 다른 부분들이 비교할 만한 방식으로 다루어져야 한다는 뜻만은 아니다. 체계성은 더 분명하지 않은 특성인데, 최소한 분석이 자기 대상에 대한 '체계'를 구축하고자 한다는 문자 그대로의 뜻으로 이 말을 이해하면 그렇다. 대상이 어떤 영화라면, 이것은 최소한 경향적으로라도 일정한 완벽성을 전제하게 되는데, 우리가 앞서 보았듯이 이 완벽성은 실제로 불가능하다. 다른 방식으로 제한된 대상—프레임 분석, 일정 집합의 영화에서 장르 관계의 분석—일 경우, 완벽성을 생각할 수는 있겠지만, 체계성은 특히 요소들 사이의 강력한 관계를 설정하는 데 있다.

이 기준들은, 영화작품 분석이 과학적이지는 않지만 지적인 활동에 완벽하게 맞춰져 있지 않기 때문에 모호하다. 어쨌거나 이 기준들은 어떤 분석이 해서는 안 되는 것을 부정적인 방식으로 알려주기 때문에 중요하다. 분석이 "자기 고유의 인내력과 자기 체계성에 의한" 것 말고는 유효성을 입증하는 다른 수단을 알지 못한다는 생각은 바르트의 것이다(Barthes, 1970). 이 정식에서 **인내력**이라는 생각을 강조해야 한다. 다시 말해서 분석은 자가당착에 빠져서는 안 될 뿐만 아니라 일정한 '포용력'을 갖고 있어야 하고, 어느 정도 체계적으로 구성한 것 속에 그때까지 분석되지 않은 자료들이나 차원들을 통합할 수 있어야 한다. 따라서 이런 기준들과, 어떤 식으로든지 [분석의] 종결을 혼동해서는 안 된다. 가장 정성을 들이고 가장 철저하고 가장 강력하게 체계화된 분석이라

할지라도 결코 최종적인 것이 될 수는 없다. 어떤 영화에는 항상 분석을 재개할 수 있는 요소들이 남아 있을 것이기 때문이다. 따라서 우리가 평가하는 것은 일정한 목표에 대한 부합성이지 분석의 **진실**이 아니다.

과학적 연구의 처방들을 '인문학적' 분과에 적용한 이런 기준들에 맞서, 분석을 평가하는 완전히 다른 종류의 내적 기준들은 **분석의 쇄신 능력**을 둘러싸고 전개된다. 앞서 말했듯이(그리고 해석과 관련하여 다시 말하게 될 것인데), 영화 작품 분석은 그때까지 눈에 띄지 않았던 어떤 것을 발견할 의도로 기획된 것이며, 이 정식은 아주 다양한 현실을 포괄할 수 있다. 발생론적 분석의 경우에 새로움은, 그때까지 검토한 적이 없는 아카이브 자료들의 탐사와 같이 무엇보다 자료적인 차원에 있다. 잘 수행된 형식적 분석은 어떤 영화의 구성에서 규칙성이나 프레임의 반복성이나 색채들의 유희, 그리고 그 영화의 수용에서 거의 눈에 띄지 않는 숏과 숏의 연결 등을 발견하게 할 수 있다. 그 영화의 이데올로기적 측면들의 분석들은, 감독과의 인터뷰—인터뷰 자체에 대한 질문을 던지지 않은 채 너무 많은 비평가가 이를 맹신한다—와는 전혀 다르게 그 영화를 조명해줄 수 있다 등등.

이와 동일한 생각에서 우리는 또한 어떤 분석이 결론이나 성과의 차원에서뿐만 아니라 그 방식에서도 **독창적인 것**이 되어야 한다고 평가할 수 있다. 어떤 영화를 분석하기 위해 미리 만들어진 방법은 없지만, 다소간 굳어진 관행들은 예컨대 교육적 목적의 총서를 통해 나타나게 되었는데(5장 5.1을 볼 것), 여기서 각 저작은 시나리오, 그 영화의 양식, 그 제작, 그 수용, 대개는 선택한 어떤 장면의 분석 등에 대한 고찰을 포함하는, 판에 박힌 구상에 따라 어떤 영화를 다룬다. 이 모델은 상당히 많이 되풀이되었지만, 대개는 그 한계들을 드러내는데, 우리는 이런 사전 분할을 벗어난 분석들, 즉 말할 수 있는 것을 발견함과 동시에 어떤 영화를 다루는 자기만의 방식을 만들어내는 분석들을 더 선호할 수 있다. 여기서 우리는 뤽 물레의 〈원천〉(킹 비더, 1949)의 분석을 언급하고자 한다(Moullet, 2009). 이는 비정형적 분석인데, 분석가가 첫눈에 들어오지 않은 방법을 따르고 있기 때문이다. 물레는 이 영화의 경제와 제작에 대한 고찰에서 바로 미적이거나 이데올로기적인 고찰로 넘어간다. (다른 한편, 이 고찰은 수사학적 조심성이 없고, **정확성**에 대한 어떤 고민도 없이 아주 직접적으로 제시된다.) 요컨대 이 연구는 아주 주관적이고 일반적인 파장이 거의 없는 것으로 보이지만, 사실상 드문 미덕을 갖고 있는데, 그것은 이 연구가 **창조**나 **발명**의 영역에 자리 잡는다는 것이다. 영화감독이기도 한 물레는 자신의 분석에서, 왜 비더가 다른 선택이 아니고 이 선택을 했는지, 이상해 보일 수 있는 미장센의 해결책이 독특한 효과를 내는지 등에 대해 자문하기 위해 끝없이 이 감독의 '자리에 서보려고' 한다. 예컨대 주인공은 어떤 순간에 팔뚝에 상처를 갖고 있다. 사랑하는 여자가 그를 물어뜯은 것이지만, 이 장면은 검열에 의해 데쿠파주에서 잘려나갔다. 물레의 논평은 다음과 같다.

> "내 생각에, 검열의 거부에 화가 난 비더는 혼자서 이렇게 말했어. '아무것도 아니야. 나는 어쨌거나 팔에 상처가 난 쿠퍼의 숏을 찍어. 관객은 무슨 일이 벌어졌는지 짐작하게 될 거야.'" 아마도 내가 틀렸을 수도 있다…. 모든 것을 다 보여줄 수 있는 오늘날에는 이 성적 알레고리가 시대에 뒤떨어진 것으로 보인다. 그러나 검열의 종식은 에로틱한 영화에 어떤 것도 기여하지 못했다. 은유가 주는 놀라움은 항상 솔직한 해부보다 훨씬 더 두드러진다."

이 마지막 문장은 미적일 뿐만 아니라 윤리적인 입장을 취한 것으로서, 이 때문에 분석은 효과적인 것이 된다. (영화감독 린지 앤더슨이 쓴 존 포드에 대한 저작에서 이와 유사한 분석적 입장을 찾아볼 수 있는데, 이 저작에는 단호한 판단들이 들어 있지만, 이 모두가 항상 영화제작의 실천과 연관된다[Anderson, 1981].)

2.3 분석들을 비교하기

이것은 결코 분석들 사이의 등급 매기기나 순위표 만들기가 아니라는 점을 다시 언급해보자. 출간된 몇몇 분석이 (1960~1970년대의 창립자적인 시기에 특히) 영화연구의 발전에 주요한 역할을 했지만, 이 말은 그 이후로 그만큼 탁월하고 그만큼 흥미 있고 그만큼 잘 수행된 분석이 없었다는 뜻이 전혀 아니다. 다른 한편 이 역사적인 분석들의 예는 시사적인데, 이들 중 몇몇은 방법상의 몇몇 결함—이론적 교의의 무분별한 적용, 사실적 엄밀성의 결여, 방임적 해석…— 때문에 때로는 정당하게 강력한 비판을 받았기 때문이다. 그렇다고 이 분석들의 파장이 줄어들지는 않는다.

다른 한편, 우연하게도 동일한 영화에 대한 분석들이 있고, 이 분석들이 서로 호응하는데, 이런 경우에 분석가들은 경쟁의 원칙이 아니라 보완의 원칙을 따르게 된다. 특히나 명확한 하나의 예는 고다르 영화 세 편—〈여자는 여자다〉(1961), 〈경멸〉(1963), 〈수난〉(1982)—의 시작 부분에 대한 두 개의 분석인데, 먼저 장-루이 뢰트라가, 이후에는 로제 오뎅이 분석했다(Leutrat, 1986; Odin, 1986). 뢰트라는 고다르가 사용한 미적 기법들을 부각하는데, 그의 분석의 참조 틀은 무엇보다 미술사다. (〈수난〉의 첫 부분은 그에 따르면 컨스터블에서 부댕에 이르는 하늘을 그린 회화들을 가리킨다.) 오뎅은 '영화' 제도를 참조 틀로 설정하고, 이 영화 세 편의 시작 부분을, 전통적인 픽션영화를 받아들이는 데 익숙한 관객의 기대와 관련지어 분석한다. 그는 이 세 편 중 첫 번째 영화에서 마지막 영화까지 20년 동안 고다르가 실행한 입장의 변화 앞에서 느낄 수 있는 [관객의] 저항감을 관객의 기대를 통해 설명하고, "〈수난〉은 픽션을 만드는 경향이 있는 관객이 짊어진 십자가"라는 결론을 내리는데, 이 "십자가"를 유발한 동일한 기표들이, 뢰트라가 생각한 교양 있는 관객의 즐거움을 가져온 기표들이다. 이 두 분석이 문자 그대로 호응하는 것은 아니다. 상식—전문가보다는 일반 관객과의 동일시가 훨씬 더 쉽다—에 훨씬 더 가까운 [오뎅의] 화용론적 분석은 [뢰트라의] 미적 분석을 의문에 부칠 수 없다. 미적 분석은 다른 전제들을 가지고 있고, 다른 한편 자기 고유의 화용론적 공간을 가지고 있다. (전문가들 사이의 대화는 어쨌거나 일반 관객들 사이의 대화보다 더 흥미가 있다.)

때때로 사용되는 또 다른 가능성은, 몇몇 편집자의 시도에서 볼 수 있는 것처럼 한 편의 영화에 대해 다양한 복수의 분석을 독려하는 데 있다. 6장 2.2에서 이미 언급한 고다르의 〈경멸〉에 대한 논문 모음집이 그런 경우다(MacCabe & Mulvey, 2012). 이와 비슷한 생각에서 다른 감독들에게서 어떤 감독의 (양식적, 형식적, 이념적) 현존을 찾으려고 가정할 수도 있는데, 이는 예술적 영향—이는 거의 분석에 속하지 않는다—으로서일 수도 있고, 다소간 가까이에서 어떤 모델을 따라가는 것으로서일 수도 있다(오즈 야스지로에 대한 예를 볼 것, Arnaud & Lavin, 2013). 이런 기획에서는 협력의 원칙—또는 비경쟁의 원칙—이 대개 기획 자체에 속한다. 즉 편집자들은 다른 논제들을 제시하는 연구들을 주문한다. 여기서 위험은 오히려 이 모든 접근을 동등하게 간주한다는 인상을 주고, 때로는 이 연구들의 병치가 연구된 대상 전체를 '덮어버리는' 데까지 간다—물론 이것은 범위를 벗어난 것이다—는 인상을 준다는 데 있다.

마지막으로 어떤 분석가가 이미 일정한 비평 자료가 나왔던 어떤 영화와 대면하면서 자신의 주석을 시도하기 전에 이 자료군 연구를 자기 작업의 일부라고 간주하는 일이 일어난다. 하나의 예는 이미 언급한 에르베 오브롱의 저작에서 〈멀홀랜드 드라이브〉(데이비드 린치, 2001)의 둘로 나뉜 내러티브 도식에 대해 여기저기서 이루어진 해석들을 나열한 것이다(Aubron, 2006). 이 영화는 액자 구성(mise en abyme)을 증가시키거나 대가인 작가에게 모든 권력을 위임하는, 보르헤스적인 또는 울리포(Oulipo)적인 단순한 형식의 유희일 것이다. 또는 분열증에 대한 영화나 꿈에 대한 영화—솔직히 말해 이 영화에 대해 가장 많이 통용되는 가설—일 것이다. 또는 마지막으로 강신술이나 샤먼의 힘을 떠올리게 하는 비의적인 픽션일 것이며, 이 영화의 이해할 수 없는 현상들은 유령이나 귀신의 출현일 것이다. 게다가 이 다양한 가설은 서로 조합될 수 있으며 무한하게 서로에게 얽혀들 수 있는데, 오브롱은 이 중 그 무엇도 전적으로 만족스럽지 않다는 것을 증명하는 데 어떤 어려움도 느끼지 못한다.

일반적으로 분석들의 비교는 대개 암묵적이다. 즉 많은 연구가 동일한 영화에 대해 이루어지고, 각각의 연구는 다른 연구와 독립적으로 전개되며, 다른 연구를 다소간 의식적으로 무시한다. 그러나 어떤 분석들이 최소한 하나의 차원에서, 그리고 몇몇 질문에 대해 서로 호응하는 일도 벌어진다. 우리는 이미

『카이에 뒤 시네마』 편집진들의 〈젊은 링컨〉(존 포드, 1939)의 분석에 대해 태그 갤러거가 제기한 반론을 언급했다(5장 3.1). 『카이에 뒤 시네마』의 분석은 이 영화가 제작자들의 기획을 저버렸다는 생각에서 출발한다. 제작자들은 링컨을 공화당—미국의 우파— 이데올로기의 이상적인 대변자로 만들고자 했는데, 위대한 인물의 형상을, 스스로 억압적인 측면을 드러내는 괴물 같은 초상으로 이끌어간 형상적 작업의 '과잉'으로 이 영화는 그들의 기획을 저버리게 되었다. 갤러거가 보기에 이 기획은 그렇게 단순하지 않다. 포드는 당시 좌파 인물이었고, 루스벨트의 뉴딜 정책의 열렬한 지지자였으며, 무엇보다 친숙하고 익숙하며 당신이나 나와 비슷한 링컨의 초상을 만들고자 했다. 형상화 작업의 아주 강력한 현존으로 보일 수 있는 것은 그가 보기에 포드의 영화에서 자주 나타나는 특징이며, "전형과 이를 구현한 개인 사이의, 외양과 존재 사이의 긴장"이다. 주지하다시피 이 두 번째 해석은 첫 번째 해석을 무효화하거나 그 자격을 박탈하는 것이 아니다. (다른 한편 그것이 갤러거의 의도도 아니다.) 리처드 재녁을 필두로 한 제작자들 측에서 친공화주의적인 기획이라는 가설은 전혀 말이 안 되는 것이 아니며 링컨에 대한 포드의 아주 내밀한 관계가 사실로 드러나지만, 하나의 해석이 다른 해석을 금지시키는 것은 아니다. 이 영화의 형식적 양식을 결정하는 문제에 대해서, 그것은 다소간 극단적인 서로 다른 판본을 가질 수 있다. (그런데 갤러거는 많은 다른 측면, 특히 링컨과 여자들의 관계에 대해서는, 그가 인용하지는 않지만 『카이에 뒤 시네마』에 동의한다.) 세 번째 저자인 마크 캐리건은 이 영화를 한편으로 역사적이고 문화적인 이중적 맥락, 즉 링컨의 시기 및 그의 개성—특히 셰익스피어에 대한 그의 사랑—이라는 맥락과, 다른 한편으로 20세기 중엽의 예술가 단체인 '아메리칸 고딕'의 미학과 연결시킴으로써 이 영화의 분석을 새롭게 재개한다(Carrigan, 1996). 그는 앞의 분석가들의 관점[정신분석의 관점]과 완전히 다른 **문화연구적** 관점에서 "〈젊은 링컨〉은 아테네의 사원에 자리 잡은 미국식 고딕대성당"이라고 주장하면서 결론을 맺는데, 이 분석은 영화작품에는 타당한 여러 개의 입구가 있다는 점을 한 번 더 입증한다.

이와 비슷한 기간을 생각하면, 『카이에 뒤 시네마』 팀의 〈시골에서의 하루〉

(1936~1946)에 대한 (구어로 했고 출간되지는 않은) 분석(1971)과 이 영화에 대한 새로운 자료가 개방되면서 시작된 이후의 작업, 특히 샤를 테송의 작업(Tesson, 1994)과 올리비에 퀴르쇼의 작업(Curchod, 1995)을 비교하는 것도 흥미로울 것이다. 더 일반적으로 말해서, 수많은 분석을 촉발했고 또 지금도 계속 촉발하고 있는 영화들이 있다. 오손 웰스나 잉마르 베리만, 이후에는 안드레이 타르콥스키나 데이비드 린치, 오늘날에는 알렉산드르 소쿠로프나 왕자웨이 같은 작가감독들은, 이해 불가능성에 가까울 정도로 은유와(/나) 수수께끼로 가득 찬 영화들을 만든다. 이 두 개의 특성[은유와 수수께끼]은 이런 수수께끼들의 '번역'을 제시하고자 하는 희망에서 항상 분석을 유발하는 경향이 있다. 여기서 분석은 자기 실력을 발휘한다.

3. 분석의 종결(들)

3.1 해석의 문제

구조주의 언어학의 가치하락 및 생성 언어학으로의 (임시적) 이행을 재촉한 이유 중 하나는, 언어의 일상적 사용에서는 의미론적 해석이 음운론적 해석에 앞선다는 (주로 촘스키에게서 나온) 주장이었다. 수많은 실수, 오독, 오해 등이 증언하는 것처럼, 우리는 무엇보다 우리가 받은 메시지를 이해하려고, 다시 말해서 해석하려고 애쓴다. 우리는 음운론적 정확성을 개의치 않고 의미론적 해석 속으로 뛰어들어간다. 해석은 인간이 전념하는 가장 지속적이고 가장 정상적이며 가장 전반적인 활동이다. 그러나 이와 동시에 소통수단이나 사용한 표현수단이 어떤 것이든, 의미는 항상 기표에 의해 과소결정된다. 구어적이거나 문어적인 언어적 메시지, 도상적 메시지 또는 그 어떤 기호를 이해하기 위해 나는 항상 여기에 뭔가를 덧붙인다. 가장 일상적이고 가장 흔한 대화조차도, 명시적으로 말해진 것에 덧붙여지고 내가 추론으로 재구성해야 하는 수많은 암시—4장 2.4에서 이미 언급한 폴 그리스의 '함의들'—에 기반을 두고 있다.

넓은 의미의 **텍스트**, 다시 말해 어떤 표현 수단으로 고정된 부분이 문제일 때, 이 텍스트의 해석은 몇 가지 문제를 제기한다.

1) 무엇보다 우리가 작업할 수 있는 **믿을 수 있는 텍스트의 확립**. 이것은 글로 쓰여진 텍스트들뿐만 아니라 영화작품들의 경우에도 가장 중요한 **원본**의 문제인데, 원어일 뿐만 아니라 왜곡되지 않은 원판본—제작자의 몽타주보다 더 진정성이 있다고 간주되는 '감독판'에 대한 최근의 유행을 생각할 것(Marie & Thomas, 2008)—이 그렇다. 원본이 때로는 훌륭하게 왜곡될 수 있다는 점을 주목해보자. (위대한 인류학자 레비–스트로스는 자신이 분석한 텍스트의 원본에 거의 신경을 쓰지 않았고, 프랑스어 번역본에 만족했다.)

2) 텍스트 안에서 **해석은 누구에게 속하는가**의 문제. 주석을 다는 전통은 오랫동안 가장 난해한 부분에서 텍스트를 해석해야 한다—'난해한 독해'의 원리—고 주장했다. 1800년경에 해석학적 기획은 바로 이런 생각과 결정적으로 결별하고, 이와 반대로 **어떤 텍스트는 그 모든 부분에서 의미작용을 한다**는 생각을 받아들이게 했다(Schleiermacher, 1809~1810).

3) 이로부터 (이미 2장 3에서 언급한) **적절성**이라는 생각이 유래했다. 즉 어떤 해석은 어떤 관점에서 만들어지는데, 이는 항상 어떤 성과를 목적으로 기표의 어떤 측면들과 결부된다.

어떤 영화를 해석한다는 것은 원칙적으로 글로 쓰여진 어떤 텍스트—또는 어떤 그림—를 해석하는 것과 동일한 지적인 행위에 속한다. 이것은 최소한 여섯 차원의 문제들을 제기한다.

1) **해석적 행위의 목표들:** 해석한다는 것은 이와 동시에 (또는 선택적으로, 경우에 따라) 어떤 텍스트를 **이해한다**는 뜻—그 의미를 구축한다—이고, 이를 **번역한다**는 뜻—연극에서 자기 배역을 해석하는 배우나 악보를 해석하는 피아니스트처럼—이고, 이를 **설명한다**는 뜻—그 논리, 나아가 그 원인들을 관통한다—이다. 이 세 가지 차원은 불균등하게 분포한다. 즉 우리는 반드시 이해해야 한다. 설명한다는 것은 이미 반성적인 부차적 행위다. 번역한다는 것은 우리가

자신의 설명을 소통하고 싶을 때만 필요한 옮기기다. 이 전통적인 세 가지 목표에, (예컨대 해체주의적인) 포스트모던한 관점에서 창조나 **쇄신**이라는 목표를 덧붙일 수 있다. 해석은 이때 그 자체로 예술작품처럼 구상된 것이고, 해석된 작품을 단순한 핑계로 취급하는 데까지 나갈 수도 있다.

2) **흐름과 구조**: 일상적인 대화에서 해석의 흔한 예가 분명하게 보여주는 것처럼, **이해한다**는 것은 정상적이고 어울리는 만남과 관련되고, 우리가 다소간 자율적인 흐름의 배열을 따라간다는 것을 가정한다. 우리가 듣는 것을 구조화해야 한다는 즉각적인 고민 없이, 이 흐름의 배열을 점차적으로 다루어야 한다. 반면에 **설명한다**는 것은 의미의 구성을 향해 나아간다. 논리에 대한 고민 때문에 관계들을 증가시키게 되고 따라서 흐름의 형태로 진행되는 민감한 표시들을 시야에서 놓치게 된다. 내가 어떤 대화에서 기억하는 것을 다른 누군가에게 **설명한다**면, 나는 그에게 순서대로 이를 재현하지 않을 것이고, (최소한 내가 약간 합리적인 정신이 있다면) 오히려 이 대화를 종합하려고 애쓸 것이다. 이와 반대로 이런 종합의 작업을 하지 않고도 나는 이 대화를 완벽하게 **이해**했을 수 있다.

3) 위에서 도출된 [논리적] **포화성—또는 철저성—의 문제**: 흐름에 따라 해석한다는 것은 이와 동시에 **의미를 포화**—가능한 모든 의미를 찾아내는 것—**시킬** 수는 없지만, 이미 구조화된 어떤 해석은 스스로 이 문제를 제기할 수 있다. 종결된 분석 또는 종결되지 않은 분석이라는 문제와 함께 (7장 3.3에서) 우리는 이 문제를 다시 다루겠지만, 어떤 구조화된 해석과 작품의 진행에 따라 이루어진 해석은 철저성에 의해 구분된다기보다는, 동기를 갖고 성찰한 선택가능성이나 우리가 적용할 적절성의 가능성에 의해 구분된다.

4) **이중적 맥락**: 우리가 수차례에 걸쳐 살펴본 것처럼, 영화 그 자체는 그 맥락—제작과 수용의 맥락, 양식적, 이데올로기적 맥락 등—을 고려함으로써 분석될 수 있다. 그러나 빈번하게 등장하기 때문에 고려하지 않을 수 없는 영화 단편의 분석은 이 맥락화의 문제를 이중화함으로써 이를 다르게 제기한다. 우리가 2장 1.1에서 지적한 것처럼, 분석은 영화의 어떤 단편을 고찰할 때, 이를

하나의 새로운 실체로 만드는 경향이 있다. 심지어 어떤 작품—어떤 영화—이 [자기 안에] 잠재적인 다른 작품을 무한하게 함축하고 있다고 말하는 데까지 갈 수도 있다(Siety, 2009). (이것이 회화에서는 **디테일**의 문제다. 다니엘 아라스를 볼 것 [Arasse, 1992].)[16] 이렇게 해서 영화의 어떤 조각에 대한 분석은 복수(複數)의 의도를 갖고 시도될 수 있다. 즉 그 자체로 (인위적인 실습이지만, 이제는 제도적인 실습), 그 작품을 추출한 전체 영화와 관련해서, 이 단편에 또 다른 맥락을 부여하는 다른 작품들의 다른 단편들과 관련해서 등등.

5) **이중적 시학(픽션과 형상화)**: 어떤 영화는 픽션 작품이면서 동시에 형상적인 작품이다. 그런데 우리가 3장 1.2에서 살펴본 것처럼, 픽션은 무엇보다 (만들어낸 것이든 아니든) 다른 식으로는 이질적이었던 요소들을 동질화시키려는 시도다. (폴 리쾨르는 이를 '플롯으로 만들기'[mise en intrigue]라고 부른다[Ricœr, 1969].) 어떤 픽션은 기상천외할 수도 있고 환상적일 수도 있지만, 항상 원인과 결과의 일관성의 원칙에 기반을 두고 있다. 반면에 형상화는 이질적으로 남아 있다. 형상화의 일부가 다른 부분과 반드시 호응하는 것은 아니기 때문이다. 이 말은 형상화가 자의적이라거나 인과율이 없다는 뜻이 아니고—최소한 미메시스에는 종속되어 있다—, 요소들 사이의 연관이 원인에서 결과로 가는 연관이 아니라는 뜻이다. 어떤 영화에서 의미와 표현이라는 두 체제 사이의 관계는 복잡하다. 의미는 형상화—우리는 관객으로서 형상화를 무엇보다 먼저 상대한다—의 몇몇 특성을 거쳐 가지만, 의미는 주요하게 픽션에 의해 구축된다. 해석은 이 두 개의 차원 사이에서 픽션이 설정한 관계에 관해 결정을 내려야 한다.

6) **분석가의 외재성 또는 '내재성'**: '이해하기, 설명하기, 번역하기'라는 구도는 나의 바깥에 있는 작품을 전제하고, 그 작품 논리—와/나 생성—의 통찰을 지향하는 절차들에 의해 해석이 단순화시키게 될 어떤 수수께끼를 풀려고 한다. 그러나 (낭만주의가 시작한) 해석의 또 다른 개념은, 작품을 자기 것으로 만

---

16 [옮긴이주] 이 저작의 한국어판 서지는 다음과 같다. 다니엘 아라스, 『디테일: 가까이에서 본 미술사를 위하여』, 이윤영 옮김, 숲, 2007(1992).

들기 위해 작품 안에 들어갈 수 있고, 작품이 우리 경험의 일부가 되며, 이 근접성에서 출발해서 해석이 이루어질 수 있다는 믿음에 기반을 두고 있다. 이것이 대략 20세기 해석학의 제안이고(Gadamer, Ricœr, 1969), 영화연구에서는 몇몇 분석가의 입장이다. (많은 연구 중에서 로베르토 로셀리니나 장-뤽 고다르에 대한 알랭 베르갈라의 연구를 언급할 수 있는데, 이 연구들은 자신이 받아들인 감정이입에 기반을 둔다[Bergala, 1990, 2006].)

본 저작의 틀 내에서 해석에 관한 일반 이론을 제시하는 것은 불가능하다. 20세기의 마지막 25년 동안 폴 리쾨르의 이론은 대개는 무의식적으로 큰 영향을 끼쳤지만, 이 문제에 대한 최초의 유용한 설명은 츠베탕 토도로프에 의해 이루어졌다(Todorov, 1978). 반면에 영화작품의 해석에서는 이와 비견할 만한 작업이 없어서 분석가들은 이 핵심적 문제에 대해 가장 큰 이론적 혼란에 직면했다. 이 때문에 때로는 의외이거나 자의적인 결과들이 나왔고, 이는 합리적인 기획보다는 연구자의 상상력과 강박관념에 기반을 두고 있었다는 점도 놀라운 일이 아니다. 이를 불평하거나 어떤 식의 결핍이 있다고 이론을 비난하고자 하는 것이 아니다. 우리 스스로 강조한 것처럼, 해석한다는 것은 창조한다는 것이다. 모든 질문은, 이런 창조로 얻은 성과가 (우리가 무릅쓰는) 구체성, 일관성, 아주 단순하게는 정확성의 상실을 얼마나 상쇄할 수 있는가를 가늠하는 데 있다. 중요한 영화연구자이자 문필가에게서 하나의 예만 들자면, [생애] 마지막으로 출간한 저작에서 장-루이 뢰트라가 제시한 해석들은 근본적으로 질문을 던질 만한 것이다(Leutrat, 2009). 그는 어떤 영화 내부에서, 영화에서 영화로, 심지어는 영화에서 문학으로 연상을 따라 의미를 순환시키는데, 이 연상은 그에게 완전히 개인적인 것이다. 그러나 우리가 이 자의성을 받아들이면, 이 저자는 그가 "또 다른 가시성"이라고 부른 것의 그림을 그려 보이는데, 엄청난 독창성을 가진 이 또 다른 가시성은 우리가 내러티브 영화 전체와 맺고 있는 관계로 새로운 그림을 그리고, 특유의 환상적 반향을 가진 것에 가치를 부여한다.

그렇다고 해서 우리는 모든 해석이 흥미롭다는 인상을 주고 싶은 것은 아니다. 해석들을 만들어낼 때 원칙적으로 수많은 한계가 있으며, 하나의 해석을 만들어내기 전에 제기해야 할 수많은 질문이 있다—우리는 이미 주요한 질문들을 열거했다—. 그러나 영화작품 분석을 하나의 과학으로 만들려고 하고 해석에서 가장 부정적인 의미에서의 **문학**만을 보는 일정한 청교도주의에 맞서서, 우리에게는 해석적 행위의 필요성 및 특히 그 불가피성을 다시 확인하는 것이 중요한 일로 보인다. 이 저작을 다시 쓰기를 하면서 우리를 인도한 확신 중 하나는, 이 분야에서 과학에 관한 주장이 최소한 이런저런 영화들에 대해 말해진 것—또는 쓰여진 것—을 고려한다면 가장 절대적인 경험주의보다 더 나은 결과를 낳지 못했다는 것이다. 영화적인 것의 이론들을 정교하게 다듬기 위해서는 다르게 가야 하기 때문이다. 그뿐만 아니라 분석 일반처럼 해석도 마찬가지이고, 우리는 조금 앞서(7장 2.1과 2.2) 분석의 파장을 평가할 수 있게 해주는 많은 일반적 기준을 충분하게 강조했다. 해석은 공공연하게 상상력이 풍부하고 창의적인 측면이며, 분석 일반보다 더 유희적인 측면이지만, 올바름, 사실적—가능하다면 발생론적— 정확성, 일관성 등과 같은 동일한 요구사항을 정확하게 따른다. 이 장의 시작 부분(7장 1.1)에서 이미 언급한 〈컨트롤〉(안톤 코르베인, 2007)의 한 시퀀스에 대한 로랑 쥘리에의 분석은, 어떤 해석도 거부하지 않는다. 이렇게 해서 그는 이 시퀀스 전체를, '객관적이면서도' 충분히 내면화된 묘사를 통해 점차 (모든 자살이 근본적으로는 그렇듯이 설명할 수 없는 것으로 제시될) 자살로 귀결시키고자 하는 이 영화의 의지가 명시적으로 드러나는 것으로 읽는다. 아직 근거를 마련하지 못한 이런 독해를 피하기 위해 쥘리에가 고심하는 것은 이 독해를 각각의 형식적 특징에 대한 섬세한 분석에 정박시키는 것인데, 여기서 그는 이런 방향으로 갈 수 있는 것을 끌어낸다. 예컨대 특히 그가 연구한 시퀀스의 끝에 나오는 숏에서 종결짓고자 하는 상당히 집요한 유희가 그러한데, 여기서 "다른 매개변수들을 변화시키지 않은 채 주인공에 대해 결산을 하고자 해서 계속 카메라를 전진시키면, 주인공 뒤에 있는 배경이 점차 모호하게 된다." 이 최초의 묘사는 순전히 사실적이지만, 다음의 문장은 훨씬 더 명확하게 해석적이다. "이안이 그 가장 어두운 대상이 되는 이 칙칙하고 광활한 표면 위에 가로등이 미세하게 흰 미광을 던진다. 마치 마지막 에너지의 분출처럼." 우리는 분명 이 시각적 가치의 유희에 대해 또 다른 가치를 찾을 수도 있겠지만, 쥘리에의 논평적 선택은 전적으로 받아들일 만하다. 가장 단순하게는, 그것이 자신의 분석 전체를 강화해주고 분석과 긴밀하게 결합되어 있기 때문이다.

1장에서 우리가 이데올로기적 폭로로서의 분석의 효용성에 대해 말한 것을 구체화하기 위해 마지막으로 한마디를 하도록 하자. 어떤 영화에서 최소한 암시적으로라도 사회-정치적인 질문에 대한 선언을 본다는 것은 이 영화를 해석하는 것과 다르지 않다. 일정한 방식으로 이 영화를 **이해**했고, 이해한다고 생각한 것을 하나의 **설명**인 것처럼 **번역**한다. 해석은 아무리 신중하고 아무리 정당화되어도 창조이기 때문에, 영화작품들의 이데올로기적 파장에 관한 토론들이 애초에 잘못 시작된 것이라는 점을 이해할 수 있다. 이 토론들은 어떤 영화의 다른 모든 독해보다도 먼저, 분석가의 개인적 확신들, 나아가 신념들을 사용하고 있기 때문이다.

3.2 분석의 즐거움

분석의 즐거움이라는 생각은 도발적으로 보일 수 있는데, 우리의 사회는 (의무, 권태, 나아가 고통이라는 상념과 이어져 있는) 일과 (근거 없고 즐거운 기분전환, 또는 놀이와 이어져 있는) 즐거움의 명확한 분리에 기반을 두고 있기 때문이다. 영화작품 분석의 분야에서 상황이 더 악화되는 것은, 영화작품들이 바로 이 기분전환과 즐거움의 영역에 속한 것으로 간주된다는 사실 때문이다. 반면에 영화작품 분석이 부분적으로 학업이 되어버린 오늘날에 그것은 특히 일이다. 분석이 규정된 맥락 속에서 실행되지 않는다고 해도, 그 자체로 어떤 영화의 단순한 관람보다는 즉자적이지 않은 두 가지 태도, 즉 **다시 보기**와 **성찰**에 기반을 둔 행위다. 어떤 영화를 다시 본다는 것은, 온갖 새로운 제품이 나오는 속도로 그것을 소화할 시간이 필요하기 때문에 빠른 소비를 해야 하는 사회에서는 눈에 띄는 행위다. 그러나 어떤 영화가 다시 보기 위해서가 아니라 한 번만 보여지기 위해 만들어졌다는 생각은, 근대 이후 관객의 취향에서 새로운 것이 우선권을 갖게 되었기 때문에 근본적으로 꽤나 오래된 문화적 태도의 계승일 뿐이다. 이미 바르트는, 책을 읽은 이후 정리해버리거나 던져버리는 것이 정상적인 행위이기 때문에 어떤 소설을 다시 읽는다는 것이 작은 위반(違反)이라고 지적했다(Barthes, 1970). 따라서 다시 읽기, 다시 보기, 하물며 (분석이 전제하는) 정보를 갖고 수행하는 주의 깊은 다시 보기는, 작품과 다른 관계를 맺게 되고 여기에도 일정한 형태의 즐거움이 있다.

가장 피상적인 첫 번째 측면은 본질적으로 가학적인 성격을 띤 충동의 만족을 분석에서 보는 것이다. 그러므로 작은 장난감자동차를 해체하는 (또는 땅에 '박을' 때까지 비디오 게임기를 변형하려고 하는) 아이에 대한 가장 오래된 이미지에 따르면, 자기 장난감을 부수면서 일정한 희열을 느낄 수 있다는 점이다. 상영할 때 우리를 즐겁게 하고 감동을 주고 마음에 걸렸던 영화를 분석한다는 것은 작은 복수(復讐)와 닮았을 수도 있다. 그 영화는 우리를 사로잡았고, 우리는 이 영화를 가상적으로 망가뜨림으로써 영화가 대가를 치르게 하기 때문이다. 사태를 이와 대칭적으로 바라보는 또 다른 방식은 분석에서 페티시즘적 취향의 만족을 강조하는 것이 될 것이다. 나는 이 영화가 미칠 듯이 좋고, 그것을 열 번이나 보았으며, 이제 이 영화의 디테일로 들어가게 될 것인데, 물론 내가 이 기획의 끝까지 도달하지 못할 것이며 밝혀야 하는 디테일들이 항상 남아 있을 거라는 점을 알고 있다. (탕기 비엘의 소설 『영화』에서 어떤 영화에 대한 페티시즘적 관계의 좋은 예시가 나오는데, 이 소설은 조셉 맨키위츠의 〈발자국〉(1972)에 대한 가상의 찬사를 바친다[Viel, 1999].) 사랑하는 대상의 파괴와 관련된 이 즐거움이란 보너스는 무의식적이지만 종종 분석에 나타난다. 이 보너스가 대개는 지배적인 측면이 아니라고 해도, 분석의 유희적인 측면을 포함하는데, 이 때문에 원칙적으로는 훨씬 더 존중하는 태도를 요청하는 문화적 대상과 유희할 수 있게 된다.

이와 비슷한 생각의 차원이지만 훨씬 더 의식적인 측면에서, 우리는 진정한 앎의 즐거움에 대해 말할 수 있다. 인지 활동은 인간의 뇌가 가진 중요한 기능이고, 모든 심리적 기능처럼 이 활동도 적절하게 수행되었을 때 만족감이 생겨난다. 게다가 모든 지적 임무처럼 분석의 경우에도 만족감은 (가상적) 통제라는 느낌에 기반을 두고 있다. 즉 분석가는 이해가 되도록 작품을 강제함으로써 이를 소유하고 싶어한다. 여기서 몇몇 대상의 선택은 시사적이다. 즉 〈2001년 스페이스 오디세이〉(스탠리 큐브릭, 1968)나 〈뮤리엘〉(알랭 레네, 1963)이나 알랭 로브-그리예의 영화들 또는 데이비드 린치의 영화들과 같이, 복잡하고 수수께끼 같은 서사를 가진 영화들을 다루려고 하는 것은, 부분적으로는 끝까지 갈 수 있으며 이 영화들을 지적으로 장악할 수 있다는 점을 증명해보고 싶은 욕망에서 나온 것이다. 아주 고전적인 영화들이나 문화적 가치의 등급에서 본래 평가를 덜 받은 장르영화들의 경우에, 즐거움은 조예가 깊을 뿐만 아니라 독창적이라는 점을 스스로 드러내는 데 있을 수 있다.

그러나 우리가 보기에, 영화작품 분석과 즐거움의 개념 사이에는 이보다 더 심층적인 관계가 있다. 즉 분석은 우리가 어떤 영화의 관람에서 경험하는 유쾌한(또는 불쾌한) 인상을 수정할 능력이 있다. 우리는 지루하다고 여겨진 (또는 우리 스스로가 지루하다고 생각했던) 영화들의 경우에서 이를 잘 볼 수 있다. 지루하다는 문제는 복잡한데, 우선 이 문제가 주관적이고 개인적으로 결정되기 때문이고—나를 지겹게 하는 것이 반드시 내 주변 사람들을 지겹게 하는 것은 아니다—, 또한 집단적으로, 그리고 시대에 따라 특히 사회 속의 자리와 함께 변하는 관습들에 의해 결정되기 때문이다. 대중문화와 엘리트문화 사이에서 종종 이루어지는—드물게 정당화되는— 대립의 결과 중 하나는, 엘리트적이라고 여겨진 산물들이 이유를 따지기 전에 최소한 잠재적으로나마 지루하게 보인다는 점이다. 영화문화에 대한 거칠은 사회학에서 가장 완강하게 남아 있는 통념 중 하나는 〈배트맨〉 시리즈나 〈아이언 맨〉 같은 영화들에 알렉산드르 소쿠로프나 알베르 세라의 영화들보다 더 많은 관객이 몰리는 것은, 다른 영화들은 지루한 데 반해 이 영화들이 재미있기 때문이라는 생각이다. 이것은 한편으로는 다른 영화들이 눈에 띄지도 않게 개봉되고 비평이 거의, 또는 전혀 언급도 하지 않는 데 반해, 몇몇 영화는 수백 개의 상영관에서 배급시키고 대중매체의 후원을 받게 하는 상업적 결정의 엄청난 무게를 가볍게 여기는 것이고, 다른 한편으로는 지루함의 엄청난 상대성을 가볍게 여기는 것이다. 이 거칠은 사회학이 가정한 지루함의 모델은 편애로 인해 '액션 없는', '느린', '지적인' 영화들을 겨냥하고 있는데, 이런 영화들의 전형은 이전에는 미켈란젤로 안토니오니였고, 오늘날에는 예컨대 브뤼노 뒤몽이다. 〈슬랙 베이〉(브뤼노 뒤몽, 2016)에서 우리는 수수께끼 같은 실종의 원인을 찾는 마생 수사관의 느리고 우스꽝스러운 수사에 충분히 매혹될 수 있다. 그는 실종의 원인에 아무 관심이 없는 것처럼 수사에 임하고, 낚시꾼 마 루트와 젊은 부르주아 여성 사이의 목가적인 사랑 앞에서도 냉담하다. 그러나 초당 오십 발의 총알을 발사하고 엄청나게 많은 숏이 빠르게 지나가도 액션도 리듬도 없는 어떤 상투적인 영화 앞에서 우리는 또한 극심한 지루함을 느낄 수 있다. 영화작품 분석의 커다란 성과 중 하나는, 이런 육중한 상투형에서 벗어날 수 있게 해주고, 각각의 영화를 그 자체로 고찰할 수 있게 해주며, 여기서 흥미로운 것을 찾을 수 있게 해주고, 요컨대 여기에 더 높은 가치를 부여할 수 있게 해준다는 것이다.

더 광범위하게는, 그리고 영화작품에 대해 수십 년 동안 이런 관계를 실행했기 때문에, 우리는 분석을 실행하는 것이 연구한 영화작품들에 대한 지각을 변형시킬 뿐만 아니라, 우리가 집합으로서 영화에 대해 갖고 있는 상과 영사 상태의 최초 관람부터 우리가 영화작품들을 보는 방식을 변형시킨다고 생각한다. 현실감의 메커니즘, 픽션의 메커니즘, 정서의 메커니즘의 분해로 인도함으로써, 분석은 그 만들어진 특성을 발견하지 않을 수 없도록 한다. 분석은 영화작품에 대한 관계의 인지적 측면을 강화하고 본능적으로 정서적인 측면에서 거리를 두게 하는 데 기여하고, 이렇게 해서 관객의 즐거움을 없애지 않고 **이동시킨다**. 더욱이 이런 관점에서 영화작품 분석은 비판적 분리, 작품들 사이의 정신적 비교, 내러티브적 투명성과 거리를 취하는 작품들의 생산 등의 포스트모던적 경향과 완벽하게 일치한다.

3.3 종결된 분석, 종결될 수 없는 분석

상징적으로 본 저작의 끝에서 다루는 마지막 질문은 분석의 '종결'이라는 질문이다. 우리는 모든 분석의 개인적 성격에 대해, 동일한 영화에 대한 수많은 분석이 있을 수 있다는 사실에 대해, 분석에서 실행한 관점과 절차를 주재하는 원칙적인 모호성에 대해 상당히 강조했다. 따라서 주어진 어떤 영화의 분석은 엄밀하게 말해 절대 끝나지 않는다고 생각하는 것이 당연하다. 동일한 영화에 대한 또 다른 분석을 시도할 가능성이 항상 열려 있다고 말하지 않고서도, 우리는 항상 몇몇 기반 위에서 착수한 분석을 계속할 수 있다. 이를 위해서는 그 영화에서 새로운 요소를 발견하고, 묘사를 더 멀리 밀고 나가며, 새로운 연관 관계를 제시하는 것으로 충분하다. 사실상 가장 면밀한 분석들조차도 이후 다른 연구자들이 기존의 분석이 다룬 영화들에 대해 새로운 것을 발견할 수 없게 하지는 못했다. 오래된 예는 〈악의 손길〉(오손 웰스, 1958)에 대한 스티븐 히스의 아주 긴 분석이다(Heath, 1975a). 그런데 존 로크라는 미국의 대학교수가 주목한 것은, (부부와 국경이라는) 픽션의 이중적 문제의식을 도입하는 카메라 움직임으로 유명한 첫 번째 긴 숏[롱테이크]의 몇 개의 포토그램에서 퀸런—오손 웰스 자신이 연기한 탐정—의 것일 수도 있는 그림자 하나를 발견했다는 점이다. 설사 그렇다고 하더라도 히스의 작업이 의문에 부쳐지는 것은 아니겠지만, 그는 이 새로운 정보를 통합했어야 한다. 이 정보는 픽션—이 경우 퀸런은 처음부터 그가 말하는 것보다 더 많이 이에 대해 알고 있었을 것이다—에 대해, (이 영화의 감독이 이 인물을 연기했기 때문에) 발화행위에 대해 파급 효과들이 있기 때문이다. 그러나 집단으로 하는 분석을 한두 번만 해봐도 훨씬 더 단순하고 흔한 예가 나온다. 이때 각자는 진행되고 있는 분석을 '깨버리지' 않고서도 어떤 순간에도 여기에 [새로운 발견을] 덧붙일 수 있기 때문이다.

완벽하게 끝난 분석들에 대해 이런 식의 개입을 무한하게 되풀이할 수 있을 것이다. 분석은 종결될 수 없지만 다른 모든 것처럼 결국 끝난다. 우선 우리가 분석이란 이름으로 마주치는 것은 글로 쓰여진 텍스트거나, 어쩔 수 없이 어떤 한계를 넘지 않는 일정 시간의 구어적 소통이기 때문이다. 그러나 이보다 심층적으로는 어떤 분석이 자기 구조를 찾았을 때, 스스로 (다가설 수 없는) 어떤 완벽성에 책임져야 한다고 느낄 수는 없을 것이기 때문이다. 한 번 더 강조하자면, 중요한 것은 분석의 일관성과 적절성이고 그 새로움이다. 분석적 기획은 끝이 없는 것이고, 우리는 항상 이를 재개할 수 있고 연장할 수 있고 정교화할 수 있다. 그러나 움직이는 이미지로 된 작품과 관련해서, 이것이 잠재적으로 포함하고 있는 것과 관련해서 분석은 항상 상당히 짧은 것이다. 분석은 심지어 끝났을 때도 항상 무한하다.

여기에 정리한 참고문헌 목록은 영화작품 분석에 대한 완전한 목록이 아니다. 아마도 여기에 대한 목록만 제시해도 한 권 분량의 저작이 될 것이다. 우리는 단지 본 저작의 본문에 언급된 모든 참고문헌을 저자 성(姓)의 알파벳 순서를 따라 제시했다. 개정판과 수정판이 있을 경우에는 해당 저작의 원판본과 개정판의 연도를 제시한다. (같은 판본을 다시 인쇄한 경우에는 제시하지 않았다.) 외국어로 나와서 이후 프랑스어로 번역된 저작들의 경우에는 원제목과 본래 언어로 출간된 연도를 제시하고 이후 '프랑스어 번역'이라는 표기와 함께 프랑스어 번역본을 병기한다. 마지막으로 파리에서 출간되지 않은 경우에만 출간 장소를 표기한다.

　이 저작들이 담당한 역사적인 역할이라는 점에서든, 영화작품 분석이라는 문제에 입문서가 될 수 있는 저작들이란 점에서든, 특별히 흥미로운 몇몇 저작은 **굵은 글씨**로 표시했다.

Agel, Henri, *L'Espace cinématographique*, J. P. Delarge, 1978.

Agnel, Aimé, *Hitchcock et l'ennui. Une psychologie à l'œuvre*, Ellipses, 2011.

Althusser, Louis, 《Idéologie et appareils idéologiques d'État》, *La Pensée*, n° 151, 1970. 이진수 역, 「이데올로기와 이데올로기적 국가기구 – 연구를 위한 노트」, 『레닌과 철학 』, 백의, 1997.

Anderson, Lindsay, *About John Ford*, New York, McGraw-Hill, 1981.

André, Emmanuelle, 《La couleur douloureuse》, *in* J. Aumont (*dir.*), *La Couleur en cinéma*, Paris-Milan, Cinémathèque Française-Mazzotta, 1995.

    Esthétique du motif. Cinéma musique peinture, Saint-Denis, Presses Universitaires de Vincennes, 2007.

    《Images défuntes》 (Z32, Avi Mograbi, 2008), *Images Re-vues* [en ligne], n° 8, *Figurer les invisibles*, avril 2011.

    & Zabunyan, Dork, *L'Attrait du téléphone*, Crisnée, Yellow Now, 2013.

Arasse, Daniel, *Le Détail. Pour une histoire rapprochée de la peinture* (1992), Flammarion, coll. 《champs》, 1999. 이윤영 역, 『디테일─가까이에서 본 미술사를 위하여』, 도서출판 숲, 2007.

Arnaud, Diane & Lavin, Mathias, *Ozu à présent*, G3J éditeur, 2013.

    & Zabunyan, Dork, *Les Images et les mots. Décrire le cinéma*, Lille, Presses du Septentrion, 2014.

Arnoldy, Édouard & Dubois, Philippe, 《*Un Chien Andalou*, lectures et relectures》, *Revue Belge du Cinéma*, n° 33-34-35, 1993.

Aubral, François & Chateau, Dominique (dir.), *Figure, figural*, L'Harmattan, 1999.

Aubron, Hervé, Mulholland Drive *de David Lynch*, Crisnée, Yellow Now, 2006.

Aumont, Jacques, 《Vertov et la vue》, J.-Ch. Lyant et R. Odin (dir.), *Cinéma et réalités*, Saint-Étienne, C.I.E.R.E.C., 1984.

    L'Œil interminable (1989), La Différence, 3e éd. augmentée, 2007. 심은진, 박지회 역, 『멈추지 않는 눈』, 아카넷, 2019.

    À quoi pensent les films, Séguier, 1997.

    (dir.), *Jean Epstein, cinéaste, poète, philosophe*, Cinémathèque française, 1998.

    《La parole et le chant》, *in* J. Aumont (dir.), *L'Image et la Parole*, Cinémathèque française, 1999.

    Notre-Dame des Turcs *de Carmelo Bene*, Lyon, Aléas, 2010.

    Les Limites de la fiction, Bayard, 2014a.

    《Raison de la comparaison》, *in* D. Arnaud & D. Zabunyan, *Les images et les* mots. *Décrire le cinéma*, 2014b.

L'Interprétation des films, Armand Colin, 2017.

& Leutrat, Jean-Louis, *La Théorie du film*, Albatros, 1980.

Bailblé, Claude, Marie, Michel & Ropars, Marie-Claire, Muriel. ***Histoire d'une recherche*, Galilée, 1974.**

Barnouw, Erik, *Documentary: A History of the Non-Fiction Film* (1974), New York, Oxford University Press, 1993. 이상모 역, 『세계 다큐멘터리 영화사』, 다락방 2000.

Barthes, Roland, 《Rhétorique de l'image》, *Communications*, n° 4, 1964. 김인식 역, 「이미지의 수사학」, 『이미지와 글쓰기』, 세계사, 1993.

《Introduction à l'analyse structurale des récits》, *Communications*, n° 8, 1966.

S/Z, Le Seuil, 1970. 김웅권 역, 『S/Z−1970 et 1976』, 연암서가, 2015.

Baudry, Jean-Louis, 《Le dispositif : approches métapsychologiques de l'impression de réalité》 (1975), *L'Effet cinéma*, Albatros, 1978.

Bazin, André, *Orson Welles*, Chavane, 1950 ; éd. remaniée, Le Cerf, 1972. 성미숙 역, 『오손 웰즈의 영화미학』, 현대미학사, 1996.

Fiche filmographique du *Jour se lève*, 《Peuple et culture》, 1953, in *Regards neufs sur le cinéma*, Le Seuil, 1955 ; repris dans *Le Cinéma français de la Libération à la Nouvelle Vague*, 1945−1958, Cahiers du cinéma, 1983.

Beaujeault, Camille, 《Genèse d'une œuvre : *Les Aventures de Till l'espiègle* ou l'épopée "im-"populaire de Gérard Philipe》, *1895*, n° 73, automne 2014.

Belloï, Livio, *Le Regard retourné. Aspects du cinéma des premiers temps*, Québec-Paris, Nota Bene-Klincksieck, 2001.

Bellour, Raymond, 《Le texte introuvable》 (1975), *in L'Analyse du film*.

《Le blocage symbolique》 (1975), *in L'Analyse du film*.

(dir.), *Le Cinéma américain. Analyses de films*, vol. 2, Flammarion, 1980.

L'Analyse du film (1979), Calmann-Lévy, 1995.

Le Corps du cinéma, hypnoses, émotions, animalités, P.O.L., 2009a.

Les Hommes, le dimanche *de Robert Siodmak et Edgar Ulmer*, Crisnée, Yellow Now, 2009b.

La Question des dispositifs, Cinéma, installations, expositions, P.O.L., 2012.

Bergala, Alain, Voyage en Italie *de Roberto Rossellini*, Crisnée, Yellow Now, 1990.

《L'épreuve du souterrain》, *in Les Contrebandiers de Moonfleet*, CNDP, coll. 《L'Eden Cinéma》, 2001.

L'Hypothèse cinéma : petit traité de transmission du cinéma à l'école et ailleurs, Cahiers du cinéma, 2006b.

Godard au travail. Les années 60, Cahiers du cinéma, 2006.

Bernardi, Sandro, *Antonioni : Personnage, paysage*, Saint-Denis, Presses universitaires de Vincennes, 2006.

Berthomé, Jean-Pierre & Thomas, François, *Citizen Kane*, Flammarion, 1992.

Orson Welles au travail, Cahiers du cinéma, 2006.

Bittinger, Nathalie, 2046 *de Wong Kar-wai*, Armand Colin, 2007.

Bonfand, Alain, 《Présence souterraine de la peinture dans le cinéma d'Antonioni》, *in* J. Aumont (dir.), *Le Septième Art*, Léo Scheer, 2003.

Le Cinéma saturé. Essai sur les relations de la peinture et des images en mouvement (2007), Vrin, 2e éd., 2011.

Borde, Raymond & Chaumeton, Étienne, *Panorama du film noir américain* (1955), Flammarion, 1988.

Bordwell, David, 《Citizen Kane》, *Film Comment*, été 1971.

The Films of Carl-Theodor Dreyer, Berkeley, University of California Press, 1981.

Narration in the Fiction Film, Madison, University of Wisconsin Press, 1985. 오영숙 역, 『영화의 내레이션 I』, 시각과언어, 2007; 유지희, 오영숙 역, 『영화의 내레이션 II』, 시각과언어, 2007.

Ozu and the Poetics of Cinema, Londres-Princeton, BFI-Princeton University Press, 1988.

The Cinema of Eisenstein, Cambridge (Mass.), Harvard University Press, 1993.

***Figures Traced in Light: on Cinematic Staging*, Berkeley, University of California Press, 2005.**

& Thompson, Kristin, *Film Art: An Introduction* (1979, 2013), trad. fr., *L'Art du film, une introduction*, Bruxelles, De Boeck, 1999, 2009. 주진숙, 이용관 역, 『영화예술』, 지필미디어, 2011.

& Staiger, Janet & Thompson, Kristin, *The Classical Hollywood Cinema*, New York, Columbia University Press, 1985.

Bouleau, Charles, *La géométrie secrète des peintres*, Le Seuil, 1963.

Bourget, Jean-Loup, *Hollywood, la norme et la marge* (1998), Armand Colin, 2e éd., 2016.

Rebecca *d'Alfred Hitchcock*, Vendémiaire, 2017.

Bouvier, Michel & Leutrat, Jean-Louis, *Nosferatu*, Cahiers du cinéma-Gallimard, 1981.

Branigan, Edward, 《The Space of *Equinox Flower*》, *Screen*, vol. 17, n° 2, 1976.

Bremond, Claude, 《La logique des possibles narratifs》, *Communications*, n° 8, 1966.

Brenez, Nicole, 《 L'acteur en citoyen affectif 》 (1995), *in De la figure en général et du corps en particulier. L'invention figurative au cinéma*, Bruxelles-Paris, De Boeck, 1998.

《Puissances d'une forme cinématographique : l'étude visuelle (d'Al Razutis à Brian DePalma)》 (1996), *in De la figure en général et du corps en particulier*, Bruxelles-Paris, De Boeck, 1998.

Breton, Stéphane, 《Le regard》, *in* I. Thireau *et al.* (dir.), *Faire des sciences sociales*, vol. 2, 《Comparer》, Éditions de l'EHESS, 2012.

Brownlow, Kevin, Napoléon, *le grand classique d'Abel Gance* (1983), trad. fr., Armand Colin, 2012.

Browne, Nick, 《Rhétorique du texte spéculaire》, *Communications*, n° 23, 1975.

Bullot, Erik, Sayat Nova *de Sergueï Paradjanov*, Crisnée, Yellow Now, 2007.

Burch, Noel, *To the Distant Observer. Form and Meaning in the Japanese Cinema* (1979), trad. fr., *Pour un observateur lointain : forme et signification dans le cinéma japonais*, Cahiers du cinéma-Gallimard, 1982.

La Lucarne de l'infini, naissance du langage cinématographique (1991), Armand Colin, 2007.

& Sellier Geneviève, *La Drôle de guerre des sexes du cinéma français, 1930-1956* (1996), Armand Colin, 2005.

Burdeau, Emmanuel, *Gravité, sur Billy Wilder*, Montréal, Lux, 2019.

Buscombe, Edward, *The BFI companion to the western*, Londres, Deutsch, 1988.
《*Stagecoach*》, Londres, BFI, 1992.

Buss, Robin, *French Film Noir*, Londres, Marion Boyards Publishers, 2001.

Butler, Judith, *Gender Trouble* (1990), trad. fr., *Trouble dans le genre*, La Découverte, 2005. 조현준 역, 『젠더 트러블－페미니즘과 정체성의 전복』, 문학동네, 2008.

Carrigan, Mark, 《"American Gothic": *Young Mr. Lincoln* de John Ford》, *Cinémathèque*, n° 10, 1996.

Carringer, Robert, 《*Rosebud*, dead or alive》, *PMLA*, mars 1976.

Casetti, Francesco, *D'un regard l'autre : le film et son spectateur* (1986), trad. fr., Presses Universitaires de Lyon, 1998.

Cerisuelo, Marc, 《*Le Mépris*》, Éditions de la Transparence, 2006.

Cesarman, Fernando, *L'Œil de Buñuel* (1976), trad. fr., Éd. du Dauphin, 1982.

Chabrol, Claude & Rohmer, Éric, *Hitchcock* (1957), Ramsay, 2006. 최윤식 역, 『알프레드 히치콕』, 현대미학사, 2004.

Chateau, Dominique, 《Projet pour une sémiologie des relations audiovisuelles dans le film》, *Musique en jeu*, Le Seuil, n° 23, avril 1976.
《Citizen Kane》, Limonest, L'interdisciplinaire, 1993.
& Jost, François, *Nouveau cinéma, nouvelle sémiologie. Essai d'analyse des films d'Alain Robbe-Grillet*, U.G.E., coll. 《10/18》, 1979.

Chion, Michel, *La Voix au cinéma*, Cahiers du cinéma, 1982. 박선주 역, 『영화의 목소리』, 동문선, 2005.
Le Son au cinéma, Cahiers du cinéma, 1985.
***Le Cinéma, un art sonore. Histoire, esthétique, poétique*, Cahiers du cinéma, 2003.**
《*La Ligne rouge*》, Les Éditions de la Transparence, 2004.

Chirat, Raymond, *Catalogue des films français de long métrage, films sonores de* fiction, *1929-1939*, Bruxelles, Cinémathèque Royale de Belgique, 1975, rééd. 1982.

 Catalogue des films français de long métrage, films sonores de fiction, 1940–1950, Cinémathèque du Luxembourg, 1981.

 Catalogue des films français de long métrage, films sonores de fiction, 1919-1929, Cinémathèque de Toulouse, 1984.

Colin, Michel, *Langue, film, discours : prolégomènes à une sémiologie générative du film*, Klincksieck, 1985.

Colleyn, Jean-Paul, *Le Regard documentaire*, Centre Georges-Pompidou, 1993.

Comolli, Jean-Louis, 《Technique et idéologie》 (1971-1972), *in Cinéma contre spectacle, suivi de Technique et Idéologie*, Verdier, 2009.

Curchod, Olivier, *La Règle du jeu*, Nathan, 1999.

 Partie de campagne (1936) *et* La Grande illusion (1937) *de Jean Renoir*, Armand Colin, 2012.

Daney, Serge, 《L'orgue et l'aspirateur》 (1977), *La Rampe*, Cahiers du cinéma-Gallimard, 1983.

Dayan, Daniel, *Western Graffiti, Jeux d'images et programmation du spectateur dans* La Chevauchée fantastique *de John Ford*, Clancier-Guenaud, 1983.

Deleuze, Gilles, *Logique de la sensation* (1981), Le Seuil, 2002. 하태환, 『의미의 논리』, 민음사, 2008.

 L'Image-mouvement, Éd. de Minuit, 1983. 유진상 역, 『시네마 I: 운동-이미지』, 시각과언어, 2002.

Deslandes, Jacques, *Histoire comparée du cinéma. 1. De la cinématique au cinématographe, 1826-1896*, Paris-Tournai, Casterman, 1966.

 & Richard, Jacques, *Histoire comparée du cinéma. 2. Du cinémato-graphe au cinéma, 1896-1906*, Paris-Tournai, Casterman, 1968.

[DHLF] *Dictionnaire historique de la langue française*, sous la direction d'Alain Rey, Le Robert, 1992 (et rééd. successives).

Didi-Huberman, Georges, *Devant l'image*, Éd. de Minuit, 1990a.

 Fra Angelico : dissemblance et figuration (1990b), Flammarion, 2009.

Peuples exposés, peuples figurants, Éd. de Minuit, 2012.

Doane, Mary-Ann, *The Desire to Desire. The Woman's Film of the 1940s*, Bloomington, Indiana University Press, 1987.

Douchet, Jean, *Alfred Hitchcock* (1967), Cahiers du cinéma, 1986.

《Dix-sept plans》, Fury de Fritz Lang, *in* Bellour, vol. 2, 1980.

Dubois, Philippe, 《La matière image-temps》, *in* J. Aumont (dir.), *Jean Epstein, cinéaste, poète, philosophe*, Cinémathèque française, 1999.

Dumont, Jean-Paul & Monod, Jean, *Le Fœtus astral*, Christian Bourgois, 1970.

Durafour, Michel, *L'Étrange créature du lac noir de Jack Arnold*, Aix-en-Provence, Rouge profond, 2017.

Eco, Umberto, *La struttura assente* (*1968*), trad. fr., *La Structure absente. Introduction à la recherche sémiotique*, Mercure de France, 1988. 김광현 역, 『구조의 부재』, 열린책들, 2009.

Eisenstein, Serguei M., 《Eh！De la pureté du langage cinématographique》 (1934), trad. fr., *Cahiers du cinéma*, n° 210, mars 1969.

Eisenschitz, Bernard, 《*Man Hunt*》, Crisnée, Yellow Now, 1992.

Fritz Lang au travail, Cahiers du cinéma, 2011.

Eizykman, Claudine, *La Jouissance-cinéma*, U.G.E., coll. 《10/18》, 1975.

Esquenazi, Jean-Pierre, Hitchcock et l'aventure de Vertigo. L'invention à Hollywood (2001), CNRS éditions, 2010.

Godard et la société française des années 60, Armand Colin, 2004.

Le Film noir : histoire et signification d'un genre populaire subversif, CNRS éditions, 2012.

Ethis, Emmanuel, *Sociologie du cinéma et de ses publics* (2009), Armand Colin, 4e éd., 2018.

& Malinas, Damien, *Les films de campus*, Armand Colin, 2012.

Faroult, David, *Godard. Invention d'un cinéma politique*, Les Prairies ordinaires, 2018.

Faucon, Teresa, *Théorie du montage. Énergie, forces et fluides* (2002), Armand Colin, coll. 《Recherches》, 2013.

Faure, Élie, 《La cinéplastique》 (1922), *Fonction du cinéma. De la cinéplastique à son destin social*, Denoël/Gonthier, 1964.

Fell, John, 《Propp in Hollywood》, *Film Quaterly*, XXX, 3, 1977.

Ferro, Marc, 《Le film, contre-analyse de la société》, *Annales ESC*, n° 3, 1973.
　　Analyse de films, analyse de sociétés, Classiques Hachette, 1975.

Frye, Northrop, *Anatomy of Criticism*, Princeton University Press, 1957. 임철규 역, 『비평의 해부』, 한길사, 2000.

Gagnebin, Muriel, 《Du masque à l'autoportrait : *Sandra* de Visconti》, *Pour une esthétique psychanalytique. L'artiste, stratège de l'inconscient*, PUF, 1994.

Gallagher, Tag, *John Ford : The Man and his Films*, Berkeley, University of California Press, 1986.
　　L'édition française (*John Ford. L'homme et ses films*, Capricci, 2014) est environ trois fois plus courte, et n'offre pas des analyses aussi dévelo-ppées. 안건형, 신범식 역, 『존 포드』, 이모션북스, 2018.

Garçon, François, *De Blum à Pétain, cinéma et société française* 1936-1944, Le Cerf, 1984.

Gaudreault, André (dir.), 《Le cinéma des premiers temps》, *Les Cahiers de la Cinémathèque*, n° 29, hiver 1979.
　　(dir.), 《Filmographie analytique/Analytical Filmography》, *Cinema 1900-1906 : An Analytical Study*, vol. 2, Bruxelles, Fédération Internationale des Archives du Film, 1982.
　　(dir.), *Ce que je vois de mon ciné...La représentation du regard dans le cinéma des premiers temps*, Méridiens Klincksieck, 1988.
　　(dir.), *Pathé 1900. Fragments d'une filmographie analytique du cinéma des premiers temps*, Paris-Québec, Presses de la Sorbonne Nouvelle-Presses de l'Université Laval, 1993.
　　Du littéraire au filmique. Système du récit, Méridiens-Klincksieck, 1988.
　　Cinéma et attraction. Pour une nouvelle histoire du cinématographe, CNRS éditions, 2008.
　　& Gunning, Tom, 《Le cinéma des premiers temps : un défi à l'histoire

du cinéma》, *in* J. Aumont et *al.* (dir.), *Histoire du cinéma : nouvelles approches*, Publications de la Sorbonne Nouvelle, 1989.

& Jost, François, *Le Récit cinématographique*, Nathan, 1990, rééd. Armand Colin, 2017. 송지연 역, 『영화서술학』, 동문선, 2001.

Genette, Gérard, *Figures III*, Le Seuil, 1972.

Gili, Jean A. & Le Roy, Éric (dir.), *Albert Capellani, de Vincennes à Fort Lee, 1895*, n° 68, hiver 2012.

Gillain, Anne, *François Truffaut, le secret perdu* (Hatier, 1991), rééd. L'Harmattan, 2014.

Tout Truffaut. 23 films pour comprendre l'homme et le cinéaste, Armand Colin, 2019.

Goffman, Erving, *Frame Analysis. An essay in the Organization of Experience* (1974), trad. fr., *Les Cadres de l'expérience*, Éd. de Minuit, 1991.

Goodman, Nelson, *Ways of Worldmaking* (1978), trad. fr., *Manières de faire des mondes*, Gallimard, 2006.

Greimas, Algirdas Julien, *Sémantique structurale : recherche et méthode* (1966), Presses Universitaires de France, 1986.

Du sens. Essais sémiotiques, Le Seuil, 1970. 김성도, 『의미에 관하여. 기호학적 시론』, 인간사랑, 1997.

Gunning, Tom, 《Cinéma des attractions et modernité》, *Cinémathèque*, n° 5, 1994.

Guth, Paul, *Autour des* Dames du Bois de Boulogne, *Journal d'un film* (1945), Ramsay, 1999.

Guynn, William, *A Cinema of Non-Fiction* (1990), trad. fr., *Un cinéma de non-fiction : le documentaire classique à l'épreuve de la théorie*, Aix-en-Provence, Publications de l'Université de Provence, 2001.

Guzzetti, Alfred, Two or Three Things I Know About Her. *Analysis of A Film by Godard*, Cambridge (Mass.), Harvard University Press, 1981.

Hamon, Philippe, 《 Pour un statut sémiologique du personnage 》, *in* Barthes *et al.*, *Poétique du récit*, Le Seuil, coll. 《Points》, 1977.

Heath, Stephen, 《Film and System. Terms of Analysis》, *Screen*, vol. 16, n° 1 et n° 2,

1975a.

《Système-Récit》, *ça cinéma*, n° 7-8, mai 1975b. 김성도, 『의미에 관하여. 기호
학적 시론』, 인간사랑, 1997.

《On Suture》 (1977), *Questions of cinema*, Bloomington, Indiana University
Press, 1981. 김소연 역, 「봉합에 관하여」, 『영화에 관한 질문들』, 울력, 2003.

Henderson, Brian, 《Tense, Mood and Voice in Film》, *Film Quarterly*, XXXVI, 4,
1983.

Hillairet, Prosper, Cœur fidèle *de Jean Epstein : Le ciel et l'eau brûlent*, Crisnée,
Yellow Now, 2008.

Johnston, Claire (ed.), *Notes on Woman's Cinema*, Londres, SEFT, 1975.

Jost, François, 《Narration(s) : en deçà et au delà》, *Communications*, n° 38, 1983.

L'Œil-caméra, Presses Universitaires de Lyon, 1987.

Joxe, Sandra, 《*Citizen Kane*》, Hatier, 1990.

Jullier, Laurent, *Analyser un film. De l'émotion à l'interprétation*, Flammarion, 2012.

Star Wars, *anatomie d'une saga* (2005), Armand Colin, 2e éd., 2015.

L'Analyse de séquences (2002), Armand Colin, 5e éd., 2019.

& Leveratto, Jean-Marc, *La Leçon de vie dans le cinéma hollywoodien*, Vrin,
2008.

& Marie, Michel, *Lire les images de cinéma* (2007), Larousse, 2e éd., 2012.

Kael, Pauline, *Raising Kane* (1971), Londres, Methuen, 2002.

Keaney, Michael F., *British Film Noir Guide*, Londres, McFarland, 2011.

Krohn, Bill, *Hitchcock au travail*, Cahiers du cinéma, 1999.

Kuhn, Thomas S., *The Structure of Scientific Revolutions* (1970), Chicago University
Press, 2012. 김명자, 홍성욱 역, 『과학 혁명의 구조』, 까치, 2013.

Kuntzel, Thierry, 《Le travail du film, 1》, *Communications*, n° 19, 1972.

《Le défilement》, *Revue d'esthétique*, n° spécial Cinéma, théories, lectures,
1973.

《Le travail du film, 2》, *Communications*, no 23, 1975.

《Savoir, pouvoir, voir》, *in* R. Bellour (dir.), *Le Cinéma américain, analyses
de films*, vol. 1, Flammarion, 1980.

Kurtz, Rudolf, *Expressionismus und Film* (1926), trad. fr., *Expressionnisme et cinéma*, Presses Universitaires de Grenoble, 1987.

Lack, Roland-François, 《The Sign of the Map: Cartographic Reading and *Le Signe du lion*》, *Sense of cinema* n° 54, 2010.

Lagny, Michèle, *Edvard Munch*, Lyon, Aléas, 2011.

    & Ropars, M.-C. & Sorlin, P., Octobre. *Écriture et idéologie*, Albatros, 1976.

    & Ropars, M.-C. & Sorlin, P., *Générique des années 30*, Saint-Denis, Presses universitaires de Vincennes, 1986.

Lascault, Gilbert, Les Vampires *de Louis Feuillade : Sœurs et frères de l'effroi*, Crisnée, Yellow Now, 2008.

Layerle, Sébastien, 《Une impétueuse jeunesse. Le héros populaire et le film d'aventures dans *Fanfan la Tulipe et Les Aventures de Till l'espiègle*》, journée d'études sur le cinéma populaire des années 1950, Festival de Compiègne, 2013.

Lebel, Jean-Patrick, *Cinéma et Idéologie*, Éd. Sociales, 1971.

Le Berre, Carole, *Truffaut au travail*, Cahiers du cinéma, 2004.

Lefebvre, Martin, Psycho - *de la figure au musée imaginaire. Théorie et pratique de l'acte de spectature*, L'Harmattan, 1997.

    Truffaut et ses doubles, Vrin, 2013.

Le Forestier, Laurent, *Aux sources de l'industrie du cinéma. Le modèle Pathé, 1905-1908*, L'Harmattan, 2006.

Leutrat, Jean-Louis, *L'Alliance brisée, Le Western des années 20*, Lyon, Presses Universitaires de Lyon, 1985.

    《Il était trois fois》, dans *Revue Belge du cinéma, Jean-Luc Godard : le cinéma*, Philippe Dubois (dir.), n° 22-23, 1986.

    Le Western, archéologie d'un genre, Lyon, Presses universitaires de Lyon, 1987.

    La Prisonnière du désert, une tapisserie navajo, Adam Biro, 1990.

    Un autre visible. Le fantastique du cinéma, De l'incidence, 2009.

    & Liandrat-Guigues, Suzanne, *Les Cartes de l'Ouest*, Armand Colin, 1990.

& Liandrat-Guigues, Suzanne, *Splendeur du western*, Pertuis, Rouge profond, 2007.

Leveratto, Jean-Marc, *Analyse d'une œuvre : To Be or Not to Be*, Vrin, 2012.

Lindeperg, Sylvie, Nuit et Brouillard ꞉ *un film dans l'histoire*, Odile Jacob, 2007.

La Voie des images, Verdier, 2012.

Lyotard, Jean-François, *Discours Figure* (1971), Klincksieck, 1985.

MacCabe, Colin & Mulvey, Laura (eds.), *Godard's* Contempt, Londres, Wiley−Blackwell, 2012.

Maillart, Olivier, *Lola Montès*, *Max Ophuls*, 1955, Atlande, 2011.

Mannoni, Octave, *Clefs pour l'imaginaire*, Le Seuil, 1969.

Marie, Laurent, 《Les films en costumes de Gérard Philipe ꞉ entre le rouge et le noir》, *in* G. Le Gras & D. Chedaleux (dir.), *Genres et acteurs du cinéma français (1930-1960)*, Rennes, PUR, 2012.

Marie, Michel, 《Découpage intégral avec photogrammes du *Dernier des hommes* de F. W. Murnau》, *L'Avant-scène cinéma*, n° 190-191, 1977.

《La séquence//le film》, *Citizen Kane* d'Orson Welles, *in* Bellour (dir.), vol. 2, 1980.

Le Mépris *de Jean-Luc Godard*, Nathan, coll. 《Synopsis》, 1990, repris dans *Comprendre Godard*, Armand Colin, 2006.

La Nouvelle vague et son film manifeste À bout de souffle (*1960*), Armand Colin, 2012.

La Nouvelle Vague, une école artistique (1997), Armand Colin, coll. 《Focus cinéma》, 4e éd., 2017.

La Belle Histoire du cinéma français en 101 films, Armand Colin, 2018.

& Thomas, François (dir.), *Le Mythe du* director's cut, *Théorème*, n° 11, 2008.

Martin, Jessie, *Décrire le film de cinéma. Au départ de l'analyse*, Presses de la Sorbonne Nouvelle, 2012a.

Vertige de la description. L'analyse de films en question, Udine-Lyon, Forum-Aléas, 2012b.

McCarthy, Todd, *Howard Hawks. The Grey Fox of Hollywood* (1997), trad. fr., Hawks : biographie, Arles-Lyon, Actes Sud-Institut Lumière, 1999.

Meder, Thomas, *Vom Sichtbarmachen der Geschichte. Der italienische 《Neore-alismus》, Rossellinis 《Paisà》 und Klaus Mann*, Munich, Trickster, 1993.

Metz, Christian, *Essais sur la signification au cinéma*, vol. 1, Klincksieck, 1968. 《Au delà de l'analogie, l'image》 (1970), *Essais sur la signification au cinéma*, vol. 2, Klincksieck, 1972.

Miller, Jacques-Alain, 《La suture》, Cahiers pour l'analyse, n° 1, 1966.

Modleski, Tania, *The Women who knew too much: Hitchcock and Feminist Theory* (1988), trad. fr., *Hitchcock et la théorie féministe. Les femmes qui en savaient trop*, L'Harmattan, 2002.

Morin, Edgar, *Le Cinéma ou l'homme imaginaire* (1956), Éd. de Minuit, 1985.

Mouellic, Gilles, *Improviser le cinéma*, Crisnée, Yellow Now, 2011.

Moullet, Luc, *Le Rebelle de King Vidor*, Crisnée, Yellow Now, 2009.

Mulvey, Laura, 《Visual Pleasure and Narrative Cinema》 (1975), *in Visual and Other Pleasures* (1989), New York, Palgrave MacMillan, 2009. 유지나, 변재란 편, 「시각적 쾌락과 내러티브 영화」, 『페미니즘/영화/여성』, 여성사, 1993 *Citizen Kane*, Londres, BFI, 2012. 이형식 역, 『시민 케인』, 동문선, 2004.

Nacache, Jacqueline (dir.), *L'Analyse de films en question, Regards, champs, lectures*, L'Harmattan, 2006. *Lacombe Lucien*, Neuilly, Atlande, 2008.

Narboni, Jean, 《Visages d'Hitchcock》, in *Alfred Hitchcock, Cahiers du cinéma*, hors-série n° 8, 1980.

Naremore, James, *The Magic World of Orson Welles* (1978), Dallas, Southern Methodist University Press, 1989. *More Than Night Film Noir in Its Contexts*, Berkeley, University of California Press, 1998.

Neveux, Marguerite, *Nombre d'or. Radiographie d'un mythe*, Le Seuil, 1995.

Niney, François, *L'Épreuve du réel à l'écran*, Bruxelles-Paris, De Boeck, 2002. *Le Documentaire et ses faux-semblants*, Klincksieck, 2009. 조화림, 박희태,

『다큐멘터리란 무엇인가: 다큐멘터리와 그 아류들』, 예림기획, 2012

Noguez, Dominique, 《Fonction de l'analyse, analyse de la fonction》, *in* J. Aumont & J.-L. Leutrat (dir.), *Théorie du film*, Albatros, 1980.

Odin, Roger, *L'Analyse sémiologique des films. Vers une sémio-pragmatique du cinéma*, Thèse d'État, EHESS, 1983.

Cinéma et production de sens, Armand Colin, 1990.

《Il était trois fois, numéro deux》, *in* Philippe Dubois (dir.), *Jean-Luc Godard : le cinéma*, *Revue Belge du cinéma*, n° 22-23, 1986.

De la fiction, Bruxelles-Paris, De Boeck, 2000.

Oudart, Jean-Pierre, 《La suture》, *Cahiers du cinéma*, n° 211 et 212, 1969. 이윤영 편역, 「봉합」, 『사유 속의 영화: 영화 이론 선집』, 문학과지성사, 2011.

Pächt, Otto, *Questions de méthode en histoire de l'art* (1977), trad. fr., Macula, 1994.

Passeron, René, *L'Œuvre picturale et les fonctions de l'apparence* (1962), Vrin, 3e éd., 1980.

Pastre, Béatrice de, 《De la tradition littéraire à la modernité cinématographique》, *in* J. A. Gili et E. Le Roy (dir.), *Albert Capellani, de Vincennes à Fort Lee*, revue *1895*, AFRHC, n° 68, hiver 2012.

Pavel, Thomas, *Fictional Worlds* (1986), trad. fr., *Univers de la fiction*, Le Seuil, 1988.

Perrault, Pierre, *L'oumigmatique ou l'objectif documentaire : essai*, Montréal, L'Hexagone, 1995.

Piault, Marc-Henri, *Anthropologie et cinéma : passage à l'image, passage par l'image* (2000), Tétraèdre, 2008.

Propp, Vladimir, *Morphologie du conte* (1928), trad. fr., Le Seuil, 1965. 황인덕 역, 『민담형태론』, 예림기획, 1998

Rancière, Jacques, *Le Partage du sensible*, La Fabrique, 2000. 오윤성 역, 『감성의 분할』, 도서출판b, 2008.

Béla Tarr. Le temps d'après, Capricci, 2011.

Ravar, Raymond (dir.), *Tu n'as rien vu à Hiroshima*, Bruxelles, Institut de Sociologie, 1962.

Revault d'allonnes, Fabrice, 《*Gertrud*》 *de Dreyer*, Crisnée, Yellow Now, 1990.

Ricœur, Paul, *Essais d'herméneutique*, Le Seuil, 1969.

　　Le Conflit des interprétations, Le Seuil, 1969. 양명수 역, 『해석의 갈등』, 한길사, 2012.

Rieupeyrout, Jean-Louis, *Le western ou le cinéma américain par excellence*, Le Cerf, 1957.

Riviere, Joan, 《Féminité mascarade》 (1929), trad. fr. *in* M.-Chr. Hamon (dir.), *Féminité Mascarade, études psychanalytiques*, Le Seuil, 1994.

Robbe-Grillet, Alain, *Glissements progressifs du plaisir* (1974), Éd. de Minuit, 1984.

Rohmer, Éric, 《À qui la faute ?》, *Cahiers du cinéma*, n° 39, 1954, repris in *Alfred Hitchcock*, Cahiers du cinéma, hors-série n° 8, 1980. 최윤식 역, 『알프레드 히치콕』, 현대미학사, 2004.

　　L'organisation de l'espace dans le Faust de Murnau, UGE, coll. 《10/18》, 1977.

Ropars, Marie-Claire, 《L'ouverture d'*Octobre* ou les conditions théoriques de la révolution》, *in* Lagny *et al.*, *Octobre*, 1976 (voir supra sous Lagny).

　　《Narration et signification》, *in* R. Bellour (dir.), *Le Cinéma américain. Analyses de films*, vol. 2, Flammarion, 1980.

Salt, Barry, *Film Style and Technology: History and Analysis*, Londres, Starword, 1983.

Schaeffer, Jean-Marie, *L'Image précaire. Du dispositif photographique*, Le Seuil, 1987.

　　Pourquoi la fiction ?, Le Seuil, 1999.

Scheinfeigel, Maxime, *Rêves et cauchemars au cinéma*, Armand Colin, 2012.

Schleiermacher, Friedrich Daniel Ernst, *Herméneutique* (1809-1810), trad. fr., Paris-Lyon, Le Cerf/PUL, 1987.

Seguin, Jean-Claude, *Pedro Almodóvar. Filmer pour vivre*, Ophrys, 2009.

Sellier, Geneviève, *La Nouvelle Vague, un cinéma au masculin singulier*, CNRS éditions, 2005.

Siety, Emmanuel, *Fictions d'image*, Rennes, Presses universitaires de Rennes, 2009.

Simon, Jean-Paul, 《Énonciation et narration》, *Communications*, n° 38, 1983

　　[en ligne :http://www.persee.fr/web/revues/home/prescript/article/comm_

0588−8018_1983_num_38_1_1572].

Simond, Clotilde, 《La desserte rouge》, *in* J. Aumont (dir.), *La Couleur en cinéma*, Milan-Paris, Mazzotta-Cinémathèque française, 1995.

Sobchack, Vivian, 《'The Man Who Wasn't There': The Production of Subjectivity》, *in* Delmer Daves' Dark Passage, *in* D. Chateau (ed.), *Subjectivity in Film*, Amsterdam University Press, 2011.

Sorlin, Pierre, 《Rossellini témoin de la résistance italienne》, *Mélanges André Latreille*, Lyon, Audin, 1972.

    Sociologie du cinéma, ouverture pour l'histoire de demain, Aubier, 1977.

Soulez, Guillaume, *Quand le film nous parle. Rhétorique, cinéma, télévision*, PUF, 2011.

Spoto, Donald, *The Art of Alfred Hitchcock: Fifty Years of his Motion Pictures*(1976), trad. fr., *L'Art d'Alfred Hitchcock*, Edilig, 1986. 이형식 역, 『알프레드 히치콕』, 동인, 2005.

    The Dark Side of Genius: the Life of Alfred Hitchcock (1983), trad. fr., *La Vraie Vie d'Alfred Hitchcock : la face cachée du génie*, Albin Michel, 1989.

Tesson, Charles, *Satyajit Ray*, Cahiers du cinéma, 1992.

    《La robe sans couture, la dame, le patron : *Une partie de campagne* de Jean Renoir》, *Cinémathèque*, n° 5, 1994.

    Luis Buñuel, Cahiers du cinéma, 1995.

Thompson, Kristin, *Eisenstein's* Ivan the Terrible. *A Neoformalist Analysis*, Princeton, Princeton University Press, 1981.

Todorov, Tsvetan, 《La grammaire du récit》 (1968), *Poétique de la prose*, Le Seuil, 1971. 류제호 역, 『산문의 시학』, 예림기획, 2003.

    Symbolisme et interprétation, Le Seuil, 1978.

Tortajada, Maria, *Le Spectateur séduit. Le libertinage dans le cinéma d'Éric Rohmer*, Kimé, 1999.

    《La physique de la séduction》, *in* J. Aumont (dir.), *La différence des sexes est-elle visible? Les hommes et les femmes au cinéma*, Cinémathèque française, 2000.

Truffaut, François, *Le Cinéma selon Hitchcock* (1966), Seghers, 1975.

《Journal de *Fahrenheit 451*》, *Cahiers du cinéma*, nᵒ 175, 176 et 180, 1966 ; repris *in* 《*La Nuit américaine, suivi de Journal de tournage de Fahrenheit 451*》, Cinéma 2000, Seghers, 1974.

Tsyvian, Yuri, 《*Ivan the Terrible*》, Londres, BFI, 2002.

Vancheri, Luc, *Cinéma et Peinture. Passages, partages, présences*, Armand Colin, 2007.

Les Pensées figurales de l'image, Armand Colin, 2011.

Psycho. Une leçon d'iconologie par Alfred Hitchcock, Vrin, 2013.

Vanoye, Francis, *Récit écrit, récit filmique*, CEDIC, 1979, rééd. Armand Colin, 2005.

송지연, 『영화와 문학의 서술: 문자의 서술, 영화의 서술』, 동문선, 2003.

《Comment parler la bouche pleine ?》, *Communications*, nᵒ 38, 1983.

《Conversations publiques》, *Iris*, nᵒ 5, 1985.

Vasse, Denis, *L'Ombilic et la voix. Deux enfants en analyse* (1974), Le Seuil, 1999.

Véray, Laurent, *Les Images d'archives face à l'histoire*, CNDP-CRDP, 2011.

Vernet, Marc, *Figures de l'absence*, Éditions de l'Étoile, 1988.

《Film Noir on the Edge of the Doom》, *in* J. Copjec (dir.), *Shades of Noir*, Londres, Verso, 1993.

Williams, Alan, 《Structures of Narrativity in Fritz Lang's *Metropolis*》, *Film Quarterly*, XXVII, 4, 1974.

Williams, Linda, 《Autre chose qu'une mère. *Stella Dallas* ou le mélodrame maternel》 (1987), *in* N. Burch (dir.), *Revoir Hollywood. La nouvelle critique anglo-américaine*, Nathan, 1993.

Screening Sex (2008), trad. fr., *Screening Sex, une histoire de la sexualité sur les écrans américains*, Capricci, 2014.

Wollen, Peter, 《*North by Northwest*: A Morphological Analysis》 (1976), *Readings and Writings*, Londres, Verso, 1982.

Wright, William, *Sixguns and Society. A Structural Study of the Western*, University of California Press, 1975.

Xavier, Ismail, *Sertão Mar : Glauber Rocha e a estetica da fome (1983), trad. fr., Glauber Rocha et l'esthétique de la faim*, L'Harmattan, 2008.

영화작품 분석의 전개
(1934-2019)

1판 1쇄 펴냄 | 2020년 3월 16일
1판 2쇄 펴냄 | 2022년 11월 17일

지은이 | 자크 오몽·미셸 마리
옮긴이 | 이윤영
펴낸이 | 김정호
펴낸곳 | 아카넷
출판등록 2000년 1월 24일(제406-2000-000012호)
10881 경기도 파주시 회동길 445-3
전화 031-955-9510(편집), 031-955-9514(주문) / 팩스 031-955-9519
책임편집 | 김일수
www.acanet.co.kr/www.phildam.net

한국어판 ⓒ 아카넷, 2020
Printed in Paju, Korea.
ISBN 978-89-5733-670-0 93680

이 도서의 국립중앙도서관 출판예정도서목록(CIP)은 서지정보유통지원시스템 홈페이지
(http://seoji.nl.go.kr)와 국가자료공동목록시스템(http://www.nl.go.kr/kolisnet)에서
이용하실 수 있습니다.(CIP제어번호: CIP2020006263)